Manfred Faßler, Ursula Hentschläger, Zelko Wiener

Webfictions

Zerstreute Anwesenheiten in elektronischen Netzen

SpringerWienNewYork

Prof. Dr. Manfred Faßler
Institut für Kulturanthropologie und Europäische Ethnologie
Johann Wolfgang Goethe-Universität Frankfurt, Deutschland

Dr. Ursula Hentschläger
Wien, Österreich

Mag. Zelko Wiener
Institut für Experimentelles Gestalten und Raumkunst
Universität für angewandte Kunst Wien, Österreich

Gedruckt mit Unterstützung des Bundesministeriums für Bildung, Wissenschaft und Kultur in Wien.

Graphische Gestaltung: RAMplach

Gedruckt auf säurefreiem, chlorfrei gebleichtem Papier - TCF

SPIN: 10878984
Mit zahlreichen Abbildungen

Bibliografische Information Der Deutschen Bibliothek
Die Deutsche Bibliothek verzeichnet diese Publikation in der Deutschen Nationalbibliografie; detaillierte bibliografische Daten sind im Internet über http://dnb.ddb.de abrufbar.

ISBN 3-211-83828-7 Springer-Verlag Wien New York

Inhalt

Vorwort

Diesem Buch liegt ein Wiener Forschungsprojekt zugrunde, das vom österreichischen FWF, dem Fonds zur Förderung wissenschaftlicher Forschung, getragen wurde. Am Anfang dieses Projektes standen zwei Personen und vier Setzungen. Die beiden Personen waren MANFRED FAßLER und STEFAN WEBER, die sich 1998 darauf geeinigt hatten, unter dem Titel "Cyber-Poiesis. Theorie und Empirie der Netzmedialität. Vorarbeiten zur Konstitution einer Disziplin Media Studies" ein gemeinsames Forschungsvorhaben zu realisieren. Ort des Geschehens war die Universität (damals: Hochschule) für angewandte Kunst in Wien. Das Ziel war, Netzforschung im und über das Netz der Netze - das Internet - zu verwirklichen.

Das Konzept wies drei integrierte Bereiche aus: Zunächst wurde ein Internetsurvey auf der Basis einer umfangreichen Frageliste erstellt, die unmittelbar im Netz veröffentlicht wurde. Parallel ging es um die Entwicklung und den Ausbau netztheoretischer Beobachtungssprachen. Abschließend sollten Interviews mit EntwicklerInnen und BetreiberInnen von Netzräumen geführt werden. Das Ziel dabei war zum einen, Kulturvorstellungen deutlicher heraus stellen zu können, zum anderen aber auch, diese als Status Quo der aktuellen Entwicklungen festzuschreiben.

Es sollten also drei Forschungsfelder parallel bearbeitet werden. Damit war einerseits das Risiko verbunden, dass eines zu kurz kommen könnte, andererseits konnten aber Softwareentwicklungen, NutzerInnen-Befragung, Überprüfung der Reichweiten begrifflicher Erklärungen und künstlerisches Forschen zusammen bearbeitet werden. Die Heterogenität des Projektaufbaus war der medialen Situation und den emergenten Prozessen durchaus entsprechend, und intensive methoden- und theoriebezogene Gespräche über die Leistungsfähigkeit konstruktivistischer und systemtheoretischer Begriffe klärten die gedanklichen Grundlagen.

Im damaligen Forschungsantrag hieß es: "Digitale Raum- und Formpotentiale werden in diesem Forschungsprojekt also direkt mit der Frage verbunden, *wie* Menschen sich ihre Umwelten machen, *wie* sie sozietäre Zusammenhänge bilden, *wie* sie ästhetische Ideen zu verwirklichen beabsichtigen und *wie* sie entwerfen. Damit soll vermieden werden, dass in einer ontologischen Übersteigerung `Netz` als eine neue Seinsweise (miss-)verstanden wird. Ebenso soll damit vermieden werden, Netzwerke der Kommunikation auf eine technologische Infrastruktur zu reduzieren."

Diese vier Fragen waren mit den folgenden Überlegungen verbunden.
- Die computerbasierten Veränderungen der Aufmerksamkeits-, Waren- und Wissensökonomien sind weltweit in vollem Gange und werden auch im zeitlichen Verlauf des Forschungsvorhabens nicht abgeschlossen werden.
- Im Verlauf des Forschungsprozesses werden wir es mit immer neuen Variationen medialer Kulturproduktion zu tun haben; dies erfordert andauernde und begleitende Selbstbeobachtung.
- Die wissenschaftlichen und künstlerischen Forschungen werden im Netz stattfinden, und die Ergebnisse der quantitativen und qualitativen Untersuchungen werden umgehend im Internet abrufbar sein.

- Alle Beteiligten des Forschungsprojektes werden eigenständig forschen; eine administrative Sonderfunktion oder eine formale Projekt-Überwachungsfunktion wurde damit ausgeschlossen. Netzforschung, vor allem unter dem Label der Cyber-Poiesis, sollte im Netz über sich selbst berichten.

1999 wurde das Projekt genehmigt und im April 2000 begannen wir mit den Arbeiten. Der von Anfang an zu betreibende Aufwand konnte aber nicht nur von zwei Personen realisiert werden. Zunächst musste die Website entworfen und verwirklicht, wie auch die Struktur der Datenbank durchdacht und auf ihre Umsetzbarkeit geprüft werden. ALEXANDRA KÖCKERBAUER programmierte den CyberPoiesis-Auftritt 2000 und GÜNTHER BRANDSTETTER realisierte die statistische Umsetzung der quantitativen Phase bis Anfang 2001. FRITZ BETZ, vor allem durch die zeitgleich in Wien stattfindende Vortragsreihe `MEDIENWELTEN` nahe am Forschungsprojekt angelehnt, schlug in der Frühphase wichtige Ideen für die Analyse sozialer Folgethemen und der Mediendiffusion vor. Eine andere Tätigkeit verpflichtete ihn in einem anderen Zusammenhang. Stefan Weber, um die Historie zu vervollständigen, schied Ende 2000 aus dem Projekt aus, um sich im Rahmen eines Habilitationsstipendiums (APART) weiter zu qualifizieren. Dies war auch der Zeitpunkt, zu dem die quantitativen Forschungsanteile abgeschlossen werden konnten.

Für die qualitativen Interviews und den Bereich der künstlerisch orientierten Netzforschung wurden URSULA HENTSCHLÄGER und ZELKO WIENER in die Gruppe aufgenommen. Im Verlauf des Jahres 2001 bis zum Projektabschluss wurde von ihnen dieser Bereich erarbeitet. Auch hier galt, dass die Ergebnisse des Forschungsbereiches in dem Medium präsent gemacht werden, in dem und für das sie erhoben wurden. Die Originalinterviews finden sich nun in dieser Publikation, die spezifisch webfähige Interpretation findet sich hingegen im World Wide Web. Damit sollte den Anforderungen beider Medien entsprochen werden: die narrativ-lineare Darstellung für das Buch, die interaktiv-nichtlineare Präsentation für das Internet.

Bei der Präsenz im Netz konnte die zeitliche Nähe zu den quantitativen Erhebungen gut gehalten werden und die Nutzenden konnten den Stand der Statistik direkt nach dem Abschluss ihrer Antworten im Netz abfragen. Bei den moderierten und redigierten qualitativen Interviews musste hingegen mehr Zeit aufgebracht werden, um eine webfähige Präsentation und eine inhaltlich präzise Erörterung der Themenfelder zu erreichen. Die Skizzierung eines Studienganges oder einer Disziplin `media studies` steht noch aus. Vielleicht kann das vorliegende Buch hierzu einige Anreize liefern.

Danken möchten wir dem FWF, der dieses überaus produktive und ergebnisreiche Projekt unterstützte, und Dr. Gerald Bast, Rektor der Universität für angewandte Kunst in Wien; aber auch all jenen, die sich an der Erhebung über die Netznutzung und Netzerwartungen, über Befürchtungen und Funktionalitäten, über politische und kulturelle Dimensionen beteiligt haben; insbesondere jenen Menschen, die sich zu Interviews bereit erklärten. Besonderer Dank gilt Herrn Direktor Rudolf Siegle vom Springer Verlag, der sich dem Buchprojekt unterstützend annahm, sowie Frau Angela Fössl, die bei der Realisierung des Vorhabens seitens des Verlages die wichtigsten Schritte begleitete.

Manfred Faßler, Ursula Hentschläger, Zelko Wiener
Wien / Frankfurt Juni 2002

8

Manfred Faßler

Hybride Gegenwarten, cybride Räume.
Entwürfe, Gruppen, Gemeinschaften im World Wide Web

Für Cyrill Gutsch

„Der Mensch ist eine Spezies, die ihre Reaktionen selbst erfindet. Kulturen entstehen aus dieser einzigartigen Fähigkeit des Menschen, seine Reaktionen zu erfinden und zu verbessern."
Ashley Montagu, Culture and the Evolution of Man

"Wie die Wissenschaft ahmt auch die Kunst die Natur nicht nach, sondern schafft sie neu"
Jacob Bronowski, Science and Human Values

"Die digitale Kultur drängt auf eine verstärkte Dezentralisierung von Information und auf mehr ´schöpferische Zerstörung´, aus der Innovationen hervorgehen."
Bart Kosko, The Fuzzy Future

„Die Softwarerevolution läuft letzten Endes auf eine subtile ästhetische Balance hinaus".
David Gelernter, Mirror worlds or the Day Software Puts the Universe in a Shoebox

Auf der Suche nach möglichen Kulturen

0.1.

Die vorgelegten Texte und Bilder berichten über einen Teilbereich des abgeschlossenen FWF-Forschungsprojektes „CYBERPOIESIS". Der Autorin und den Autoren ging es um einen schlüssigen Rahmen, der die Dynamiken des Forschungsfeldes auch in der Textform nahe bringt. Der zeitliche Abschluss des Forschungsprojektes war März 2002. Manches hat sich seither technologisch und medienspezifisch verändert, wurde weiter entwickelt, vieles hat sich während der Forschungszeiten verändert. Nun ist klar, dass dies bei jedem Forschungsprozess so ist. Vannevar Bush nannte dies einmal *endless frontier* der Wissensentwicklung. Besonders an der Netz- /WEB- Forschung war aber, dass sozusagen ́unter den Augen der Beobachtenden ́ und ́in den Händen ́ sich das Feld fortwährend veränderte, neue Tools und neue Sites, veränderte Applikationen und Techniken, rasante Lernprozesse in post-modernen Kulturen und sture Ablehnungen immer wieder für Irritationen sorgten.

Wir hatten es zu jedem Zeitpunkt unserer Forschung mit *moving targets* zu tun. Neben den technologischen Dynamiken, die es zu berücksichtigen galt, betraf dies auch die verschiedenen individuellen und kulturellen Erwartungen gegenüber der Computertechnologie als Instrument, Werkzeug, Medium, Raum, Infrastruktur, - in der Forschergruppe und der Gruppe der Befragten. Und wir hatten es mit *evolving competences*, mit sich verändernden Medienkompetenzen in der Forschungsgruppe, und noch intensiver, im Feld zu tun. 10 Jahre nach Einführung des World Wide Web, 20 Jahre nach Einführung des Personal Computer und der Einführung des Internet als weltweit ausgelegtes Kanalsystem der Informationsverbreitung und –verwendung, haben die Prozesse substanziellen informationstechnologischen Umbaus nichts an Dynamik verloren. Die Entwicklung des Börsengeschäftes für den Neuen Markt ist kein Gegenbeweis. Die *Kommerzialisierung* von Kommunikation und die *Kommunalisierung* von digitalen Medientechnologien bestimmen noch das Tagesgeschehen der Veränderungen. Unter ihrem Einfluss verändern sich nicht nur Berufsprofile und Produkte. Ca. 80 Prozent der gegenwärtigen innerbetrieblichen kommunikativen und organisierenden Tätigkeiten gab es vor drei Jahren nicht. In Kürze werden auch diese wieder ́überholt ́ sein. Es verändern sich auch Vorstellungen der Zugehörigkeit, der Ansässigkeit, der mobilen Erreichbarkeit auf immer höherem Niveau der Informationsdichte (Beispiele sind UMTS oder ́outdoor office ́ mit satellitengestütztem Labtop). Professionelle Standardbiografien brechen ebenso weg, wie kulturalisierte Standardidentitäten ́des Arbeiters ́ und ́des Angestellten ́.

Nicht alles geht ursächlich auf die *medientechnologische Neuzusammensetzung von Kulturen und Ökonomien* zurück. Die industrielle, vor allem die schwerindustrielle und bürokratische Architektur der Moderne wird schon länger umgebaut. Mittels der Informations- und Kommunikationstechnologien steht aber ein sich immer weiter ausdehnendes Bündel an Infrastruktur-, Produktions- und Kommunikationsstrukturen zur Verfügung, das die *Logiken der Selbstorganisationsweise der gegenwärtigen Gesellschaften* völlig umbaut. Diese sich verändernden Logiken sind mit dem Programm der sich selbst steuernden dynamischen Rückbezüglichkeit verbunden, die seit Norbert Wiener (1949) Cybernetic / Kybernetik genannt wird. Allerdings haben sich vor allem durch die vielschichtige Verbreitung und Verwendung der Produktions- und Denktechniken der Kybernetik komplexe und veränderungssensible kulturelle Zusammenhänge ergeben. Sie sind nicht mehr in der Basislogik der *Cybernetics First Order* zu behandeln. Auf Heinz v. Foerster geht der Gedanke zurück, diese Prozesse unter dem methodischen Prinzip der Systeme zweiter Ordnung, also der (zahligen, bildlichen, verbalen und textlichen, abstrakten und formelhaften) Beobachtungs- und Sprachmuster und –modelle zu bedenken. Vor allem geht es ihm um die Unvorhersagbarkeit der gestalterischen (poetischen) und selbstorganisierenden (poietischen) Prozesse, die wir als Kultur beschreiben. Hieraus entstand sein Konzept der *Second Order Cybernetics*. Mit dieser Denkweise ist der Respekt der Theorie gegenüber den multi-logischen Dynamiken, d.h. den viefältigen Unterschieden der medientechnologisch sich umbauenden Kulturen gewahrt.

Um diesen Prozessen einen Projektnamen zu geben, schlug ich Stefan Weber 1998 den der „Cyberpoiesis" vor. Es war ein Schritt, den Epochengestus der „Cybermoderne", mit dem ich theorie- und kulturgeschichtliche Aspekte im gleichnamigen Buch erfasst hatte, in 'Bewegung' zu bringen. Ein Forschungsansatz hatte seinen Namen gefunden: CYBERPOIESIS.

Damit war auch entschieden, dass eine Forschung, die an digitalen Medienensembles als exklusive Technik anhaftet, auszuschließen sei. Wir wählten als methodisch umzusetzenden Begriff den der 'Kopplung', mit dem wir die skizzierte kulturelle Veränderungsdynamik mit Medientechnologie verbanden. Das Wort ist nicht besonders 'schön', da es auf einen mechanischen Vorgang verweist, und Denkweisen evtl. in falsche Richtungen entführt. Da das Wort als Terminus durch Humberto Maturana eingeführt und durch die verschiedensten Ideenspender der Systemtheorie etabliert ist, gehen wir von medialen Kopplungen aus, über die sich das herstellt, was wir CYBERPOIESIS nennen. Mithin stand von Anbeginn fest, *digitale Medientechnologien als kulturelle Praxis* rsp. als transkulturelles und globales Praxisgefüge zu verstehen.

Damit verbunden waren wichtige Fragen nach den *geografischen Reichweiten* der beobachteten Medientechnologien und der damit einhergehenden Suche nach inter- und transkultureller Beteiligung an diesen Prozessen. Dies wies auf die erforderliche Unterscheidung zwischen dem *technostrukturell ausgerichteten Universalmedium Computer* und den Fakten, dass es *wohl noch länger kein Globalmedium* mit breitgestreuter partizipativer Dichte und Medienkompetenz sein wird. Damit einher gingen Fragen nach den *kulturellen Reichweiten*, nach den sog. Tiefenwirkungen bei der Zusammensetzung intersubjektiver Verständigung, den unterschiedlichen Kompetenzentwicklungen, der Anhaftung an oder Ablösung von sozialen Identitätszuschreibungen rsp. Realitätserwartungen.

Dass allein hieraus schon einige schwierige methodische und darstellerische Anforderungen entstanden sind, ist klar. Wenige Problemfelder, die die weiteren Forschungen beschäftigen sollten, seien hier genannt:

- Wie beobachtet man dynamische, künstliche, kybernetische Umgebungen, ohne mit der Willkür der Setzung eines Anfangs- und Abschlussdatums den Prozess fehl zu deuten?
- Und: Was wäre eine richtige Deutung?
- Wie lassen sich systemtheoretische und konstruktivistische Beobachtungsmodelle anwenden, die ihre Entstehung der Biologie, Neurophysiologie, Computerscience und Physik verdanken, aber als medienanalytische Konzepte noch nicht wirklich ausgetestet sind?
- Sollte man eher auf begriffssprachliche Schärfe und Reinheit setzen oder auf Un-Schärfe, auf offene Heuristiken?
- Wie können die künstlerischen, ökonomisch-produktorientierten oder laienhaften Gestaltungsprozesse von Netz-Auftritten kommunikationstheoretisch, kulturwissenschaftlich und globalwissenschaftlich (im Sinne einer weltweit entstehenden Kultur der audiovisuellen künstlichen Präsenz) bewertet und in den Forschungsprozess eingebracht werden?

Hinter diesen wenigen Fragen steht die Grundfrage: was ist Gegenstand der Forschung? Ich hatte mit *moving targets* schon eine Richtung vorgegeben, ohne all das erfasst zu haben, was unter netz-medialen Bedingungen ´alles in Bewegung´ geraten ist oder irgendwann irgendwo plötzlich entsteht. *Moving* meint also vorrangig, dass es keine lineare, funktional-strategische Gesamtausrichtung der Netz-Realitäten gibt.

Der erforschte Kontinent heißt: Cyberspace.

Der erste Teil der Forschungslandkarte des Projektes erfasste Netznutzung; der zweite, hier vorgelegte Teil bezog sich auf Gestaltung ´des´ Raumes und die Gestalten ´im´ Raum. *Cybermorphosis* als konkrete kommunikative Figur der Mediamorphosis (Roger Fidler). Die alte Frage: Wo ist man, wenn man on-line ist? wurde erneut aufgenommen.

Ort, Lokalität, Spur der Anwesenheit, Platz für die digitale Figurine, Avatar genannt: all dies weist auf Speicherplatz und Oberfläche, die zum *Raum* gemacht werden müssen, um Kommunikation glaubwürdig zu ermöglichen. Die Suche nach möglicher Kultur, wie ich diesen Eröffnungstext betitelte, ist die *Suche nach der räumlichen Einbettung der digitalen Artefakte*, ganz gleich, ob sie intentional durch den Menschen oder befehlsförmig als veränderter Schaltungszustand des Computers entsteht. Raum, dynamisch rekursiver Raum ist mithin keine Fälschung, keine irrende Illusion, sondern eine kognitive Fiktion. Raum ist keine Kategorie primärer Wahrnehmung, sondern eine Wahrnehmung zweiter Ordnung. Es ist ein Modell, demgegenüber immer Skepsis angebracht ist, da es dazu verwendet werden kann, *Illusionen der Gleichanwesenheit*, der *identitätsfordernden Gemeinschaftlichkeit* zu erzeugen.

Raum ist ein schillernder Terminus, und bleibt dies auch als Cyberspace. Allerdings, und dies sind wichtige Unterschiede, besitzt der kybernetische Raum kein euklidisches Territorium mehr, ist nicht metrisch, weist keine selbstverständliche ´raumgreifende´ Gegenständlichkeit aus. Cyberspace ist nicht der Raum des Kinos, der projezierten bewegten Bilder, die ihre Medialität verleugnen. Er ist viele Räume. Für jeden nutzenden Menschen schafft seine eigene Anwesenheit, seine Zuordnung zu anderen erst diesen digitalisierten Individualraum, - so die Ausgangsthese vieler Fragen und Überlegungen. Oft wurde in den computerkritischen Diskussionen der zurückliegenden zwei Jahrzehnte die Beschleunigung, die *escape velocity*[1], die Zerstörung von Raum beklagt.

Das CYBERPOIESIS-Projekt folgte der Gegenthese: räumliche Phänomene wurden zwar abhängig von den techno-mathematischen Schaltungsgeschwindigkeiten. Aber jede sinnlich-reflexive Kommunikationsleistung von Menschen, auch unter digitalen Bedingungen, sucht nach einer räumlichen Differenz und Bedeutung, und sie ´findet´ diese.

- Wie aber wird dieses ´finden´ gemacht?
- In welcher kommunikativen, semantischen Abhängigkeit stehen binär codierte Programme von Analogmodellen?
- Wie ändert sich Kunst, wenn sie nicht auf das singuläre Artefakt zielt, sondern auf einen partizipativen Raum?
- Wie ändert sich Wissen, wenn jede nationalkulturelle und bildungspolitische Einheitlichkeit nicht nur für die wissenschaftliche Forschung, sondern für Schule, Alltag, Familie unhintergehbar abgebaut wird?
- Wie wird unterscheidungsfähige Wahrnehmung erzeugt und medienspezifisch erhalten?
- Wie ´realitätsmächtig´ sind virtuelle und kybernetische Realitäten und worin besteht ihre Realität in Abgrenzung zur ´realen Realität´ analoger Medienstrukturen?
- Was meint Anwesenheit in elektronischen Räumen professionell, individuell, nachbarschaftlich, politisch?
- Sind WEB-Auftritte mit dem modischen Unterscheidungsverhalten der *haute couture* vergleichbar, hier allerdings als *code couture*? Welche Kultur wird dadurch erzeugt? Welche Ökonomie?

Dies sind nur wenige Fragen, die die Zielsetzungen der Forschungen anskizzieren. ´Raum´ ist wie ´Gemeinschaft´ oder ´Hybridität´ auf ein interessantes Themenprofil bezogen: auf Kontinuität im Bereich des Künstlichen, der Abstraktion, des ungegenständlichen Entwurfes. Es ist eine Kontinuität des Wiedererkennens, wieder Treffens, des Reproduzierens. Aber was erkenne ich wie wieder und wie viel Gegenständlichkeit muss etwas aufweisen, um es wieder erkennen zu können? Welche sinnlich-reflexiven Anreize müssen ´offensichtlich´ sein, um Gedanken, Wissen, Spekulation, Entwurf zu ermöglichen?

´Kultur´ meint exakt dies: Zeitliches, Gegenständliches, Ungegenständliches, Imaginatives, Fiktionales als assoziierbare Felder und Räume verfügbar zu halten. ´Verfügbar halten´ wird unter digitalen Bedingungen zunehmend ein Prozess der Replikation, der un-körperlichen, oder wie es heißt: der post-humanen und post-biologischen ´Weitergabe´ von Erhaltungscodes. Wie kann aber kulturelle, expressive, narrative, kommunikative Vielfalt in elektronischen Umgebungen erreicht werden, wo diese doch nicht gegenständlich repräsentieren, nicht bedeutungsorientiert sind, sondern allerhöchstens *informationelle Kommunikations- und Bedeutungsanreize generieren*?

---

[1] *So lautet der englische Titel eines Buches von Mark Dery, Mitherausgeber der Zeitung Wired, in dem dieser den Euphorien und Kritiken der Beschleunigungsthese nachging. Drslb. (1996): Escape Velocity, New York (dtsch: (1997): CYBER. Die Kultur der Zukunft, Berlin*

Kontinuitäten zu entdecken und zu befragen, kommunikative Konzepte mit codierten Programmen, Vorhaben mit Realisierungen zu verbinden, war eine wichtige Forschungsaufgabe.

Im Vordergrund stand dabei nicht die technologische Infrastruktur.

Ausgangspunkt für das Projekt bildete die These, dass der Computer von Grund auf ein (mathematisch) symbolisches System ist. Es ist abstrakte und abstrahierende kulturelle Praxis. Erweitert wurde dies mit der These, dass die mathematisch-symbolischen Prozesse einer Oberfläche bedürfen, die Interaktivität mit Menschen erst ermöglicht. Das verabredete Wort hierfür ist: *Human-Computer-Interface.*

Automatisierte Oberfläche, gespeist über das binäre Programm, und *projektierte Oberfläche*, gespeist durch das kommunikative Vermögen der Menschen, werden zu einem Ensemble von strategischen und individuellen, funktionalen und emergenten Ereignissen. Dies wird für kulturelle Entwicklungen dann brisant, wenn hierüber immer komplexer vernetzte zeitliche und räumliche Kommunikations- und Kontinuitätsareale entstehen, die nicht mehr auf 'feste' territoriale oder institutionelle Felder rückbezogen werden können. Die daran entwickelte Realitätserwartung bezieht sich auf Prozesse der Künstlichkeit, die sich in den Interfaces zu einer eigenständigen kulturellen Praxis selbst (*autopoietisch*) zu organisieren beginnen. Obgleich immer wieder zu bedenken war, wie die dynamischen Verhältnisse von binären Programmen und den Impulsfrequenzen des analog verfahrenden Gehirns zu beschreiben sind, ging es in keinem Abschnitt der Forschungen vorrangig hierum.

Zwei Phasen lassen sich also für „CYBERPOIESIS" unterscheiden:

•   Internetsurvey / 624 Beteiligte / 102 Fragen / Selbsteinschätzung / die Erforschung von Nutzung, Erfahrung, Erwartung, Sinn-Attribuierung, Bedrohung, Funktionalitätseinschätzung, also von Ansätzen gebrauchsorientierter und sinnorientierter Mensch-Computer-Mensch (= vernetzter) Interaktivität aus der quantifizierten Sicht der Nutzenden;

•   sowie eine (a) aktualisierte und reformulierte medienwissenschaftliche Position gegenüber den Kommerzialisierungs- und Kommunalisierungsprozessen im WEB und (b) die gestalterisch-interpretierende Entwicklung des WEB durch die Positionierung individueller Raumoptionen und deren 'Belebung'. In beiden Phasen wurde mit unvergleichbaren Methoden *Interface-Kultur* erforscht. Dieser Terminus übersetzt 'Cyberpoiesis' in eine konkret-künstliche Gestalt.

Manche Fragen und Probleme im Forschungsverlauf erinnerten mich an eine Konferenz, die ich 1994 zusammen mit Wulf Halbach in Bergamo und Mailand (I) unter dem Titel *Interface-Kultur / Cultura dell`Interfacia* abgehalten habe. Auch damals war es in den Kontroversen um den Kulturstatus gegangen, der mit Netztechnologie und Computer verbunden werden kann. Ging es damals vorrangig um Computer-Mensch-Relationen, so ging es im 'Cyberpoiesis-Projekt' um die Interaktivitäten zwischen Computernetzwerken und Menschen. *Interface-Kultur* passt auf letztes.

Wie ließ sich nun die zweite Forschungsphase an, um die es hier geht?

Gegenstand wie Theorie, künstlerische wie epistemische Entscheidungen sind Momente eines Zustandsbündels, das als *global verteiltes Labor kultureller Transformationen* zu beschreiben ist.

Mit den Forschungen und den vorliegenden Darstellungen sind die Akteure Teile der erforschten Realität geworden. Sie waren und sind teilnehmend Beobachtende in dem Sinne, dass sie ´nicht von außen´ kamen, wie dies oft der Fall bei Forschungen ist, sondern an den Veränderungen partizipieren; und dies gilt auch in dem Sinne, dass sie nahe an den Gestaltungsprozessen sind oder selbst WEB-Entwicklungen gestalterisch beeinflussen. Die hier vorgelegten theoretischen Erörterungen sind eingebettet in "Selbstprotokolle" der Netznutzung und Gestaltung, und grundlegenden Ansätzen einer medialen Cybertheorie. Das Forschungsprojekt „CYBERPOIESIS" hat in seinem Verlauf einige Veränderungen durchgemacht. Zwischen Antrag und Abschluss liegen zwei Softwaregenerationen (im Durchschnitt 16monatiger Generationswechsel), die Arbeitsfelder der anfänglich beteiligten Menschen änderten sich, neue Menschen kamen hinzu. Die Zahlen der Netzpopulationen sind in der Zeit von 1999 – 2002 weiterhin enorm gestiegen, in Deutschland allein um ca. 4 Millionen. Durch Gespräche im Forschungsteam zogen sich die biografisch verschiedenen Erfahrungen mit Medienentwicklungen, Medienanwendung und –gestaltung. Eindeutig waren die Abgrenzungen nicht wirklich zu formulieren, jedoch waren sie biografisch, projektbezogen, künstlerisch oder programmatisch stets anwesend und strukturierten Optionen und Fragerichtungen.

Die Besonderheit des Vorhabens bestand darin, dass *Medienepistemologie*, wie Stefan Weber seinen Zugang nennt, kulturwissenschaftliche *Analyse von hybriden und cybriden Netzwerken*, wie ich es nenne, sowie eine *künstlerisch-orientierte Forschung*, wie sie Ursula Hentschläger vertritt, und eine *forschend-künstlerische Pragmatik*, wie sie Zelko Wiener vertritt, am selben kulturellen (interfacialen) Equipment arbeiteten. Dennoch führten die von allen beobachteten Medienensembles zu Bewertungsunterschieden. Zu den üblichen Debatten in Forschungsprojekten hinzu kam, dass die verwendeten Termini keiner einheitlichen Wissenschaftssprache entstammten und dass es auch kein Ziel war, auf eine Vereinheitlichung zu setzen. Oft drehten sich Diskussionen um Differenzen und mögliche Anschlussfähigkeiten von *wissenschaftlichem Forschen* und *künstlerischem Forschen*. Eine steile Hierarchisierung der Konzepte war aus meiner Sicht weder forschungspragmatisch sinnvoll, noch dem Themenfeld adäquat. So ergaben sich nicht nur Unterschiede durch die beiden getrennten Bereiche empirisch-quantitativer Forschung und qualitativen Interviews. Die Reichweiten der theoretischen Erklärungsmuster und der pragmatisch-künstlerischen Laborkonzepte erforderten schlussendlich doch getrennte Darstellungen.

Es entstanden seitens Stefan Weber und meinerseits eigenständige Beiträge, die sich im Feld der Medien- und Kommunikationstheorien positionieren.[2]

---

[2] *Manfred Faßler (2001): Netzwerke. Einführung in Netzstrukturen, Netzkulturen und verteilte Gesellschaftlichkeit, München; drsl. (2002): Bildlichkeit. Navigationen durch das Repertoire der Sichtbarkeit, Wien Köln Weimar; Stefan Weber (2001): Medien Systeme Netze. Elemente einer Theorie der Cyber-Netzwerke, Bielefeld; drsl. (Hrsg.)(2001): Mediale Netzwerke, Medien Journal 25.Jg., Nr. 3*

Das vorliegende Buch WEBFICTIONS dokumentiert den Ansatz, Netztheorie, Netzforschung mit WEB-Forschung und WEB-Gestaltung zusammen zu führen. Diese zweiteilige Einheit des Buches ist ein Versuch, die verschiedenen Forschungsmethoden (einesteils: empirisch, literaturbasiert; anderenteils: qualitative, projektanalytische Gesprächsführung und Darstellung von Interviews) aufeinander zu beziehen, einander zu ergänzen. In meinem Text konzentriere ich mich auf den *Auszug aus der symbolischen Repräsentation* und dem *Einzug in die symbolisch generierte Anwesenheit*. Die Ablehnung der (abbildenden, symbolischen) Repräsentation ist in meinem Denken damit verbunden, dass ein kultur-einheitliches strukturelles oder morphisches Geschehen nicht mehr sinnvoll zu formulieren ist. Dies bezieht sich einesteils auf die schon länger notierte 'Krise der Repräsentation'; zum anderen aber darauf, dass unter den Bedingungen globaler medialer Räume das *kulturelle Interface* grundsätzlich als *hetero-genetisch* vorausgesetzt werden muss, selbst dann, wenn eine Gruppe von Wienern, Berliner, Deutschen, Franzosen eine mediale Performance realisieren. Dies rückt die Frage nach Individualität, Kreativität und Beteiligung weg von Mustern der Abstammungs- und auch der Herkunftskultur. Zugleich werden diese Konzepte aufrecht-terhalten.

Damit verbinden sich weitreichende Fragen der kulturellen Bezüge personaler, sozialer und kultureller Identität. Aber auch Fragen nach der räumlichen Lokalisierung, des: 'Wo' treffen wir uns?, oder der globalen Räume und ihrer *netztechnischen Infrastruktur*, ihrer *Gestaltung* und ihrer *kommunikativen Verfassung* gehören dazu. Ich nehme diese Unterscheidung von Infrastruktur, Gestaltung und Verfassung als Grundlage für das vorliegende Buch.

Mein Text richtet sich an dem Verhältnis von Infrastruktur, mathematisch-sym-bolischer Ordnung und kommunikativer Verfassung aus, während der Teil von U. Hentschläger / Z. Wiener das Verhältnis von Gestaltung und kommunikativer Verfassung betrifft.

Meine Untersuchung betrifft die Frage, in wie weit man die schaltbare Künstlichkeit der Netzrealitäten / WEB-Welten auf die Kategorie des Hybriden beziehen kann oder: ob überhaupt dies die richtige Kategorie ist. Keinesfalls unschlüssig ist, den Terminus des Hybriden dahin gehend aufzulösen, dass man von fuzzy systems, von gere-gelter (codierter) aber interaktiv offener Durchlässigkeit zwischen On-Line und Off-Line-Realitäten spricht, dass sich also eine heterogenetische Realität herausbildet, in der selbst die Hybridisierung nicht mehr als ein Durchgangsexperiment ist.

Vor diesem Hintergrund habe ich meinen Beitrag in drei Abschnitte gegliedert:
- in einen an beobachtungs- und erkennungstheoretischen Fragen ausge-richteten und wichtige transdisziplinäre Fragen erörternden Teil A ("Aneignungen eines Universalmediums"), der die konzeptionellen Überlegun-gen des Forschungsantrages (www.cyberpoiesis.net) vertieft,
- in einen an den interaktiven, kulturellen und sozialen Zusatzstrukturen orientierten Teil B ("Selbstorganisation"), in dem besonderes Augenmerk auf soziale Selbstorganisation (communities) gelegt wird und
- in einen an den Hybridisierungs-Konzepten ausgerichteten Teil C ("Künstlichkeit, kulturell lebendig"), der sowohl der Frage nach gehen wird, in welcher Weise in Software kulturelle Praxis mehr oder minder komplex einge-

schrieben wird, als auch der Frage, welche Sinnform das medial Hybride beschreiben kann.

Bei allen Überlegungen greife ich auch auf Ergebnisse aus anderen Netzforschungen zurück, um mit diesen den Strukturen, Bedeutungsbezügen und selektiver Sinnformigkeit von transkulturellen WEB-Entwicklungen näher zu kommen.

: A _Aneignungen eines Universalmediums
I.
Abkühlende Medienräume

Zug um Zug wurden in den zurückliegenden zwei Jahrzehnten die *virtuellen Grundmuster* der Gegenwartskulturen verändert. Mit Entwicklung und Verbreitung digitaler Medientechnologien wurden neue optische und akustische Möglichkeiten in das *Virtualisierungsverhalten* der Menschen eingebracht. Die von Jaron Lanier Anfang der 1980er als 'virtuelle Realitäten' benannten Programme elektronischer Künstlichkeit gruppieren die *Zeichenwelten*, mit denen sich Menschen umgeben und denen sie Bedeutung geben, neu. Menschen, darauf angewiesen und dazu fähig, sich Modelle jedweder Realität zu machen, sich in Medien die Welt(en) sichtbar, bedenkbar, entwerfbar anzueignen, beginnen damit, die Habitate ihres Wissens und ihrer Wahrnehmung medial umzubauen. Neu ist daran nicht die Virtualisierung, die zumindest der homo sapiens aufwendig betreibt, um sich selbst, Gott und die Welt, Natur und ihre Gesetze mittels Zeichen und Symbolen zu beschreiben und zu bewerten. Neu ist allerdings, dass die Grenzkonventionen zwischen künstlich und natürlich, real und virtuell unscharf, textlich und bildlich schwächer werden, mit unter an Bedeutung verlieren.

Je schwächer diese Konventionen und Institutionen werden, je 'kühler' werden Medien, und umgekehrt. Ob´s zur 'kalten Faszination' reicht, wie Siegfried J. Schmidt titelt, wird abzuwarten sein. Zweifel sind angebracht, da eine völlig bedeutungsfreie Medialität selbst der Mathematik nicht zu gelingen scheint. Offenkundig aber ist, dass die Bindungen von Kulturen an einen monomedialen Status, also der verbalen und textlichen Sprache, zurückgedrängt werden. Multimediale Prozesse vervielfältigen nicht nur die Expressionen von Absichten, Bedeutungen, Zielsetzungen. Sie erweitern nicht nur den Spielraum möglicher Optionen für Selbst- und Fremddarstellung, für sichtbare statische oder sich bewegende, hörbare oder tastbare Formvarianten. Mit den multimedialen Prozessen entstehen *Wertungskonflikte*, die auf die Zentren der Verabredungen zielen: auf die überlieferten Hierarchien. Diese Formulierung legt nahe, dass es nicht um 'keine Hierarchien' geht, sondern um die veränderten Verfügungsmöglichkeiten und –rechte über mediale Modellierungen.

Interessant an den Wertungskonflikten, die durch die Verbreitung von digitalen Medien entstanden sind, ist, dass sie sich *nicht um Wert-Konflikte* organisieren, unbeschadet der gerne ausgerufenen Wert-Krise, die durch Multimedialität, Computerspiele, Videokonsolen entstanden sein soll. 'Wertung' bezieht sich auf die Realitätsmodelle, die in Medien aufbereitet, erhalten und weitergegeben werden. Es handelt sich also um *Realitätskonflikte*, oder genauer, um *Modellierungs- und Wissenskonflikte*. Können Menschen mittels Medien eine realere Wirklichkeit entdecken, als ohne? Ist das überhaupt denkbar? Welches Medium kommt der realeren Wirklichkeit am nächsten? Ist das entscheidbar? Wie lässt sich das Steigerungsvermögen (realere Wirklichkeit) beschreiben? Dies sind nur wenige Fragen, die gegenüber dem medialen Realismus formuliert werden können.

Je 'kühler' die Medien kulturell werden, um so näher können wir den Fragen danach kommen, ob es eine mediale Selbstbefähigung des Menschen (hier: homo sapiens) gibt und worin sie besteht.

Die zugrunde gelegte Annahme ist, dass die neurophysiologisch-sinnlichen Ausstattungen des Menschen ihm einesteils Unterschiedserfahrungen ermöglichen, ihm andererseits aber auch die zerebrale Fähigkeit geben, diese zu erinnern, zu bezeichnen und zu bewerten. So verstanden entstünde die mediale Selbstbefähigung des Menschen aus einer Leerstelle, nämlich dem Dazwischen, das der Differenzerfahrung eigen ist. Das Mediale, und hier nun in Verbindung mit Technologie, wäre dann das Ordnungsverfahren, um das Paradox der 'Einheit Dazwischen' bewältigen zu können. Stephan Mussil formulierte:

> „Wenn Erkenntnis auf Differenz gründet, wird die Erkenntnis von Einheit zum paradoxalen Grundproblem."[3]

Der gerne als Überbrückung von Erkenntnismangel eingebrachte 'Mut zur Lücke' wird so gesehen zur Forderung, sich mit den 'Lückenfüllern' auseinander zu setzen. Medien sind in einem paradoxen Sinne nicht 'Lückenbüßer', sondern das kulturelle Verfahren, mit dem die Lücken überhaupt erst sichtbar, denkbar, besprechbar, formierbar, programmierbar werden.

Wir müssen nicht zuallererst uns (subjekt- oder identitätstheoretisch) verstehen, um den Fragen nach der 'Produktion medialen Realismus' nachzugehen.

Mehr noch scheint es, dass die Entwicklung und Abkühlung medialer Landschaften nicht nur die Modellfähigkeit steigert, sondern auch zu neuen Selbstverständnissen beflügelt. Ein Ergebnis dieser Entwicklung scheint unbestritten: die tiefgreifende Veränderung des Verständnisses der Virtualisierungs- und Entwurfsfähigkeit.

Es sind der grundlegende physiologische Vermittlungsbedarf und die Vermittlungsfähigkeit, die Lernen durch (entwerfende, phantasierende, imaginierende) Virtualisierung und Lernen in medialen Umgebungen der Virtualisierung ermöglichen. Ohne diese wäre Kultur nicht möglich, nicht beschreibbar.

Virtualisierung ist die biologisch-kommunikative Quelle für künstlerische und wissenschaftliche, handwerkliche und intentionale Entwürfe. Gegenwärtig wird diese durch Medien ökonomisiert und kommunalisiert. Früher erfolgte dies durch Gilden, Handwerksordnungen, Meisterschulen oder Institutionen. Die Reduktion, der ich hier folge, ist die auf Virtualisierung, Fiktion und Entwurf als unhintergehbare Bedingungen für die Entstehung aber auch für den Erhalt von Medien. Es mag für manchen eher 'zufällig' wirken, diesen Schritt zu tun. Im qualitativen Interviewteil wird diese Reduktion wieder künstlerisch und WEB-Kunst erforschend geweitet. Hoffen wir, dass das vorliegende Buch das Verständnis für die Wahl unserer Perspektiven erhöhen wird.

---

[3] *Mussil, Stephan (1993). Literaturwissenschaft, Systemtheorie und der Begriff der Beobachtung, in: Berg, H. de & Prangel, M. (Hg.). Kommunikation und Differenz. Systemtheoretische Ansätze in der Literatur- und Kunstwissenschaft, Opladen, S. 183-203, hier: 195*

Kulturelle Praxis: digitale Medien

In der Beobachtung von binären Medientechnologien von Kultur zu sprechen und diese nicht auf Technik oder die Zahl zu reduzieren, ist nicht selbstverständlich. Zahlreiche Denkrichtungen legen noch technokratische und deterministische Zustände nahe. Hier wird ein umgekehrter Weg eingeschlagen.

Wir gehen von der Überlegenheit der Anwendung über die lineare Entwicklung, des Entwurfs über die kontrollierte Planung, des Experiments gegenüber der Strategie aus.

Anwendung, Entwurf, Experiment (Sie können die Reihenfolge auch anders wählen) beschreiben das, was der Wissenschaftsforscher Peter Weingart mit dem Wort „Transdisziplinarität" anspricht. Für ihn ist offensichtlich, dass die Wissensproduktion nicht mehr vorrangig auf die Suche nach Naturgesetzen gerichtet ist. Sowohl die monopole Wissensproduktion der Wissenschaft, als auch deren institutionelle Absicherung lassen sich nicht aufrecht erhalten. „Disziplinen sind infolgedessen nicht mehr die entscheidenden Orientierungsrahmen, weder für die Forschung noch für die Definition von Gegenstandsbereichen...Die Problemlösungen entstehen im Kontext der Anwendung, transdisziplinäres Wissen hat seine eigenen theoretischen Strukturen und Forschungsmethoden."[4]

Diese Positionierung wird für jene Bereiche immer wichtiger, in denen die *Aufmerksamkeitsökonomien von Erfindung und Anwendung schaltungstechnisch und schaltungszeitlich näher rücken*, wie dies in den Bereichen digitaler Medienentwicklung der Fall ist. Sie arbeiten, wie dies Friedrich Kittler einmal für das Verhältnis von Informatik und die Kulturwissenschaften nannte, „am selben Equipment".

Für eine transdisziplinäre medienwissenschaftliche Forschung heißt dies anzuerkennen, dass eigene theoretische Strukturen und Forschungsmethoden selbstsicher einzufordern aber auch zu entwickeln sind. Gegenwärtig scheint dies vor allem darin möglich, dass unterschiedliche Disziplinen unter einer Fragestellung zusammengebracht werden, um nicht nur diese gemeinsam zu bearbeiten, sondern auch Ansätze einer veränderten Medienforschung zu erdenken. Ob uns dies in Ansätzen gelungen ist, werden die Diskussionen noch zeigen.

Eine weitere Schlussfolgerung ist zu ziehen:

Erfordern die Untersuchungen der medialen Umgebungen eigene theoretische Strukturen, so muss auch anerkannt werden, dass die *digitalen, vernetzten Medienrealitäten eine hinreichend komplexe kulturelle Praxis* darstellen. Sie sind nicht als randständige, bloß instrumentale 'tools' abzuwerten. Medien sind keine außerkulturelle Macht, kein Schicksal. Sie sind vielschichtige technologische und sinnliche, reflexive und kognitive Praxis.

Eine neue *medienkulturelle Praxis* festigte sich in den letzten Jahren: 'digitale Medien'. Mit ihr entstanden neue Verständnisse u.a. von Wort (digital word), Kunst (Medienkunst), Welt (digital world), Realität (virtuelle Welt), Umgebung (artificial environ-

---

[4]*Peter Weingart (2001): Die Stunde der Wahrheit. Zum Verhältnis der wissenschaft zu Politik, Wirtschaft und Medien in der Wissensgesellschaft, Göttingen, S. 15*

ment), Leben (artificial life). Durch sie wurde die bild-, text-, ton-, zeichen- oder symbol-sprachliche 'zweite Ordnung' nicht neu erfunden. Allerdings verlor das textsprachliche Interpretationsmonopol weiter an Gewicht, und die Bedeutung der Fähigkeiten, etwas sichtbar zu machen und die Strategien, Sichtbarkeit in die Verständigung über Kultur ein-zubringen, wuchs.

Genau genommen sind 'digitale Medien' nicht nur *eine* kulturelle und universa-le Praxis, sondern es sind *Ensembles* kultureller Praxen. Sie werden aus den Systemen der 'zweiten Ordnungen', d.h. den Bild-, Zahl-, Zeichen-Sprachen, heraus entwickelt, aus mathematischer Abstraktion und komplexem Prozessverständnis, aus Spaß an visueller und audiovisueller Expression in Medien, technischen Experimenten, aus den Fähigkeiten, 'unsichtbare' und 'unbeobachtbare' Zusammenhänge zu denken und den Fähigkeiten, Ideen, Modelle, gedankliche Erwartungen sichtbar, hörbar, lesbar und wei-ter denkbar zu machen.

So werden Medienensembles zusammengestellt, die nicht nur die *Funktionen* Text, Bild, Ton bereitstellen und verarbeiten. Durch sie öffnen sich neue Verknüpfungs- und Darstellungsmöglichkeiten von Informationen für Kaufhäuser und Universitäten, Autowerkstätten und Nachbarschaften, Produzenten und Konsumenten. Wir kennen dies als Web-Auftritte 'unter der Adresse...'.

Im vorliegenden Text wird der Frage nachgegangen, in *welcher Weise die media-le Veränderung der virtuellen Grundmuster die Selbstbeobachtung und -beschreibung von Menschen und Gruppen unterstützt oder sogar neue kulturelle Modi der Beobachtung erzeugt und erhält*. Dies betrifft nicht nur das Repertoire der Sichtbarkeit, sondern auch das der Reflexion, der Abstraktion, des Visionierens, des Experimentierens. Damit wird im Fragenansatz bereits die anti-technokratische Grundlage erweitert.

Aus der Fernseh- und Video-Rezeptionsforschung ist bekannt, dass die filmi-schen Handlungsskripte nicht 'eins zu eins' übernommen werden. Mag sein, dass das visuelle oder expressive Repertoire von Rezipienten verändert wird. Dies muss aber weder in die Nähe von realen Echtzeiterfahrungen führen, noch besitzen die Veränderungen des audio-visuellen Repertoires einen 'vorkulturellen Durchgriffsmechanismus' auf Handlungen. Die Veränderungen betreffen solche des Wahrnehmungs-, Reflexions- und Vorstellungsvermögens, also den Kernbereich kultu-relle Praxis. Aus diesem Grunde war für mich das Forschungsthema der Zusammenhang von *Symbol-Virtualisierung-Projekt*, und nicht der von 'Medien' und alltäglichen Handlungs*kopien*. Interface-Kultur ist kein Universum digitaler Blaupausen.

Programme und andere Realitäten

"Die Definition von Code ist es, in einen anderen Code übersetzbar zu sein: diese ihn definierende Eigenschaft nennt man Struktur."
Francois Dosse, Strukturalismus

Das WEB stellt gegenwärtig ein interessantes Szenario dieser Zusammenhänge von Symbol / Zeichen – Virtualisierung / Fiktion – Projekt / Programm dar.

Um diesen Zusammenhang auch in der Beobachtung darstellen zu können, spre-che ich *von digitalen Medien als kultureller Praxis*. Sie erzeugt keine visuellen

Erfahrungen, die dann ´woanders´ verwendet werden, sondern sie verändert die Art und Weise der aktiven Suche, der Aneignung und der Reflexion digitaler Zustände. Wir haben es also nicht mit Realitätsimitaten zu tun, die unter der Hand zu Realitätsersätzen mutieren. Übrigens bleibt diese These des Realitätsersatzes selbst dann medientheoretisch unschlüssig, wenn sie ständig wiederholt wird. Kein Medium funktioniert als Realitätsersatz. Allerdings erzeugen Menschen mit Medien zeichengestützte Zusatzräume. Es sind die Zusatzräume, die die Selbstorganisation der Beobachtung erst ermöglichen. Sie sind kulturelle Beobachtungsapparaturen.

Die Kulturtechniken und Realitätsarchitekturen, die dazu führen, sind medienwissenschaftlich Brachland. Cyberspace, virtuelle Realitäten, künstliche Umgebungen, mediale Räume sind Zusatzrealitäten. Menschen verwenden diese, um sich zu entspannen, zu informieren, zu erheitern, abzulenken, zu forschen, zu glauben, zu experimentieren, zu entscheiden. Diese Zusatzrealitäten ändern nichts daran, dass Menschen blind sind, blindlings Realität erzeugen, Welt hörbar, lesbar, sichtbar machen. Medien beobachten heißt stets, die Logiken ihres Entstehens und ihrer Nutzung beobachten.

Mit Hilfe der Zeichen- und Medienfähigkeit entstehen Gliederungen und Geltung, Sinn und Bedeutung. Diese sind von jenen dennoch verschieden. ´Mediale Realitäten´ lassen sich als Szenarien beschreiben, in denen Menschen Welt unterschiedlich bedenken und darstellen, speichern und vererben. Gegenwärtig, so der Grundton vieler Beiträge, werden nicht nur die Infrastrukturen der Beobachtung unumkehrbar verändert. Auch die Menge und Reichweiten der medialen Realitäten werden verändert.

Schlüsselerlebnis für diesen Umbau der Wahrnehmung und des ´bedenken Könnens der eigenen Situation´ ist die Erfahrung, dass der ´Zusatz´ zu einer eigenartigen, eigenwertigen Realitätsansammlung geworden ist. Zu ihr gehört die Einsicht, dass umfangreiche Felder menschlichen Verhaltens und Denkens programmierbar, also medientechnologisch virtualisierbar sind. Was Mensch, Kultur, Raum, Verständigung, Anwesenheit, Dasein, Erreichbarkeit, Sicherheit (um nur wenige Dimensionen zu nennen) sein könnten, wird neu befragt.

Das ´unsichtbare Band´ des Vertrauens, der Zugehörigkeit, von dem gerne gesprochen wird, wird neu gewoben. D.h. die unsichtbare Präsenz, - wovon auch immer - , und deren Bedeutung erhalten eine veränderte Folgerichtigkeit: wer sich nicht anwesend (also lesbar, sichtbar, hörbar) macht, ist in den medialen Räumen ´nicht existent´. Oder anders gesagt: können digitale mediale Räume beobachtet und beschrieben werden, sind Wechselwirkungen von Programm und Person, von mehr oder weniger (inter-) aktiven Menschen und actor-network-Beziehungen (B. Latour) vorauszusetzen. Von Computerspielen bis zu Cyber-Citizen, von e-mail-accounts bis zeitlich versetzt besuchbaren (asynchronen) virtuellen Universitätsseminaren gilt: nur die interaktive Veränderung der Schaltungszustände erhält die medialen Räume. Die hier vorgelegten Forschungsarbeiten greifen ein Feld heraus: das Netzgenre World Wide Web (kurz: WEB).

Audiovisuelle Weltsprache / Weltsprache des Audiovisuellen?

Die Arbeitsthese lautet: Das World Wide Web ist das gegenwärtig vorherrschende dynamische Prinzip, das Bild und Ton, Piktogramm und Sound, Web-Cam-Angesichtigkeit und Ton zusammenführt zu einer Weltsprache. War für das Internet die kulturtechnische

Grundlage das Telefon, so bildet für das WEB das Fernsehen und das video-on-demand die Grundlage. Der elektronische Kanal, der entwickelt wurde, um das Telefonieren zu ermöglichen, wurde in der Frühphase der Computertechnologie (1968) für die Schrift- und Zahlzeichenübertragung genutzt. Inzwischen wurde viel gelernt, vor allem, diesen Kanal auch für die Übertragung von Farbe, Bewegung, Bildern und Ton zu verwenden. In dem Maße, wie die akustisch-elektronischen Kanäle audiovisuell umgenutzt werden, wird der sinnlich-abstrakte / -künstliche Bereich von Erfahrung neu organisiert.

In diesen Prozessen bilden sich neue Chancen der Virtualisierung heraus, neue Chancen medialer Selbstorganisation von menschlichen Gruppen. Innerhalb der elektronischen Netze werden nun u.a. lesen, hören, zeichnen, sehen, bewegen, entwerfen, speichern, verbinden polylogisch aufeinander beziehbar, verschaltbar. Dies mag abstrakt klingen. An Technik wird es vielleicht konkret: Erwartet wird der große flache, berührungssensitive LC-Display, der an der Wand hängend, Telefon, Television, Telejournal, Netz-Radio, Video-on-Demand, Pizzaservice, Konferenz, Konzert, Electronic-Commerce, Mobile-Commerce usw. verbindet. Versprochen wird damit Medienkonvergenz.

Was hat das aber mit unserem Thema zu tun? Nun, das Beispiel spricht an, dass die materiellen und arbeitsteiligen Unterschiede von Medien schwinden. Und mit ihnen verschwinden strikt von einander unterscheidbare Virtualisierungsformen und kulturelle Selbsterklärungsmuster.

Die Selbsterklärung durch die Heilige Schrift, die Drucktechnik oder bildende Kunst (Maltechnik) verläuft anders, als durch Sendetechniken ohne Rückkanal (Radio) oder vernetzte visuelle (bildlich/ textlich) und audio-visuelle Verständigungstechnologien, wie Internet / Web. Die kommunikative Wertigkeit der Medien und die Ökonomien der Aufmerksamkeit sind verschieden. Eine Bibliothek oder Pinakothek, gehängte Gemälde im Wohnzimmer oder gestellte Tryptichons in sakralisierten Räumen erzeugen andere 'unsichtbare Präsenz' / 'mögliche Anwesenheit' als die Computerausstattung von Büros, Privatwohnungen, Polizeistationen, Entwicklungsabteilungen. Gleichwohl lassen sich diese Unterschiede auf einen Prozess beziehen, den ich die Virtualisierungsfähigkeit des homo sapiens nenne. Ohne diese könnten weder komplexe Geräte noch komplexe Ideen, Beziehungen oder Umgebungen 'gemacht' werden.

Virtualisierungsfähigkeit ist so verstanden eine (kommunikativ zu aktivierende) Quelle für Intelligenz und für mediale Selbstbefähigung des Menschen.

Die Fähigkeiten zur Virtualisierung und deren kulturellen Regeln begründen Selbstverständnis, Vorhaben, Rückblicke und Erwartungen.

Verändern sich die materialen, technischen, medialen Bedingungen für Abstraktion, Reflexion und Entwurf, so ändern sich auch die kulturellen Regeln, mit diesen umzugehen. D.h. das *Virtualisierungsklima* wird anders, kühler oder heißer, individueller oder kollektiv orientiert, identitätszentriert oder funktional. Gegenwärtig erleben wir, wie eine Fülle von medien-technologisch möglichen Virtualisierungsprozessen (simulierte Realitäten, 3D-animierte Landschaftsmodelle, global On-Line sein, Cyberspace, Avatare, knowbots) in dichter 'Generationsfolge' erneuert werden. Die groß-kulturellen Verabredungen darüber, welche Abstraktion 'glaubwürdig', welche Idee 'wahrheitsfähig', welche 'Vision' pathologisch oder kreativ ist, kommen dem nicht nach. Vielleicht ist dies sogar hilfreich.

Es entstehen flexible *Virtualisierungsszenen*, in denen experimentell entworfen wird, was eine 'neue mediale Umgebung' sein könnte.

Hier wird das World Wide Web als ein solches Bündel von Virtualisierungsszenen betrachtet, in denen sehr engagiert um die Zukunft der eigenen Wahrnehmungs- und Kommunikationsbedingungen gerungen wird.

Imagination und Fiktion, über viele Jahrhunderte in unergründlichen Bereichen des Da-Zwischen von Mensch und Gott oder Mensch und Materie vermutet, literarisch, poetisch, künstlerisch angerufen, scheinen umgezogen. Wo sich etwas befindet, wenn ich es beobachte, beschreibe, bewerte, mir vorstelle oder auch die Vorstellung 'realisiere' ist eine der spannenden wahrnehmungs- und erkenntnistheoretischen Fragen, die auch hier nicht zu beantworten sind. Dass man zwischen Gehirn, realistisch vorauszusetzendem Außen, Selbstorganisation der Materie und Schaltungszuständen von relativ autonomen Maschinen unterscheiden kann, macht die Frage noch etwas schwieriger. Sprechen wir von autonomen Welten der jeweiligen Realitätskörper und -räume? Sprechen wir von Zwischen-Abhängigkeiten (Interdependenzen) oder von dynamischen Wechsel-wirkungen?

'Grey box' Kreativität

Die Fragen unseres Projektes richteten sich an Zustandsvarianten 'innerhalb' der elektronischen Systeme und den Ideen, Erwartungen, Vorhaben, die Menschen mit diesen verbinden. Es ging um jene aufregende Vielfalt von Verbindungen zwischen den *mathe-matisch-physikalischen Virtualisierungsbedingungen*, den *technologischen Virtualisierungsoptionen*, den *Fähigkeiten von Menschen*, ihr suchendes, entwerfendes, gestalterisches, hoffendes Denken mit den *kulturellen Verfahren zu verbinden, in denen die medialen Virtualisierungen schlüssig und legitim werden* (z.B. durch Diskussionen um `Gemeinschaften`, `Nachbarschaften`, `Öffentlichkeit` im Netz).

Die Forschungsfragen richteten sich an individuellen, gruppentypischen Verdichtungen von Virtualitätsprofilen, an Ensembles von (akustischer, farblicher, räum-licher, textsprachlicher, kinetischer, architektonischer, räumlicher, spielerischer) Virtualisierung aus.

Damit wurden die materialen Bedingungen eng mit der Idee des `Vorhabens` verbunden. Eine wichtige methodische Konsequenz hatte dies, die hier schon angespro-chen werden soll. Eine scharfe Innen-Außen-Differenz von maschineller und intellektuel-ler Virtualisierung ließ sich ebenso wenig halten, wie die These eines reibungslosen Durchschlagens der Medientechnologie auf Wahrnehmung und Reflexion des Menschen. Vor allem die kritische Prüfung der systemtheoretischen Trennschärfe zwischen System und Umwelt ergab, dass sie für eine Beobachtung und Beschreibung von vernetzten Ensembles der Virtualisierungsoptionen und –verläufen nicht sinnvoll anwendbar ist. Der Ausschluss der als black box beschriebenen 'psychischen Systeme' engte die Beobachtungsfähigkeit so sehr ein, dass ein Projekt- oder Entwurfsbezug nicht herzu-stellen war. Aber gerade dieser stand auf der Tagesordnung.

In der Prüfung der Reichweiten systemtheoretischer Argumentation ging es nicht darum, über den Weg der Virtualisierung Kreativität zu re-mystifizieren. Niklas Luhmann hatte 1988 in einer Diskussion mit H. U. Gumbrecht, S. J. Schmidt, H. Heckhausen gesagt: „Aus der Sicht der Systemtheorie handelt es sich um eine durchaus entmystifizierbare Angelegenheit, nämlich um die Fähigkeit zum Ausnutzen von

Gelegenheiten; oder in anderer Formulierung: um die Verwendung von Zufällen zum Aufbau von Strukturen." Die Umstellung von „Genialität auf Kreativität", durch die Gesellschaft, deren zentrale Planungen missglückt sind, ihre „Hoffnungen anders placieren muss", genügt nicht. Prozesse der Individualisierung, der Ent- und Re-Institutionalisierungen, der Vernetzungen und der dynamisierten, unscharfen In-Außen-Differenzen lassen sich hierüber nicht beschreiben.[5]

Es ist wohl so: Virtualisierungen sind vorbereitendes Darstellen und begünstigen vorbereitetes Denken und Wahrnehmen.

Zugleich verändern Wahrnehmung und Nutzung medialer Umwelten die Charakteristiken der `Vorbereitung` und des `Vorhabens`. Dies führt nicht das Subjekt als Souverän wieder ein, sondern macht die black box zu einer grey box, die als Prinzip auch für die sozialen Systeme gilt - : ´grau´ ist nach Bart Kosko die Farbe der fuzzy logic, der dynamischen Komplexitäten, der Zufälle. Bruno Latour dachte dies in seinem Entwurf einer „actor-network-theory" kulturwissenschaftlich an.[6]

Dem Virtuellen, dem fiktionalen, vermutenden, entwerfenden und erwartenden Wahrnehmen und Denken des Menschen, ist eine neue, medientechnologische Heimstatt entwickelt worden: Codes, Programme und performances. Die Tugend (virtue), über das Mögliche vorauszudenken, auf Kommendes zu warten, ist in Pragmatik übersetzt. Mögliches wird erdacht und gemacht, - und nach wie vor geschieht es, wird erwartet, ist überraschend, wird kalkuliert und entwickelt sich in der Verbindung menschlicher und nicht-menschlicher Akteure unkalkulierbar. Das technologische Areal dieser Prozesse kann gut über angewandte Mathematik, über Nano- und Femto-Physik, über Computerwissenschaften, Elektronik oder Optik beschrieben werden. Dies genügt allerdings nicht.

Wir bewegen uns in einem Geflecht von sozialen, kulturellen, künstlerischen, wissenschaftlichen Erwartungen, die darauf setzen, dass das (programmiert) Virtuelle (das der Möglichkeit nach vorhandene) auf allen Feldern kulturellen Handelns gilt und anwendbar ist. Prozesse der „Vergemeindung" des Virtuellen, wie Siegfried J. Schmidt die Entstehung und Verbreitung von Idealen und Optionen nennt, sind im Gange. Dafür sind die computer-technologischen Infrastrukturen ebenso zu berücksichtigen, wie die Verbreitung der Konzepte informatisch-immaterieller, aber entscheidungsrelevanter Umgebungen in Produktion, Design, Ökonomie, Politik, Freizeitplanung, Nachbarschaften. Computer sind, so das alltägliche Fazit, „nicht mehr wegzudenken". Uns geht es darum, sie kulturell, politisch, künstlerisch ´zu denken´, und darum, das Denken des medientechnologisch Virtuellen, seiner Pragmatik, seiner Programmatik, seiner Strukturen und das dadurch mögliche Handeln zu beschreiben.

Web – full-scale cultural behavior

Die Grundidee ist damit formuliert. Sie besagt, dass es keine ´an sich´ gute Form der Darstellung und Verständigung gibt, auch nicht unter informatischen Bedingungen eindeutiger Codierungen. Die Mathematik ist kein Ersatz, kein Trost für die Mühen der

[5] *Hans-Ulrich Gumbrecht (Hrsg.) (1988): Kreativität – Ein verbrauchter Begriff, München, S. 17*
[6] *Bruno Latour (1996): On actor-network-theory. Soziale Welt 47, S. 369-381*

Darstellungen und der Vorstellungen, die erbracht werden müssen, um Expressivität oder Verständigung vorzubereiten und zu erreichen.

Weder Kalkulation, Technik noch Medien sind ´ersetzende´ Dienstleistungen. Tatsächlich weist nichts darauf hin, dass in elektronischen Virtualitäten komplexe, emergente, eigenwertige Prozesse von Kultur entstehen könnten. Das Faktum, dass die Sprache Mathematik ein kulturelles Produkt ist, besagt nicht, was und wie mit ihr weiter gedacht und gemacht wird. (vrgl. auch die Argumentation in Teil C zur Hybridisierung) Erst in den Anwendungen von Transistoren und elektronischen Schaltungsimpulsen, von kommunikativen Reichweiten und medialen Anwesenheiten, Spielen und Computer-Simulationen wurde und wird zusammenhängendes, kulturelles Verhalten möglich. Mit Computertechnologie stellen sich Menschen weltweit einen unübersichtlichen Reichtum möglicher räumlicher, spielerischer, designspezifischer, planerischer, organisatorischer, künstlerischer, wissenschaftlicher, experimenteller Synthesen zur Verfügung. Erst die Anwendung schafft ´Übersicht´, für den Moment der Schaltung. Wird nach Sinnförmigkeit gefragt, verliert sich diese in der Individualisierung und Polylogik von Realitätsaufbau. Unübersichtlichkeit wird nicht gern gesehen, vor allem nicht von jenen, die auf mathematische Eineindeutigkeit setzten. Nun ist diese nicht mehr zu ändern. Immer größere Forschungs-, Entwicklungs- und Konsumentengruppen haben soviel Ideen und Variationen in die Netzwerke eingebracht, dass man auch auf Technologieebene sagen kann: *tertium datur*. Zwischen Mensch und Materie, Mensch und Medientechnologie sind Bereiche entstanden, die ihre eigenen Entwicklungsvarianten erarbeiten und herkömmlich unter dem Aspekt der zunehmenden Komplexität oder der mehrwertigen Logik (eine bislang nicht eingelöste Wunschvokabel) beschrieben werden. Aus meiner Sicht erfordern die entstandenen Medienräume veränderte Beobachtung von und Zugänge zu Kommunikation, Schein, Identität, Vertrauen, Verlässlichkeit, Intelligenz, zu Gruppe, Gemeinschaft, Individualität. Anstatt der Empirie der Großen und Kleinen Zahlen nachzugehen, den Skalierungen und Clustern zu folgen, wird hier versucht, den Anwesenheiten ´im Netz´ als „full-scale cultural behavior" nachzugehen.[7]

Der quantifizierenden Empirie unserer Forschung soll dabei nicht ausgewichen werden. Sie ist gespeichert unter www.cyberpoiesis.net. Schauen Sie nach. Eine nochmalige Papierform halte ich für überflüssig. Spreche ich von ´kulturellem Verhalten in seiner Bandbreite´, stelle ich WEB-Praxis in den globalen Zusammenhang von Netzkulturen. Es sind Ausdrucks- und Anwesenheitsmuster, die in herkömmlichen Gesellschaften genutzt werden, ob als ludic spaces oder e-commerce, als Global Area Networks oder Personal Area Networks, unterstützt von intelligenten Anzügen oder Kleidern, sogenannter wearable technology. Sie verändern die Bedingungen kultureller Selbstorganisation, weil sie die Menschen verändern, die sie anwenden. WEB ist das gegenwärtig populärste Netz-Genre der virtuellen Szenarien, betrachtet man nur die weiter expandierenden Zahlen der Domain-Anmeldungen, Homepages, der elektronischen Verbindungsadressen (links) und der angehängten Datenbanken. WEB bündelt einzelmenschliche Auftritte, bindet sie an die symbolischen Codes der Mathematik und die des

---

[7] *Colin Turnbul (1990): Liminality: a synthesis of subjective and objective experience, in: Richard Schechner & Willa Appel (ed.) By Means of performance. Intercultural studies of theatre and ritual, Cambridge / New York, S. 50-81*

wahrnehmbaren Verhaltensauftritts, zieht Anwesenheitserwartungen in globalen Räumen auf sich und verarbeitet zugleich die extremsten Formen der Distanz: die Binarität. WEB ist verzweigt und zugleich (zu) offensichtlich, in ihm organisieren sich Kriminalität und politische Meinung, lächerliche Selbstausstellung mit Hilfe von Webcams und brilliante audio-visuelle Präsenz z.B. von Weltreisenden, die sich hierüber als Welt-Gruppe (der 'backpacker') konstituieren.[8]

WEB ist nicht skandalös. Es ist auf dem besten Wege, eine Globalroutine zu werden. Zugleich bündelt sich in ihm die Spannung zwischen globalen Mediensystemen und neuartiger Medialität. Das gibt uns die Chance, über die zukunftsgerichteten Ansätze zu berichten, die in der medialen Virtualität nicht nur Funktionen erkennen, sondern offene, ästhetische, kognitiv und ökonomisch produktive Realitäten wahrnehmen und wahr machen. Auf der anderen Seite steht: WEB ist instabil. Das erfordert eben mehr als Quantifizierung. Es verlangt von den Beobachtern und Beobachterinnen, die Vielzeitigkeit und die Vielräumlichkeit der Vernetzungen denken zu lernen, Zug um Zug, auch wenn man das Metaspiel (noch) nicht kennt. Diese Spannung beruht auf einem mächtigen Gegensatz: Die rasche Verbreitung von Netztechnologien in einzelnen Gesellschaften und weltweit steigert die Kapazitäten der Speicherung, Verarbeitung, Verbreitung von Daten. Diese „Externalisierung des Wissens" wird nicht begleitet von einer auch nur annähernd intensiv betriebenen „Internalisierungs-Praxis". Enorme Belastungen entstehen durch globalisierte technologische Standardumgebungen, Ökonomisierung des Wissens, Kommerzialisierung der Kommunikation und Individualisierung, da die abstandsbildenden Vermittlungsgefüge und Bindungsmuster hierfür nicht entwickelt sind. Was wir soeben 'Globalroutine' nannten, beruht auf diesem Dilemma und beschreibt Ansätze, über netzinterne Entwicklungsgemeinschaften in andere Wissens- und Kommunikationsarrangements zu gelangen.

Der G-8 Gipfel in Kyushu-Okinawa vom 21-23. Juli 2000 reagierte mit seinen Nine Principals for the Global Digital Opportunity auf diese Situation. In der Presserklärung hieß es: „ A gap in the availability of Internet access will have a multilier effect and create an even more significant divide in critical areas such as education, job traning, literarcy, public health and economic prosperty". Punkt 1 der "Principles" lautete: " The G-8 should take a leadership role by advancing, together with devoloping countries, a positive vision of global digital opportunity and by organizing a coordinated effort, backed by high-level support, to assist developing countries in its realization."[9]

Dies ist eine offizielle Reaktion, die sich zumindest um die politische Thematik des Digital Global Divide bemüht. Es bleibt abzuwarten, ob dies irgend eine Folge hat, die die Regulierungs- und Entwicklungskompetenzen der Internet Society oder des World Wide Web Consortiums positiv unterstützt. Stefan Sonvilla-Weisz ist da radikaler: er sieht in der Stellungnahme der G-8 Zynismus. Dies ist nicht von der Hand zu weisen, nehmen die medientechnologischen Prozesse doch inzwischen ganz andere Richtungen als die der politischen Kontrolle ein. Die nutzenden Menschen werden entscheidend.

---

[8]*Derzeit erforscht Mag. Jana Binder solche Welt-Gruppen am Institut für Kulturanthropologie und Europäische Ethnologie / J.W. Goethe – Universität Frankfurt*
[9]*Executive Summary of The Statement Of The World Economic Forum Task Force, http//:www.weforum.org/centres.nsf/Documents*

Fruchtbarer scheint hier die Netzkultur der Open-Source zu sein, da sie nicht mehr vom Computer als gesondertem Einzelobjekt und vom Netz als gesonderter Übertragungsstruktur ausgeht. Hier gilt, dass Netz das benutzungs- und entwicklungsintensivste Feld globaler Prozesse ist.

Zur Zeit gibt es immer präzisere Versuche, die kulturelle Organisation der Matrix / der medialen Netze zu erfassen. Die „Jagd nach dem goldenen Link", wie FOCUS 19/2002 titelte, das Auffinden von 'wertvollen' spezialisierten, nachrichtenfähigen Informationsquellen im WEB, zielt auf ein unterscheidungsreicheres und zugleich anwendungsbezogenes Informationssortiment. Diese „Weblogs" könnten die Suchmaschinen herkömmlicher Art ablösen, da sie laufend von einer zerstreuten Redaktion aktualisiert und sortiert angeboten werden, d.h. sie werden nicht durch das individuelle Nutzungsverhalten organisiert, sondern durch gruppenkulturelle Interessenarrangements. (www.antvill.org; www.userland.com; www.noahgrey.com/greysoft)

II.

'Making Sense within the Articial'

Ted Friedman betitelte 1995 einen Buchbeitrag „Making sense of software".[10] Ihm ging es darum, Software als Grundlage beispielloser Selbstorganisation sozialer Prozesse beobachten zu lernen. Basis waren für ihn Spiele, ihre Logiken, ihre strategischen Ebenen, ihre Variationsbreiten. Er kam mit seiner Argumentation nahe an jene Konzepte von Spielen heran, die von einer „evolution of cooperation" (Axelrod), der kulturanthropologischen Kleinarbeit des „homo ludens" (Huizinga) oder auch der integrierten Sicht mathematischer Spieltheorie auf Maschinen, Strukturen, Evolutionen, Verhalten und Intelligenz (v. Neumann) ausgehen.[11]

Erweitert man den Terminus Software um den der Information, wird der Aspekt der sinnvollen Selbstorganisation deutlicher.

Information stellt einen Formalismus dar, um ein zeitliches Geschehen zu erzeugen. Sie wird, sofern sie für den Menschen erforderlich ist, von diesem wahrnehmbar gemacht, in ein zeitlich-gegenständliches, körperlich-sinnliches, reflexiv-abstraktes Geschehen versetzt, wird Form. Genau genommen 'wird' sie nicht 'von sich aus' Form, sondern zu dieser erst im Geschehen der Nutzung, Verwendung, Anwendung, Auswahl 'gemacht'. Form, - z.B. Schriftbild, Bildschrift, Verknüpfungsmuster, Animationen, Raumsimulationen -, wird erst durch kommunikative Entscheidungen in den künstlichen Raum platziert, und diese Platzierung erzeugt diesen Raum. Man hatte sich in den 1980ern und 1990ern rasch an diese technogenetischen Verläufe der künstlichen (gegenständlichen) Re-Formierung von Informationen gewöhnt. Simulationen der Formen, Spiele ohne gegenständliche Grenzen, eroberten sich Marktanteile. Durchschreitbare vir-

[10] *Ted Friedman (1995): Making Sense of Software: Computer Games and Interactive Textuality. In: Steven G. Jones (ed.): Cybersociety. Computer-mediated Communication and Community, London, p. 73-89*
[11] *Huizinga, J. (1955): Homo ludens: a study of the play element in culture, Boston; Neumann, John von / Morgenstern, O. (1967): Spieltheorie und wirtschaftliches Verhalten, Würzburg; Axelrod, Robert (1991): Die Evolution der Kooperation, München*

tuelle Küchen, 'testweise' tragbare Kleider und Haartoupets, bis zu Autoangeboten: der Eindruck, dass Computertechnologie den Formenerwartungen 'angepasst' werden konnte, beruhigte. Weniger rasch gewöhnte man sich daran, dass mit Informationstechnologie Räume hergestellt werden konnten, die Verständigungsweisen ohne Rücksicht auf Geografie, soziale Schichtung, Geschlecht, Behinderung, Alter, Hauptfarbe ermöglichten. Viele Untersuchungen liegen hierzu inzwischen vor. Was uns hier interessiert ist nicht das Faktum, dass Form und Raum digital sichtbar gemacht werden konnten. Wichtig scheint es uns beobachten und beschreiben zu können, wie in den ikonisch arretierten Räumen (z.B. bei Spielen) oder den interaktiv erst entstehenden Räumen Visionen zwischenmenschlicher und kultureller Verständigung im künstlichen Raum entstehen. David Gelernter nennt dies die Suche nach „den intrinsischen (wesensmäßigen) Merkmalen von Software", die die künstliche Welt der Ideen, Abstraktionen, Visionen, Codes, Simulation handlungsnah weiter leben lässt. Konnten die Formen noch beruhigen, so beunruhigten die Räume und ihre Ausstattung doch sehr. Denn durch die Belebbarkeit von digitalen virtuellen, künstlichen Räumen verharrt das, was Information und Form sein könnte, im Künstlichen; sie verlassen nicht den Cyberspace. Unter den Bedingungen sich selbst erzeugender freier Felder und freier Räume verstanden sich die Bewohner als Pioniere: pioneering in cyberspace, Kämpfer an der „Electronic Frontier". John Perry Barlow schrieb seine „Declaration of the Independence of Cyberspace", Florian Rötzer dachte über "Final Frontier Space" nach und ich selbst vermutete die Entstehung einer „Renaissance der Nahwelt im Cyberspace".[12]

emergence of community

Friedman sprach mit der Verbindung von codierten Regeln, programmiertem Spiel, Spielen als Verhaltensprogramm und Community einen Zusammenhang an, der uns gegenwärtig noch intensiver beschäftigt: 'the emergence of community' auf der Basis komplexer werdender Spielumgebungen. Die weltweit stattfindenden Local Area Network – Parties (LAN-Parties), an denen lokal bis zu tausend und weltweit bis zu drei Millionen Menschen teilnehmen, weisen darauf hin, dass sich die Regelwerke, über die Koalition, Vertrauen, Verlässlichkeit, Gruppenverhalten und Verantwortung gelernt werden, tiefgreifend verändern. Wir werden hierauf noch zurückkommen. Eine neue Typologie von *community* schien zu entstehen. Kurzzeitige, gedanklich und in den pragmatischen Imaginationen eng mit einander verbundene Generationsfolgen von game communities rückte in den Blick der Kulturwissenschaften. Sollte es möglich werden, Gesellschaft aus der Logik der Spiele zu erlernen? Welche Gesellschaft würde dies sein? Wo bliebe dann die Freiheit des einzelnen? Wo bliebe die Selbstbestimmung einer Kultur, wenn die Logiken der Spiele über die Technostandards und den Markt global würden? Worin bestünden die Chancen, die Verbindung von Programm als technologisch-schaltbarem Codeensemble und Programm als kulturell-schaltbarem Verhaltensensemble zu bedienen und dennoch Veränderung denken und machen zu können? Die Befürchtungen, dass Computertechnologie (die seit den frühen 1990er dann auch als Medientechnologie

---

[12] *E. Stiftinger, E. Strasser. Zukunfts- und Kulturwerkstätte (Hrsg.): Binäre Mythen, Wien 1997; M.Faßler / W. Halbach (1994): Cyberspace. Gemeinschaften, Virtuelle Kolonien, Öffentlichkeiten, München*

geführt wurde), nicht nur die Vergangenheit verstauben ließ, sondern die Medienrevolution auch ihre intelligenten Kinder fressen würde, waren verbreitet. Da wirkten jene Ansätze fremd, die als Paradox daher kamen, als ´pragmatische Utopien´, im Kleid der ´Gegenwart als Imagination´ oder ´beleben wir das Künstliche´.

`Sinn` als Dimension von Software zu beschreiben, fiel auf. Noch mehr fiel auf, dass Sinn innerhalb künstlicher Umgebungen der „Cybersociety" als ´machbar´ eingeführt wurde. Mit Software verband Friedman nicht nur datentechnologische Leistungsbreite, sondern die Erwartung, sinnliche und sinnvolle Verwendung und Einbindung in individuelle, soziale oder kulturelle Erzeugung von Bedeutung. Game und Community waren pragmatisch und fiktional vernetzt. Friedman sprach damit die zeiträumliche Qualität der binären Phänomene an. Künstlichkeit erhielt, u.a. durch die Verbindung von Spiele und Gruppe / Gemeinschaft, das Zeugnis, Sinnform sein zu können. Künstliche Sinnform / die sinnförmige Künstlichkeit (virtuelle Spielwelten) wurde machbar und kulturell bedeutend (virtuelle Unternehmen).[13] Dieses ´mach was draus´, das von vielen Menschen in der Forschung, der Computerentwicklung, der visuellen, audiovisuellen oder akustischen Kunst geteilt wurde, bildete einen auffordernden Kontrapunkt gegen kollektivistische Sinnimperative.

Globale Experimente: zerstreuter Sinn

Etwas Neues schien möglich geworden zu sein, etwas, das zwischen den überlieferten Raum- und Zeitregimes territorialer Gesellschaften, den zu eng gewordenen Mustern angesichtiger Kommunikation, erzieherisch überlieferten Sinnkanons einesteils und dem Universum mechanischer, kinetischer Maschinerie anderenteils bereits entstanden war. Die Formen, die das `Neue` annehmen könnten, waren unklar. Die sprachliche Absetzung von Vergangenem war die beliebteste Geste: post-modern schienen die Prozesse, post-industriell, post-materiell, post-fordistisch. Dass es selten darum ging, sich die Vergangenheit vom Halse zu halten, sondern an den Zusammensetzungen der Gegenwarten und möglicher Zukünfte zu arbeiten, fand wenig Eingang in die Beobachtersprache. Z.B. Boris Frankel hatte es mit dem Buch „The Post-Industrial Utopians" versucht.[14]

Die Erfahrungen damit, was machbar sein könnte, waren den (programmsprachlichen) Arbeiten an ´den Bedingungen der Möglichkeit von Erfahrungen´ verpflichtet. Es waren Konkretionen auf Widerruf, erweitert durch ernsthafte technologische, künstlerische, kognitionstheoretische, medienwissenschaftliche, neurophysiologische Forschungen, - um nur wenige hier anzusprechen

Die Worte, die diese scheinbar a-morphen Entwicklungen beschreiben konnten, waren Anfang der 1990er längst gefallen: „Virtuelle Realitäten" (Jaron Lanier), „Cyberspace" (William Gibson), „Hypertext" (Ted Nelson). Sie entzauberten alle Idealisierungen angesichtiger Kommunikation, und verzauberten zugleich die Welten, in denen computerverstärkte, -erweiterte oder –unterstützte Kommunikation stattfinden könnte.

---

[13] z.B. *William H. Davidson, Michael S. Malone (1992): The Virtual Corporation, New York*
[14] *Boris Frankel (1987): The Post-Industrial Utopians, Oxford*

Trotz allen `Zaubers` suchte man Halt in dieser als referenzlos gedachten Welt binärer Schaltungszustände. Für etliche Gruppen war Text der ideale Wahrheitsträger im Netz. Wenn man schon nicht genau wusste, was alles digital möglich war, so sollte doch die klassische bildungsbürgerliche und schulisch-universitäre Referenz für Wissen in den Cyber-Szenen abgesichert werden. Wort, Schrift, Text zogen große Teile der Bedeutungsfragen und Sinnantworten auf sich. Die textliche Präsenz im Netz schien für viele die einzige legitime und richtige Form zu sein, Computer und deren Vernetzung zu nutzen. Vor diesem Hintergrund sind auch die heftigen Streits um Auftauchen und Zulassen von Bildern im Internet um 1986-87 zu verstehen.

Von mono- zur multimedialen Experimenten

Die Computer-Euphorie war anfänglich eine monomediale Euphorie. Eingespannt in die klassischen Gegensätze von Wahrheit und Fälschung, wurde in der Verbindung von Bildlichkeit und Digitalität ein Pakt gegen die Wahrheitskoalition von Zahl, Technik und Text befürchtet, - „digital woes" oder in deutscher Übersetzung: „digitales Verhängnis".[15]

Dass die mathematisch-physikalischen Gesetzmäßigkeiten der im Nano- und Femto-Bereich möglichen Veränderungen (gerne Manipulationen genannt) für jede Medienfunktion gilt, war schon im Gespräch. Und ebenso bekannt war, dass das digitale Original ebenso wenig beobachtbar war, wie die Kopie, die Veränderungen usw. War der Unterschied von Original und Kopie weder im elektronischen Zustand zu beobachten noch an der Performance zu erkennen, wurde die kommunikationsethische Zwanghaftigkeit des Text-Bild-Konfliktes fraglich.

Zu bedenken bleibt eben deshalb, dass der im Oktober 1968 in Stanford gestartete historische Vorlauf der elektronischen Textübertragung den normativen Gedanken gefestigt hatte, buchstäbliche (also textliche) Wahrheit läge weit vor der bildlichen Wahrheit. Es ist hier nicht der Ort, dies ausführlicher zu debattieren. Interessant ist für die vorliegende Darstellung allerdings, dass der Konflikt aus den Entwicklungslabors und den Testwelten des Cyberspaces ausgelagert wurde. Er fand entweder innerhalb des Internet statt, und wurde zugunsten einer Text-Bild-Integration entschieden; oder aber er wurde Konferenz-Thema von Literatur- und Geisteswissenschaften.

In den gestalterischen Experimenten hingegen wurde es wichtig, auf die multisensorischen Körper der Menschen eingehen zu können, also individuell befriedigende multisensorische Umgebungen und informationell-kommunikativ zufriedenstellende multimediale Umgebungen zu testen. Zahlreiche Experimente, Software-Versuche, nicht funktionsfähige Programme, folgten und werden noch folgen.

Labor, Beta-Tester, Experimente

Künstlerinnen und Computerwissenschaftler, Cybernauten und Hacker legten viel Energie darein, die Sichtbarkeit und Hörbarkeit zu erreichen, die die Visionen multisensorischer Fern-Anwesenheit versprachen. Man kann diese Anstrengungen als unschätz-

---

[15]*Lauren Ruth Wiener (1994): Das digitale Verhängnis. Gefahren der Abhängigkeit von Computern und Programmen, Bonn / Paris / Reading Mass.*

bare Praxis beschreiben, sich der beabsichtigten oder ungewollten Konzepte der „Eindimensionalität des Menschen" (Herbert Marcuse) zu entziehen. Die Ideen, die damit verbunden waren, reichten sehr weit, bis hin zu künstlichem Leben, künstlichen Umwelten. Und zugleich veränderten die Testwelten, die nach diesen Ideen entwickelt und verbreitet wurden, Organisationen, Ökonomien, Forschungsverläufe, Kinderzimmer, Innenarchitekturen.

Jedes Büro, jeder Bankschalter, jede Designer-Arbeitsplatte, jedes Feld wurde zum Labor. Wir lernten, (virtuelle) Realitäten experimentell herzustellen und gewöhnten uns daran, ihnen Sinn zuzuordnen, selbst wenn es nur der Sinn der Irritation, der Lernaufforderungen, der Kritik an der Schwäche der Programme war.

Labor, Experiment, (Beta-) Test begannen ihre Cyber-Karriere.

Ihre Herkunft ist unsentimental, den naturwissenschaftlichen, maschinen-technischen, industriellen Erkenntniswegen eigen. Ihnen standen über Jahrhunderte die wesentliche Begründung von Mensch als Schöpfung, (geistiger) Kultur, (humaner) Gesellschaft entgegen. Schritt für Schritt, Software für Software, Programm für Programm wurden die alten Grenzen zwischen (testfreier) Sicherheit und Experiment weggeschoben. Gesellschaften begannen, mit sich selbst zu experimentieren, veränderten sich von Industrie- zu Informations-Gesellschaften, zu computer-medial geprägten Ideenökonomien und Wissenskulturen. Die Logiken ihrer Selbstorganisation nahmen Abschied von den alten Modellen, von strategisch vorauszudenkenden `neuen Ordnungen`. Sprach Ernst Bloch prinzipiell von dem utopischen Experimentum Mundi, die im „Realen" des Sein enthaltene „Möglichkeit des Seins", so gewinnt in den medientechnologischen möglichen Welten das Experimentum Mundi eine pragmatische Machbarkeit.[16] Die Verantwortung fällt aus der Zukunft auf die gegenwärtig lebenden Menschen zurück.

Auf diese Dynamiken bezieht sich Friedmans Aussage. Man musste lernen, aus Software `etwas Sinnvolles zu machen`, sie `sinnvoll zu machen`. Nun hatten die Experimente mit den Reichweiten der Computertechnologie u.a. eine Folge, die in der anfänglich nicht mitgedachten Dynamik von Vernetzung bestand. Es entstanden vorher unbekannte Labor-Szenen, Milieus kultureller Experimente, in die sich Informatiker /-innen ebenso wie Künstlerinnen und Künstler, Wahrnehmungsforscher ebenso wie Kommunikationstheoretiker begaben. Es bildeten sich rasch wachsende Netzwerke, in denen Experiment, Entwurf, Test, Variation zum täglichen Handeln gehörten und gehören, in denen neue Konventionen der Verständigung, der Verlässlichkeit, des Vertrauens, der Anwesenheit, Beteiligung, Individualität und Identität erdacht wurden. „Making sense *wihin* software", könnte man als Titel dieser Prozesse wählen, oder auch: „stop making society" by „making sense with software".

Aufwertung der Räume, der Sinne und des `Gedanken Machens`

Nun werden die letzten Sätze auch heute noch etliche auf den Plan rufen, die wenigstens Gesellschaft oder Kultur als Anrufungsreservate erhalten wollen. Sie fragen: "Ja aber,

---

[16] *Ernst Bloch (1975): Experimentum mundi. Frage, Kategorien des Herausbringens, Praxis. Ernst Bloch Gesamtausgabe Bd. 15, Frankfurt / M*

was ist denn dann mit der Gesellschaft? Denken Sie etwa zukünftige Kultur ohne Herkunfts-Kultur?", und meinen jenen Rückblick auf Herkunft, der Quelle von Normativität und Reflexionsgrenzen zugleich war. Nun, es geht keineswegs darum, die Medien- und Technikgeschichten, die Reflexions- und Abstraktionsgeschichten nicht zu beachten. Allerdings gibt es keinen Plausibilitäts- oder Normativitätsvorsprung dieser unklaren Gebilde 'Gesellschaft' oder 'Kultur'. Die Dinge der Kommunikation, Medien und Informationen laufen eben anders, als es die nach wie vor enormen Investitionen in Institutionen der Vergangenheiten nahe legen.

An drei Aspekten lässt sich dies kurz ansprechen: Raum – Sinne – Reflexion.

RAUM:

Mit den Geschwindigkeiten von elektronischen Schaltungs- und datentechnischen Übertragungsprozessen wurde früh die Debatte um die Logik der Beschleunigung (Dromologie), Herrschaft der Beschleunigung (Dromokratie), Verlust der Räumlichkeit verbunden. Rückblicke auf das Erste und Zweite Futuristische Manifest und die Vergötterung der Geschwindigkeit wurden ebenso eingespielt, wie die Befürchtungen, der Mensch verlöre die Fähigkeit, Zeit in Örtlichkeit und Körperlichkeit zu übersetzen.

Übersehen oder belächelt wurde zugleich, dass ja gerade in den Umfeldern des 'Cyberspace' Bestrebungen erkennbar waren, tele-digitale Anwesenheit über Raum zu erreichen und zu bestimmen. Diese Tendenzen setzten darauf, dass Raum eine reflexiv-visuelle Größe kultureller Verständigung ist. Sie lösten Raum von der Territorialität und versetzten die Möglichkeit einer horizontal / vertikal und reflexiv begrenzbaren Wahrnehmung in den Datenraum.   Raum wurde zwar instabil, von dynamischen Wechselwirkungen abhängig, aber das Phänomen Raum verschwand keineswegs. Die These lautet umgekehrt: da Daten erst in der Tiefe der Oberflächen wahrnehmungs-real werden, beginnt mit der Digitalität für die menschliche Kommunikation eine neue Epoche der Räumlichkeit.

Spätestens mit den 3D-Animationen, den Simulationen, den Avataren (scanning und rendering) bestimmt Raum die Ereignishaftigkeit der digitalen Medialität. Raum ist keine Kategorie der Trennung ('räumliche Trennung'), sondern der fließenden Anwesenheiten. Oder anders gesagt: vom selben (realen) Ort (Schreibtisch, Terminal, Laptop auf dem Schoß, auf der Parkbank sitzend) kann man an unterschiedlichen räumlichen Prozessen teilnehmen. In manchen Forschungen, in denen Raum angesprochen wird, verdrängt der Medienraum den realen Raum, entweder mit der Folge, dass Raum als Kategorie vollkommen verschwindet oder in die Unbeobachtbarkeit verschoben wird.

So heißt es bei Niklas Luhmann, dass Telekommunikation „vom Telefon bis zu Telefax und zum elektronischen Postverkehr – die noch bestehenden räumlichen, (also zeitlichen) Beschränkungen der Kommunikation gegen Null tendieren" lässt.[17] Oder bei Gérard Raulet: „Die technische Utopie einer durch Telekommunikation dezentralisierten Gesellschaft bedeutet dabei vor allem eine Verräumlichung der Kommunikation, dergestalt, dass sie jedwede Lokalisierung unmöglich werden lässt und dadurch die Auflösung

---

[17] *Niklas Luhmann (1998): Die Gesellschaft der Gesellschaft, Frankfurt, S. 302*

der Bindungen und der Orte, die die traditionell Gemeinschaft über Symbole strukturierten, zum Ende bringt."[18]

Schaut man sich das expandierende Universum der home pages, der Diskussionsgruppen, der Spielräume etc. an, so müsste man umgekehrt sagen, dass die räumlichen Beschränkungen der Kommunikation nicht mehr die Reichweiten betreffen, sondern die Erreichbarkeiten, d.h. Zugänge, das Wissen um Adressen, Übertragungsraten, Bandbreiten, Konnektivitäten.

SINNE:

Der zweite Aspekt, den es sich lohnt genauer zu bedenken, ist der der Sinne. Realistisch nehmen wir an, dass die sinnlichen Kanäle des Menschen die Quellen für Unterschiedserfahrungen sind. Sie bilden die Primäre Ordnung des menschlichen Verhältnisses zu Umwelten. Damit ist nicht gesagt, dass sog. sinnliche Erfahrungen ein 'unmittelbares Verständnis' ermöglichen. Genau genommen ist eine Beobachtung, die verständnis-, mithin vermittlungsorientiert ist, ohne Zeichen-, Körper-, Bild-, Verbal-, Zahlensprache nicht erreichbar. In radikal konstruktivistischer Sprache ist Welt unbeobachtbar.[19] Sinne öffnen das Dazwischen, das sich von der realistisch vorausgesetzten und direkt erlebbaren Welt zur beobachtenden Sprache spannt. Beobachtung erfordert also Sprache. Sprache ist, wie Heinz von Foerster sagt, ein Begriff „zweiter Ordnung". Sie ist „jenes Kommunikationssystem, das sich über sich selbst verständigen kann".[20] Sprache jedweder Art schließt nicht die sinnliche Wahrnehmung ab, sondern eröffnet die Bedingungen, aus den Sinnen via Abstraktion eine Realität herauszuholen, die in der direkten Berührung, dem physiologischen Augenschein, der Akustik nicht existiert. Sprachen führen in die Sinnlichkeit der Abstraktion ein, und dies gilt für Zeichen, Zahlen, Bilder, modulierte Töne.

Für die vorliegende Untersuchung interessant wird diese Position, wenn man der Frage nachgeht, welche Folgen es hat, aus Abstraktionen nicht mehr nur fassbare Architektur, Möbeldesign, Werkzeugmaschinen, Automobile zu 'machen'. Diese können noch in die gegenständlich-sinnliche primäre Ordnung zurück übersetzt werden, da ich mir blaue Flecken holen kann, wenn ich mich an einem Tisch stoße, oder mit meinem PKW einen Mülleimer umfahren kann. Obwohl diese vermeintliche 'Direktheit' bereits ein komplexes Geflecht kultureller Praxis darstellt, und nicht im Sinne Primärer Ordnung behandelt werden kann, tun wir so 'als ob'. Es ist common sense, die Zweite Ordnung in Richtung der Sinne zu vereinfachen. Was aber geschieht, wenn aus der Zweiten Ordnung, also den Gefügen der Sprachen aus Text, Mathematik, Sichtbarkeit, Hörbarkeit, künstliche Umgebungen 'gemacht' werden? Unfassbar! Lösen sich Abstraktionen dann völlig von den Sinnen? Offensichtlich nicht. Denn das, was wir seit mindestens zwei Jahrzehnten erleben, ist eine Aufwertung der Sinne. Sie erfolgt unter der Voraussetzung, dass in grup-

---

[18]*Gérard Raulet (1988): Die neue Utopie. In: Frank / Raulet / v. Reijen (Hrsg.), Die Frage nach dem Subjekt, Frankfurt, S. 283-316*
[19]*Niklas Luhmann, Frederik D. Bunsen, Dirk Baecker (1990): Unbeobachtbare Welt. Über Kunst und Architektur, Bielfeld*
[20]*Heinz v. Foerster (1997): Der Anfang von Himmel und Erde hat keinen Namen. Eine Selbstschaffung in 7 Tagen. Hrsgg. v. A. Müller & K. H. Müller, Wien, S. 179*

pen-kulturellen Zusammenhängen die Realitätsgrade des Künstlichen ebenso gemacht werden und anerkannt sind, wie die des Sozialen oder Natürlichen.

Wir schlagen vor, dieses Verhältnis von Sinnlichkeit und Künstlichkeit als *kognitive Sinnlichkeit* zu bezeichnen. Kognitive Sinnlichkeit unterscheiden wir von physiologisch-direkter Sinnlichkeit. Der Ausdruck ist u.a. an literaturwissenschaftliche Forschung zu Imagination, Virtualität und Fiktion angelehnt. Wichtig scheint uns bei diesem Konzept zu betonen, dass die Immaterialität der sinnlich wahrgenommenen Welt nicht nur eine *veränderte Ökonomie der Aufmerksamkeit* erfordert. Wir kennen dies unter dem Titel der Verbindung von Programmen, Objekten, Datenbanken oder dem Wechsel von Texturen oder Farbgebungen. Dies schließt auch ein *verändertes Regime der Zeiten und Räume* ein, in denen sich Nutzerinnen und Nutzer, Bewohnerinnen und Bewohner von Netzwerken bewegen.

Für gewöhnlich werden die Gespräche hierüber unter dem Titel der „Medienkompetenz" geführt, womit allerdings der Entwurfscharakter und der Prozess der Selbstorganisation nur wenig angesprochen werden.[21] Nun wollen wir nicht behaupten, dass eine Komplett-Sinnlichkeit in Mediensystemen erreicht worden ist. Für die Herstellung von Realitätsmodellen, die von gegenwärtigen Übertragungsökonomien gefordert und von den Kommunikationskapazitäten erwartet werden, genügen Optik (Lesen, Sehen, Strukturen verbinden, Modellen erkennen) und Akustik. Derzeit vernachlässigbar: geruchliche und auf Berührungsdruck zurückgehende Erfahrungen. Von herausragender Bedeutung für die kreative und intelligente Fortentwicklung kognitiver Sinnlichkeit ist gegenwärtig die Text-Bild-Ton-Zahl-Integration. Die damit verbundenen Probleme sind nach wie vor enorm, wie aus vielen Gesprächen und Forschungszusammenhängen erkennbar ist.

GEDANKEN MACHEN:

Der dritte Aspekt, der vorab herausgehoben werden soll, ist der des sich ´Gedanken Machens´. Diese alltagssprachlich anmutende Formulierung hat es in sich. Mit ihr wird beschrieben, dass jede Verständigung darauf beruht, dass Menschen ´Gedanken gemacht haben´, oder, wie es selbstbezüglich heißt: ´sich Gedanken gemacht haben´. Umgangssprachlich wird die letzte Formulierung erzieherisch, auffordernd verwendet: `mach dir mal Gedanken darüber!´ Oder: ´hast du dir Gedanken über dein Verhalten, über andere Möglichkeiten, über deine Zukunft gemacht?´ Meist werden die individuellen Gedanken einer Welt gegenüber gestellt, die passiert oder geschieht. Nicht selten liefert unsere Sprache noch den Gegensatz von ´Geist´ und ´Gedanken´. Hier wird `Gedanken machen´ als unhintergehbare Gehirnleistung verstanden. ´Gedanken machen´ heißt: konstruieren. Sinnliche Wahrnehmung ist ebenso Kopf-Arbeit wie Abstraktion. Ihre Unterschiede sind graduell, und sie sind gemachte Unterschiede.

Bild, Text, Buch, Ton werden gegenwärtig in ein „Universum der technischen Bilder" eingefügt, wie es Vilém Flusser schrieb. Dabei verändert sich die Botschaft der medialen Werke. Die Abgrenzungen der Bezugssysteme (Bild, Text, Raum, Skulptur etc.) werden hypertextuell beweglich und ihre Ausdrucksmöglichkeiten in Raum und Zeit tele-

---

[21] *Ein interessantes Gegenbeispiel ist Siegfried J. Schmidt (2000): Kalte Faszination, Göttingen, S. 280-306*

matisch manipulierbar. Die überlieferten typischen Mediengrenzen werden überschritten. Das Buch und die Zeitung sind nicht mehr ausschliesslich für die lineare Erziehung des Auges, für die kulturelle Zucht des Sehens zuständig; die Gemälde und Fotos sind nicht mehr ausschließlich Vermittler des Bildsehens. Monitore, über Kathodenstrahlen erhellt oder als Liquid Christal Displays fast den Maßen eines Gemäldes angenähert, sind Oberflächen einer gerade begonnenen elektronischen Medienintegration und neuer Unterscheidungskulturen.

Nicht nur individuelle Sehgewohnheiten ändern sich, nicht nur die private Ökonomie der Medialität. Auch Denkgewohnheiten ändern sich, - hierdurch. Denk- und Sehanforderungen werden neu gefasst.

Die Zwänge nehmen zu, in `überschaubarer Zeit` zwischen `unüberschaubaren` Mediensegmenten auszuwählen, ohne zu wissen, wie deren Reichweiten sind. Das Merkmal `unüberschaubar` benennt das Faktum, dass `ein Ende der Medienräume` für die Nutzerin und den Nutzer ebenso wenig abzusehen ist, wie für deren Beobachter. Nicht die `Globalität` der Medien ist dafür zuständig, sondern die Besonderheit, dass die medialen Räume erst dann erfahrbar sind, wenn man *in sie eintritt* und sich in ihnen, wie es heißt, *interaktiv* bewegt. Anfang und Ende der Medienräume liegt also im Handeln, in der Nutzung der Medienpotentiale selbst; es ist ein zeitliches und damit pragmatisches und kognitives Ende. Bettina Heintz und Jörg Huber überschrieben diese Anforderung, medial denken zu lernen mit dem Satz: „Mit dem Auge denken". Kommentiert wird damit ein Totalumbau der „Strategien der Sichtbarmachung" und des Denkbarmachens.[22]

Die angesprochenen Aufwertungen stehen den Forderungen nach der „Kunst, vernetzt zu denken" (Frederic Vester) nahe. Im Hintergrund steht das Thema ´Komplexität´ und die Morphologie des Bewegens, Wahrnehmens, Erkennens, Erklärens. „Komplexität enthält Formen der Ordnung", schreibt Rupert Riedl. Es ist Ordnung von „dissipativen (´zerstreuenden´) Systemen". Ordnung ist dabei uneindeutig, ein Prozess, den Riedl auffasst als „Gesetz mal Anwendung" (GxA), also ein globaler Standard binärer Schaltungen x globaler / oder lokaler / individueller Anwendung, oder individueller Standard (wie Linux /open source) x globaler Anwendung, oder Unix x seltene Anwendung. Welche Ordnung ein komplexes System annimmt, und wie, ergibt sich aus den Anwendungsfähigkeiten, -optionen, -erwartungen.[23]

WEB-ware (?)

„Wer aber bereit ist, auf einen zweckrationalen Zugang zu verzichten, und neugierig, dem öffnet sich das WWW per Mausklick von ganz allein – was man vom Rest des Internet nicht behaupten kann. Im Vergleich zu diesem Rest ist das Web eine Art Luxus-Limousine mit Panorama-Blick."

Natascha Adamowsky[24]

---

[22]*Bettina Heintz / Jörg Huber (Hrsg.)(2001): Mit dem Auge denken. Strategien der Sichtbarmachung in wissenschaftlichen und virtuellen Welten, Zürich; Manfred Faßler (Hrsg.)(2000): Ohne Spiegel leben. Sichtbarkeiten und posthumane Menschenbilder, München*
[23]*Rupert Riedl (2000): Strukturen der Komplexität. Eine Morphologie des Erkennens und Erklärens, Berlin Heidelberg, S. 4*
[24]Natascha Adamowsky (2000): Spielfiguren in virtuellen Welten, Frankfurt / New York, S. 186

Zusammenhänge denken, entwerfen und bewerten zu können, auch dann, wenn man sie nicht sehen, greifen, verschieben, beobachten kann, ist eine der zentralen evolutionären Leistungen der Menschengeschichte. Zu ihr gehören die geistigen Fähigkeiten, die Verbindungen, Kanäle, wechselseitige Abhängigkeiten denken zu können, die selbstverständlich ebenfalls nicht den Sinnen verfügbar sind. Zu ihr gehören auch die Fähigkeiten, sich Unsinnliches `sinnlich zu vergegenwärtigen´ oder gedanklich zugänglich zu machen.

Jedes gedankliche und kommunikative, reaktive oder entwerfende Handeln des Menschen ist mehrfach codiert, gerade auch quer zu allen materialen Ordnungen. Diese Mehrfachcodierungen aus taktilen, emotionalen, logischen, affektiven, formalen, materialen, gegenständlichen, prozessualen Codes finden sich dann zusammen in Programmen wie „Stuhl bauen", „Buch schreiben", „Kühe züchten", „Autofahren", „Koalitionen bilden", „Familie schützen", „Abendland retten", „Theorie verteidigen". Dabei werden Skripte für Werkstatt, Büro, Bauernhof oder Karten für die Lage des eigenen Feldes, die Räume der Anwesenheit, für die Grenzbereiche eigenen oder fremden Wissens aktiviert.

Eine der großen Anforderungen der letzten beiden Jahrzehnte ist die schon angesprochene Beziehung von Sinnlichkeit und Abstraktion sowie von Abstraktion und gestalteter Künstlichkeit. Für das vorliegende Buch sind weniger die individuellen Gestaltungsspielräume am Personal Computer interessant, als die Frage danach, welche kooperativen Ebenen auf der Basis der Vernetzung entstanden sind, entstehen oder unmöglich sind.

Für die Beantwortung könnten zwei Vorbemerkungen hilfreich sein:
-        die erste geht davon aus, dass die Beobachtungswerte von Gesellschaft, Kultur, System usw. Gedankenregelungen sind. Sie beruhen auf Glaubwürdigkeitsschulungen. Ihr Programm besteht darin, dass Menschen ihre Zugehörigkeit zu etwas vermuten, behaupten oder befürchten, das sie nie `zu Gesicht bekommen werden´, eben Gesellschaft und Kultur. Folglich muss jeder Ausdruck, der einen verallgemeinernden Bezug herstellen soll, eine Art glaubwürdige und anwendbare Gesichts- und Gedankenmaschine sein. Ändert sich der Aufbau der Glaubwürdigkeit, der Orientierungsanstrengungen oder auch der Anwendbarkeit von Abstraktionen, - wie das gerne mit Revolutionen verbunden wird -, müssen auch die Sprachregelungen verändert werden, sofern es noch um Zusammenhangswissen gehen soll.
-        Die zweite Vorbemerkung folgt diesen Gedanken. Nimmt die Fähigkeit innerhalb eines sozialen Gefüges oder in kulturellen Feldern zu, *die Abstraktionen mit Abstraktionen* zu versorgen und diese Zusammenhänge für den Erhalt aller Bereiche ´wichtig´ oder ´bedeutend´ zu machen, baut sich die Logik um, nach der Realität denkbar gemacht werden kann.

In unserem Forschungsfeld standen wir nicht nur vor den Fragen, worin sich die digitalen-elektronischen Vernetzungen von den analogen der Nachbarschaften und Verwandtschaften, der Geheimbünde oder Freundschaften unterscheiden. Uns ging es vornehmlich um die Fragen, welche Dimensionen kultureller Zusammenhänge durch Netztechnologien, vorrangig durch das WEB ermöglicht werden.

Oder in der Sprache von David Gelernter: Welche „intrinsischen Merkmale" für das Verhältnis von einzelnem Menschen und künstlichen Welten lassen sich in den Konzepten medialer Netzwerke finden?

- Entstehen in Netzwerken Sinnprovinzen, auf die sich Menschen in verschiedensten Nutzungs- und Anforderungssituationen beziehen (können)?
- Lässt sich in Netzwerken klar unterscheiden zwischen Sinnprovinzen, die durch Hol-Kommunikation und solche die durch Bring-Kommunikation entstehen?
- Gibt es so etwas wie eine Web-ware, die aus der Kombination vielfältiger Software entsteht, mehr zufällig als gezielt, aber dennoch insgesamt den kulturellen Erwartungsrahmen für Nutzerinnen und Nutzer bilden? Ist sie Basis für die veränderten Vorstellungen der Hybridisierung?
- Welche Wertigkeit ist den vielen Netz-Projekten für die Neuzusammensetzung medial-technologischer Szenen oder für die Verfassung medialer Kulturen zuzuordnen?
- Welchen Stellenwert für die kulturelle Selbstorganisation haben synchrone und asynchrone Anwesenheits- und Kommunikationschancen?

Reichlich wenig wissen wir bislang darüber.

Um sich nicht zu viel vorzunehmen, konzentrierten wir uns mit unterschiedlichen Fragenstellungen auf das WEB. Es existiert seit 1991. Es stellt das Vorhaben dar, die speziellen Anwendungsprotokolle und –programme des Internet in einen Medienrahmen zu integrieren. Internet Relay Chat / IRC, USENET, FIDONET, listenbasierte Mail-Communities usw. wurden im Web-Rahmen angeboten. Zugänge wurden vereinfacht, wodurch viele Menschen 'sich im Netz anwesend machen konnten', wodurch zugleich die Kommerzialisierung vorangetrieben wurde. Präsentationsräume entstehen. Sie sind meist unidirektional, mit zeitversetzten Kommunikationsmöglichkeiten (über Mitteilungen am black board oder in Briefkästen) ausgestattet. Dies scheint dennoch nicht für intensive, vor allem entwicklungsorientierte WEB-Projekte hinderlich zu sein.

Eher scheint die Asynchronität jenes Zeitbudget bereit zu halten, das für die nachdenkliche Bearbeitung von Antwort und Auftritt erforderlich ist. Sie entlastet vom Zwang der zeitnahen Interaktivität, führt aber andererseits dazu, den visuellen oder audio-visuellen Auftritt rsp. die Textlichkeit rascher zu verändern, da die WEB-Performance gerade das hauptsächliche Argumentationsfeld ist. Aus der Asynchronität entsteht eine Art Wettbewerb um den Auftritt. Erwartet wird dabei nicht nur medientechnologische Kompetenz und künstlerische Qualität, sondern auch Sensibilität im Feld des virtuellen 'making sense'.

Spreche ich hier von Performance, so wird nicht nur die realkörperliche Bewegung des Tanztheaters mit dem Konzept des situationsgebundenen sozialen Verhaltenereignisses zusammen gedacht. Mit Performance im Netz wird beschrieben:

(audiovisuelle) mediale Fernanwesenheit (der sog. Netz-Auftritt) verbindet die körperliche Expressivität und die soziale Integration zu einer neuen Verhaltensqualität.

Mediale Anwesenheit kodiert um, was wir als *reale Anwesenheit* (angesichtig, gegenüber, im selben Raum, im selben Bus) und als *imaginierte Anwesenheit* (in Literatur, Liebesbriefen) kennen. Sie löst nicht die technische Konditionierung von Programm-Kodes (des Betriebssystems z.B.) auf, - dazu wären die meisten Web-Nutzer auch nicht in der Lage. Wenn sie es sind, müssen sie dennoch die Konnektivität sicher stellen, sonst verschwinden sie aus dem Netz, spurenlos.

Allerdings stellt sich die mediale Performance der Anwesenheit gegen die Verarbeitungs-Zeit-Kodes der Chips in einen verlangsamten, *sich replizierenden Raum*. Dieser erhält sich als gespeicherter Schaltungszustand. Es entsteht mediale Oberfläche, tiefe mediale Oberfläche, wie man in Erinnerung an Vilém Flusser sagen kann. Ihre ´Tiefe´ besteht als imaginierter Raum, als virtueller Raum, als Raum-Hybride. Wir werden weiter unten noch auf die Frage der Hybridität ausführlich eingehen. Hier mag genügen, dass dieser gemeinsam geteilte oberflächliche Raum gerade wegen der Asynchronität genügend Abstand ermöglicht, um den einzelnen Auftritt zu schützen.

Sabine Fabo hatte die Spannung von Hybridität und Distanz schön beschrieben: „Hybride Arbeiten vereinen somit im Augenblick zwei recht gegensätzliche Tendenzen. Zum einen steht hinter den Bemühungen um umfassende Mediensynthesen auch der romantische Wunsch nach einer Vereinigung des Getrennten. Alle Medien werden Brüder – so ließ sich Schillers Ode an die Freude vielleicht in Richtung elektronischer Gesamtkunstwerke verlängern. Zum anderen impliziert das Konzept der Interaktivität die aktive Teilnahme des Benutzers. Insofern ist das völlige distanzlose Abtauchen in multimediale Fluten nicht das eigentliche Anliegen, denn aktive Teilhabe beinhaltet Auswahl- und Ausschlussverfahren, ein gewisses Maß an Kontrolle, kurzum Verhaltensweisen, die zunächst Distanz schaffen."[25]

Dass gerade diese Distanz dann bedroht ist, wenn die Medientechnologie aus welchen Gründen auch immer nur einseitig, d.h. von Anbieterseite genutzt wird, beschrieb Ursula Hentschläger in ihrer Forschungsarbeit.[26]

Allein aus Medientechnologie ließ sich die Entstehung von Räumen, koalierenden und kooperierenden Gruppen sowie kommunikations- und intelligenz-verstärkenden Individual-Umgebungen im Netz nicht erklären. So entstand der Terminus WEB-FICTION. Mit ihm wird die offene Verbindung von Codes, Programmen, Imaginationen, Entwürfen von Zusammenhängen und virtuellen Distanzen beschrieben.

III.

Spontane Ordnungen, spontane Kulturen?

Als wir uns mit den Fragen um die Welten im Web und deren Gestaltungsregeln zu kümmern begannen, standen wir vor der Frage: versuchen wir, das geistige Konzept der jeweiligen Welt-Optionen zu erfassen, oder deren Details, also Code-Lines, technische Daten von Bandbreiten, Übertragungsraten, die Größen von Arbeitsspeichern oder Zahlen von Nutzerinnen und Nutzern, Trefferquoten bei Suchbegriffen?

Wir entschieden uns vorrangig, den wissenschaftlichen, künstlerischen, kulturellen Konzepten nachzugehen. Dass diese nicht ohne verwendete Software, nicht ohne Technik, Mechanik, Optik zu beobachten und beschreiben sind, ist uns aus unserer Praxis

---

[25]Sabine Fabo (1997): Bild/Text/Sound – Hybride des Digitalen, in: Schneider / Thomsen (Hrsgb.): *Hybridkultur. Medien Netze Künste*, Köln, S. 189f.
[26]Ursula Hentschläger (1999): *Die Welt im Web. Zwischen kommunikationstechnischer Kontrolle und medialer Imagination*, Inauguraldissertation, Wien

geläufig. Wir suchten also nicht nach ausdrücklichen Funktionalitätsideen, nicht nach maßgeschneiderten elektronischen Agenten, sondern nach dem geistigen Reichtum, den Imaginationen, den orientierenden Ideen, in die die Funktionalitäten und mathematischen Eineindeutigkeiten eingebettet sind.

Hieraus ergab sich eine überaus produktive Spannung aus zwei Fragefeldern:
- Welche Folgen für Phantasie, Entwurf, Abstraktion und kulturell-kommunikativen Erwartungen haben elektronische Programme? Wie lassen sie sich beobachten und beschreiben?

Und auf dem gegenüberliegenden Feld die Fragen:
- Wie ist das Zusammenwirken von Programmen zu beobachten, für das es kein ausdrückliches Modell gibt, weder in regionalen Kulturen, noch in globalen Umgebungen?

Die Vermutung war, dass es in jedem Menschen eine unübersichtliche, heterogene, nicht absichtlich synchronisierbare und nicht ausdrücklich darstellbare Fülle kultureller Befähigung gibt. Ihre Quelle sind die zahllosen stillen oder ausdrücklichen Ereignisse oder Strukturen kultureller Praxis. Sie ermöglicht es ihm, auch ohne ausdrücklich vorgestellten Plan, optimale und für seine Umgebung plausible Nutzung des ihm zugänglichen Medienensembles zu erreichen.

Die zweite Vermutung war, dass auf dieser Grundlage auch in den ökonomischen, erzieherischen, administrativen, künstlerischen Medienlandschaften Verfahren enthalten sind, die eine Kombination der individuellen Befähigungen zu einer eigenwertigen Kulturleistung ermöglichen.

Die Überlegung, dass es zwischen ungeschriebenen Regeln kommunikativen Verhaltens und ausdrücklichen Modellen (von Blaupausen bis expliziten Softwareprogrammen) Verbindungen gibt, war nicht neu, obwohl für die binären Medienbereiche ungewohnt. Bart Kosko spricht allgemein von „modellfreier Funktionsapproximation", was auch mit lernender Funktionserkennung oder auch mit unscharfer Logik der Verständigung übersetzt werden könnte.[27] Neu war und ist allerdings das Faktum, dass weltweit Verbindungen von modellfreien, formativen und nichtausdrücklichem Verhalten rasch in die Netz-Tat umgesetzt wurden, also ein *globaler Netzpopulismus* entstand, für den es nun wirklich keinen Plan gab.

Das beliebte Wort von der „Netzrevolution" schmückte so manchen unserer Arbeitszettel, erzeugte aber eher Unzufriedenheit.

Diese bestand hauptsächlich darin, dass der dynamische Wandel auf Technologie bezogen wurde. Damit wurde nahegelegt, eine durchgreifende Determination von Technologie auf Kultur anzunehmen (was eine unverständliche Opposition von Technologie und Kultur behauptet), oder zumindest wird nahegelegt, die Nutzung von (Informations-, Kommunikations-, Medien-) Technologie als unausweichliche operative Kopplung anzunehmen. Beides war uns unschlüssig. Dabei bestand das Problem nicht in der Unterschätzung der technogenen Felder und der medientechnologischen Räume, mit denen wir selber tagtäglich zu tun haben.

Uns fehlte in den Forschungen und Diskussionen der Bereich der innovativen, verändernden, verbindenden Nutzung, der Experimente, der Phantasielabors, der

---

[27] *Bart Kosko (1999): The Fuzzy Future, New York, Teil 1 Kap. 3 / Teil 3 Kap. 12*

Variationen, der Widerrufe, der vorläufigen Entscheidungen – oder etwas anders gesagt: uns fehlten die vielschichtigen Bilder von den und über die Menschen, die ihre Wünsche, Reflexionen, Erwartungen, Hoffnungen und kreativen Fähigkeiten jedweder Art in die Entwicklung neuer Kommunikations- und Lebensräume einbringen.

Nur auf den ersten Blick schien dies mal wieder der Konflikt zwischen Wissenschaft und Kunst, aktuell in der Gestalt von (universaler) Technologie gegen (individualisierte) Kunst, oder strikt sich gebender Systemtheorie gegen Kunst, die die Komplexität der Welt zu unterschätzen schien. Beim häufigeren Beobachten dieser Prozesse wurde deutlich, dass eine einseitige Entscheidungsoption nicht möglich war.

Friedrich von Hayek, Wirtschaftswissenschaftler und Nobelpreisträger, hatte vor Jahren das Konzept der „spontanen Ordnung" eingeführt.[28] Mit ihm beschrieb er die Evolution und den Erhalt von Sozialsystemen oder Ökonomien. Dieser Gedanke wird auch hier verwendet werden, wobei wir unsere Beobachtung auf die Personen und Gruppen richten, die ´die Entwicklung´ von Netzwelten zu ´ihrem Projekt´ gemacht haben. Ihnen ist gerade dieser Spannungsbogen von Emergenz (überraschendem Auftreten von Ideen, Techniken, Codes), Evolution (im Sinne spontaner Ordnung) und eigenem Projekt (im Sinne der dynamischen Variationen und Veränderungen) bewusst. Bart Kosko beschrieb diesen Zustand der spontanen Organisation prägnant:

> „Diese Systeme wachsen beziehungsweise entstehen durch Handlungen und nicht durch Planungen."[29]

Für die Beobachtung von WEB-Räumen ist dies eine methodisch entscheidende Weichenstellung: mediale Netzwerke entstehen durch Handlungen und nicht durch Planungen. Ein solche Ausrichtung vermeidet die Überbetonung eines techno-strategischen Feldes, und sie vermeidet eine handlungstheoretische Bevollmächtigung von Künstlerinnen, Politiker, Informatikerinnen und ähnlicher Gruppen.

Die Kulturen, von denen wir sprechen und berichten, entstehen und erhalten sich durch die Karrieren von Nebensächlichkeiten.

Ist das Netz intelligent, *cross intelligent*?

Der Gedanke „spontaner Ordnung" half zunächst, die grundlegende Spannung zwischen geplanter hochtechnologischer Grundstruktur und ´exponentiellem Wachstum´ der Netzausdehnungen und der Nutzerinnen- und Nutzerzahlen in einen beobachtungsfähigen Zustand zu überführen. `Netz geschieht spontan`, ´emergiert´, ´taucht plötzlich´ auf: so auch die Formeln in vielen Gesprächen.

Die Fragen nach den Elementen dieser Spontaneität, nach den Bezügen von Netz, Web, künstlichen Umgebungen, Medienlandschaften, nach künstlichem Leben waren damit aber nicht zufriedenstellend zuzuordnen. Wir konnten die Debatten um Künstlichkeit nicht ignorieren. Wie aber sollten sie in der Forschungsanlage berücksichtigt werden? Wenn es um spontane Ordnung geht, wäre das, was wir als Intelligenz der

---

[28] *Friedrich August von Hayek (1971): Die Verfassung der Freiheit, Tübingen*
[29] *a.a.O., S. 304*

Netzwerke beobachten, *spontane Formation von Intelligenz*. Damit ist die Frage nach Intelligenz und ihrer beobachtbaren *performance* nicht beantwortet. Immerhin weist ein solcher Gedanke darauf hin, dass die Verdichtungen kommunikativen Verhaltens eher mit der „Evolution von Kooperation" (J. Axelrod) zu tun haben, als mit unverrückbarer Substanz. Oder anders gesagt: realistisch setzten wir intelligentes Verhalten und Medienkompetenz ebenso voraus, wie die intelligenten Strukturen 'selbstreplizierender Bitfolgen', die John von Neumann in das Familienalbum der Computertechnologie 1948 geschrieben hat.[30]

In meinen Arbeitschritten sah ich mich aufgefordert, den Terminus der künstlichen Umwelten und die Idee der intelligenten Selbstorganisation spontaner Ordnungen, von einander zu trennen. Dabei stand ich vor der Frage, ob die Wechselfälle jener Entscheidungen, die zu bestimmten Intelligenzauftritten führten, überhaupt beobachtbar waren. Ich nannte dies in der Forschungsgruppe das *Beobachtungsdilemma autopoietischer Prozesse*. Es unterscheidet sich etwas von der systemtheoretisch und konstruktivistisch immer wieder betonten Unbeobachtbarkeit der Welt. Zwar können Formeln, Formate und Formationen in großer Exaktheit dargestellt werden, aber die ereignisorientierten oder ereigniserzeugenden Verbindungen sind der Beobachtung nicht zugänglich. So haben wir zwar schaltkreis*gesteuerte Informationsnetze*, aber allenfalls schaltkreis*gestützte Intelligenznetzwerke*. Bezieht sich das erste auf Computer-Computer-Kommunikation, so berücksichtigt der zweite Ausdruck die Grundidee der partizipativen Kommunikation, oder wie Cyrill Gutsch es einmal nannte, die *Cross Intelligence der Netzwerksituation*.

> Dieses Modell der Cross Intelligence bezieht sich einesteils darauf,
> - dass die kulturelle Anerkennung medialer Erfahrungen und deren Reichweiten zugenommen haben. Mediale Erfahrungen erweitern die händischen, taktilen, mechanischen Realitätsmuster und bestimmen damit die Realitätsmächtigkeit von Medialität. (These der Medienrealität)
> - Cross Intelligence anerkennt andererseits, dass es innerhalb der medialen Landschaften Wechselwirkungen der Sinne (multisensorische Medienumgebungen), der Wahrnehmungsfelder und der Logiken ihres Erhaltes und der Weitergabe gibt. So werden Informationen zwischen Buch, Zeitung, Rundfunk, Fernsehen, Netzen 'weiter gegeben', erfahren Veränderungen im Bedeutungsspektrum (zeitnah, glaubwürdig, geprüft, seriös) der Leser /-innen, Hörer/-innen und Seher /-innen, und medienspezifisch rsp. medienunspezifisch erinnert. (These der multisensorischen und poly-logischen Medienerfahrung)
> - Drittens ist mit dem Terminus Cross Intelligence der zunehmend größere Bereich von Kommunikation auf der Basis von Speichererfahrungen angesprochen. Kommunikation wird dabei als Verbindung von geistigen Inhalten mit gespeichertem Wissen beschrieben. Sie ist ein Vorgang der Vergegenwärtigung und diese ist stets Transformation, nicht Transfer. (These der Speichererfahrung)

[30] *John von Neumann (1948): General and Logical Theory of Automata*

Die *Transfer-Kommunikation* ist der Bereich der Computer-Computer-Austausche. Man könnte sie auch als Mitnahme-Kommunikation beschreiben, da angebotene Datenpakete oder Informations-Container mitgenommen werden.

Transformations-Kommunikation beschreibt demgegenüber die Prozesse der Überführung von Daten in Wissen, von Wissen in Daten, die Belebung von medialer Dreidimensionalität mit der Bedeutung eines Raumes, mit Anwesenheiten von Nutzern und Nutzerinnen, die (Selbst-) Inszenierung dieser als Bewohnerinnen und Bewohner der Netz usw.

Mit dieser Unterscheidung ist ein wichtiger theoriepolitischer Aspekt angesprochen.

Geht man von dem Modell der Transfer-Kommunikation aus, so wird ein Realismus der black boxes vorausgesetzt. Ihm genügt es, die Austausche rsp. die Mitnahmen zu beobachten. Ihr ´sinnvoller´ Hintergrund wird dann ausschließlich in der Idee des Selbsterhaltes des Systems oder dessen lernender Anpassung gesehen. Die Grauzonen der Absichten, der entstehenden Entwürfe, der suchenden Projektideen, der experimentellen / experimentierenden Ästhetik, sind ausgelagert, allenfalls den psychischen Systemen zuzuordnen, wie dies Niklas Luhmann exzellent durchformulierte. In dem aber dies weggestellt wird, wird das Argument der `lernenden Anpassung` fade, oder allenfalls out-put-orientiert.

Wir gingen in dem Forschungsverlauf von einer anderen Realismusthese aus, nämlich der, dass wir uns ständig in den Grauzonen aufhalten, zwischen ´offensichtlichem Entwurf´ (white box) und dem ´abgeschlossenen Prozess / dem verschlossenen System´ (black box), dass Transformation also ein Vorgang ist, der nur unter Bedingungen der Unschärfe möglich ist, also nach fuzzy logic gelingt.

Cross Intelligence zielt also auf die Sinnförmigkeit von Speichererfahrungen und Erfahrungen in virtuellen Realitäten und diese Form entsteht erst in der Pragmatik der Programme.

Aus dem letzten Gedanken entstand die Unterscheidung zwischen gegenwartsfreien, formalen, strukturellen Intelligenzleistungen und gegenwartsgebundenen konnotativen Intelligenzleistungen.

Diese Unterscheidung von Struktur und Pragmatik anerkennt, dass unsere Medienlandschaften Teil des Zeitalters der berechenbaren Zahlen sind. Sie anerkennt zu dem auch, dass Strukturen keinem Jenseits von Geist entstammen, sondern erst durch Handlung entstehen und vergehen.

Für uns war es wichtig, dass durch diese Unterscheidung ein Freiraum entstand, in dem die *Intelligenz der Kooperation* (oder der Konnotation) / *kooperative Intelligenz* von der (denotativen) Schaltungsintelligenz getrennt beschreibbar wurde. Die Frage: Ist das Netz eine Sache, oder sind es zwei Sachen? wurde von uns in die pragmatische Ebene gelegt und zugunsten der ´zwei Sachen´ entschieden.

Damit rückten wir nahe an die seit Thomas Hobbes (1588-1679) und Gottfried Wilhelm von Leibniz (1646-1716) geführten Debatten um die Verschmelzung von Zahl und Maschine und die Bestimmung, wie göttlich, wie natürlich, wie künstlich Geist, Wissen, Intelligenz, Kunst seien. Es konnte nicht Ziel der theoretischen Grundlegung unserer Forschung sein, den aktuellen Ausdehnungen der Debatten, Forschungen und robotertechnischen Modellierungen von Künstlicher Intelligenz nachzugehen. Die Frage, ob das Netz intelligent sei, beantworteten wir in der Forschungsanlage folglich so: wir können nicht den gesamten Status der Intelligenzfusionen aus völlig disparaten menschlichen, kulturellen, sozialen, funktionalen, technologischen Intelligenzereignissen und –strukturen beobachten. Sowohl natürliche als auch künstliche Intelligenz sind verteilte Formen der Modellbildung und Modellverarbeitung. So bleiben grundlegende Spannungen zwischen Handlung, Technik und Evolution, die nach den Logiken der Kooperation, Innovation und des Lebenserhalts von menschlichen Kulturen zusammengehalten werden, - ganz gleich welche post-humanen Evolutions- oder Ordnungsfelder mit einbezogen werden.[31]

Kein Vakuum zwischen Mensch, Maschine, Medium

Unter den bereits angesprochenen Annahmen (i) der spontanen Ordnung, (ii) Evolution von Kooperation, (iii) der schaltkreisgestützten Intelligenznetzwerke, (iv) des Netzes als 'zwei Sachen' schien es schlüssig, für die Beobachtung der Netzdynamiken und besonders der WEB- der Annahme (v) von einer evolutionär unauflöslichen Verbindung von Mensch, Medium und Maschine auszugehen.

Durch sie werden die Reichweiten menschlichen Sprachhandelns (Bild, Zahl, Schrift, Text, bewegte Bilder, Schaltungen, Codes) vergrößert. Dies ist kaum strittig. Interessant wird dies, wenn man Medien auf das sich festigende Universum der berechenbaren Zahlen bezieht, also der Frage nachgeht, ob es einen autonomen, oder souveränen Zahlenbereich gibt, der sich der sinnlich-reflexiven Beobachtung entzieht. Folgte man dieser These, würde man entweder einen nur in eine Richtung geöffneten Zahlenkanal annehmen. Oder aber man müsste von einem kulturell und kommunikativ evakuierten Bereich zwischen Mensch und Medium ausgehen.

Da wir das Denken nicht von Materie, Medien nicht vom Leben trennen können, ist unsere Rede über Künstlichkeit immer dann falsch, wenn wir versuchen, die co-evolutionären Bindungen zu leugnen oder ihre Quelle außerhalb des Menschen anzusiedeln. Materie, Medien und Maschinen befinden sich in zirkulären Bindungen, in denen ständig neue Ideen, Nutzungserwartungen, Reichweiten, Beteiligungshoffnungen erzeugt und reflexiv zurückgegeben werden. 'Außen' ist demnach eine zeitlich begrenzte Verarbeitungsweise; und 'Innen' ebenso. In welcher Netzwerkarchitektur diese Raum-Zeit-Zonungen verbunden sind, ergibt sich zufällig. In welchen Komplexitäten sich diese Verhältnisse ausdrücken können, ist nicht vorher bestimmbar noch beobachtbar. Zudem ist dies eine exponentielle Funktion. „In der grenzenlosen Neigung zur Komplexität nimmt die Natur unsere Schöpfungen inzwischen als ihre eigenen in Anspruch."[32]

Deshalb wird es immer wichtiger zu beobachten und zu bewerten, wie es den Menschen gelingt, unter den Bedingungen dieser strategie- und ziellosen Evolution, 'sinnvoll' beteiligt zu bleiben. Um dies überhaupt beobachten zu können, ist eine Sensibilität für den Wettlauf um Beteiligung an Komplexität zu entwickeln. Das Konfrontationsverhältnis von individualisierter bittechnischer Anwesenheit und komplexisierten (global-künstlichen) Mediumgebungen ist nur schwierig zu beschreiben.

---

[31] hierzu: George B. Dyson (2001): Darwin im Reich der Maschinen, Wien New York
[32] George B. Dyson, a.a.O., S. 16

> „Die Ursprünge des Lebens, wie wir es kennen, und des Lebens, wie wir es erschaffen, sind in der gegenseitigen Befruchtung zwischen selbsterhaltendem Stoffwechsel und selbstreplizierendem Kode zu suchen."[33]

Menschen, die sich vornehmen, diese evolutionäre Sysiphos-Situation zu bedenken, in sie hinein einen ästhetischen, künstlerischen, programmatischen oder projekthaften Vorschlag zu formulieren, werden deshalb um so wichtiger. Mit ihnen lässt sich seismografisch besprechen und beobachten, wie sich die logischen, kommunikativen und kognitiven Szenen ändern und ändern lassen.

: B_Selbstorganisation
IV.
The frame of the game

Die Strukturen unseres Forschungsprojektes führten uns nahe an medienwissenschaftliche, kulturanthropologische und kommunikationstheoretisch aufregende Fragen *globaler Medienkompetenzen* heran. So konzentrierten wir uns auf überraschende Ergebnisse der „digitalen Kultur" (B. Kosko). 'Überraschend' beschreibt, dass die globalen Informationsräume, die als die 40.000 Teilnetzwerke des Internet und das World Wide Web beschrieben werden können, nicht geplant sind, sondern zufallsverteilt entstehen. 'Überraschend' ist auch, dass diese *randomized environments* die informativsten Umgebungen geworden sind. Unsere Frage war: warum? Lag es an den ökonomischen Verbreitungsstrategien, an den Marketingkonzepten, an einem 'Bedarf' nach 'freier Information', an neuen Ideen globaler Wissensorganisation? Diese Einfluss- und Lenkungsebenen sind sicher nicht auszuschließen. Ein Dilemma stellte sich ein: Wenn es keinen Masterplan für die Netzentwicklung gab und gibt, sind dann nicht alle Fragen, die im weiten Sinne auf Strategie zielen, unsinnig?

Sind dann auch Konzepte, die einen geschlossenen Netzraum erzeugen, der dann wie ein Treibhaus viele neue Ideen hervorbringen soll, wie zum Beispiel die firmeneigenen Intranets, falsch angelegt? Gespräche mit Unternehmensvertretern zeigen, dass die Intra-Netzwerke nicht den Ideen- und Innovationsschub erbringen, der erhofft war.

Hat das evtl. mit der Begrenzung oder dem Ausschluss nicht-berufsgebundener Kommunikation zu tun?

Ist die informelle, ja auch die spielerische Dimension der Netzkommunikation unterschätzt worden?

Wie sind die Beziehungen zwischen high- und low-end-Standards, technologischer Infrastruktur, Medienkompetenz, zufälliger Entstehung von belebten Netzräumen, zielgerichtetem Verhalten, automatisierter Suche, einzelmenschlichem Verhalten und Gruppenprozessen beobachtbar? Lassen sich Muster solcher Beziehungen beobachten?

Eine solche Situation ist in einem Forschungsprozess ebenso schwierig, wie in jedem Gespräch. Man sucht nach Zusammenhängen, die, trotz aller Zufälligkeit, bedeutend gemacht werden könnten. Oder man sucht nach den materialen, kognitiven, individuellen, institutionellen, normativen, künstlerischen Anteilen, die im Feld der Zufälligkeiten inter-kooperativ Variationen, Auswahl, Orientierung bestimmen.

Die entstehenden Netzräume (virtuelle Räume) haben nichts Mysteriöses an

---

[33] *George B. Dyson, a.a.O., S. 37*

sich. Sie sind in kooperativen Austauschprozessen gemacht. Ihre Basis ist das physikali-sche, mathematische, logische, kommunikative, anwendungsbezogene, gestalterische und räumliche Wissen darum, wie sie gemacht werden könnten. Dies nennen wir

Technologie = die kulturelle Anwendung und Entwicklung instrumentaler Gefüge mit dem Ziel der *Replikation der Codes* und Programme (der Wahrnehmungslandkarten, der Skripte und Muster) und der *Reproduktion der Lebensbedingungen.*

Es ist nutzlos, den Begriff der Netzräume oder Medienräume über den des Technologischen hinaus zu erweitern. Weder Wissen, noch Erkenntnis, noch Identität sind Kunststücke außerhalb dieser Technologien. Sie bleiben diesseits. Aufregend ist, dass Technologie, die wir beobachten und die wir anwenden, Medientechnologie ist, fälschlich oft als Maschine beschrieben. Im Einzugsbereich dieser Medientechnologie versuchen wir derzeit, den naturwissenschaftlich-technischen „Raum der Gesetze" mit den kommu-nikativen Kulturpraxen des „Raumes der Gründe" zu verbinden.[34]

Die möglichen ´Verbindungen´ sind uns nicht bekannt, allenfalls die bereits rea-lisierten.

Aus den gemachten, erfahrenen, bewerteten und reflektierten `Verbindungen` des *Raumes der Gründe* mit dem *Raum der Gesetze* entsteht jener für unsere Beobachtung neue Bereich des „Interfaces", der tiefen Oberflächen, wie Villém Flusser es sagte.

Man könnte *Interface* den *Raum der Regeln und Fiktionen* nennen.

Roger Caillois hatte vor einiger Zeit in seinen Arbeiten zum Spiel darauf hinge-wiesen: „Rules themselves create fictions". Für unsere Beobachtung hieß dies, den Regeln und den Fiktionen nachzugehen. Sie stellen Realität her, eine virtuelle, gespeist aus der kulturellen Praxis der Technologie und der kulturellen Praxis der Fiktionen (des real Hör- und Sichtbaren, des Zeig- und Beobachtbaren). Bei Caillois heißt es weiter: „The one who plays chess, prisoner´s base, polo, or baccara, by the very fact of complying with their respective rules, is seperated from real live where there is no activity that literally corresponds to any of these games." Hierüber begründet er sein "as if", man spielt als ob es Realität sei.[35]

Eins zu Eins übertragbar auf die Mediensituation ist dies nicht. Hilfreich ist schon die Verbindung von „rules" und „fiction". Eingebracht in den medialen Prozess, ist die „fiction" gerade der Realitätsstatus, den die Medialität als Vermittlungsraum erzeugt. Sie ist nicht ´als ob´, sondern sie ist (Realität).

Interessant sind in diesem Zusammenhang einige Überlegungen zu Spiel. Jean Piaget stellte „the essential property of play" als „deformation and subordination of rea-lity to the desires of the self" vor. Brian Sutton-Smith oder Richard Schechner war dies zu starr formuliert, zu eingrenzend auf ein Verhaltensziel. Schechner allgemein gegen den oft zu lesenden Terminus `frame`: „This is a rationalist attempt to stablize and localize playing, to contain safely within definable borders. But if one needs a metaphor to locali-

[34]*in Abwandlung des „logischen Raums der Gründe" und des „der Gesetze" von Sellars: Wilfried Sellars (1956): Empiricism and the Philosophy of Mind, in: Minnesota Studies in the Philosophy of Science, hrsg.v. H. Feigl & M. Scriven, Bd.1., 253-329*
[35]*Roger Caillois (1961): Man, Play and Games, New York, p. 8*

ze and (temporarily) stabilize playing, 'frame' is the wrong one. – it´s too staff, too impermeable, too 'on/off', 'inside / outside'. 'Net' is better, a porous, flexible, gatherer, a three-dimensional, dynamic flow-through container."[36]

Damit sind wir nahe an dem, was wir eingangs 'überraschend', 'zufällig' nannten, aber noch nicht nahe genug. Ist Spiel eine „selfdefining activity", wie Helen B. Schwartzman schrieb, so ist das Interface zwar die Oberfläche, in der dies stattfindet, zugleich ist diese 'selfdefining activity' Quelle des medialen Handelns im Raum der Netze. WEB ist, so verstanden, sich selbstbestimmende, -beschreibende und selbsterhaltende mediale Aktivität der Menschen. Es ist Raum der Regeln und Fiktionen. Unter diesen Voraussetzungen lässt sich die Frage danach, wie durch die Medien-Technologie mögliche Vorstellungs- und Wahrnehmungsräumen entstehen, vorab so beantworten:

„Rules themselves create fictions."

und:

'Fictions themselves create rules.'

Wie lassen sich diese Regeln im fiktionalen Raum begründen und weitergeben. Die Modelle 'Gruppe', 'Gemeinschaft', 'Clan' wurden häufig angesprochen. Schauen wir uns dies etwas genauer an.

`Gemeinschaften`, content creators, Clans oder Stämme

Das Angebot, das Netznutzer /-innen selbst seit 1968 prognostisch und seit Anfang der 1990er erfahrungsbezogen machten, lautete `community`. J. C. R. Licklider und R.W. Taylor sahen voraus:

> „What will on-line interactive communities be like? In most fields they will consist of geographically separated members, sometimes grouped in small clusters and sometimes working individually. They will be communities not of common location, but of common interest. In each geographical sector, the total number of users...will be large enough to support extensive general-purpose information processing and storage facilities...life will be happier for the on-line individual because the people with whom one interacts most strongly will be selected more by commonality of interests and goals than by accidents of proximity".[37]

Die Erwartungen gingen also damals sehr weit. Sie waren eingefasst in der strategischen Idee, die Entwicklung von Computer-Umwelten werde schon bald ein *common interest* sein und die *commonality* werde die Erwartungen gegenüber *community* umkrempeln. Dass es neben den off-line „accidents of proximity" auch eine Vielzahl von on-line *accidents of anonymity* geben könnte, war nicht im Blick. Erfahrungen fehlten. Die wurden nachgereicht.

> „Wir tippten also das L ein und fragten am Telefon `Seht ihr das L?` `Wir sehen es`, war die Antwort. Wir tippten das O ein und fragten `Seht ihr das O?` `Ja, wir sehen das O!` Wir tippten das G ein...und die Maschine stürzte ab."

Leonard Kleinrock beschrieb so den ersten Versuch, zwischen zwei Computern eine

---

[36] *Richard Schechner (1988): Playing, in: Play & Culture No. 1, p.16*
[37] *dslb. (1968): Computer as a communication device. In, Science & Technolgy, 76, p. 21-31*

Datenübertragung durchzuführen. Ort: Stanford Research Institute. Datum: 10.10.1969. Der Name des Projekts: *Interface Message Processor / IMP*. In den 1970ern lernte man, belastbare Netzstrukturen zu entwickeln, die Reichweiten zu vergrößern und immer mehr Forschungsinstitute anzuschließen. Die 1980er brachten dann jene von den Netzpopulationen selbst geführten Community-Debatten. Die Cyberfreaks gaben sich einen technokulturellen Rahmen.[38] Die Selbstorganisation dieser 'community' wurde gedacht als nachrichtliche oder verständigungsorientierte Verbindung realer Orte (des Zuhauses) durch ein digitales Netz offener Übertragungskanäle. Bewegung und damit Treffmöglichkeiten wurden durch Datenübertragung erreicht, nicht mehr durch spazieren, sich versammeln auf Plätzen, in Kneipen, bei Festen. Obgleich der informationstechnologische Raum der Künstlichkeit als neue Topografie und Topologie gefeiert wurde, war das Kommunitäre von Anbeginn an glaubwürdige Konzepte des Zusammenhanges gebunden. Es waren (und sind) communities mit peer group –Charakter.

Ein Merkmal ist die Generationseinheitlichkeit oder sich nahe stehende Generationen. Nur dieses Merkmal ist weniger entscheidend, als das Faktum, dass es um *geistige, intellektuelle, experimentier- und entwurfsfreudige community* ging. Es ging nicht darum, einen territorialen Flächenstaaten neu zu besetzen, nicht darum, das reale Nachbarschaftsklima zu verbessern, sondern um die techno-morphe Realisierung eines neuen Kommunikationsideals. Ob gut oder schlecht, man verstand sich als Erfinder-, Experimentatoren-, Entwicklergruppen, die in wechselnden Zusammensetzungen 'zusammenkamen'.

Einige dieser Merkmalsebenen lassen sich heute auch in Entwickler-Gruppen wiederfinden. Taugte diese strategische community-Identität aber für eine Netzanalyse? Wie sollte man *On-Line / Off-Line* – Erfahrungen und Erleben, die Mischungen von kultureller Praxis On-Line / Off-Line beobachten? Eine methodische Schlussfolgerung war, den Gedanken des *Medienmixes* und der *cross culture* für ein Konzept des *cross contents* und der *mixed communities* zu verwenden. Bevor ich dies näher erläutere, ist ein klein wenig Theoriegeschichte erforderlich.

Community / Gemeinschaft bezieht sich herkömmlich auf eine Gruppe von Menschen. Was sie zusammengeführt hat und zusammenhält kann dabei sehr verschiedene Gründe haben. Herkömmlich wird mit Gemeinschaft eine entweder ortsansässige oder gemeinsam wandernde, sich in der Fläche bewegende Gruppe gemeint. Sie können Jagd-, Versorgungs- oder Aufzuchtsgemeinschaften sein (Stämme, Sippen aber auch Familie gehören dazu) oder aber auch politische Gemeinschaften. Nicht selten wird mit Gemeinschaft eine höhere Wertigkeit an zwischenmenschlichen Beziehungen verbunden. Dies mag auf die Verklärung von Gemeinschaft seit Ferdinand Tönnies Ende des 19. Jahrhunderts zurückgehen. Aber der eine Mann ist nicht für alle Missverständnisse zuständig. Dass Gemeinschaft häufig als ein Gegen- oder Alternativbegriff zu Gesellschaft gedacht wird, außerhalb der Legitimationsverfahren politischer Entscheidungsregeln, hat nicht nur mit Tönnies zu tun. Es weist eher auf ein Bedürfnis und Interesse, in direkter Weise, 'Dinge zu regeln', mit unter auch unter der verklärenden Vorgabe einer Kommunikation 'von Angesicht zu Angesicht'.

[38] *Howard Rheingold (1993): The Virtual Community – Homesteading on the Electronic Frontier, Menlo Park*

In diesen Vorstellungen liegen prä-soziale Ideen, wie eine feste Territoriumsbindung, nahe bei Gesellschaft und Bedeutung.

Welche Auswirkungen hat es dann, wenn das Territorium als Lokalisierungsmuster innerhalb der mediascapes (für Gesellschaft und einzelne Menschen, für kulturelle Ansprüche und Kommunikationserwartungen) entfällt und an dessen materiale Freistelle Kabel, Steckdosen, CPUs, Monitore, Backbones, Server treten?

Was beschreibt der Terminus 'Gemeinschaft', wenn er nur noch als Raum-Ereignis zu beschreiben ist, als dissipativ, zerstreut? Und wie ist diese Raumbindung zu bewerten, wenn der mediale Raum, in dem die kommunikative Raum-Gemeinschaft stattfindet, ein globaler und externer Raum ist?

Was beschreibt 'Gemeinschaft', wenn der Zeithorizont des Zusammentreffens nicht der von Gesellschaft (meist, entgegen der Empirie, hoffend in Jahrhunderten gedacht) ist, sondern von Experimenten, Projekten, Themen?

Die Fragen fordern heraus, Gemeinschaft zunächst als Anhäufung von Menschen und Funktionen zu verstehen, unabhängig davon, wo (Territorium, Raum) diese Aggregation erfolgt. J. Walls unterscheidet zwischen *relationship focused* und *task focused groups*. Dies führt die Diskussion weiter, die mit M. P. Effrat und seiner Gliederung nach 'community as solidarity institution, as primary interaction, as institutionally distinct group' in Richtung einer größeren Distanz gegenüber Gruppe / Gemeinschaft begann.[39]

Hilfreich ist es für die Analyse medialer Globalität, diese unter den Aspekten des kooperativen Lernens, der Intelligenzverstärkung, der Innovationszirkel zu betrachten.

Dadurch wird community / Gemeinschaft als ein Geflecht von Ideen, Kompetenzen, heterogener Zielsetzungen, Projektbindung, autonom widerrufbarer Beteiligung und Transitform beobachtbar. Virtuelle Gemeinschaften sind kaum von ihren Anfängen an als Netzwerke der Solidarität, der wechselseitigen Hilfestellungen oder des freundlichen Meckerns zu betrachten. Es sind *anonyme Gemeinschaften*, im vollen Sinne der damit empfundenen Paradoxie.

Nach den sog. 'Grenzen der Gemeinschaften' in virtuellen Räumen zu fahnden, ist dann eher ein Bemühen, diesen dynamisierten Formen kommunikativer Selbstorganisation den Kontinuitätsspiegel territorial gebundener Gemeinschaften und Gesellschaften entgegen zu halten. Aber gerade diese Fahndung schafft den Anschluss an die Entwicklungen nicht. Um kultur- und sozialwissenschaftlich Netzwerke beobachten und bewerten zu können, benötigen wir eine differenzierte Sprache, die von den Bedingungen *anonymer, diskontinuierlicher, transkultureller und nicht-solidarischer, konkurrenzieller, entwicklungsorientierter* Gruppenorientierungen ausgeht. Wir nennen sie *informationelle oder infografische Gemeinschaften*. Sie befinden sich in andauernden Veränderungen der personalen Zusammensetzungen, der organisierenden Themen und der Neubestimmung des Gruppensinns. *'Informationell'* bezieht sich auf die Dauerabhängigkeit der Gruppen von Nachrichten- / Datennachschub, und ist von exter-

---

[39] *J. Walls (1993): Global networking for local development: Task focus and relationship focus in cross-cultural communication.* In L. M. Harasin (ed.), *Global Networks,* Cambridge, p. 153-166; -» M. P. Effrat (1974): *The Community: Approaches and Apllications,* New York

nen Normen abgegrenzt. *'Infografisch'* bezieht sich auf den künstlichen Raum, das künstliche Terrain, das als Treff-Region im Netz weltweit aufgebaut und genutzt wird. Damit rückt der Gemeinschaftsbegriff an den des Entwurfs und des Experiments heran, bleibt dennoch strukturiert. Von einer gleichheitsproduzierenden Struktur kann man nicht ausgehen.[40]

Tests und Spiele um Anwesenheit
(Gruppe, Öffentlichkeit, Gemeinschaft)

Informationelle Gemeinschaften im Netz haben dreifache Funktionen:

-        sie replizieren die Codes der Betriebssysteme, der Übertragungsprotokolle, der Programme
-        sie strukturieren die Umgebungen für die Anwendung von Standards und entwickeln die kommunikativen, designspezifischen, künstlerischen, informationsreichen Formen für Erhalt und Reproduktion der Community
-        sie schaffen relativ geschlossene Speicher- und Erinnerungsräume für bestimmte Auswahl- und Nutzungsensembles

Sie sind kulturelle Areale, in denen Verbindungen zwischen numerischen Prozessen und (sinnlich-informationellen) Lebensfunktionen hergestellt und erhalten werden. Sie sind zu funktional nicht reduzierbaren Umgebungen und zu individuell und kollektiv unverzichtbaren Handlungs-Räumen geworden.

Eine idealisierende Überbetonung schließt dies zwar nicht aus. Eine solche ist immer und gegenüber allem möglich. Allerdings ist damit ausgeschlossen, die medienbasierte Anwesenheit mit dem Maßstab körperlich-angesichtiger Anwesenheit zu bewerten. Geht man davon aus, dass aus der *territorial organisierten Nähe des Angesichtes* (proximity) andere Formen von Kontinuität, Verlässlichkeit, Vertrauen entstehen, als aus der *mediale organisierten Nähe der Anonymität,* entfällt auch die Chance, Gemeinschaft als irgendwie geartete besondere Wertigkeit einzuführen.

Die Ergebnisse unserer qualitativen und quantitativen Untersuchungen zeigen, dass das Modell von Gemeinschaft bereits deutlich durch das Konzept der *'medial organisierten Nähe der Telepräsenz'* bestimmt ist. Die Paradoxie dieser *'Nähe in der Telepräsenz'* ergibt sich aus den Prozessen medienverstärkter Selektivität von Informationen (durch Web robots wie z.B. spiders, wanderers, knowbots, mailbots, chatterbots, clonebots, elektronische Agenten / Assistenten), Individualisierung und Vernetzung.

Die Formen der Individualisierung, die wir bislang kannten, entstanden gegen vorherrschende Institutionalisierungen. Sie organisierten sich in der Tradition textsprachlicher und verbalsprachlicher Verständigung als Öffentlichkeiten. Dabei war der verbalsprachliche Formalismus auf die Angesichtigkeit, der textsprachliche auf die autorengebundene mediale Vermittlung gerichtet.

[40]*Christian Stegbauer (2001): Grenzen virtueller Gemeinschaft. Strukturen internetbasierter Kommunikationsforen, Wiesbaden*

Die Verbindungen von Angesichtigkeit + individuelle, kontinuierliche Autorenschaft + Öffentlichkeit stolpern sozusagen über die Netz-Kabel, in denen es um Anonymität / Pseudonymität + diskontinuierliche Autorenschaft + Telepräsenz / globale Anwesenheit geht. Dieses Sprachbild des 'Stolperns' macht darauf aufmerksam, dass die Veränderungen nicht als klare Strategien geschehen. Inhaltlich heißt dies, dass Individualität, Öffentlichkeit und Gemeinschaft in ihren medialen Bedingungen betrachtet und kulturgeschichtlich verglichen werden müssten. 'Stolpern' beschreibt zu dem die Unachtsamkeit 'draußen'. Sie ist das Gegenüber der gerade angesprochenen Paradoxie. Zu ihr gehört eine weitere, für die Öffentlichkeitsdiskussionen erhebliche Verschiebung.

In den Öffentlichkeitskonzepten, die auf der Basis der Textkulturen entwickelt wurden und Politik in der Moderne absicherten, war eine strikte Unterscheidung von Öffentlichkeit und Gemeinschaft festgeschrieben. T. Bender erinnert daran, wenn er schreibt:

> „Our public lifes do not provide an experience of community. The mutuality and sentiment characteristic of community cannot and need not to be achieved in public. We must be careful to distinguish between these two contexts of social experience."[41]

Zwischen Öffentlichkeit und Gemeinschaft wurde ein radikales Rationalitätsgefälle bestimmt. Es stellte sich dar im Unterschied der Verhältnisse von *Medien und Institutionen* einerseits und *Gefühl und Gemeinschaft* andererseits. Die erste Paarung garantierte die politisch gesteuerte Reproduktion der Gesellschaft, die zweite die Integration des einzelnen in vertraute Nahräumlichkeit.

Ob dies im 19. und 20. Jahrhundert sinnvolle Erklärungsweisen waren, wollen wir hier nicht debattieren. Für die Netzanalyse sind diese keineswegs mehr sinnvoll, für die WEB-Analyse erst recht nicht. Warum? Zwei Hauptgründe sind anzuführen:

- Erstens sind die sog. Cyber-Communities / Virtual Communities entwicklungsbezogene, projektgebundene und auf Reproduktion orientierte Gruppierungen von Menschen. Sie sind weder im Sinne überlieferter 'mutuality and sentiment characteristics' noch im Sinne politisch-institutioneller Öffentlichkeit zu beschreiben.

- Zweitens sind sie Ausdruck einer historisch beispiellosen Koalition aus Wirtschaft, individuellen Entwicklern und Nutzern, Wissenschaft, Kunst, Markt. Es bildet sich eine Art netzinterner Entwicklungs- und Verbreitungs-Politik heraus. Sie nutzt die elektronisch kurzen Wege ebenso, wie die direkten Zugänge durch Websites, elektronischen Adressen usw.

Alle Befragungs- und Gesprächergebnisse legen nahe, den Terminus 'Gemeinschaft' beizubehalten, ihn aber als 'infografische Gemeinschaft' zu verdeutlichen. Diese ist dann bestimmt durch

(a) die mathematischen, technischen, elektronischen und optischen Standardisierungen,

---

[41] drs. (1978): *Community and social change in America*, New Brunswick, zitiert nach: Steven G. Jones (1995): *Cybersociety. Computer-mediated communication and community*, Thousand Oaks London New Delhi, S. 33

(b)   die Durchschnitts- und Spitzenkompetenzen, mit digitalen Medien umzugehen,

(c)   die Entlastungs-, Funktionalitäts- und Selbstbeauftragungen der Gruppen und 'Szenen',

(d)   die Relationen von individuellen künstlerischen, wissenschaftlichen Entwürfen und kollektiven Prozessen

(e)   die elektronischen Entwicklungsumgebungen außerhalb der Gruppen

(f)   die Anforderungen und Erwartungen der off-line Sub-Kulturen

In Anlehnung an N. Adamowskys „ludische Medientheorie" lassen sich die Netz-Gemeinschaften als Spielräume beschreiben, in denen die technologischen und kulturellen Regeln der prozessorientierten Verständigung mit immer neuen Vorhaben verbunden werden. Es sind die Spiele der Reflexion, des Wissens, der Auseinandersetzung um Neues. Mathematische Axiome, technologische Schaltungsstandards, Übertragungsprotokolle, Netiquette, - Spielgemeinschaften, die in der Verbindung verschiedenster symbolischer Welten entstehen. Nutzer und Nutzerinnen sind *symbolic wanderers*, Wanderer zwischen den symbolischen Welten der Mathematik und den bild-, text- und raumsprachlichen Regeln von Kommunikation zwischen tele-präsenten Partnern.

Welche Folgen haben diese symbolischen Wanderschaften für die Beobachtung von Netz als Anhäufung von instrumentalen Automaten (Computer) und als „aggregation of personae, interacting with each other" (Howard Rheingold)? Welche Folgen hat das „ludic 'being-in-the world', von dem Brian Sutton-Smith spricht?[42]

Versteht man Interaktivität als einen performativen Zusammenhang menschlicher und nicht-menschlicher Programm-Aktivierer, der nicht durch festgelegte Inhalte, Verständigungsformate und formalisierte Dispositive scharf umrissen ist, sondern vielmehr als einen ergebnisoffenen Prozess, hat man etwas mehr Beobachtungsspielraum, um Veränderungen, Neuigkeiten, Innovationen, schwierige unvorhergesehene Situationen im cross-over Bereich von On-Line X Off-Line zu beschreiben.

Vor dem Hintergrund der Mehrfachcodierung menschlichen Wissens und Handelns (s.o.), ist der *symbolic wanderer* ebenfalls ein mehrfacher Symbolcodierer. Dies ist in der Grundidee nicht neu, und seit etlichen Jahren in verschiedenen Ausprägungen der Symboltheorien angesprochen. Interessant ist allerdings nun, dass diese *symbolic wanderers* nicht nur fleißig lernende Symbolverarbeiter sind. In dem sie sich in medialen Räumen bewegen, die eine ungebrochene elektronische Symbolverarbeitung erfordern und einen ständigen Wechsel der Form-, Sinn- und Bedeutungsordnungen nahe legt, sind die *wanderers* auch *creators, content creators*.

Dies zeigte sich auch in der quantitativen Erhebung. Anfänglich hatten wir uns an den empirisch-faktischen Aspekten der Nutzerinnen / Nutzer, der Häufigkeiten bei e-mail, browser, Datenbank-Nutzung, an skalierten Erwartungen gegenüber der politischen Bedeutung der Netze orientiert. Es zeigte sich aber, dass die Verbindungen von Nutzung, Erwartung, Engagement, Partizipationsforderungen u.ä. die Kategorien der Netz-Bewohner / -innen, der Bürgerinnen und Bürger 'näher' an den Interpretationsbreiten lagen.

---

[42] *Drslb. (1997): The ambiguity of play, Cambridge, Mass.*

In den damit verbundenen Gesprächen sind die Kategorien der *content creators*, der *kooperativen Spieler / die Spielerin*, der *kooperative Entwerfer / die Entwerferin* und der *Flaneure* eingebracht worden.

- Der 'content creator' sucht Formen, Verabredungen und Performances, die den Raum des Treffens und die Dynamiken der Kommunikation sichern, wissend, dass die offenen Beteiligungsregeln immer wieder Instabilitäten erzeugen und, dass Entwürfe auch von anderen kommen.
- Der 'kooperative Spieler' ist derjenige, der innerhalb des WWW Regeln der gruppenspezifischen und gruppenübergreifenden 'sozialen' Ordnung entwirft und anwendet.
- Der 'kooperative Entwerfer' ist derjenige, der Formen, Strukturen, Räume der individuellen und / oder partizipatorischen Anwesenheit im ständigen (auch konkurrenziellen) Rückbezug mit anderen Entwerfern / Entwerferinnen entwickelt.
- Der `Flaneur' ist ein Seismograf, ein Beobachter und Kommentierer der Veränderungen, ein Erinnerungsträger, der nicht in das Programmiergeschehen eingreift, aber Inhalte auf- oder abwertet, Gedächtnisempfehlungen (Speicherungsempfehlungen) formuliert.

Alle fallen unter die Hauptkategorie der *radical active members*, bilden allerdings sehr verschiedene Ensembles der individualisierten Mediennutzung und des Medienentwurfes aus.

Netz statt Gesellschaft

Schon seit geraumer Zeit stellt sich die Frage, ob die Worte Netz oder Netzwerke nicht viel näher an die menschlichen Lebenswelten heranreichen, als dies Gesellschaft, Identität oder Kultur tun.

Man könnte die Frage abschwächen und sagen, dass dies alles Beobachtungsweisen sind, und also der gewählte Terminus beliebig sei. Unbestritten ist, dass es sich um Beobachtersprache handelt, die ich verwende. Dennoch sind die Unterschiede zwischen den gewählten Termini erheblich, vor allem in der ihnen mitgegebenen Beobachtungsqualität oder den eingelagerten Selbstüberschätzungen.

Auf die Frage, was denn Kultur sei, gibt es zahllose Antwortversuche, deren größte Gruppierung mir nach wie vor von Ontologien träumt, von Herkünften jenseits der Tagesordnungen, jenseits der kulturellen Praxen.

Weniger Antworten liegen für die Frage nach Gesellschaft vor, aber der semantische Kreis ist ebenso eng gezogen. Die Erklärung einer vermuteten sozialen Ordnungsbilanz über einen Satz von Regeln oder gar Gesetzen, ist verbreitet: von Agrar-, über Feudal-, Manufaktur-, Industrie-, Medien-, Informations-, Spaß-, Spektakel- oder Kriegsgesellschaft.

Nun will ich weder Dominanzen noch hegemoniale Tendenzen (im Sinne Antonio Gramscis) bestreiten. Aber wie Kultur erst durch die sie erzeugende und erhaltende Praxis jedweder Art in einem Status der menschlichen Selbstorganisation aufscheint, so kann Gesellschaft als besonderes Ensemble ihr zugrunde liegender Prozesse sich nur erhalten, wenn sie auf Kontinuitäten zurückgreifen kann.

Beides, *Kultur* erhaltende Praxis oder *Dynamik* absichernde, verlangsamende Kontinuität, wurde, wenn nicht im Sinne von wesentlichen Zusammenhängen, so doch gerne über universal gültige Strukturen, vornehmlich phonologische Sprachstrukturen übertrieben. Claude Levy-Strauss ist wohl einer der großen Übertreiber gewesen, wohingegen Noam Chomsky versuchte, den grammatisch-semantischen Übersetzungsbedingungen auf die Spur zu kommen. Die computerlinguistischen oder mathematischen Versuche, der Turingschen Universalmaschine jene angesprochene Organisation des Selbsterhaltes / oder: erhaltende Selbstorganisation und Kontinuität mitzugeben, also Selbstbeobachtung des Virtuellen im Virtuellen hinzubekommen, stehen in diesen Traditionen der Übertreiber.

Ob Netz nicht auch eine solche Übertreibung sein könnte, wird man sehen. Was mich für diesen Terminus einnimmt ist jene empirisch-pragmatische Offenheit von dynamischen medialen Netzwerken, ihre inzwischen enorme Bandbreite medialer Funktionen, sinnlich-abstrahierender Präsenz und ihre konsumentengestützte Ausweitung. „Kunststück" könnte man sagen, vielleicht sogar etwas abfällig gemeint, da ja auch enorme Mengen an Geld, kultureller Zeit, Lebenszeiten, Ideen und auch militärische Interessen in diese Entwicklungen investiert werden. Also könnte man sagen: Netzwerke sind strategische Variablen des Kapitals und Militärs, der Computer Scientists und der Hacker. Sie sind sozusagen das Stammkapital postindustrieller oder postmoderner Gesellschaften.

Und da wären wir wieder: bei den einzelligen Definitionen, die aufgepumpt zu Erklärungsblasen werden, die nicht einmal von ausdifferenzierten wissenschaftlichen Berufsgruppen umrundet werden können. Man hat das Gefühl, immer zu spät zu kommen, zu spät mit den Begriffen, Ideen, Erklärungen, verändernden Praxen und Visionen. Auch wir müssen darauf achten, nicht Vereinseitigung über den Netzbegriff einzuleiten. Die Verführung ist groß, zu mal es sich anböte, Netz als die praxisgebundene Phänomenologie unterlegter universal gültiger Strukturen miss zu verstehen.

Und in der Tat lassen sich vernetzte Beziehungen zwischen Menschen weltweit, auf allen uns bekannten Lebensfeldern feststellen. Vernetzungen koordinieren Zeit und Raum. Sie stellen und stellten, so viel lässt sich sagen, immer spezifische Zeit-Raum-Regimes, Freiheits-Abhängigkeits-Verhältnisse, Informations-Nachricht-Beziehungen, Wissen-Unwissen-Hierarchien dar.

Für die vorliegende Darstellung sind Netz, Rhizom, Geflecht oder Gefüge sehr hilfreiche Konzepte, weil sie keine über die Zeiten stabile, ultra- oder metastabile Ordnungen vorgaukeln, sondern immer mit den Anstrengungen verbunden sind, Netze am Leben zu erhalten. Netz ist immer mit hohen Investments an Engagement und Aufmerksamkeit, Bedeutungszuweisungen und Abhängigkeitskonstruktionen versehen. Dennoch ist es ein Konzept polylogischer und multivalenter Realität. Es ist für mich keine Struktur, sondern ein Kommunikationsensemble, dessen Formalismus die Interaktivität darstellt.

Netz verwenden wir als ein Erklärungsmuster, mit dem vor allem das Verhältnis von Kultur und Gesellschaft einer bestimmten Wahrnehmung unterzogen wird. In einem Schaubild lässt sich dies dargestellen. Die genannten Unterscheidungen sind keineswegs vollständig, und die Verbindung von Strukturabläufen und geschichtlicher Reihenfolge ist auch etwas riskant. Das Bild soll nur einen Grundgedanken sichtbar machen.

Vernetzungen zwischen **Anwesenden**

    :
    ....Netzwerke
        :....Kultur (vormodern)
            :- -Jagdgruppen
            :- - intergenerationelle Netzwerke
            :- - Subsistenznetzwerke (geschlossene, auf
                Gruppenerhalt
                gerichtete wechselseitige Nahrungs- und
                Wissensabhängigkeit)
           : —Versorgungs- und Vererbungsnetze (auf
                Eigentumserhalt gerichtet
           :— hierarchisierte, gewaltförmige, repräsentative
                Verfügungsnetze
           :— Verbreitungs- und Kontrollnetze
        :....Kultur (modern)
            :....Gesellschaft
                :— Marktplätze und Infrastrukturen
                :— Rechtsnormen und Institutionalisierungen
                :— Kommunikations- und Energienetzwerke
                :— Transformation und Zerstörung der Zünfte
                    und Organisation immer komplexere
                    Strukturen von Arbeitsteilung
                :— Tele-funktionale Medien
                :— Erforschungen der Vernetzungen von
                    Sinnlichkeit, Abstraktion, Kognition,
                    Reflexion
                :— Computertechnologische Vernetzungen
                :— multimediale und multisensorische tele-
                    mediale Präsenz
            :....medial verfasste Tele-Räume
        :....Transkulturelle Kommunikationsräume
Vernetzung zwischen **Abwesenden**
        :....Cyberspace

Haben wir mit den Netzstrukturen, und insbesondere mit der aktiven Entwicklung des Websegmentes, jene Ebene des labyrinthischen Menschen erreicht, von dem Friedrich Nietzsche spricht:

    „Ein labyrinthischer Mensch sucht niemals die Wahrheit,
    sondern immer nur seine Ariadne"?

Oder sind wir durch die Nano- und Femto-Dimensionen (also 10^{-9} / 10^{-12} sec. oder cm.) blind geworden, und bewegen uns deshalb, als seien wir im Labyrinth? Niklas Luhmann stellte fest:

    „Der Beobachter ist ...jemand, der eine Unterscheidung handhabt
    und sich selber nicht sieht, wenn er beobachtet."

Oder sind die medialen Netzwerke, und hier vor allem das mit Engagement ausgebaute WWW, die derzeitigen Oberflächen eines in der menschlichen Umgebungs- und Kommunikationsabhängigkeit angelegten Netzbedarfs. Vilém Flusser notierte in "Medienkultur" dass

> "die einen jeden von uns mit anderen verbindenden Fäden unser konkretes
> Dasein ausmachen, wonach (um dies anders zu sagen) die Kommunikation die
> Infrastruktur der Gesellschaft ist"[43]

V.

Kultur produzieren, provozieren?

Sind die exponentiellen Entwicklungen binärer Vernetzungen Auskunft darüber, dass sich Menschen auf die Suche nach ´den der Möglichkeit nach vorhandenen Kulturen´ begeben haben? Also keine Suche nach ´vorhandenen Kulturen´, sondern Entwurf, Risiko, Episoden, Szenen kooperativer Anwesenheit? Mit Zahlen etwas suchen? Mit Software Kultur ermöglichen, Kultur produzieren, provozieren? Oder: sind wir Agenten vieler evo-lutionärer Teilprozesse, deren Logik uns nicht zugänglich ist, die die überlieferten Ideen von Glaubwürdigkeit und Privatsphäre zerstören?

Wir waren uns nie wirklich sicher, was denn nun die Zahlen errechneten, wenn sie sich mit sich selbst beschäftigten. Innerhalb der Computerscience nennt man einen solchen Zustand `komplexes Verhalten`, dann nämlich, wenn z. B. Expertensysteme zu ´spekulieren´ beginnen, ´abgelenkt´ sind. Wir waren nie sicher, wie Gespräche und Präsentationen im Netz aufgenommen und verwendet würden. `Komplexes Verhalten`, dass die Erwartbarkeit von Kommunikation erweiterte, irritierte, verschönerte begleitete On-Line-Interviews und die Beobachtung von Wohn-, Arbeits- und Lebensräumen `im Netz`. Wir waren nie sicher, ob innerhalb der globalen Netzwerke, `morgen` (was immer dies in asynchronen Netzräumen heißen mag) eine Community noch anzutreffen sein wird. `Komplexes Verhalten` der Menschen, die die globalen Mediennetze und die ihnen möglichen Räume einrichten, umbenennen oder löschen, deutete auf tiefgreifende Veränderungen von Ideen, Erwartungen und Modellierungen jener Formalismen hin, die wir geläufig als Kultur beschreiben.

Es war klar, dass *Zahlen, Kommunikation* und *Communities* kein zufälliges Band zusammenhielt. Klar war auch, dass sie nicht gegeneinander auszuspielen sind. Künstlerische Konzepte, Entwürfe für virtuelle Kommunikationsräume, Modelle compu-terbasierter Zusammenarbeit, Projekte netzintegrierten Gedichtschreibens ließen uns vorsichtig werden gegenüber Einseitigkeiten, die ´zu schön waren, um wahr zu sein´. Kabalistische Treue zur Zahl[44] oder der pythagoräische Singular der Zahl gehörten zwar in das Spektrum der Diskussionen, aber sie reichten bei der Beschreibung dessen nicht aus, was in dem virtuellen Weltkreis der Computernetze entstand. Dasselbe galt für Thesen von den „technologies of freedom" oder „technologies of control". Damit ist weder die aggressive Machtpolitik geleugnet, die im polit-ökonomischen Kampf um die

---

[43]*drslb., (1997): Medienkultur, S. 144*
[44]*Christian Reder (1999): Wörter und Zahlen. Das Alphabet als Code, Wien / New York*

Vorherrschaft von Betriebssystemen, Kryptografie-Standards oder in den Techniken der Rückverfolgung von Nutzern (traceability) dokumentiert ist, noch andererseits die erheblichen Chancen der weltweiten informationellen Selbstbestimmung.

Dies ist alles vielfach besprochen, in Kontroversen gegossen, - und nicht selten an den medialen Realitäten und den materialen Realitäten der Medien vorbeiformuliert. Mehr noch: die meisten Kritiken kümmern sich weder um die Programm- und Programmierungsideen spezifischer Software, noch um die Folgen der Vernetzung von einzelnen Programmen zu Ensembles zunehmender Komplexität. Längst geht es in Mediennetzwerken nicht mehr darum, die `sequentiellen` Programme zu beobachten, die ihre Jobs in bestimmter Zeit erledigen. Das Zusammenwirken von Programmen des Bildaufbaus, der 3D-Räumlichkeit, der Netbrowser, der Suchfunktionen, der synchronen und asynchronen Kommunikation, der interaktiven Beteiligung, der Web-Cam-Bildübertragung usw. hat eine Dichte technologischer Funktionalität geschaffen, in der Erwartungen und Hoffnungen sich auf eine ´selbstgemachte´ Kultur beziehen.

Utopien sind dies weniger; eher sind es Fiktionen, reichhaltige Entwürfe möglicher Realitäten, deren Regeln der Selbstorganisation aber ebenso wenig `geplant` und `programmiert` werden, wie die Nutzungs- und Verwendungsweisen eindeutig vorhersagbar sind. Es sind Entwürfe, Angebote der Netznutzung, Ideencollagen einer Welt, in der die real-realen Kulturen zu Regionen der virtuell-realen Kulturen werden. Die technologischen, politischen, künstlerischen, wissenschaftlichen und wirtschaftlichen Ideen, die in diesen Entwürfen eine ´mediamorphe´ Gestalt bekommen, sind nicht strategisch, nicht linear.[45] Sie sind pragmatisch, experimentell.

Sie beschäftigen sich mit den *moving targets* möglicher Kulturen und sind zugleich selbst *moving targets* neuer Entwicklungen. Diesen *Reichtum an Ungenauigkeit und exaktem Entwurf*, an Angeboten und Visionen, an angewandter Mathematik und entwicklungsoffener Software innerhalb binärer, audio-visueller Medienrealität nennen wir WEBFICTIONS. Dieser Ausdruck lokalisiert Ideen im Web und beschreibt auch Fiktionen über das Web. Angelehnt an die (naturwissenschaftlich-technische) Science Fiction, ist damit Cultural und Social Fiction gemeint.

Daten sind nicht die Realität, die wir meinen

Dass Daten und Informationen nicht dasselbe sind, und Wissen sich von diesen unterscheidet, ist inzwischen geläufig, - obwohl immer mal wieder verwechselt. Für die Erforschung von WEB-Räumen und vor allem für eine kulturwissenschaftliche und künstlerische Argumentation ist die deutliche Unterscheidung dieser Dimensionen materialer Kommunikation sehr wichtig.

Daten benennen eine erste Unterscheidung zu den binären (elektronisch oder optischen) Schaltungszuständen. Sie sind dadurch bestimmt, dass die `Zustände` isolierbar, also angehaltene, protokollierte Verarbeitungsschritte sind.

Daten sind also so etwas wie die kleinste `Paketeinheit`, die gebildet werden kann. Nur in dieser Paketierung ist es möglich, den sinnlich absolut unzugänglichen Schaltungsprozessen irgendetwas abzugewinnen, dass weiter verarbeitet werden kann.

---

[45]*Roger Fidler, (1997): Mediamorphosis. Understanding New Media, London / Thousand Oaks / New Delhi*

Denn ˋweiter verarbeitenˊ setzt logisch voraus, dass ich eine Unterscheidung verwenden kann. Und Daten unterscheiden sich von der symbolischen Ordnung der mathematischen Gleichungen dadurch, dass sie Ergebnisse sind, die aus dem Fluss der Schaltungen herausgenommen wurden. Mit ihnen beginnen wir das Spiel der bedeutenden Symbole, dessen Regeln anders verlaufen als die der schaltbaren Symbole, also der berechenbaren Zahlen.

Interessant ist dies in zwei Richtungen:

Daten können überhaupt nur weiter verarbeitet werden, wenn sie nicht nur Schaltungsleistungen, also Codefolgen ermöglichen und aufrechterhalten, sondern innerhalb eines Programms geordnet werden können. Diese Programme können technologisch eingegrenzt oder aber menschlich-kognitiv beschrieben werden. Die technologische Eingrenzung ist das, was wir aus der Kybernetik 1. Ordnung, der Computer-Computer-Kommunikation, den Maschinensteuerungsprogrammen kennen. Berücksichtigt man die menschlich-kognitive Ebene, so lassen sich Daten als das Baumaterial der mediengestützten Verständigung beschreiben. Die Wahrnehmung der (Paket-) Unterscheidung wiederum ist Voraussetzung dafür, dass wir aus dem ˋDatenmaterialˊ Informationen bilden können. Und auch hier wiederum gilt die These, dass nicht die Daten die Informationen erzeugen, sondern diese unter Anwendung von Programmen entstehen. Die einfachste Art solcher Sortierverfahren ist die, Informationen für die Aufrechterhaltung der Datenproduktion zu gewinnen.

Oder anders gesagt: nicht die Daten irritieren, sondern deren Bedeutung.

Dies lässt sich fortsetzen: erst in der Verbindung von Bedeutung mit Wissen um diese Entstehungszusammenhänge wird *gestalterische Intelligenz* entstehen können, die komplexe Programme zur Erzeugung von Daten zu entwerfen in der Lage ist.

Das Übermaß an Daten erzeugt also keine Realität, die Menschen ˋverstehenˊ können. Es fehlt ihm das Programm, mit dessen Hilfe man auswählt, es fehlt Vision, Imagination, die Fiktionalität. Erst diese geben der Sinnenlosigkeit der Daten einen wahrnehmbaren Körper. Erst wenn das Übermaß maßvoll geworden, durch das Nadelöhr der sinnlich geistig reflexiven Wahrnehmung gegangen ist, entstehen eigener Raum und eigene Zeit der Menschen – und ein neues Übermaß an Daten.

Eines unserer gegenwärtigen Probleme besteht darin, dass zu viele Datenbestände in die Dimensionalitäten der Schaltungsmassen zurücksacken, verschwinden, ihr materialer Ort umorganisiert wird. Stewart Brand spricht von gegenwärtigen Computermodellen als der größten „Informationsvernichtung" der Menschheitsgeschichte, weil die kulturellen Programme zu rar sind, um Informationen zu Wissen, Können, Entwurfsfähigkeit, Traum, Abstraktion oder Fiktion werden zu lassen.[46] Die Projekte der Webfictions sind so angelegt, dass man in die Programme künstlerisch und wissenschaftlich einsteigen kann, um Auswahlsituationen zu schaffen, also Gegenwart und Vergänglichkeit – statt Vernichtung.

---

[46] *Stewart Brand (2000): Das Ticken des langen Jetzt, Reinbek b. Hamburg*

Fluch der Dimensionalität

Eines der vielen kleinen Ereignisse am Zeitrand unserer Untersuchungen: NEC stellte den HNSX-Supercomputer vor, der mit 5104 Prozessoren 35.600 Gigaflops, also Milliarden von Schaltungen pro Sekunde, erreicht. Die Geschwindigkeit des ASCI-White-Pacific Computers von IBM liegt mit 7424 Prozessoren bei 7226 Gigaflops. Beeindruckend? Warum nicht? Haben wir einen Überblick, wieviel Tausend Schaltungen wir bemühen, um uns täglich elektronisch zu informieren? Haben wir eine Ahnung davon, wieviel elektronisch verfügbare Daten wir täglich nicht nutzen? Haben wir eine Ahnung davon, wieviel Können, Wissen und Entwurf wir benötigen, um daraus auszuwählen?

Diese wenigen Fragen weisen darauf hin, dass die Frage der Dimensionalität nicht leicht zu beantworten ist. Und sie zeigen, dass sie noch verwirrender wird, beziehen wir sie auf elektronische Prozesse, die Zeitgebiete ganz eigener Art erzeugen. Auffällig ist, dass die Grenze zwischen gemachter Technologie und sich programmsprachlich selbst erhaltender, reproduzierender Technologie weder im Einzelnen noch im Großen kulturell besprochen wird. Der Stolz der Macher verblasst davor, dass das kulturelle Copyright (made in...) weltweit im Sekundentakt mit Erfindungen konfrontiert wird, - mithin verschwindet. Die Veränderungen sind rasant.

Zwischen 1999 und 2002 haben sich die angemeldeten Domains in Deutschland von 1.5 auf 5 Mio erhöht. Ein Beispiel für andere. Es ist kurios geworden, den Datentransfer zu bemessen. Abbrüche, Staus, Zusammenbrüche von Konnektivität, Netzmängel und sonstiges haben den Platz der Versprechungen eingenommen. Man spricht von Agentenexplosionen, von intelligenten Märkten, vom Auflösen der Grenzen zwischen Produzenten und Konsumenten (Cluetrain-Manifesto). Nicht nur wir werden viele elektronische Agenten verwenden um einigermaßen klar zu kommen, sondern diese wiederum werden viele Agenten benötigen um zwischen den Millionen von Websites, den Tausenden von Datenbanken das Feld von Suchbegriffen zusammenstellen und selektieren zu können.

Diese „Cyberversion des Fluchs der Dimensionalität", wie Bart Kosko es nennt, zwingt jeden Forscher und jede Forscherin dazu, den Gesetzen der Großen Zahl jene Überschaubarkeit abzuringen, die intellektuell, reflexiv, kommunikativ bearbeitbar ist. Aber wie?

Das Risiko eines jeden Versuches, ein irgendwie zusammenhängendes Modell zu formulieren, dass diesen zeitlichen und räumlichen, unbeobachtbaren und faktischen Dynamiken reflexiv nahe kommt, ist offenkundig. Wir wissen, dass wir am Beginn einer Forschung von z.B. zwei Jahren Laufzeit, über einen anderen Gegenstandsbereich sprechen, als wir dies am Ende tun müssen. Nicht nur, weil wir, so die Annahme, neue Erkenntnisse gesammelt haben, sondern weil innerhalb von zwei Jahren, Produkte, Informationen, Bilder vermarktet werden, die und deren Markt am Beginn der zwei Jahre nicht existierten. Im weiten Sinne medienwissenschaftliche Forschung wird zunehmend in die Situation gebracht, gegenüber den medien-, techno- und ideen-ökonomischen Prozessen *entwerfende 'Verlangsamungen'* einzubringen. Unter diesem Blick ähneln sich wissenschaftliche und künstlerische Beiträge.

Das WEB ist ein Versuch, den oben angesprochenen Wettlauf um die Beteiligung an Komplexität der Welt mit zu beeinflussen. Und es ist ein Versuch, die individualisierenden Einträge in das Programm der Ich-Identität zu erhalten, in dem man sie für die medialen Umgebungen mitteilbar macht. Dass dies vorrangig ´künstlerisch´ oder als cultural hacking erfolgte, ist hier zunächst notiert.

Sinn muss für eine kurze, d.h. überschaubare Zeit den Eindruck einer Art *Kontingenzhemmung* erzeugen. Sie findet nicht faktisch, empirisch statt, sondern muss nur als *Zuordnungsformalismus* gelingen. Und solche Formalismen haben wir in Konzepten der Gruppe, der virtuellen Nachbarschaft, des virtuellen Klassenzimmers, des Clubbings, der Clan-Bildung in Spielräumen z.B. bei Local Area Network-Parties.

Mit solchen Zuordnungsformalismen wird für einen (kommunikativen, entwerfenden) Moment der Druck der Dimensionalität gemildert. Die Hoffnung, hierdurch eine lang gedehnte Zeitfase zu erreichen, in der sich Verhandlungsmuster und –geschick ausbilden würden, ist illusorisch. Die Zeitökonomien der Netzwerke schließen Verhandlungen über ihren Aufbau aus, wenn Organisation just unter ihren Bedingungen erfolgen. Anders gesagt: Codes und Programme sind nicht legitimatorisch aufgebaut. Sie sind in den selben Status eingerückt, wie er unser kulturelles Verständnis von Natur umfasst, - trotz des Wissens darum, dass sie ´gemacht´ sind. Unsere Erfindungen sind zur zweiten (sozio-kulturellen) und dritten (medial-mehrwertigen) Natur geworden.

Noch aber scheinen wir in den schwierigen Übergängen von den Zahlen zum Algorithmus, vom Algorithmus zum Programm, von Morphologie zur Bedeutung befangen zu sein. Um die Verhandlungs-Figur annähernd übersetzen zu können, bedarf es des Modellwissens, und dieses ist pragmatisch.

VI.

Jenseits der Gelben Seiten der Netzwerke

Der Stand der Dinge, in vielen Untersuchungen dokumentiert, genügt nicht als Auskunft über Topologie und Topografie der Wissenslandschaften. Auch sagt ein medientechnologischer Statusbericht wenig über die Konkurrenzen globaler Ideenökonomien und über die wissenschaftlichen, künstlerischen, libertären, machtbezogenen Visionen und Befürchtungen, die mit der Umstellung der analogen Medienstrukturen auf binäre Medienlandschaften verbunden sind. Gleichwohl muss man wissen, was warum wo und mit welcher Unterstützung geschieht. Aus der Liste möglicher hilfreicher Orientierungen seien nur einige notiert: (http://www.nw.com/zone/WWW), (http://www3.sn.apc.org/africa/afrmain.htm), (http://www.soros.org) oder (http://www.ietf.org/html.charters/ipngwg-charter.html). Ebenso gehören hierzu die Debatten über Netzverbreitung, (http://www.netplanet.org/aufbau/index.html), Regulierung, Standardisierung, Techniken des Regierens: (http://duplox.wz-berlin.de), Verteilung der Telephonie, (http://www.new-media.at/projects/sist/sist3), oder globale Wissensarchitekturen (http://www.w3.org). Elektronische Infrastrukturberichte und die Systematik der direkten, festadressierten On-Line-Verbindungen (links) zwischen Datenbanken und Web-Sites ergeben zu dem ein globales Kompendium von Gelben Seiten der binären Medienkultur. Ergänzen lässt sich dies durch die Hinweise auf die Aktivitäten, die die medialen Global Players mit wachsender Intensität entfalten. Die Internet Society, 1992 gegründet und von mehr als 100 Mitgliedsorganisationen und 7000 individuellen Mitgliedern aus über 150 Nationen getragen, bewegt sich ausschließlich auf medialem Territorium. Ihre Zielsetzung ist offene Medienevolution und die Führerschaft in Standardisierung, Themenstellung und Bildung, weltweit. Das World Wide Web Consortium / W3C, 1994 am MIT gegründet und geleitet von Tim Berners-Lee hat sich als Ziel die Verbesserung elektronischer Protokolle gesetzt, um die Interoperabilität innerhalb des Netzes des WWW zu verbessern. W3C ist ein Konsortium aus z.Zt. 220 wissenschaftlichen und wirtschaftlichen Organisationen. Neben den Dominanzen und Konkurrenzen der Betriebssystemanbieter MicroSoft, IBM und Autodec, bedeuten diese Schritte, dass die medialen Territorien oder die Bedingungen künstlicher Räumlichkeit und Zeitlichkeit konstruiert werden

Wie die medientechnologischen Veränderungen die Verabredungen und Konventionen der Verständigung verändern, wurde in den letzten zwei Dekaden (mit den Schwellensituationen: Markteinführung des PC 1980; Markteinführung des WWW 1991) intensiv erforscht. Wir ersparen uns hier die Listung der zahlreichen Veröffentlichungen.

Anwendung als Abweichung, als eigenwertiger Entwurf

Mein Text geht einen anderen Weg.

Für mich steht hier nicht das Tatsachenbündel im Vordergrund, dass Kommunikationsstrukturen immer mehr dazu tendieren, vorrangig die Handlungsfelder zwischen Mensch und Medien technologisch zu standardisieren. Geschieht dies im Sinne störungsfreier, fehlerfreudiger, verbindungstechnisch optimaler Lösungen, so ist dieser Standardisierung ebenso wenig entgegen zu bringen, wie dem Alphabet, der Grammatik, der Syntax. Ein Standardnutzer oder eine Standardnutzerin ist damit nicht erzeugt. Das immer mal wieder gerne zitierte Vorhaben des ´configuring the user´ mag Gänsehaut erzeugen oder strahlende Programmiereraugen. Aber es scheitert an den unberechenbaren Gedanken und Vision der Menschen, die aus den Programmen virtuelle und kybernetische Räume entstehen lassen, sie als Zonen der Begegnung anbieten, den mathematisch-physikalischen Mehrfachcodierungen die der künstlerischen, individuellen, kulturellen, kommunikativen Codierungen entgegenstellen. In diesem Sinne verstärkt Anwendung die Abweichung.[47]

Den kreativen, abweichenden Bösewichten ist dieses Buch gewidmet.

Sie ´rauschen´ durch die Netze, experimentieren mit den offenen Denkräumen, laborieren mit Codes und Programmen, setzen sie in unerwartete Umgebungen aus, schaffen neue Umgebungen und verändertes Lernverhalten.

Sie sind es, die die Komplexitäten der Vernetzungen, der Matrix, der Programme, der sinnlichen und reflexiven Spiele in ihre individuelle kulturelle Praxis miteinbeziehen, den Codes ihre visuelle, raumorientierte, zeitsouveräne, ästhetische Anwendungssprache verleihen, Sprachen der Sichtbarkeit und Lesbarkeit, des Verstehens, Nachdenkens und Vorausdenkens verändern.

---

[47] *Syteme, so Niklas Luhmann, „erzeugen (...) eigene Freiheitsgrade, die sie ausschöpfen können, solange es geht, das heißt: solange die Umwelt es toleriert...Der Gesamteffekt aber ist, nach allem, was man sieht, nicht Anpassung, sondern Abweichungsverstärkung." Niklas Luhmann (1997): Gesellschaft der Gesellschaft 2 Bde / Band 1, Frankfurt / M, S. 133*

Künstliche oder halbkünstliche Umgebungen?

Die Intensität, mit der Codes, Programme, Bandbreiten, Netzwerke bearbeitet werden, könnte die Frage aufkommen lassen, ob dies mit den Konzepten von Künstlicher Intelligenz, Künstlichen Umgebungen, Künstlichem Leben zu tun hat. Es ist schwer zu entscheiden, ob die hier dargestellten und besprochenen Forschungsergebnisse und WEB-kulturellen Projekte neue Einträge in die Arbeitshefte des Artefiziellen sein werden. Zu vermuten ist, dass die Fähigkeit, sich mit immateriellen, komplexen Welten auseinanderzusetzen, u.a. auch mit der Gestaltung des WEB zunimmt. Zu erwarten ist, dass die intensive Bearbeitung unkörperlicher aber sinnlich eindeutiger Umgebungen Ideen darüber, was ´künstlich´ sein könnte, verändert.

Hervorheben möchte ich, dass diese Diskussion um Künstlichkeit im WEB-Feld über die flüchtige Körperlichkeit und anhaftende Sinnlichkeit von Medien geleitet wird, und nicht über neuronale Netzwerke und deren siliziumbasierten, nach logischen Beobachtermodellen vorgenommenen, Nachbau. Es ist nicht unschlüssig, die virtuellen Umgebungen und das mediamorphe Geschehen der Netze als „Lernfeld Künstlichkeit" zu besprechen. Die dichte und dynamische Wechselwirkung zwischen Mensch-Medium-Künstlichkeit mindert aber den Anspruch des Terminus ´Künstlichkeit´, ohne den Menschen definiert werden zu können. Die dynamisch rekursiven Verfahren, die mit jedem Schritt der Interaktivität bestätigt werden, entlassen noch entlasten sie den Menschen. Dass man diese Debatten auch führen kann, ohne die Beteiligung einer humanen Nutzerpersönlichkeit, ist spätestens mit der These der post-humanen und post-biologischen Evolution angesprochen.[48] Wir werden unter dem Thema WEB diese Aspekte technogener Prozesse nicht diskutieren.

Multisensorische Attraktionen

Medienwelten sind, wie David Gelernter es nennt, „ausgesetzte" und „treibende Landschaften".[49] Es sind Umwelten, in die wir eintreten, deren sinnliche Ansprache, deren Handlungs- und Orientierungsanforderungen ungewohnt sind, anfänglich. Ihnen unterlegt sind reichhaltige und komplexe Modelle der kulturellen Verhältnisse von Sinnlichkeit und Abstraktion. Schon der ´Eintritt´ (immersion) in die medialen Raum-Welten stellt die glaubwürdig gehaltenen überlieferten Hierarchien von Sinnlichkeit (als körpernah) und Abstraktion (als körperentfernt) in Frage.

Das Erleben, das Nutzen der Abstraktion ist unausweichlich sinnlich. Erleben, nutzen, einsetzen mag man funktional deuten; ihre Funktionalität erschließt sich allerdings erst dann, wenn der Mensch das angebotene Programm von Sinnlichkeit, Abstraktion, Kommunikation in sein Selbstverständnis von beteiligt sein, dort sein, dabei sein, mit machen, nachfragen, ablehnen, variieren, auswählen lernend aufnimmt oder aufgenommen hat.

---

[48]*Immer noch interessant zu lesen: Hans Moravec (1988): MIND CHILDREN. The Future of Robot and Human Intelligence, Cambridge Mass. London*
[49]*Drslb. (1996): Gespiegelte Welten im Computer, München, S.79*

Entwicklung von Mensch-Medien-Maschinen

Die medialen Raum-Welten, die wir hier unter dem Ausdruck WEB zusammenfassen, sind im pragmatischen Sinne Kultur. Durch sie wird menschliches Verhalten begünstigt, erzeugt, ermöglicht und zugleich bieten sie Optionen und Strukturen der Veränderung der *mediascapes* an. Sicher ist dies ´auf den ersten Blick´ nicht erkennbar. Medien-Räume werden als Technologie, Infrastruktur, als virtuelle Realität, als Cyberspace, als Web-Raum oder als Multi User Dungeon / Dialog (MUD) wahrgenommen. Die vorgetäuschte Bescheidenheit des ´ersten Blickes´ spielt mit der Idee, dass Medien und Menschen ebenso ´wesentlich´ unterscheidbar seien, wie Maschinen und Menschen. Geleugnet wird damit nicht nur, dass Menschen die Erfinder und Erfinderinnen ihres medialen oder maschinellen Gegenübers sind. Unterschlagen wird dabei auch, dass diese Dynamik der Selbst- und Fremderfindung eine Erfolgsgeschichte erzählt, nämlich die der Ko-Evolution von Menschen-Medien-Maschinen. In ihr werden die Unterschiede nicht geleugnet, sondern als gemachte, selbstgemachte Unterschiede verständlich gemacht.

Menschen (zumindest der homo sapiens) sind ständig dabei, Landschaften zu erfinden, sie zu beleben, Umwelten zu erzeugen, sie umzubauen, ganz gleich ob es konkrete, abstrakte, bedeutungsschwere oder überlebenswichtige Umwelten sind. Sie lernen durch diese enorme Begabung zu erfinden und diese Erfindung als das ´gefundene Fressen´ zu behandeln, dass sie nur durch ihre Inter-Aktion den Reichtum der Lebensmöglichen entdecken können. Technikgeschichte belegt diese Begabung und die Fähigkeiten ebenso, wie die erst 30.000 – 5.000 Jahre junge Geschichte der Bild-, Zeichen-, Zahlfähigkeiten und den damit einhergehenden Sprachfähigkeiten. Man kann diese Ko-Evolution(en) durchaus als globales Labor der Menschheitsentwicklung beschreiben, als offenen, nicht gerichteten, gleichwohl hochselektiven Prozess. Und was hat das mit WEB zu tun?

Web = mehrfach codierte mediale Räume

Das WEB, also spezifische nutzergestaltete mediale globale Vernetzung, ist eine mediale Landschaft mit bislang kaum bezifferbaren Entwicklungsmöglichkeiten. In ihr werden Wahrnehmung und individuelle sowie soziale Verwendung von Nähe, Ferne, Präsenz, Aktivität, Entwurf, Mitteilung, von Informationen oder Unterhaltung, Wissen und Kommunikation ´on demand´, neu organisiert. ´Neu´ bezieht sich auf die technomedialen Standards und auf die Prozesse der Aushandlung, der Durchsetzung, der Verabredung von Realitätsannahmen, Vertrauen, Verlässlichkeit, Wahrheitserwartungen, Misstrauen, Fälschungsverdachte, Copy-Rights oder ´virtuelle Verwaltungen´. Die Geschichte von Computer-, Video- und Telespielen gibt hierzu einen ebenso guten Einblick, wie die Geschichte der Internet-Nutzung.[50]

Sprechen wir von WEB, so sprechen wir also von mehrfach codierten medialen Räumen. Sie sind weder ausschließlich optisch konfiguriert, noch allein erklärbar durch

---

[50]*Mathias Mertens & Tobias O. Meißner (2002) : Wir waren SPACE INVADERS. Geschichten vom Computerspielen, Frankfurt / M; Fah-Chun Cheong (1996): Internet Agents. Spiders, Wanderers, Brokers, and Bots, Indianapolis*

die in ihnen prozessierende Mathematik; sie sind weder allein durch ihre audio-visuelle Präsenz noch durch ihre Ökonomisierung erklärbar. Jeder genannte Bereich ist in seinen Codierungsleistungen unverzichtbar und in seinen Wirkungen auf die anderen Bereiche bislang wenig bedacht.

Das wirklich Aufregende besteht aus meiner Sicht darin, dass im WEB die unterschiedlich entwickelten Sprachen der Abstraktion und die künstlerischen, medialen oder ökonomischen Konzepte ´angewandter Sinnlichkeit´ (von Werbung bis zu Design und Gestaltung) in einem dynamischen und vielschichtigen Projekt zusammenkommen. Das WEB, seit gut zehn Jahren als Dienstleistungs- und Kommerzialisierungs-Netzwerk entwickelt, wird zunehmend zu einem Vorhaben, in dem Individualisierung und Kommerzialisierung von Kommunikation mit den Erwartungen kultureller Selbstorganisation verbunden werden.

WEB als Projekt, Kultur als Produkt – oder doch umgekehrt :-& ?

Der Erfolg des WEBs seit 1991 und das Maß seiner Annäherung und Einbindung in die globalen Medienerfahrungen führen Sinnlichkeit, Abstraktion und Reflexion eng zusammen. Diese gilt nicht nur für die vielfältige Nutzung, sondern bereits für die Programmierungs- und Entstehungsphase medialer Räume. Dennoch ist es unverzichtbar, zwischen (a) der Entwicklung eines Codierungsensembles (Programms), (b) seiner Anwendung und (c) der Belebung seiner mediamorphen Räume zu unterscheiden. Selten gelingt dies. Und dies ist schon überraschend, unterscheiden wir doch bei jedem real erbauten / umbauten Raum zwischen der materialen, architektonischen, singulären Idee, ihrer Stellung und Bedeutung im urbanen, landschaftlichen, funktionalen Umfeld und der Belebung dieser z. B. durch Büroarbeit bis zu den Kaffeeflecken auf dem Mauspad. So zeigt sich, dass nicht nur die Separierung des Visuellen von allen anderen medialen Funktionen ebenso grundsätzlich falsch ist, wie die einseitige Betonung mathematischer Differenziale oder warenwirtschaftlicher Interessen als Schlüssel zum WEB-Verständnis.

Für die Beobachtung des WEBs als möglicher weltweit verstreuter Kulturraum müssen viel mehr intelligente Ideen entwickelt werden, als bislang vorliegen. Entsprechende Wissens- und Bildungsideen fehlen.[51] Die Probleme reichen sehr weit hinein in die Modelle und Praxen von Kultur. Denn die bisher in der Einzahl formulierte Sinnlichkeit, Abstraktion und Reflexion sind keineswegs global einheitlich. Der Charme und die Chance des WEB ist es ja gerade, die jeweils individuelle oder kollektive Form kultureller Praxis von sinnlicher Wahrnehmung, abstrahierender Beschreibung und Gestaltung sowie Reflexion zu finden. Durch diese Verbindung wird nicht nur WEB zu einem Produkt, dessen angewandte Sinnlichkeit nicht mehr auf einen Kulturkreis rückbezogen werden kann. Das, was wir geläufig als Kultur beschreiben, wird selbst zum Projekt und zum Produkt.

Dies führt zu der Verbindung zwischen den genannten Feldern. Sie besteht in der Leidenschaft des Menschen, sein Leben zu denken und es zu bewerten. Die Geschichte der Abstraktionen, der Bilder, Zahlen und Zeichen, die eng mit dieser Fähigkeit zu beob-

---

[51] *Manfred Faßler (2001): Sind künstlerische und wissenschaftliche Bildungswege ´machbar´? In: ZKM – Peter Weibel (Hrsg.): Vom Tafelbild zum globalen Datenraum, S. 180-193*

achten, zu modellieren, zu verwerfen und umzubauen verbunden ist, ist eine der Leidenschaften.[52] Kein abstrakter Gedanke geschieht ohne Lust und Spaß, wozu, wie bei jeder Leidenschaft gehört, dass sie nicht von allen geteilt werden kann. Lösungen werden mit Freude begrüßt, Fehler deprimiert hingenommen. So zu tun, als sei Abstraktion eine Zivilisationskrankheit, gibt eher Auskunft über jene, die sich nicht vorstellen können, welche kommunikative und schöpferische Bedeutung von Vorstellungen und unkonkreten Ideen ausgehen.

Keine Abstraktion bestätigt sich selbst. Sie bildet den Reichtum an Künstlichkeit einer Kultur, ohne den diese an sinnlicher Verkümmerung sterben würde.[53]

Sprachen der Abstraktion und der sinnlichen Erwartungen

Die Sprachen der Abstraktionen sind uns so selbstverständlich geworden, dass sie auch zu Sprachen der sinnlichen Erwartungen geworden sind.

Wir erwarten von einem Schalter, dass seine Betätigung den Plattenspieler, DVD-Player, das Radio, das Auto, den Computer ´anmacht´, damit wir hören, sehen, erleben, lesen können. Wir erwarten von einem Modell, dass es ´die Idee von der Realisierung´ gibt, dass eine schriftliche, bildliche, audiovisuelle `Nachricht´ richtig, verlässlich, unverfälscht berichtet. Von einem Algorithmus erwarten wir, dass mit ihm etwas sinnlich erfahrbar gemacht, dass Abstraktion sichtbar gemacht werden kann, um in veränderter Weise denkbar zu sein.

Mit den Bild-, Zahlen-, Zeichen-, Körper- und Textsprachen sind Universen der Imagination, der Mimesis, der Simulation, der Imitation, der Konstruktion, der Kunst, der Philosophie, der Religion, der Wissenschaften, der Maschinen, der Techniken, der Fiktion entstanden. Mit ihnen schafften und schaffen sich Menschen Spielraum, um sich bewegen zu können, um Beobachtungen und Bewertungen zeit-räumlich zu verwirklichen, um sich Optionen zurecht zu legen. Spielraum ist Freiraum der Abstraktion und der Alternative, nach den Regeln der Selbstbeobachtung und der Selbstorganisation geschaffen. Sprechen wir von medialen Universen, so meint dies nicht medialen Universalien, also prä-humane oder strukturalistisch-allgemeine Voraussetzungen. Medien und die mit ihnen verbundenen zeitübergreifenden Speicher- und Erhaltungsleistungen, die den nahen Raum weitenden Transportleistungen und transregionalen und globalen Vernetzungen sind von Menschen gemacht.

Im Verlauf der „medialen Selbstbefähigung der Menschen" (M. Faßler)[54] sind die direkten angesichtigen Verbindungen in ihrer kulturellen, sozialen, politischen und ökonomischen Bedeutung geschwächt worden. Jedes Medium, ganz gleich, wie vielschichtig es gebaut ist, überlagert das face to face mit der Logik des Interface. Die lernend-erfinderische Entwicklung der Medien bewirkte und bewirkt immer noch ständigen Umbau der Kommunikations-, Verständigungs- und Verlässlichkeitslogiken. Die gespeicherten

---

[52]*Dehaene, Stanislas (1999): Der Zahlensinn oder: Warum wir rechnen können, Basel -» Levy, P. (1997): Die Kollektive Intelligenz. Eine Anthropologie des Cyberspace, Mannheim*
[53]*Charles Seife (2000): Zero. The Biography of a Dangerous Idea, New York*
[54]*zu diesem Terminus: Manfred Faßler (2002): Bildlichkeit. Strategien der Sichtbarkeit in modernen Kulturen, Kap. 4, Wien*

Ereignisse, Fälle, Meinungen, Sichtbarkeiten entwickeln sich immer mehr in Richtung wirklicher Erfahrungen. Medien sind Kondensat und Quelle von (einzelmenschlicher) Wirklichkeitserfahrung und –modellierung. Und sie sind zunehmend das vorherrschende Beschreibungssystem für Realität; sie sind zeit-räumliche, informationelle, kommunikative, beobachtende Realität. Die räumliche Dehnung der medialen Landschaften werden immer größer, bis sich die Räume der Kulturen berühren, durchmischen und neu organisieren, - oder auch durchdringen, unterwerfen, die Abstraktionen der Anderen mund-, bild- und schrifttot machen. Es ist genau das, was seit zweieinhalb Jahrtausenden geschehen ist.[55] Eine Fülle von Abstraktions- und Mediengeschichten müsste erzählt und geschrieben werden. Die These ist, dass die Sprachen der Abstraktion und der bildlich, räumlich, farblich, kinetisch sinnlichen sowie gedanklich-reflexiven Erwartungen durch die Medienentwicklung der letzten zwanzig Jahre, nun in der selben Equipe spielen. Das WEB ist die derzeit wichtigste medientechnologische Agentur, in der diese Felder miteinander fusionieren. Es ist das dynamischste Feld angewandter und reflektierter Künstlichkeiten. Nach dem Gesetz der Großen Zahl (40.000 Subnetze des Internets, mit weiterhin expandierenden global Nutzerzahlen verteilter Local Area Networks) entstehen immer häufiger und schneller Veränderungen in den (informatischen, hacker-spezifischen, wissenschaftlichen, open-source) Kulturen der (ungegenständlichen) Abstraktionen und den Kulturen des (sinnlich) Künstlichen.

Ungewohnte Sinnlichkeit

Die ungewohnte Sinnlichkeit virtueller Realitäten und die angewandte Abstraktion mag ein Grund dafür gewesen sein (dafür sein), dass sich Künstlerinnen und Künstler sehr früh mit mathematischen, physikalischen, technologischen Bedingungen der neuen sinnlichen Attraktoren beschäftigten.[56] Es waren wohl dies auch Gründe, dass sich dieselbe Gruppe auch intensiv mit den physiologischen, kulturellen und ästhetischen Wahrnehmungsbedingungen befassten. Inzwischen sind multisensorische Räume entstanden, die die sinnliche Einfachheit der textsprachlichen Phasen bis Ende der 1980er Jahre hinter sich gelassen haben. Viele Algorithmen, Standards, Interfaces, Applikationen sind erfunden worden, in raschen Lernzyklen der Anwendungen sind immer neue Ideen zur Verbesserung von Speicherkapazitäten, Reichweiten, Verarbeitungsgeschwindigkeiten entstanden. Die individualisierenden Wahrnehmungsfragen sind erweitert durch Fragen nach verallgemeinerungsfähigen Landschaftsentwürfen, nach belebbaren virtuellen Räumen und nach Entwürfen, die Gruppen von Nutzerinnen und Nutzern faszinieren, sie zur Anwesenheit (ver-) führen.

Vom *broadcasting* zur medialen *performance*

Anwesenheit (Präsenz, Telepräsenz) ist das Zauberwort, mit dem die Medienanbieter werben, mit denen sich Menschen um die mediale Aufmerksamkeit im Netz bewerben.

---

[55] *Leroi-Gourhan, A., (1984): Hand und Wort. Die Evolution von Technik, Sprache und Kunst, Frankfurt / M*
[56] *Rudolf Frieling / Dieter Daniels (1997): Medien Kunst Aktion, Wien New York; dslb. (2000): Medien Kunst Interaktion, Wien / New York*

Home in public, in Netzräumen auffindbar zu sein, könnte man die immer noch expandierende Fülle von Homepages und die damit verbundene mediale Selbstinszenierung nennen. Mit ihnen machen wir uns anwesend, sind nicht broadcaster, sondern Performer. Sicher gibt es auch die Senderebene, die sich längst vom propagandistischen Muster des *Einer an Alle* zum Dauersenden und Dauerempfangen des *Alle an Alle* verändert hat. Wichtiger als diese Veränderungen ist aber die Konkurrenz, die das Broadcasting bekommen hat durch die mediale Performance, gestützt auf HTML, Flash und einer zunehmenden Menge von Standards der Mediengestaltung.[57]

Das WEB ist durch die Struktur seiner Materialität das Medium der individualisierten Auftritte, des on-demand, der performance. WEB ist „mentality": „This mentality furnishes the emotional, experiential and analytical background for the choices and decisions behind the design".[58] WEB ist Projekt: offener Entwicklungsbereich; und WEB ist Strategie, ein Denken von Kommunikation, das auf Dauerhaftigkeit zielt, auf anwesende Menschen und Inhalte, auf wieder anzutreffende Partner. Im interlokalen, globalen Raum des *Alle an Alle* festigen sich drei Zusammenhangsmuster, auf deren szenische Kombination man viel intensiver eingehen müsste, als dies bislang erfolgte. Diese drei Muster sind: [i] alle Sinne erfassende und beanspruchende Medienumgebungen (*Multisensorik*), [ii] jede Möglichkeit der Verknüpfung, der wechselseitigen Verstärkung einsetzende Systematik der Erzeugung, des Erhaltes und der Weitergabe von sehen, lesen, hören, erfassen, abstrahieren (*Polylogik*); [iii] Raumgrenzen von Bedeutungen werden aufgelöst und pragmatisch-vielfältige und globale verteilte Bedeutungsensembles entstehen (*Polyvalenz*).

Handlungshemmung medial überwinden

Netztechnologie generell, aber WEB insbesondere, hebt die Handlungshemmung des bedeutungstheoretisch unerreichbar gemachten Individuums und des technisch heruntergeschalteten Subjekts auf. Die Ausweglosigkeit des Lebens auf dem Zeitpfeil, mit der die Moderne die Menschen des Okzidents ausstattete, und die belanglose Diesseitigkeit werden in eine *Virtualität von Belang* überführt. Mehr noch: Virtualität wird als Bedingung des menschlichen Überlebens, also der menschlichen Selbstorganisation beschreibbar.[59] Das WEB ist das Medium, in dem individuelle Auftritte gegenüber einer unüberschaubaren und nicht-identifizierbaren Menge von anderen Menschen ´im Netz´ erfolgen. Die ´Besucher´ einer page z.B. repräsentieren allenfalls ein unscharfes Modell von Publikum, keines der gemeinsamen Interessen mit langer Frist, sondern der wechselseitigen (Be-)Suche. Öffentlichkeit kann man dies nicht mehr im überlieferten Sinne nennen, weder im Sinne der publicae noch dem des Inter-esses. Eher sind es Wettbewerbe, verwiesen auf die Regelwerke der Programme oder mitunter auch der Programmierung. WEB besteht u.a. aus einer Vielzahl von Privatwelten, die Reisen in´s Hinterland der audiovisuellen Episoden ermöglichen, aber kaum mehr Öffentlichkeit sind.[60]

---

[57] *Joachim Böhringer et.al. (2000): Kompendium der Mediengestaltung, Berlin / Heidelberg / New York.*
[58] *Mieke Gerritzen (2001): Catalogue of Strategies, Corte Madera*
[59] *Algorithmus der Virtualisierung, in: Manfred Faßler (2001): Netzwerke, München Kap. I, S. 82-90*
[60] *Bryson, Norman (2001): Das Sehen und die Malerei. Die Logik des Blicks, München (Erstauflage 1983) – Sherry Turkle*

Infografische Räume beleben

Grundlegend für Auftritt und Verbindung der oben genannten drei Zusammenhangsmuster sind drei Veränderungen:

1. der Bedeutungsabbau der direkten zwischenmenschlichen Angesichtigkeit in der Verarbeitungslogik digitaler Medienlandschaften;
2. die Überwindung der dichten überlieferten Verbindung von Materie und Form, die, in Anlehnung an Norbert Wieners Definition von Information (weder Energie noch Materie), als Verschwinden des Materiellen aus der technischen und kommunikativen Funktionslogik behandelt wird;
3. die Dynamisierung der nicht-örtlichen, netzbasierten Archivfunktion von Medien.

Zu 1. Der Funktions- und Bedeutungsverlust der Verhältnisse ´von Angesicht zu Angesicht´ ist so zu sagen die Gründungslogik des Medialen und begleitet die menschliche mediale Selbstbefähigung seit gut 30.000 Jahren. Jedes Zeichen ist eine `Hinterlassenschaft´, die ohne Anwesenheit der Erzeuger-Person ihre Darstellungs-, Ausdrucks- oder Vermittlungsleistung erbringen können muss. Somit kennen unterschiedlichste Kulturen seit langer Zeit diese Logik und Phänomenologie der Verständigung ohne angesichtige Beziehungen. Neu ist allerdings, - und dies in Verbindung mit der Durchsetzung unterschiedlichster Tele-Medialität -, dass diese `gesichtslose` Kommunikation alltäglich wird, dass sie ein immer größeres Zeitbudget unseres Lebens ausmacht. Die selbstverständliche, kommunalisierte ´gesichtslose´ Tele-Kommunikation entzaubert die religiösen und philosophischen Mühen, der Ferne den Status des abwesend Anderen zuzuschreiben. Denn das Ferne ist zugleich fern-abwesend und fern-anwesend; es ist Realität im Zustand der Möglichkeit. Ohne Ferne geht nichts mehr, habe ich mal an anderer Stelle geschrieben. Die konkret gewordenen Rhetoriken der Ferne sind die der Komplexität, der Matrix, der Emergenz.

Zu 2. Dieser Satz mag überraschen, spreche ich doch selbst von technologischer Infrastruktur, Kabeln, Satelliten, Modems, Tastaturen oder vom Körper als Interface. Nichts ist gegen die Materialität der Kommunikation gesagt. Vielmehr unterstreiche ich damit, dass die dinghaft-technische Orientierung von einer informational-undinglichen Pragmatik abgelöst wird. (Im Sinne des Satzes von Norbert Wiener in „On Cybernetics": Information ist weder Materie noch Energie) Sie ist nach wie vor abhängig von der materialen Schaltbarkeit der Modelle, aber es sind die Modelle, die in ihre Schaltbarkeit übersetzt werden, nicht die materielle Dinglichkeit, die ihre Modelle sucht. Man könnte es auch eine neue Karriere des Wortes ´Geist´ nennen, der Schritt zu ´Mentopolis´.[61] Abgelöst von der religiös-idealistischen europäischen Herkunft, beginnt eine andere Erzählung, nämlich die aus Modell, Zahl, Sichtbarkeit, Denkbarkeit, Globalität,

---

[61] *Marvin Minsky (1986): The Society of Mind, New York /dtsch: (2000): Mentopolis, Stuttgart; Roger Penrose (1989): The Emperor´s New Mind. Concerning Computers, Minds, and the Laws of Physics, New York*

Verkettung, rekursiver Verstärkung, Vernetzung und Entwurf. Geist wird Programm, dessen Codes im einzelnen und arbeitsteilig hergestellt werden, der nie eindeutig ist, ganz gleich, was die von ihm in Bewegung gesetzten Eineindeutigkeiten der Zahlen ´sagen´.

Zu 3. Spannend sind die derzeitigen Veränderungen medialer Landschaften vor allem deshalb, weil sie auf völlig andere Formen der kleinräumigen und großräumigen Selbstorganisation von Menschen zulaufen. Zu der Gutenberg-Galaxis gehört eine steile Hierarchisierung des Buchwissens, seiner Vermittlung, seiner Institutionalisierung und seiner Bereitstellung. Repräsentativ gebaute Archive (sog. „beeindruckende Bibliotheken"), zeitenthobene Institutionen, das wahrheitsspeichernde Buch und erzieherische Ordnungen lagen konzeptionell zusammengefügt auf dem Nachttisch des dösenden Bürgertums, - das immer auf dem Sprung war, auch seine medialen Rahmenbedingungen zu verteidigen. Fotografie, bewegte Bilder, fernschreiben (Telegrafie), fernhören (Telefonie, Radio), fernsehen (Television) irritierten dies schon erheblich, konnten aber über längere Zeit als Rand- und unwesentliche Massenphänomene behandelt werden, was ihre Kommerzialisierung einschloss. Mit den binären Netztechnologien wurden die materialen und kulturellen Konzepte z.B. von Archiv, Lernen, Vermittlung, Repräsentation neu geordnet. Die architektonische Lokalisierung des Wissens verlor ebenso an Bedeutung, wie das Buch; die ´Präsenzbibliothek´ wurde zum weltweit zusammengestellten Informationsbestand des elektronischen Arbeitsspeichers. Machtvolle Repräsentation verlor still gegenüber den zerstreuten Medienlandschaften.

Die Welt, die dadurch entsteht, nenne ich infografisch, die belebbaren Umgebungen nenne ich infografische Räume. Diese infografischen Räume entstehen in Schwellensituationen, in denen Menschen ihre PCs einsetzen, um in ein Netz einzutreten. Es sind dennoch nicht nur individualisierte Räume, erst recht nicht privatisierte Räume. Sie existieren, weil eine bestimmte Menge von Menschen die technogenen Bedingungen nutzen, um sich ihre eigenen Wirklichkeitsvorstellungen zu präsentieren, sich darzustellen, sie diskutieren oder einfach nutzen zu lassen.

Die so angebotenen Medienräume verharren als individuelle Präsentations-Blasen, wenn sie weder besucht, genutzt noch besprochen werden. In dem Moment, wo die audiovisuelle Präsentation als Gedanke, als Argument, als Nachricht oder gar als Botschaft des Autors oder der Autorin verstanden wird, wird das ´Hineinstellen in´s Netz´ durch ein ´Hineinholen in einen Gruppenprozess´ transformiert. Hierdurch büßt die individuelle Darstellung keineswegs ihre Eigenwertigkeit; sie wird auch nicht einem vereinheitlichten Darstellungsprinzip einverleibt. Eher lässt sich davon sprechen, dass ein neuer Kommunikationsmodus entsteht, den ich als *Netzwerk der pragmatischen Episoden* beschreibe. Zu diesem gehört u.a., dass in sehr kurzen Zeitfolgen die Präsentationen verändert werden, ´Web-Auftritte´ der radical active members sich sehr schnell inhaltlich, künstlerisch, anbietend, performativ verändern. Auch von der Nutzerseite her ist dies bekannt: „Da hat sich ja seit Wochen nichts verändert!", ist dann die Feststellung einer sensorisch-reflexiv flacher werdenden Aufmerksamkeitskurve. Die ´Besucherzahlen´ gehen zurück.

Ökonomie der medialen Performance

Die episodische Zeitstruktur der elektronischen Netzwerke birgt einen nicht gerade leicht zu handhabenden Widerspruch zwischen den Zeitökonomien der Aufmerksamkeit, die mit Buch und WEB verbunden sind. Jeder mag den Satz kennen: „Wer schreibt, der bleibt." Diese etwas pathetische innerweltliche Ewigkeitsaussage ist kulturelle Konvention. Sie beschreibt den feudal-bürgerlichen `Hofstaat des Geistes` ebenso, wie sie die wissenschaftliche Zitatenkultur bestimmt. `Haben Sie das irgendwo veröffentlicht?` Der Gestus, „sich zu verewigen", unterstützt die steilen Hierarchisierungen der bürgerlichen Wissenskulturen und verlängert damit alte Machtspiele. Investitionen in die Vergangenheiten sind dies. Nun ließe sich dies leicht ablehnen, gäbe es da nicht die nach wie vor geltende Bedeutungsordnung, die mit dem dauerhaften Speichermedium Buch, dem Kulturmodell Buchwissen und den einhergehenden Karrieremustern (Wie viele Veröffentlichungen hat die Bewerberin, der Bewerber?) verbunden ist.

Und noch eines gehört hierhin: die kulturelle Doppelfunktion von Medien, d.h. mit ihnen Informationen zu prozessieren und diese jenen Prozessen zu entziehen, sie zu speichern, zu dokumentieren. Auch dann, wenn das kollektive Gedächtnis an bisheriger Bedeutung verliert, verliert das Mediale seine Gedächtnisfunktion keineswegs. Die mediale Anwesenheit wird hierdurch aus der bloßen Präsenz in eine Art serieller Dauerhaftigkeit überführt. Wie diese dann kulturell genutzt wird, ist eine weitere Frage. Das Zeitregime des Buches ist nicht nur institutionell, sondern auch kognitiv. Und es ist völlig konträr zu dem Zeitregime der Netzwerke, des WEB-Auftritts, der elektronischen Tele-Präsenz. Ich erlebe dies an mir selbst. Ein in das Netz gestellter Beitrag wird von mir ähnlich wahrgenommen, wie ein gedruckter. Erst wenn ich gefragt werde, - nach zwei bis drei Monaten -, ob es nicht ´was Neues für´s Netz´ gibt, wird mir wieder gewahr, dass die *Kultur der Aufmerksamkeit im Netz* auf eine andere *Ökonomie der Anwesenheit* setzt, als gegenüber dem Buch. Die Schriftlichkeit ist dabei nicht das Unterscheidungskriterium, sondern die Einbettung des Mediums in eine spezifische Kommunikationskultur.

Alle Untersuchungen deuten darauf hin, dass die Zeit-, Verbreitungs- und Anwesenheitsökonomien jener Kulturen sich drastisch ändern, in denen netzbasierte Informationsverbreitung ´selbstverständlich´ werden. Der Unterschied zwischen den Jungen und Älteren ist dabei ein interessantes Thema, gleichwohl nur die offensichtlichste Ebene bei der Untersuchung der Mediendiffusion. Weitreichender und bedeutender sind die Spannungen, die sich zwischen dem buchbasierten und dem netzbasierten Realitätsstatus aufbauen. Zum Teil sind dies tiefgreifende Auseinandersetzungen zwischen Lesbarkeit (monomediale Wahrnehmung) und Sichtbarkeit (multimediale Wahrnehmung), in die die ikonoklastischen Spaltungen des Gesichtssinnes in Lesen und Anschauen eingelagert sind.[62] Zum anderen Teil sind dies Konflikte um die kulturellen Praxen der Virtualisierung, also des Selbstentwurfs und der Selbstorganisation einer Kultur.

---

[62]*Manfred Faßler (2002): Bildlichkeit. Navigationen durch die Strategien der Sichtbarkeit, Wien*

„Der Cyberspace ist eine bitbasierte
Tragödie der Gemeinschaftsgüter"
Bart Kosko, S. 346

„Cyberspace wird sich vielleicht aus einem
sehr großen bitbasierten Gemeinschaftsgut in
einen sehr großen intelligenten Markt aus
komplexen und sich verschiebenden
Agentengleichgewichten verwandeln."
Bart Kosko, S. 347

Virtualität und das Rauschen der Fiktionen

Die Heftigkeit, mit der computertechnologische Medialität vor zwei Dekaden begrüßt oder abgelehnt wurde, hat sich gemildert. Erwartungen richten sich weniger an sog. Medien- oder Infowahn, sondern an Medien- und Entwurfs-Kompetenzen. Wettbewerbe und Streits darum dar, über welche Kanäle, Programme, Codes und Medienformate sich Kultur und Individualität selbst organisieren sollen, sollten, müssten, welche Formel, Formate und Formen medial bereitgestellt werden könnten, um virtuelle Gemeinschaften, flüchtige Kultur oder Identitymix möglich zu machen, bestimmen die Atmosphäre. Die informatischen und künstlerischen, designgebundenen und marketing-orientierten Projekte deuten in Richtungen, die den Institutionen und Repräsentanten der Gutenberg-Galaxis nicht geheuer sind:

offene Netzwerke (open source) und lernende Anpassung an grundsätzlich nicht finalisierte offene Kommunikation.

Dies ist weniger ein Konflikt um Zugang zu, Nutzung von, Kontrolle durch Medien, als ein Konflikt um die Strategien der Virtualisierung. *Virtualität als unhintergeh-bare Dimension der Selbstorganisation* menschlichen Lebens haben wir soeben ange-sprochen. Sie ist Überlebensnahrung des Menschen, der sich selbst als seine Umwelt schaffen muss. Blaupausen findet er keine vor. Es gibt keine Heilige Lade der Kultur. „Wir müssen lernen, und wir sind dazu auf unser Gehirn und auf Maschinen (und Medien, mafa) angewiesen. Die Erfahrung formt und verändert diese Strukturen. Fakten und Fiktionen und Rauschen optimieren die Synapsen in unserem Gehirn und die Teile oder die Software in unseren Maschinen."[63] Lässt man sich auf diesen Gedanken ein, so eröff-net er ein verändertes Verständnis von Medialität, das für Webfictions unerlässlich ist. Virtualität, übersetzt als ´der Möglichkeit nach vorhandene Welt´, ist ein nicht experi-mentell bestätigter oder nicht zu bestätigender gedanklicher Versuch. Es ist eine Codie-rungsvorleistung, die in Programmen, Formen und Nutzen eingebettet werden muss.

Brechen der überlieferten Virtualisierungsgrenzen ...

Virtualität ist nicht eindeutig adressiert. Sie ist ein ständig neu gemischter Basar von Möglichkeiten. Dies war in Vergessenheit geraten, da wir gelernt haben, dass aus

---

[63]*Bart Kosko (1999): Die Zukunft ist fuzzy. Unscharfe Logik verändert die Welt, S. 247, München / Zürich*

Institutionen, Normen, Körperschaften, Bibliotheken der ´annähernden Vollständigkeit des Wissens´, von Experten jene festgeschriebene Formenvielfalt herleitbar ist, die wir als Kultur beschreiben. Dieses deduktive Muster von Kultur war autoritär und selbstaggressiv. Es engte die Virtuosität der Virtualität ein, ´zivilisierte´ bürger-kriegerisch die Vielfalt der Fiktionen, tarnte hierdurch egomanische Klassen-Wahrheiten., - und war zugleich über viele Jahrhunderte sehr ´produktiv´.

Derzeit erleben wir, dass die kriegerische Expansion der Medienstrategien sich von den nicht-militärischen, kulturellen Formbindungen lösen. Ein militärisch-medialer Komplex entsteht. Und zugleich entstehen immer größere Zonen sog. Deregulierung und Individualisierung. Je weniger soziale Systeme die Logik ´abgeleiteter´ Haltungen einfordern und erzeugen können, um so größer werden die Freiheitsgrade von Menschen. Entgegen den abwehrenden Erwartungen aber, dass sich ein *cybernetischer Existenzialismus* aufnötige, ein Existenzialismus der totalen Steuerung, der formierten Gesellschaft, bildeten sich neue Typen von Gemeinschaft, von Individualisierung heraus. „Virtual Communities" nannte dies Howard Rheingold bereits in den frühen 1990er Jahren (wie S. 39f. schon angesprochen). Es waren hacker communities, cyberfreaks, Künstler und textorientierte Netzpioniere, wie John Perry Barlow, die die Dimensionen der medialen Räume für sich aufgriffen, ernst nahmen und gestalteten. Diese *communities* ´schufen sich´ auf der Basis der entwickelten Text- und Übertragungsstandards des TCP / IP, machten sich lesbar.

Ihre Taktiken, sich eigene Räume zu schaffen und diese gegen die Kontrolle durch Provider, Staat und Betriebssystem zu verteidigen, sind sicherlich weder mit den heutigen WEB-Räumen noch mit den audiovisuell agierenden Nutzerpopulationen gleichzustellen. Dennoch verbindet jene mit diesen das *Brechen der Virtualisierungsbarriere* und die beginnende Neufassung von individueller und kollektiver Entwurfsfähigkeit, inklusive des hackings als Taktik im Kampf um die Kulturkonzepte für das / im Netz.
Ob es nun um kommerzielle Nutzung geht oder um Netz-Wahlkampf der Parteien, ob es um virtuelle Unternehmensbereiche oder um interaktive Netz-Kunst: die seltsame Rolle, die die virtuellen Zeit-Räume in der Wahrnehmung der Nutzerinnen und Nutzer spielen, und die seltsame Attraktion, die die Gestaltungsoptionen in diesen Räumen ausüben, sind nur verständlich, wenn man eine produktive Lösung der Virtualisierungskonflikte annimmt.

...und die ´Ent-Schärfung´ der erdachten Verschiedenheit von Wissenschaft und Kunst

Um diese Konflikte beobachten zu lernen, ist es hilfreich, nicht nur von stabilen Mustern der Realitätsbeschreibungen auszugehen, sondern von dauerhaft unterlegten Entwurfsprozessen von der Möglichkeit nach beobachtbaren Welt. Anders gesagt, erzeugen wir Mittel, mit denen wir kinetische, haptische, visuelle, motorische, auditive, akustische, optische Szenen interpretieren, bewerten und verwenden können.

Ich nenne sie *Virtualisierungsarten.*

Sie reichen von Mimesis / Imitation / Simulation / Symbolisierung / Codierung / Materialität / Immaterialität / Projezieren / Projektieren / Fiktionen über Entwurf von Bild / Schreibzeichen / Zahl / Spiegelung / Programmierung / Information bis hin zu Wahrheit / Diesseits / Jenseits / Imagination / Erwartung / Zeit / Raum / Herkunft / Zukunft.

Sicher wird man jetzt fragen können, warum diese wunderschöne Vielfalt menschlicher geistiger Kreativität unter dem ungewohnten Konzept der Virtualisierung zusammengezogen wird. Nun, ich tue dies, um sie einer einseitigen materialen und einer ebenso einseitigen geistigen Deutung zu entziehen. ´Kreativität´ ist bereits eine Bedeutung. Was uns an diesen menschlichen Leistungen erfreut, ist ihr Formgeschehen. Worüber wir uns freuen lernen könnten, ist die evolutionäre Fähigkeit, überhaupt zur Form zu gelangen. Und diese Fähigkeit, sich über den Selbstentwurf am überaus differenzierten Leben zu halten, nenne ich die *Virtualisierungsfähigkeit*.

Diese ermöglicht es uns Menschen erst, Umgebungen dadurch zu schaffen und zu erhalten, dass wir sie wahrnehmen und denken, sie also beleben können. Dabei ist es gleichgültig, welchen Abstraktionsgrad diese Umgebungen aufweisen. Wichtig ist, dass wir beobachten lernen, worin die graduellen Unterschiede unserer Programmpakete (Formenensembles) bestehen.

Aber so leicht ist dies nicht, wie es scheint. Der Umgang mit Abstraktionen und Artefiziellem, sobald diese in die aktiven Verständigungsverfahren und Handlungen eingebaut sind, fällt noch immer schwer. Die Gründe hierfür sind sehr verschieden. Für eine erste Annäherung unterscheiden wir:

- Künstliches 1. Grades: die Schaffung einer offensichtlichen Welt der Dinge, der Zerlegbarkeit, des Aufbaus in Architektur, Körpererziehung, Staat und damit verbundener Ideen der Vollständigkeit, Wahrheit, des Encyclopädischen. Der Zirkel der Zuordnung besteht aus Körper, Nahräumlichkeit und Ganzheitlichkeit.
- Künstliches 2. Grades: die Entdeckung der kleinen Teile (mikroskopisch molekular), der entfernten Nähen (teleskopisch), der atomaren und molekularen Teile, der Zerteilbarkeit und Synthese jenseits des menschlich Sichtbaren. Ein andauernder Widerspruch zieht sich durch diese wissenskulturellen Geschichten: der der erkannten natürlichen Ordnung oder der künstlichen Synthesen.
- Künstliches 3. Grades: mikrologische, elektronische, pseudo-immaterielle Daten- und Informationsumgebungen, binäre Realitäten, ausgesetzte, treibende Realitäten, zerstreute Räume. Die Spannungen zwischen den Realitätsmodellen sind enorm. Obwohl hier eine Integration der Medienfunktionen zu gelingen scheint, ist die kulturelle / transkulturelle Verständigung darüber, wie Körper, Nahraum, Ganzheit, mikro-, tele-, makroskopische Ordnungen und elektronisch-formlose aber hoch standardisierte Realitäten zusammenhängend gedacht werden können, noch nicht in Sicht.

Kulturwissenschaftlich kann man sagen:

die großräumigen menschlichen Assoziationen, die als moderne Gesellschaften, Industrie- und Fabrikgesellschaften u.ä. beschrieben werden, waren in ihren Mehrheiten nicht an dem *sie begründenden Kult und an der Kultur des Abstrakten* interessiert. Die dominierende Maschinen-, Technik-, Mathematikkritik waren ebenso wie die übersteigerte Begrüßung, Ausdruck von Unfähigkeit, die Komplexität eigenen Handelns zu beobachten.

Das wird noch problematischer. Seit ca. drei Jahrzehnten wird ein *Kult und eine Kultur des Künstlichen* aus den bisherigen Abstraktionen entwickelt und als Universalmodus in allen Bereichen der Verständigung eingesetzt wird. Einzelmenschliches Ausweichen ist wissenskulturell, beruflich, kommunikativ kaum mehr möglich. Ein klassenpolitische Spaltung nach Kopf und Hand, Straße und Salon, Büro und Produktionshalle wirkt unwirklich.

Umgebungen entstehen, erzeugt und erhalten unter den Bedingungen der Abstraktion, des Künstlichen und der Medialität. Hierfür sind Prozesse wichtig, in denen das Vermittlungsgeschehen in materiale mediale Funktionen festgesetzt wird. *Mediencodes* entstehen: bildlich, verbal, textlich, habituell, symbolisch, literarisch, fotografisch, cineastisch, zahlengebunden. Die formalisierende Sprachfähigkeit schränkt bereits den unabschließbaren Reichtum der Virtualisierungen ein, weil sie auf Verständigung, Speicherung, Redundanz, Regel, Konvention setzt. Unerlässlich scheint mir folgende Betonung: Im Moment der Medienerfindung gehört der Mensch nicht zur Medienumgebung, sondern ist Teil der Medienkommunikation.

Innerhalb dieser entstehen allerdings Anforderungen in zwei völlig entgegengesetzte Richtungen. Muss Virtualisierung in gewissem Sinne so komplex oder individualisiert sein, um alle Systematisierungsversuche zu vereiteln, worüber sich der Mensch lernfähig erhält, muss umgekehrt die mediale Codierung auf Wiederholbarkeit setzen, um Kommunikation als eigenständige Operationsweise der menschlichen Umgebungen (des Systems) in Gang zu bringen.[64]

Dieser Grundkonflikt ist nicht lösbar und ist in der paradoxen Ausgangslage begründet, dass alle Mittel der Selbstverständigung ´selbstgemacht´ und die Grenzen zwischen Virtualisierung und Systematisierung nicht scharf zu setzen sind. Dieser Konflikt, fast alltäglich, stellte sich auch innerhalb unseres Forschungsprojektes dar als, wen überrascht es, Gegensatz von Wissenschaft und Kunst. Dabei ging es um cross intelligence und Distinktion, um veränderte Konzepte von Wahrnehmung, Wahrheit und Entwurf gegenüber dem Versuch eines non-dualistischen Wahrheitsmodells. Es war auch ein Konflikt zwischen einer offen-kommunikativen und künstlerischen Ideenpalette von WEB-Räumen und einem Konzept, das die ungleiche und hierarchische Distanz zur wissenschaftlichen Wahrheit dem Denken in Textmedium zuschrieb.

---

[64]*Theodor M. Bardmann (Hrsg.) (1998): Zirkuläre Positionen 2. Die Konstruktion der Medien, Opladen / Wiesbaden*

: C_Künstlichkeit, kulturell lebendig

VII.

Partner der Veränderung: Hybride?

„Können sich gespeicherte Fälle nicht *in Richtung* wirklicher Erfahrungen *entwickeln*? Gespeicherte Fälle und gespeicherte Geräusche könnten letzten Endes zu einer sehr viel lebendigeren und vollständigeren Simulation einer `Erinnerung` integriert werden als unsere bloße Wörterliste. Und auch emotionale Vorgänge ließen sich, zumindest im Prinzip, simulieren. Aber dafür scheint noch sehr viel Arbeit nötig zu sein, und es werden schwierige, bislang unbeantwortete Fragen aufgeworfen. Ist das eine sinnvolle Forschungsrichtung? Die entschiedene und klare Antwort lautet: Ja."
David Gelernter, Gespiegelte Welten, S.154

WEB ist in einem vehementen Sinn eine Kunstform der Anwesenheit, material, technologisch, informationell. Es parodiert die Geste der künstlichen unförmigen Umgebungen dadurch, dass Menschen die Gestaltungs- und Anwesenheitsoptionen aufnehmen, sich anwesend machen, web-cam-faces in´s Netz stellen, scannen, rendern, lächerliche Kneipengespräche in chat-rooms führen oder exzellente News-Groups organisieren. WEB wird gestaltet, aufrechterhalten, erweitert von Menschen, die sich auf die kybernetischen, dynamischen Umgebungen einstellen, sich in den symbolischen Umwelten anwesend machen. Der Formalismus der Interaktivität kreiert die Form der Anwesenheit. Codes und Programme bilden die konstitutionellen Umgebungen für eine sich ständig irritierende, für eine sich ständig ändernde Kulturenbranche. WEB ist, weil es bildlich, tonal, weil es auf Oberflächentexturen, auf Aktualisierungen der visuellen, audiovisuellen Anwesenheiten bezogen ist, das (lernende, entwerfende) Rauschen im Projekt der großen digitalen Reinigungen. Jene einzelne Menschen und Gruppen, die aktiv in das Entwicklungsgeschehen des WEB eingreifen, stellen gegen die Verarbeitungsökonomie des Cyberspace die Ökonomie der Aufmerksamkeit, der Wiedererkennbarkeit ein. Entgegen der Überproduktion an Daten und Geschwindigkeiten, entstehen in den WEB-Initiativen Räume, die nur in ihrer Nutzung existieren. Sie sind transkulturelle Unruhe, immer auf des Messers Schneide zwischen Kommerzialisierung der Aufmerksamkeit und der Kommunikation und Kommunalisierung der individuellen Entwürfe. Ergebnis offen.

Des WEBs Realität entsteht dadurch, dass die nicht-physiologischen Signifikanten (der mathematischen Symbolik) ´erkennbar´ angewendet werden, also zu Informationen werden, die Visualität und Text, Bewegung und Raum ´kalkulieren´ und dies zugleich sinnlich-reflexiv als Interface organisieren. WEB belebt die ´Datenhighways´, von denen in den 1990ern so großspurig aber unräumlich gesprochen wurde, mit allem, was die Pragmatik an räumlicher Imaginationsfähigkeit übersetzbar macht. Ihre Aktivisten, nach den vorliegenden Empirien nicht mehr als 6% der Netznutzenden, sind Third-Wave-Citizens. Die erste Welle umfasste die antifeudalen urbanen Aktivisten, die frühen Erfinder und Manufaktur- und Fabrikgründer (zwischen dem 17. und Mitte des 19. Jahrhunderts); die zweite Welle umfasste diejenigen, die die Industrialisierung, die Bürokratisierung aber auch Demokratie als institutionelles und rechtliches Verfahren durchsetzten (Mitte 19. Jahrhundert bis zur Gegenwart), die Bürger der `Dritten Welle` (Alvin Toffler) greifen in die Entwicklung der künstlichen Zusatzräume, in die medialen Umwelten, in die Räume transkultureller Anwesenheit ein. (Wir hatten die community-Aspekte schon angesprochen.)

Die oft gestellte Frage ist: wie beeinflusst dies den Menschen? Welche Veränderungen des Selbstverständnisses bewirkt dies? Welche Art von Realität wird entstehen? Wird es nicht Zeit, ein verändertes Konzept von (kulturell-evolutionärer) Realität ebenso zu entwerfen, wie es an der Zeit ist, ein solches für Virtualisierung, Abstraktion und Künstlichkeit zu entwerfen?

Ein Terminus, der eingebracht wurde, um die veränderte biologisch-physiologische und organisch-organisatorische Körperlichkeit zu beschreiben, ist Hybride / Hybridität. Auf unser Themenfeld bezogen könnte dies jene Fusion *in situ* beschreiben, die in der interaktiven Verbindung von binären Schaltungsumgebungen und menschlicher Spiel-, Denk- und Gestaltungslust entsteht. Auf dieses *in situ* kommt es an, denn Hybride sind, bedenkt man die biologische Herkunft des Ausdrucks, von sich aus nicht überlebensfähig. Die Frage richtet sich aber nicht nur an die Aktualität / Interface, sondern auch an die kulturellen Programme dahinter. Dies soll hier vertieft werden. Dafür gehen wir zunächst auf einige wichtige Aspekte von körperbezogener Hybridität ein, um an diesem Konzept Ansätze von netzbezogener Handlungskritik zu formulieren; im zweiten Schritt wird es dann um Dimensionen von Softwarekritik als Netzkritik gehen.

HyMorgs und CybOrgs

Seit Jahren wird die Frage gestellt, wie es gelingen kann, die Zwischenbereiche von Mensch und Medium / Maschine zu gestalten, und, vor allem, was dieses Dazwischen technologisch, codierungstechnisch, operativ sein könnte. Immer wieder entsteht der Gedanke, dass es vielleicht für ein und denselben sachlichen Zusammenhang zwei gleich effektive Codierungsleistungen gibt. Man könnte sie *dual coding* nennen.

Dieses dual coding bildet die logische Grundlage für das, was gemeinhin als Hybridität bezeichnet wird: eine Verbindung zweier Programme auf der Basis anschlussfähiger Codes. Durch integrale Nutzung der getrennten Codierungen entstünden Optimierungen, Leistungssteigerungen oder gar völlig neue momentane, aber evolutionär nicht überlebensfähige Leistungsprofile. Vermischung, Vermengung, Vernetzung: Wörter, mit denen Hybridität umschrieben wird, gehen auf diese Idee des dual coding und der (ein-) eindeutigen Unterscheidbarkeit zu. Mensch und Maschine werden, so die Idee, durch praktische, ökonomische, militärische Bedingungen in eine computertechnologische, mediale Gemeinschaftspraxis versetzt, - für die einen eine Zwangsgemeinschaft, für andere eher ko-evolutionäres Geschehen. Der Diskurs um Hybridität sieht sich in der Polarisierung:

- entweder sind Hybride (in der biologischen Grundbestimmung) nicht reproduktionsfähige organische Produkte (wie dies bei vielen Tulpenzwiebeln, bei global angebotenen Getreidesorten, oder beim Doppel-Null-Raps ist, um das Profitinteresse der Saatgut-Industrie zu schützen),
- oder aber das Hybride beschreibt die Biologisierung der Technik, einen Prozess der codetechnischen Verschmelzung zu neuen lebens- und reproduktionsfähigen (oder replikationsfähigen) Systemen.

Dabei verschiebt sich allerdings das Konzept der Reproduktion von einem genetischen Prozess zu einem informationellen, kommunikationsbasierten Prozess mit einer Vielzahl eigenwertiger kultureller Verzweigungs- und Entscheidungssituationen. Das Hybride wird technogenetisch bestimmbar. Verwendet man den Terminus `Hybride` i.w.S. biologisch, setzt dies klare Unterscheidungen zwischen den beteiligten Agenten voraus. Für diese ist Leben nur in der 'reinen Differenz' denkbar. Wird 'vermischt', so entsteht das nicht reproduktionsfähige Schmuddelphänomen des Zwischenwesens. Indirekt ist dem Technik- und Medienaversion eingegeben, mit unter auch die Leugnung der menschlichen Umgebungsabhängigkeit. Etliche Impulse zu Ethikdebatten benutzen die Distinktion zwischen Mensch und Maschine.

Verwendet man den Terminus in der zweiten Variation, ohne auf den Lebensbezug zu verzichten (zu denken ist an artificial life, artificial environments, artificial intelligence), lassen sich verschiedenste Phänomene der augmented / augmenting environments beschreiben. Ich fasse sie unter dem Mischwort der *hymorgs* zusammen (*hybrid media-/machine organisms*). Das klingt verspielt, wie so oft bei Neologismen. Nun möchte ich Hymorg nicht zum Leitbegriff machen, sondern darauf hinweisen, dass die technogenen, aktiven, interaktiven, simultanen Verbindungen und Modellierungen, die als Hybride beschrieben werden, auch lebenserhaltende Umgebungen sind. Sie sind organisch, aber nicht organismisch mit dem Menschen verwoben. Obwohl, wie gerne betont wird, das hybride Gebilde Prozesse optimiert, ist es, so die biologische und biologisierende Beschreibung, nicht von sich aus überlebensfähig, - also keineswegs Leben in sich, wie dies für das Konzept `Bastard` gilt. Die Optimierung ist ein systemischer Vorgang. Nun wird man bei diesem Konzept nicht grundsätzlich den biologischen Bezug kappen können; soweit bleibt der Terminus herkunftsgebunden. Versteht man ihn allerdings systemisch, also in einem weiteren Sinne als *hybrid systems*, eingewoben in die lebenserhaltenden, lebensreproduzierenden und zum Teil die Reproduktionsbedingungen erweiternden gegenwärtigen Prozesse, wird der Bereich des Hybriden zu einem Ensemble von Form- und Prozessoptionen in Biologie, Wirtschaft, Institutionalisierungen, Körpermodellen und Wissensgenerierungen. So verwendet, geht es doch eher um ko-konstruktive oder sogar um ko-evolutionäre Prozesse. In ihnen kommen den Hybrid-Räumen der medialen Umgebungen entscheidende Realitätsfunktionen zu. Im Verhältnis von Mensch-Maschine -Medium wird dabei der 'mediale Körper' in diesen Räumen zentraler Bedeutungsträger.

Vierte Haut

Hymorgs sind weder autonom im Sinne der Roboter, noch sind sie bloße tools, im Sinne eines netbrowsers. Sie sind, wenn man so will, die vierte Haut des Menschen, mit der die Optimierung der Sinne, der Selektivität der Wahrnehmung und der kommunikativen

Reichweiten erzielt werden soll. Warum aber vierte Haut?

Die erste ist die neurophysiologisch unterlegte Ausstattung der biologisch-körperlichen Grenzen des Menschen; die zweite ist die kulturelle und soziale Codierung des Sehens, Riechens, Hörens, Tastens, Schreibens, Lesens, Zeichnens usw.; die dritte Haut ist dann tragbare Technologie, wired soldier, body lan, intelligente Textilien, intelligente haute (code) couture; die vierte sind die künstlichen, transkulturellen Räume, die symbolisch bewohnbaren Netzräume hoher sinnlich-reflexiver Präsenz und kommunikativer Dichte. Hymorgs unterscheide ich von Cyborgs, also von jenen cybernetic organisms, die spätestens mit dem Buch Dona J. Haraways über „Simians, Cyborgs, and Women" sprachlich geläufig sind.[65] Im Gegensatz zu den tragbaren Technologien und belebbaren medialen Umgebungen, beschreibt Cyborg die innerkörperliche Umrüstung durch eine lebensfähige und lebenserhaltende Verbindung künstlicher Organe mit natürlichen Organen. Interessant wird es, wenn die Cyborgisierung mit der Hymorgisierung verbunden wird. Für Netzmedialität könnte dies dann hysp: hybrid-spacial-presence heißen.

Beziehen wir uns zunächst auf Aspekte des Hybriden. Und hier hat sich einiges getan. Das aufregende Geschehen der letzten Jahre liegt nicht in der puren Elektronik, Optik oder Technik der Künstlichen Intelligenz, der Roboter, sondern eher im Status des *lernen Könnens*, der *inneren Zeiten und Räume* der programmatischen und programmierten Praxis. Anfänglich waren die technogenen Modelle auf *situatedness*, auf den Augenblick der Reaktion bezogen, und auf *embodiment*, auf eine menschenbildliche Körperlichkeit orientiert. Die Programm-Maschinen besaßen *keinen langfristigen internen Status*. Dies hat sich in den zurückliegenden 20 Jahren sehr verändert. Programme mit eigenen, selbstangelegten Archiven, die als Reaktionserinnerungen fungieren und lernorientierte Umprogrammierung ermöglichen, also eine *autopoietische maschineninterne Kontinuität, ein Maschinengedächtnis* (wir sprechen ausdrücklich nicht von Identität), verstärken das Konkurrenzmilieu zwischen Mensch, Maschine und Medium. Und: Hybridität der einzelnen elektronischen Maschinen wurde vernetzt. Virtualität bekam eine technologische Struktur großer Reichweite.

Dennoch ist damit kulturell noch nicht viel gewonnen. Die Konkurrenz um das Archiv der (einzelmenschlichen) Erinnerung und des (kulturellen) Gedächtnisses findet in der pragmatischen, lösungsorientierten, optimierenden Aktualität statt. Kritisch merkt Steward Brand zum Konzept von Brewster Kahle an, ein Internetarchiv für alle Datenbestände der Welt einzurichten: „Der Preis für permanente Aktualität ist der Verlust des kulturellen Gedächtnisses."[66]

Schwache Modelle

Die hier im ersten Schritt notierte Gegenüberstellung von Mensch und Maschine ist kein Selbstläufer. So schlüssig das Argument der Mischung, der Vermengung sein mag, so sehr wirft es gerade im Umfeld computertechnologischer Denkweisen einige Probleme auf. Manchmal wird deshalb das 'Dazwischen', das 'Inter' in frage gestellt, weil die distinkten Pole unbeobachtbar sind. Ist alles Diskurs? Nur Diskurs? Oder Cybernetics 1st or Cybernetics 2nd Order?

---

[65] D. J. Haraway (1991): Simians, Cyborgs, and Women. The Reinvention of Nature, New York
[66] S. Brand (2000): Das Ticken des langen Jetzt, Frankfurt / M, S. 95

Die Erklärungsmodelle, mit deren Hilfe versucht wird, dem vom Menschen Gemachten einen naiven oder ontologischen Sonderstatus zuzubilligen, um irgendwie alltäglich oder evolutionär voran zu kommen, sind zahlreich. Definitorische Entscheidungen müssen getroffen werden, dies ist klar, ob nun für die gedankliche oder taktile, die elektronische oder mechanische Operation. Unser gegenwärtiges Problem bei den Debatten um die dynamischen Rückbezüglichkeiten von Mensch / Maschine / Medium / Mensch liegt nicht so sehr in der Definition, als in dem *Konflikt zwischen Heuristik (Erklärungsmodell) und Epistemologie (Erkenntnismodell)*. Dabei fällt auf, dass beide Positionen, mit deren Hilfe Virtualisierung, Auswertung der Virtualisierung, Programmierung, Formentscheidung, Morphing, Künstlichkeit, künstliches Leben usw. beschrieben werden, sich selbst von der Forderung nach Endgültigkeit entlastet haben. Dies halte ich zunächst für überaus wichtig. Es ermöglicht,

    (i)   pragmatisch über Lebensbedingungen des homo sapiens nachzudenken,

    (ii)   jede maschinelle und mediale Situation als experimentelle und evolutionäre Struktur ernst zu nehmen oder auch

    (iii)   ko-konstruktive (gleichzeitige lernende Anpassungen in den Verhaltensprogrammen der Menschen und Maschinen) und ko-evolutionäre (erweiterte Reproduktion auf der im selben Geschehen entwickelten Ausgangsbasis) Prozesse zu bewerkstelligen oder zu beobachten.

Man kann dieses erreichte Niveau erkenntnistheoretischer, pragmatischer oder heuristischer Bescheidenheit nicht hoch genug einschätzen, - ganz gleich, wie heftig die Kontroversen um den Status und die Zielrichtung von Anwendung ist.

Die Frage ist nicht mehr ontologisch: Was ist der Mensch?, sondern: Wie teilt er sich in seine Umwelten (symbolisch, musterverwendend, modellierend, aktional) auf und wie setzt er sich wieder zusammen? Und hier nun wird die Frage nach dem Dazwischen, nach dem Grenzmanagement (vom Menschen) zur Maschine oder (von der Maschine) zum Menschen brisant. Gibt es diese Grenzen überhaupt? Oder ist der Mensch zu jedem Zeitpunkt seiner Selbstbeobachtung, Selbstbeschreibung, Selbstbewertung und seines Entwurfes ein Mischprodukt aus von einander unterscheidbaren Abstraktions- und Reflexionsleistungen und deren zeitgenössischen Fusionen? Ist er und seine lebende und nicht lebende Umgebung also evolutionär instabil?

Wir führen diese Frage hier nicht weiter aus. Wir stellten sie, um einen schwierigen Punkt vorzubereiten. Wir sagten, dass die Heuristiken und Epistemologien im Feld der Computer Science und ihrer kultur-, medien- und kommunikationswissenschaftlichen Begleitungen sich vom Gedanken der *Endgültigkeit* abgekehrt haben. Gründe hierfür liegen wohl darin, dass eine finale Bestimmung der Medienevolution nicht möglich, also der Blick aus der Zukunft zurück ausgeschlossen ist. Dies schließt allerdings nicht aus, ein ebenso altes Konzept, nämlich das der *Vollständigkeit*, wieder zu aktivieren. Betrachtet man die Ideen zum universalen Archiv `Netz`, lässt sich der Eindruck kaum abweisen, dass hier erneut versucht wird, dem Menschen ein relativ geschlossenes Speicheruniversum entgegen zu halten, weit ab von dem, was der Physiker Archibald Wheeler das „partizipative Universum" nannte. Hybridität also als Gefälle zwischen Universum und Individuum, die Rutschbahn der Anwendung gegenüber den großen Ansprüchen, hergeleitet aus der Erbschaft der Menschheit?

Die tief in die Konzepte autonomen menschlichen Handelns und menschlichsouveräner Kommunikationsideale eingreifenden Realitäten medien-technologischer `Interfaces` irritieren gegenwärtig kaum noch. Was aber nach wie vor zu denken gibt, sind die Beobachtungsdefizite gegenüber den von uns Menschen gestarteten abstrakten, künstlichen, automatisierten und selbstgenerierenden binären Prozessen hoher Komplexität.

Wir wissen, was wir (dinglich, sachlich) tun, aber nicht was wir (prozessual) dabei tun: sprich, wir bauen und nutzen Computer, können aber nur ansatzweise beobachten, wie die in Kommunikationsverfahren ausgebrachten visuellen, optischen, audiovisuellen, akustischen, räumlichen, taktilen, datenbanktechnischen, archivarischen, propriotären oder open-source Module uns und unsere Vorstellung von Welt / Realität / Wirklichkeit / Künstlichkeit verändern.

Die gerade gelisteten Module mehr oder minder komplexer Software und Medialitäten sind Formen kultureller Produktion und Quellen der Produktion von Kultur. Sie machen radikal deutlich, dass wir zwar gelernt haben, Einzelsysteme großer operativer Reichweiten zu entwickeln, aber wenig bis keine Aussagen über die qualitativen Veränderungen während der laufenden interaktiven Prozesse machen können.

Ambient information structure

Eine zeitlang war es auch in den Computer Sciences üblich, die Frage nach dem Verhältnis von Struktur und Kultur in Anlehnung an Jean Piagets Erkenntnistheorie zu beantworten. Die Lern- und Beobachtungsfähigkeit des Menschen gegenüber abstrakten Mustern und Schemata, die Wiederholung und Rezeption von ausgetesteten und ausgehandelten Handlungsformen, integrierten, nach Piaget, Handlung und Bedeutung. Die Idee, dass es die Wiederholung der Muster sei, die soziale Struktur, Handlung und Bedeutung gleichermaßen festigten und bestätigten, hatte etwas durchaus Attraktives, - weil Triviales. Denn mit ihr konnte der Versuch unternommen und legitimiert werden, computerbasierte Modelle für soziale Interaktion zu entwickeln.[67]

Dabei war nicht die Absicht problematisch. Wir bräuchten weit aus mehr Versuche, hinreichend komplexe Kommunikations- und Interaktionsgeflechte zu entwerfen, zu modellieren und zu codieren. Auf den Ebenen ausdrücklichen Kulturverständnisses scheinen zumindest die Europäischen Kulturen experimentierfeindlich zu sein, und verpacken dies in einer immer noch vorherrschenden Computeraversion. Nein, problematisch war (a) die Verbindung von Mustern und Schemata mit codierten Standards und (b) die Verbindung von Bedeutung mit deduktiv-nomologischen Formen. So entstand zwar, wie A. C. Séror aufzeigt, eine interessante „ambient information structure (AIS)".

Was daraus folgte war aber kein dynamisches, innovatives Konzept medien-technologischer Erzeugung und Erhaltung von prinzipiell offener Kultur. Es folgten Konzepte,

---

[67] *S. Banerjee ist da zu nennen: drslb. (1986): Reproduction of social structures: an artificial intelligence model. Journal of Conflict Resolution 30, (2), S. 221-252; hierzu auch: A. C. Séror (1994): Simulation of complex organizational processes: a review of methods and their epistemological foundations, in: N. Gildert & J. Doran (1994) (Hrsg.): Simulating Societies. The Computer Simulation of Social Phenomena, London, S. 19-40*

die die sozialisatorischen, also biografisch-integrierenden und bestätigend-festigenden Musterverläufe, die Piaget untersucht hatte, kopierten. Der Nachbau der „Handlungsschemata" nahm ihnen ihren individuellen und kulturellen Stachel, nahm ihnen ihre individuelle Unabschließbarkeit, dadurch dass sie in explizite, eineindeutige Programmierung in standardisierte technologische Freiheitsgrade überführt wurden. Mathematisch schien es keinen Ausweg hierzu zu geben. Man meinte, in der Epistemologie Piagets die schlüssigen Gründe für eine enge und durchaus produktive Beziehung von Muster, Struktur, Handlung und Bedeutung gefunden zu haben. Gerade deshalb: die Simulation verpasste das, wozu sie gedacht war: die (Er-) Öffnung unbegrenzter Informations- und Kommunikationsräume. Dass sich gegen solche verengten Medienepistemologien Hacker-Clubs und Hacker-Szenen entwickelten, dass gegen die operative / apparative Verkürzung des kulturellen Betriebs auf ein Betriebssystem open source (Linux) formulierten, ist eine Seite der Geschichte.

Innere Beobachter

Die andere Seite besteht darin, dass aus den Erkenntniszusammenhängen der Neurophysiologie und Gehirnforschung Modelle für Strukturen übernommen wurden, mit denen eine andere Realität des Künstlichen erzeugt werden sollte. Neuronale Netze, überhaupt Netze, wurden als beständige Bedingungen für mögliche Stabilität, Veränderung, Innovation, Transformation angesehen. Vernetzung, diese zum Zauberwort veredelte Selbstverständlichkeit multisensorischer und mehrfach reflektierender Umweltbindungen, versprach und verspricht, den Typus von neutraler Grundlage zu bieten, mit dessen Hilfe die erhofften Reichtümer künstlich-natürlicher und künstlicher Intelligenz geschaffen werden können. Und wieder greift eine Epistemologie zu kurz oder wird verkürzt eingesetzt. Dieses mal wird nicht die Handlungsgrundlage verkürzt, sondern die Entstehungsbedingungen für Handlungsmuster.

Die Folgen sind identisch: die medialen Systeme, die nach diesen erkenntnistheoretischen Positionen gebaut werden, wiederholen ein Modell, das selbst Ergebnis abstrahierender Beobachtungsprozesse ist. Nun kann man sagen: aus diesem Dilemma werden wir Menschen nie herauskommen; unsere Maschinen und Medien sind immer transformierte Beobachtungen. Und: jede Beobachtung hat ihre eignen blinden Flecke, ihre Art, etwas denkbar, sichtbar, reflektierbar zu machen, auch wenn es die optische Oberfläche der Reflektion nicht gibt. Stimmt, ließe sich antworten. Der Mensch ist immer dabei, zu virtualisieren, alles der Möglichkeit nach vorhanden zu machen und vorhanden zu halten. Otto E. Rössler hat in seinem Text „Endophysik. Die Welt des inneren Beobachters" auf dieses „Endoface" aufmerksam gemacht, auf diese radikale Diesseitigkeit jeder Beobachtung.[68]

Kurt Gödel und Erwin Schrödinger können noch als weitere naturwissenschaftliche Autoren genannt werden, die das epistemologische Dilemma der sich selbst beweisenden Beobachtung Anfang des 20. Jahrhunderts offen legten. Man kann nun, unter diesen Überlegungen, einen weiteren Schritt tun: sind der *blinde Fleck*, die *Unbeobachtbarkeit* und die *erkenntnistheoretische Unbeweisbarkeit der Beobachtung*

---

[68]*O. E. Rössler (1992): Endophysik. Die Welt des inneren Betrachters, Berlin*

unhintergehbar, so ist jede Abstraktions-, Gestaltungs- und Formvariante eine Art Gegenprinzip. Mit ihm beleben wir Umwelten, die sonst so nicht existierten.

Cultural algorithms

Dieses Gegenprinzip – oder genauer gesagt: das Gegenprogramm, das ich oben Produktion von Kultur nannte, besteht in einer scheinbar unzählbaren (weil immer neu entstehenden) Menge von Formalismen der Kommunikation, der Verständigung, der Interaktivität, der Speicherung. Es war dieser Gedanke des Programms, der Formalismen, der offenen Formenvielfalt, der einer dritten epistemologischen Tendenz die Stichworte lieferte: der Forschungsrichtung, die sich mit „cultural and genetic evolution" und „cultural algorithms" beschäftigt. Sie bezieht sich u.a. auf eine Definition von Kultur, die W. H. Durham 1991 vorlegte.[69]

Er schrieb, Kultur ist „a system of symbolically encoded conceptual phenomena that are socially and historically transmitted within and between populations." Für die Hybrid-Diskussion ist dies insofern hilfreich, als damit gesagt wird, dass nicht die Formunterschiede entscheidend sind, sondern die Übertragungsregeln, mit deren Hilfe die codierten konzeptionellen Phänomene jeweils in Nutzung überführt werden. Die Grundidee der Codierung ist eng verbunden mit der der kulturellen oder sozialen Programme. Programme sind die mehr oder minder komplexen Strukturen, über die Ensembles von Codierung zusammengeführt werden können. Geht man in der Hybriddiskussion diesen Weg über *präbiotische Evolution*, *cultural algorithms* oder *genetische Algorithmen* wird von der Seite der Entstehung verdichteter leistungsfähiger Strukturen deutlich, dass die Einschränkung auf einen Artefakt, den man Hybrid nennt, weder den Entwicklungsbedingungen eines einzelnen sachlichen Zusammenhanges entspricht, noch die dynamischen Wechselwirkungen verschiedenster Produktbereiche mit berücksichtigen kann. Das Argument des Programms führt uns wieder zurück zu Kultur, zur kulturellen Praxis.[70]

Gesten der Anwesenheit

Es ist ein Allgemeinplatz, binäre schaltungsintensive technologische Systeme als Konkurrenten des Menschen zu betrachten, als dessen nächste Verwandtschaft, als sekundäre, künstliche Lebensform. Die Logik dieser Argumente ist keineswegs überraschend, sind doch alle Produktionsverläufe solcher Systeme gerade darauf ausgerichtet, kognitive, sensorisch-sensible, informations-speichernde, verarbeitende, aber auch motorisch-muskuläre Funktionen des menschlichen Körpers auch ohne diesen zu erfüllen. Mehr noch: diese Systeme sind darauf ausgerichtet, kulturelle Leistungsspektren analoger Speicher, wie Buch, Infrastrukturen gruppentypischer, urbaner, regionaler oder interpersonaler Kommunikation zu erfüllen, ohne dass ein Mensch direkt beteiligt ist,

[69]*W. H. Durham (1991): Coevolution: genes, culture, and human diversity, Stanford, S.8f; vgl. auch: R. G. Reynolds (1994): Learning to co-operate using cultural algorithms. In: N. Gilbert & J. Doran (Hrsg.): Simulating Societies. The Computer Simulation of Social Phenomena, London, S. 223-244*
[70]*vgl. E. Schöneburg, F. Heinzmann, S. Feddersen (1994): Genetische Algorithmen und Evolutionsstrategien, München*

aber mit klarer Ausrichtung auf den singulären Nutzer: den Menschen.

Die Leistungsspektren dieser Systeme werden als intelligent bezeichnet, ihr Lebendigkeitsstatus als künstlich. Der Gestus der Argumentation sollte also nicht auf die (feindlichen, enteignenden, prothetischen) Maschinen da draußen gerichtet sein, sondern auf die Felder kultureller Praxis, auf denen die ko-operationalen und ko-aktionalen Aktivitäten von Menschen und künstlich intelligenten Systemen auf ein und dasselbe Vorhaben bezogen sind, ganz gleich ob in der Medizin, in der Kanalreinigung, in der Wartung eines Hauses oder für die nutzerspezifische, lernend-variierende Aufbereitung der ´wichtigsten professionellen oder Konsumer-Informationen des Tages´.

Stellt man, wie ich es hier tue, die kulturelle Praxis in den Vordergrund, so beschreibt dies den Menschen in ko-evolutionärer Abhängigkeit von seiner, von ihm (direkt, zielgerichtet, funktional) und durch ihn (indirekt, unbeabsichtigt) erzeugten künstlichen, instrumentellen, technischen, symbolischen, repräsentationistischen, orga-nisierten, ignorierten, ausgewählten, aufgewühlten Umwelt. Kulturelle Praxis beschreibt das Labor der Intelligenz, der Körperkoordination, des Wissens, also keinen festen Kern, keine Wesentlichkeit jenseits des eigenen Tuns des Menschen.

Kulturelle Praxis ist das Ergebnis und das Labor des entdeckten Unwissens, der Wahrnehmung, der blinden Flecke, der maschinellen Produkte und des Lernens durch Maschinen, eine, wie es in der Systemtheorie heißt, chaotische, zirkuläre Determination. In sie hinein gehört auch das polymorphe Intelligenzprodukt binäre Technologie, die sich immer wieder neu darstellende Schaltungssystematik von Computern.
Vertiefen wir die bisherigen Annäherungen an das Hybride.

Hybride Systeme sind elektronisch-technologische Artefakte, die so ausgestattet sind, dass sie sensorische, taktile, operative Funktionen so erfüllen können, wie sie Menschen erfüllten, die mit diesen Funktionen beauftragt werden. Dieser funktionale Ersatz ist im Kern ein kultureller Zusatz, eine Verstärkung oder Erweiterung kultureller Funktionen.

Versteht man Hybridisierung in diesem Sinne, stellt sie eine Veränderung der Variationsbreiten und Größenspektren menschlicher Intelligenz dar, ist aber keine ´Abspaltung´ vom Menschen, ganz gleich, wie dies der Einzelne empfinden mag. Stelle ich hybride Maschinen also in einen systemischen Zusammenhang, so binde ich sie an die Überlebenspraxis des Menschen, Umwelt zu entwerfen, in seinen Entwürfen und Konstruktionen zu leben, aus diesen neue Konstruktionen zu entwickeln, sich mit immer neuen Abstraktionsanstrengungen seinen unbeobachtbaren Lebensbedingungen zu nähern.

Im Sinne Vilém Flussers könnte Hybridisierung ein Gestus genannt werden, eine enorme Anstrengung der Selbstbeschreibung und der Selbstthematisierung des Menschen in seinen kulturellen Umgebungen. Mithin erweitert sich die radikale Bindung an die Konstruktivität des menschlichen Lebens durch die radikale Umgebungsbindung des Menschen.

Der Mensch: ein medial-hybrides Wesen? Zwischendurch:

die Kulturleistung, die Computerentwickler erbringen könnten, nämlich einen hinrei-chend komplexen, sinnlich und reflexiv herausfordernden Entwurf künstlicher

Kommunikationsumgebungen vorzulegen, wird von ihnen nur selten gefordert, - obwohl sie´s wohl könnten. Oder, sie wird nicht als Kultur- , sondern lediglich als Dienstleistung eingefordert, als Ergonomie in ein individuelles Nutzungsprofil überführt. Das Faktum, dass jede Technik Kultur ist, dass jede Rechenoperation eine kulturelle Operation mit unbestimmter Wirkung ist, scheint nicht allen beteiligten Fachrichtungen der Hybridisierungs-Debatten deutlich zu sein, - und nicht einmal allen Künstlern.[71]

Es ist zu erwarten, dass die wissenschaftlichen Streits um die ´richtige´ Begrifflichkeit für das, was verallgemeinernd als *künstlich* beschreiben ist, noch dauern werden. Das Verständnis dafür, dass der sinnlich-reflexive und abstrahierende Mensch ein Umgebungswesen ist, also immer an die von ihm wahrgenommenen und sichtbar, denk- und handhabbar gemachten Realität gebunden ist, wird dabei zwar oft erwähnt, aber konzeptionell kaum berücksichtigt. Dieser Status, Umgebungswesen zu sein, heißt, dass er andauernd mit Entwürfen, Konstrukten, Macharten seiner selbst, mit Künstlichkeit zu tun hat, dass er andauernd die Bedingungen der Möglichkeit seiner Existenz selbst schafft (autogene Virtualisierung), ohne über die Veränderungen verfügen zu können. So verstandene Selbstorganisation (Autopoiesis) unterliegt den viellogischen Nutzungsbedingungen anderer Menschen und den heterologischen Bedingungen der instrumentellen, funktionalen, maschinellen, elektrischen, optischen Umwelten.

Der Zwang zur Selbstorganisation ist zugleich Variations- und Selektionsprinzip, Lernprozess und (in der zeitlichen, organisatorischen, gegenständlichen, modischen, politischen Richtung nicht vorentschiedenes) Entwurfsverhalten. Die (autogenen) Virtualisierungscodes des Menschen, jene also, die seine Lebensverhältnisse direkt bestimmen, erzeugen, weil sie nahräumlich umweltbezogen sind, bestimmte Berührungs- und Erkennungsmuster mit Fremd-Umwelten. Zugleich entstehen Entwurfsmuster sich ständig ändernder, zum Teil auch zunehmender Abstraktion. Mediale Codes, die die Kommunikation nicht nur zwischen Anwesenden, sondern auch zwischen Abwesenden ermöglichen, erweitern die Spektren der Direktheit. Netzwerke herkunftsungleicher (polygener) Codierungen entstehen, aufrechterhalten durch infrastrukturelle Techniken und Medien. Mediengeschichtlich erscheint der Mensch (hier: homo sapiens) schon immer als Wesen, das sich in seinen Hybriden erst erkennt:

> „Humans are hybrid information processing machines. Our actions are governed by a combination of genetic information acquired through learning. Information in our genes hold successful survival methods that have been tried and tested over millions of years of evolution. Human learning consists of a variety of complex processes that use information acquired from interactions with the environment. It is the combination of these different types of information processing methods

---

[71] *So reagierte Pit Schulz im Rahmen einer Veranstaltung zu Software-Kritik auf der Transmediale2 / Berlin 2002 auf meine These, Codes seien Kultur, und dennoch ließe sich Kultur nicht auf Codes reduzieren, heftigst. Er wehrte sich gegen die „totale Konzeption der Kultur" und schien etwas Kreatürliches, Geniales, Zahlenartiges außerhalb der Kultur retten zu wollen. Er wandte sich damit gegen die eigentlich geläufige These des radikalen Konstruktivismus, dass es kein kulturelles Jenseits der Codes gibt. Ich verband dies mit Hinweisen auf die kulturellen Setzungen der Idealformen, des topos uranicos, des archimedischen Punktes, des infiniten Regresses, des a prioris, der mathematischen Axiomatik, um das Problem von Kognition, Reflexion und Realitätsthese zumindest anzusprechen. Es half nicht.*

that has enabled humans to succeed in complex, rapidly changing environments."[72]

Form der Anwendung / Anwendung der Form

Nicht selten stellen sich Entwerfer /-innen und Entwickler /-innen selbst unter die Forderung, lebensnahe, lebenswerte Vernetzungen und artifizielle Umgebungen zu schaffen. Aufregende Episoden oszillierender Vernetzungen zwischen offen-wahrnehmender physiologischer menschlicher Intelligenz und programm-variierender technologischer menschlicher Intelligenz entstehen. Meist sind sie eingekreist von den immer wieder ausgerufenen querelles zwischen Wissenschaft und Kunst. Ein ermüdendes Thema, nicht weil es in die Vormoderne zurückweist, sondern sich nur wenig Beteiligte der Gegenwart um die Antwort bemühen, worin denn die behaupteten Unterschiede bestehen. Meist wird zwischen Ergonomie, Human-Computer-Interactivity und interaktiver künstlerischer performance das Thema verteilt: jeder bekommt ein Stück Verantwortung für die wissens-kulturellen Anforderungen. Mediengestützte Kunst versucht, die mathematische in eine ästhetische Instanz zu verändern, Computer Science versucht, die mathematische Instanz in Anwendung zu bringen, und zahlreiche Medienkritiker würden jene gerne in kulturelle Distanz verbannen.

Nur selten gelingt die Einsicht, dass die grundlegende Technik und die morphologische Künstlichkeit Erzeugnisse sind, jede, auch nur die kleinste Abstraktion, kulturelle Praxis ist.

Was immer noch fehlt ist eine Lehre von den menschlichen Abstraktionsfähigkeiten und ihre Bedeutung für die individuelle, kulturelle und globale Selbstorganisation des Menschen. Mit ihr, so ist zu vermuten, würde die Debatte um das, was der Mensch sich ständig an Künstlichkeit erdenkt, erfindet, erlaubt, anders verlaufen als über die Versuche, dem Eigentlichen das Uneigentliche, dem Natürlichen das Hybride, dem Echten das Künstliche gegenüberzustellen. Versteht man das, was als Hybridisierung benannt wird, nicht nur als technische Konfektion, sondern als kulturelle, wegen meiner auch transkulturelle Konvention, so erschließt sich eine völlig andere Medienlandschaft. Deren Nenner ist dann ein Geflecht aus medialen Reichweiten, technischem Gedächtnis, apparativer Anwesenheit, errechneter Partizipation, künstlichem Lebensraum.

Wendet man das Sprachbild des Hybriden in diesem Sinne, so wird neben der unterscheidungsfähigen Verwendung von Medium und Körper (mediale Reichweite), Instrument und soziale Konstruktion (technisches Gedächtnis), Algorithmus und normatives Verfahren (errechnete Partizipation), die Kritik am Hybriden selbst, also die Kritik an dem Aufbau und der Verwendung des Abstrakten möglich. Kritik an der vorgängigen technogenen und mediamorphen Skulptur des Sozialen erschöpfte sich dann nicht in einer techno-instrumentellen Unterscheidung. Sie müsste Kritik der kulturellen Praxis des Abstrakten sein, was gegenwärtig Kritik der Software heißt. Die Eineindeutigkeit der Zahlen wäre dann der Uneindeutigkeit ihrer Verwendung gegenüber gestellt worden, die

---

[72]*Goonatilake, Suran / Khebbal, Sukhdev (1995): Intelligent Hybrid Systems. Issues, Classifications and Futur Directions, in: dslb. (Hrsgb.): Intelligent Hybrid Systems, Chichester, S. 1*

hygienischen Ideale der reinen Form stünden dann der Realität des andauernden Beta-Testings gegenüber. Nicht zuletzt bekämen die Gründe für die seit annähernd drei Jahrzehnten zitierte Software-Krise eine kulturelle Einbettung: sie liegt in der Tatsache, dass die Anwendung nie reine Form ist, sondern kulturelles Rauschen mit eingeladen hat, ohne dieses sogar nicht möglich wäre. Krise also als Teil der Entwurfspraxis, als Stachel des entwicklungsbezogenen Unterscheidungsgewinnes.

Nun kennzeichnet die wissenschaftliche Diskussion um die Hybridisierungen zum Glück nicht die gerade skizzierten sinnlosen Gegenüberstellungen. Auch wird vermieden, Hybridisierung als Prothese, als Ersatz zu beschreiben. Es scheint, dass eher der Gedanke der Wartung am lebenden Objekt, dem Menschen, leitend ist. Hybridität als Kritik an der Selbstübersteigerung, der Hybris des Menschen, oder Hybridität als Prototypisierung sich verändernder Umgebungen, ist ein eher seltener Gedanke.

Es steht außer Zweifel, dass sich alle schwer damit tun, die Sach-, Ding- und Wissensdimension der Prozesse zu qualifizieren, deren Grundlagen allenthalben als mathematisch, algorithmisch, optisch, akustisch, wahlweise binär oder digital, oder allgemein als physikalisch benannt werden. Damit erschöpfen sich die Allgemeinheiten.

Was sind Hybride für die Computer Sciences, für die Kunst, für die Human- oder Kulturwissenschaften: eigenwertige Formen des Lebens oder gemachte Eindringlinge, Eigen- oder Fremdkörper? Die querelle zwischen Codes und Kultur, zwischen (guter) Konstruktion und (bösen) Hybriden ist eine ablenkende Redeweise. Sie ist zu gleichen Teilen einem missverstandenen Konstruktivismus und einem missverstandenen Technikkonzept zuzuschreiben. Da für den Menschen kein anderer Weg der Selbstbeschreibung, des Entwurfes und der Konstruktion offen ist, als der über die künstliche Modellierung, ist jede Formgebung ein Selbstentwurf ins Fremde, in die Abstraktion, in die Beispiellosigkeit, ins Neue, in körperliche oder soziale Optionen. Da diese nicht hintergehbare Virtualisierungsanforderung grundständig zum menschlichen Leben gehört, ist die durch sie mögliche Technik und sind die durch sie möglichen kulturellen Muster der Verwendung dieser Technik, lebensgebunden. Die körperlichen Optionen (wie Gesundheit, Stärke, langes Leben, lange Beweglichkeit, oder selbst kosmetische Veränderungen) sind nicht grund verschieden von den technischen, oder gegenwärtig: von den medientechnologischen Optionen der Reichweiten, Annäherungen, der instrumentalen Beobachtung usw.

Selbst dann, wenn man, wie es heißt, vital signs erzeugt, avatare, knowbots oder Taktiken des data minings: stets bleibt das Verhältnis von Sinnlichkeit, Abstraktion, Reflexion, Erfahrung und Wissen unzerrissen. Was sich ändert ist die Hierarchie dieses morphologischen Netzwerkes, und zwar durch die gebrauchskulturellen Aktivierungen der jeweiligen Knoten und Kanäle.

Das Dilemma, gerade diese Hierarchien in unserem eigenen Verhalten, in den kulturellen Praxen des Abstrahierens und der Anwendung, zu beschreiben, drückt sich in den Wunschwörtern wie Cyberspace, Virtuelle Realitäten, Hybriden aus. Sie sind die populären Ausdrücke für etwas Unpopuläres: für Kontinuität, Dauerhaftes, stabile Räume des Wiedertreffens, der Anwesenheit und des sich immer wieder anwesend Machens, letztlich auch: des wieder treffbaren Gegenübers, ganz gleich, wie künstlich dieses ist.

VIII.
Werdender Körper, offene Netze

Die Anstrengungen, das zu benennen, was wissenschaftlich-technologisch machbar ist und in Bewegung gesetzt wird, können sich schon lange nicht mehr damit begnügen, die dinglich-gegenständlichen oder körperlichen Oberflächen zu benennen. Dem Offensichtlichen des gegenständlichen Auftritts wird die denkende Blickrichtung eingewoben, die nach den Bedingungen, und zunehmend nach den Lebens-Bedingungen technologischer high performance fragt. Je weiter die Forschungen um artificial life, artificial intelligence, artificial environments, biotics, nano-robots usw. getrieben werden, um so mehr verblassen Kausalität und lineares Denken und um so dringender werden erfahrungs-, wissens- und theoriegeleitete Beschreibungs- und Entwurfsprinzipien der inneren und äußeren Umgebungen des menschlichen Körpers. Schon des Längeren sind wir dabei, die Systematik wissenschaftlicher und kultureller Selbstbeschreibungen von Festkörperbeobachtung auf Entstehung oder von Performance auf Generierung umzustellen. Die wissenschaftlichen, vor allem die medien- und biotechnologischen (und inzwischen die life-science-technologischen) Schritte in Richtung life, intelligence, environments erweitern das Wissen um mögliche und die Entwürfe von möglichen Lebenszusammenhängen. In dem Maße, wie die Umstellung von fertigem Körper auf Entstehung erfolgte, verschob sich auch der Diskurs von Prothese (verkürzt: Prinzip des Ersatzes) hin zum Programm (verkürzt: Prinzip der codierten, komplexen wechselseitigen Abhängigkeiten) oder zu Autopoiese (verkürzt: das Prinzip der andauernden Selbstveränderung), letztlich vom Wesen(tlichen) zum hybriden Wesen. Man kann auch in anderen Feldern ähnliches antreffen: von territorialen Gesellschaftskonzepten zu nicht-territorialen, globalen Netzwerken oder von ´materieller´ zu ´immaterieller´ technogener Welt.

  Wie wir diese Veränderungen beschreiben, benennen, wie wir sie über diese Beschreibungen und die Verwendung der Produkte in unsere kulturellen Wissenspraxen integrieren, welche Reichweiten, Verbreitungsgrade, welche Tiefenwirkungen wir kennen, zulassen oder geschehen lassen, wie wir diese variieren, neue Auswahlen treffen, entscheidet in jedem Moment über Richtung und Zusammensetzung von Kultur.

Epistemic objects

Die Verkörperung des Denkens in materiale (sprachliche, textliche, konzeptionelle, instrumentelle, technische) Gegenständlichkeit, die als eigenwertige Realität und Umwelt neuerlich Wahrnehmung, Reflexion und Abstraktion möglich machen, ist seit gut 2500 Jahren geläufig und firmierte unter Religion, Philosophie, Ideengeschichte. Ebenso kulturell eingeführt ist die Bewertung der eigenen Ausdrucks- und Reflexionsweisen, - im Grunde die mediengeschichtliche Geburtsstunde der Philosophie im ´klassischen´ Griechenland. Die menschheitsgeschichtliche Besonderheit der globalen Software-Kulturen besteht nun darin, dass die in ihnen entwickelten Programme weder auf ein Herkunfts-Jenseits noch auf einen Traum der Zeitlosigkeit verweisen, selbst dann nicht, wenn der Bezug die Zahl oder exakter: die sich errechnenden Zahlen ist. Die Programme sind reflexiv, projekthaft, pragmatisch, experimentell, (beta-) testend in Bewegung gesetzt, - oder in der Sprache des Radikalen Konstruktivismus: zirkulär determiniert. Insofern lässt sich von Software-Kultur(en) als einer trans-philosophischen und nach-mechanischen Kultur sprechen. Unbestritten ist, dass damit weder die Ausdifferenzierungsgeschichten des Rechnens von anfänglich (vor 2500 Jahren) drei Operationen zu gegenwärtigen mehreren tausend mathematischen Verfahrensregeln erklärt sind, noch dass damit die Reflexions- und Verwendungsgeschichten adäquat angesprochen sind.

Wir beschränken uns hier auf die Vertiefung des Gedankens, dass hybrids, cybrids, artificiality und andere Ausdrücke eingesetzt werden, um die medial, technologisch und programmsprachlich *gesteigerte Selbstreflexivität und Selbstreferenzialität von menschlichen Kommunikationsverbänden, alias Kulturen*, beobachten zu lernen. Insofern ist dies ein Moderneprojekt, oder wie ich es nannte: Cyber-Moderne.[73]

Aus dieser Fragerichtung ist eine Argumentation der Dissoziation, der Fragmentierung oder des Verfalls nicht schlüssig. Auch die Zahl, egal in welchem Rechenverfahren präsent, verfasst Kultur im Moment ihrer Nutzung. Der Gegensatz lautet dann nicht „Ontologie"(des Handelns) versus „Axiomatik" (der Zahlenregeln), wie dies im LILOG-Projektbericht 1992 hieß.[74]

Im Grunde geht es um keinen Gegensatz, sondern darum, die autopoietischen Dimensionen der Software-Entwicklungen endlich beobachten zu lernen. Dies ist ein hoher Anspruch, sicherlich. Aber in dem Moment, wo von Interfaces gesprochen wird, von moving targets im Netz, von traceability, identity, passwords usw. wird von Präsenzordnungen gesprochen, und also von Kultur. Es geht demnach um *epistemic objects*.

Notation und Konnotation

Überführt man die Frage nach Hybriden aus der Zahlenwelt in die der *epistemic objects*, in denen Wahrnehmung, Reflexion, Selektion und Formentscheidung verschmelzen, stehen wir mitten im Feld der kulturellen Konzepte von Maschinen, Organisation, Institutionalisierung von Wissen, Koordination von Verhalten oder Konventionalisierung von Gewohnheiten.

Es ist dies der Wechsel von Notation zu Kon-Notation, vom Objekt zur Struktur, der weit über das hinaus geht, was sich im Hacker-Handbuch oder in den sog. Software-Schmieden an Kulturverständnis finden lässt. Überträgt man das oben angesprochene Grundmuster der technogen gesteigerten Selbstreflexivität auf diese Situation, so müsste man nicht mehr von Matrix (oder wahlweise von Patrix) als Bedingung der Hybridität sprechen, sondern von der lernenden Überschreitung der Matrix.

In dieser Überschreitung fusionieren explizites Programmwissen mit tacit knowledge, formelles mit informellem Wissen, multisensorisches mit multireflexivem Wissen.

Mit dieser These stehen wir im Zentrum der Frage, wie weit die zirkuläre

---

[73] M. Faßler (1999): *Cyber-Moderne. Medienevolution, globale Netzwerke und die Künste der Kommunikation*, Wien / New York
[74] G. Klose, E. Lang, Th. Pirlein (Hrsg.) (1992): *Ontologie und Axiomatik der Wissensbasis von LILOG. Wissensmodellierung von IBM Deutschland LILOG-Projekt*, Wien / New York

Determination von Kultur und Software gehen. Oder: wie genau lassen sich die behaupteten inneren Beziehungen zwischen Codes der Virtualisierung und deren zusammenführende Programme gebrauchskulturell beschreiben?

Entlang einer nicht vollständigen Liste zu Software, lässt sich diese Frage erläutern. Software wird verstanden als

- symbolische, mathematische Ordnung
- ein Instrument zur optimaleren Speicherung von Informationen
- ein Instrument zur effektiveren Verarbeitung von Daten
- ein Instrument der optimierenden Kommunikation
- ein verdichtetes Programm spezifisch ausgewählten Wissens
- ein System der formalisierten Notationen und Objektkonstruktionen
- ein System der Kon-Notationen und der Strukturprogrammierung
- ein Schaltungsprofil zur Steuerung der Mensch-Maschine / Medium – Interaktivität
- Zusammenhangsgefüge
- Infrastruktur
- oder als Strategie der globalen Virtualisierung
- als eine hochkomplexe Ordnung für global zerstreute (dissipative) Wissensbasen
- ein dynamisches Programmensemble, über das wechselseitige Verknüpfungen (intertwinedness) von Strategien, Infrastrukturen, Projekten möglich sind
- als knowledge engineering
- als image engineering
- als identitätsbezogenes Gefüge trans-identitärer Artificial Intelligence Agents
- als fortdauernde Kultur und Sozialität zwischen den Nutzerinnen und Nutzern
- als a-sozialer, immaterieller, trans-kultureller Orientierungsraum
- als Spielewelt, mit Stammes- und Clan-Bildungen (wie bei weltweit bevölkerten Spielumgebungen und LAN-Parties)
- als techno-genetisches Erbe des homo sapiens

Diese Ebenen verdeutlichen, dass es keine eindeutige Antwort auf Struktur, Status und Funktionalität von Software und also auch von Hybriden gibt. Die Ausdifferenzierungen moderner Kulturen lassen sich nicht durch irgend einen techno-medialen Einheitsgestus einfangen; der Versuch würde bedeuten, die Entstehungsbedingungen der Software-Produktion, also die Dynamiken menschlicher Abstraktionsleistungen und ihrer Algorithmisierungen zu zerstören. Es gibt kein Zurück hinter die immaterielle Selbstbeschreibung und den hierüber möglichen materialen Entwurf von Körper, Technik, Kommunikation und Kulturen.

Auf diesem Niveau siedeln wir nun die wissenschaftliche Auseinandersetzung um Hybride und die Vernetzungs- / Interaktivitäts-Optionen an. Dabei sind drei weitere Problembereiche anzusprechen:

a)   die Software-Krise, die uns seit ca. 25 Jahren in allen Debatten begleitet, und die aus der Einsicht entstanden ist, dass mathematisch-technologische

Objekte (nennen wir sie der Einfachheit halber: künstlich) ihre operative Schlüssigkeit und Richtigkeit nicht aus den Regeln ihrer zugrunde gelegten logischen und mathematischen Verarbeitung herleiten können:

b)   der wahrnehmungsspezifische und begriffsprachliche Wandel von einer kontrollierbaren informationellen Welt, wie dies in den kybernetischen Modellen bis in die 1970er Jahre hinein behauptet wurde, zu Konzepten der Emergenz, der offenen Komplexitäten, der instabilen Umgebungen;

c)   die Debatten um den `blinden Fleck`, das Unbeobachtbare, die Biologie der Realität (H. Maturana), die prä-biologische Evolution, evolutionäres Lernen bei Robotern und nicht zuletzt die post-humane Realität.

Ich erspare mir, diese außerordentlich wichtigen Veränderungen hier zu vertiefen. Sie sollten aber für die Klärung von Hybridisierung oder Hybrid-Kulturen herangezogen werden, um den Schritt in eine prä-kommunikative Ontologie oder Axiomatik zu vermeiden. Einen Aspekt greife ich dennoch heraus: die Reduktion von Software auf Mathematik. An ihr lässt sich das Dilemma der Künstlichkeit, deren vermeintlicher Autonomie (die dem maschinellen perpetuum mobile mehr ähnelt als dem intellektuellen), verdeutlichen.

Betrachtet man Software-Entwicklung aus der numerischen Perspektive, so fallen die genannten Probleme nicht direkt ins Gewicht. Selbst dann, wenn nicht-numerische Fragen einbezogen werden, wenn die Programmierung Datenbanken, Netzwerke, Integration von Bild, Text, Film, Ton oder 3D-Räume umfasst, wird, wie Jörg Pflüger es vor einiger Zeit beschrieb, „in der logischen Programmierung...der geregelte Zusammenhang von der Kontrolle seiner Ausführung befreit", - nicht ohne logische Folgekosten. Denn es wird ja unterstellt, dass die sozio*logischen*, anthropo*logischen*, psycho*logischen*, reflexo*logischen* Bedingungen auf einen Verfahrensverlauf reduziert werden können.[75]

Mitunter wird noch angenommen, dass es zwischen logischen und bio*logischen* Gesetzen regelmäßige und regelgerechte Austausche gibt, - anders wären die Versuche der Computer Sciences nicht zu deuten, eine programmsprachliche Nachbildung sich evolutiv organisierender Wissensformen anzustreben. Mir scheint in dieser gegenwärtigen Ausprägung der Idee mathematischer Maschinen eine der Hauptschwierigkeiten bei der Bestimmung von Hybridität zu liegen. Beschreibt man sie aus der Sicht der angewandten Mathematik / Informatik, so sind kulturelle Formen hybride Oberflächen; beschreibt man sie aus der Sicht der kommunikativen Umgebungen, so sind die Interfaces hybride Oberflächen.

Automata, Maschine, Robot, Golem, Netzwerke, WEB...

Beginnend mit der griechischen euklidischen Geometrie, erweitert mit Archimedes Maschinen´, in großen Schritten zu Descartes, La Mettrie, Vaucanson, Leibniz, Babage, Lady Ada Lovelace, Turing, Shannon oder Mandelbrot, zieht sich eine Gedankenkultur, die in der These gründet, es gäbe eine conditio humana jenseits der Beobachtbarkeit, jenseits der praktischen Oberflächen. Ihr Blickpunkt war die Mathematik. Verstärkt und umge-

[75] *J. Pflüger (1992): Informatik vor dem Gesetz. In: W. Coy (Hrsg.): Sichtweisen der Informatik, Braunschweig / Wiesbaden, S. 277-298, hier: S. 291*

lenkt wurden diese Ideenwelten sicher durch den Dreißigjährigen Krieg (1618-1648), durch den massenhaft die Realität der Prothese eingesetzt wurde. Die Gesetze der Großen Zahlen werden geholfen haben, die Idee vom exterrioren Körper, vom anhängenden anderen, dem Phantom-Körper, zu verbreiten. Vielleicht war´s auch Leonardo da Vinci, der heute als Urvater der Bionics, Modelle des mechanischen Körpers entwarf. Ein Körper, der nicht unserer ist, uns nicht (mehr) gehört und doch zur Verfügung, zu Diensten, zu Befehl steht? Ein Golem, ein Roboter, ein Hybride – allesamt reproduktions-*un*fähig. Noch? Werden kommende Generationen, die ja keine kommenden, sondern produzierte sind, auf sich selbst verweisend, Nachfolge ohne Seriennummern, ohne direktes menschliches Dazutun, ´aus sich heraus´ erschaffen?

In Konzepten der linearen Determination, der analytischen Maschine, der künstlichen Maschine, zwischen Computation (wie Leibniz schrieb) und der Schönheit der Selbstorganisation der Natur (Mandelbrot), der andauernden Selbstähnlichkeit, wurde die mögliche Grunderkenntnis gefeiert, - zumindest die mögliche regelhafte und in sich schlüssige Rekonstruktion. Kurt Gödel hatte vor eben diesem Missverständnis nicht nur gewarnt; er hatte es mathematisch nachgewiesen. Albert Einsteins These von der gegenstandsgebundenen, der materialen Form eigenen Zeit, war eine andere frühe Warnung vor dem Überschuss realitätsentlasteter Formeln und ihrer Anwendung.

Wenig wurde davon in der Software-Entwicklung berücksichtigt. Die festgestellte Software-Krise, die zumindest mit dem Gödelschen Argument eng verbunden war, dass man innerhalb eines axiomatisch gesteuerten Systems die Regeln der Richtigkeit nicht durch dieselben Regeln beweisen könne, wurde zur Seite gestellt. Man glaubte der Idee des General Problem Solver eher, als man daran ging, mehrwertig-logische Lösungen für das Programmierfeld „Anwendung" zu entwickeln. Auf diesem Stand bewegen wir uns immer noch, auch wenn durch fuzzy logic oder quantum computer neue technologische Variationen vorliegen. So verändert sich der Diskurs um Programm, Software, Interface und Struktur von „clock to chaos", wie Stephen Toulmin sagt, oder von Maschine zu Medium, - ohne eine in Aussicht genommene Beantwortung der Frage nach den vom Menschen erzeugten Virtualitäten und künstlichen Umgebungen. Es mangelt nach wie vor an einer Gattungs- und Evolutionstheorie der Abstraktionsleistungen des homo sapiens sapiens.

Nicht der Mensch als Schöpfergott, sondern die Maschine als erstes Artefakt mit künstlicher Reproduktionsfähigkeit? Und dies, ohne dass der Mensch wird beobachten können, wie ´ die das machen´, die Maschinen? Also doch nicht Hybride, sondern Beginn einer neuen Generationsfolge? Schon möglich. Was diese Fragereihe allerdings jetzt schon zeigt ist, dass der Terminus Hybrid fragwürdig ist. Er beschreibt autonome Artefakte, Produkte, Präparate, die der Mensch erfunden hat, die ihm aber äußerlich sind, fremd, egal wie ähnlich sie dem Erfinder in ´Körperhaltung´ und ´Gesichtsausdruck´ sind. Hybridisierung scheint eher ein Versuch zu sein, zu benennen, welche artifiziellen Leistungen denen des Menschen ähnlich sind. Eine riskante Operation, denn die Ähnlichkeit ist längst umgeschlagen in den Vergleich darüber, was die Maschine ´besser´ kann. Also doch ein Generations- oder gar ein Gattungswechseln im Bereich des homo sapiens sapiens? Zumindest eine veränderte Adressierung der Selbstreflexion: nicht mehr auf sich, sondern auf die intelligenten, autonomen Produkte? Also eher Heteroreflexion? Und Hybridisierung lediglich der wissenschaftssprachliche Versuch, noch das an menschlichem Eintrag ins Artifizielle Stammbuch zu retten, von dem man glaubt zu wissen, was auf den Menschen zurückgeht?

Hegen wir keine Illusionen oder Furcht: alles geht auf den Menschen zurück. Und: die dynamischen Wechselwirkungen zwischen Menschen und ihren Umwelten (ob agrarisch, urban, industriell, kneipenmäßig, bürokratisch, künstlich-medial, künstlich-intelligent) verändern ständig das, was der Mensch ist.

Anthropo- oder Mediamorph?

Die Optionen und Konzeptionen der biologischen und die informationstechnologischen Selbstauftritte des Menschen verändern sich derzeit deutlich. In den codetechnischen Anwendungen sammeln sich Phantasien, Entwürfe, Fiktionen vom autonomen Assistenten, Maschinen mit limitierter Bewegungs- und Lernfreiheit usw. und konkurrieren um Machbarkeit. Als Rückkehr zum intelligenten Handwerk, als Fusion menschlicher Formalisierungskompetenzen mit digitaler Formaterstellung in Codemaschinen, wird dies begrüßt. Längst ist es nicht mehr nur der konkurrenzielle Wettstreit um die Lokalisierung weiterführender Intelligenz, um die Reichweiten der Anthropomorphisierung von Robotern, Programmen, On-line-Formaten. Auch scheint es nicht mehr vorrangig um Mediamorphosis zu gehen. Die Frage nach der `Autonomie der Maschinen` zeigt ein tiefgreifendes Dilemma menschlicher Selbstbeschreibung auf: gerade haben wir in guter konstruktivistischer, chaos- und komplexitätstheoretischer Gedankenschule gelernt, dass Autonomie `relativ` ist, also ein zeit-, funktions-, norm-, oder kognitionsgebundener Status, ein dynamisch rückbezügliches, lernintensives zirkuläres Phänomenfeld, da wird wieder Verwirrung verbreitet. Maschinen sollen, müssen, könnten autonom werden? Es scheint, als sei vom Menschen nicht an sich selbst, sondern an seinen herkömmlich als Maschinen beschriebenen Werken, jene Beweislast der Cybernetic 2nd Order erbracht worden, mit deren Hilfe ursprünglich umwelt-anwende-de, lebenserhaltende, komplexitätssteigernde und –reduzierende Systeme beschreiben wurden. Und flugs erscheint die Autonomie der Maschine als eine lebensbefähigende Autonomie, - also als ein Rückfall in die N. Wienersche Cybernetic 1st Order.

Media-, Techno-, Körpergenese

Statt die aggregierten Datenmassen und die ihnen eigenen compilierten Maschinen-Realitäts-Schichten als belebbare Umwelten zu thematisieren, - die unter realistischen Gesichtspunkten eine Autonomie gegenüber dem Menschen als notwendig vorauszuset-zende Differenz besitzen müssen -, wird ihre physikalisch-lernende Verhaltenspalette als distinkt missverstanden. Wird die `Autonomie` einer Maschine jedweder Art allerdings distinkt und nicht different begründet, sitzt man wieder in der absurden Falle eines Geist-Maschine-Gegensatzes. Diese Dualismus-Kirche, in deren Erster Reihe sich die Konkurrenzen immer noch auszutoben scheinen, übersieht aber, dass die Autonomie der Maschine eine ist, die aus dem Multiversum der Informationen entsteht. Nicht die Maschine als ein morphisches Oberflächengeschehen ist dabei interessant, sondern die Formations-Informations-Mechanismen, die durch die gleichzeitige Industrialisierung der wissenstechnischen Kommunikationskodes und der körpertechnischen Genkodes entstehen. Media-, Techno- und Körpergenese werden unter denselben Logiken der Erzeugung, des Erhalts, der Reproduktion verhandelt. Wobei die Gefahr darin besteht, dass die verschiedene Sinnförmigkeit von Medium, Technik und Körper zu einer nur graduell unterscheidbaren Geltung verkümmert. Dies wäre dann aber keine maschineninduzierte Realität, sondern eine menschliche Differenzierungs- also kulturelle Gedankenschwäche. Media-Labs = Human(inity)-Labs? Immerhin sind sich Net-Condition(s) und Gen- sowie Nano-Condition(s) schon so nahe gekommen, dass die strikten Unterschiede zwischen Umgebung und Körper, Performance und Ontologie, Zellaufbau und Mikromotor zu verblassen scheinen. Helmuth Plessner resümierte vor gut dreißig Jahren:

> „Existentiell bedürftig, hälftenhaft, nackt ist dem Menschen die Künstlichkeit wesensentsprechender Ausdruck seiner Natur."

Die vermutete Fluchtgeschwindigkeit von Medienkultur, die vor zwei Jahrzehnten Kunst erregte, ist durch eine Art doppelte `Verschwindens-Geste` erweitert worden: durch Information, die nach Norbert Wiener „neither energy, nor matter" ist, und Jean Francois Lyotard zur Ausstellung „les immatériaux" veranlasste; durch genetische Sequenzen, an denen weder Körper noch deren Geschehen beobachtbar ist. Nicht wirklich verschwunden, tauchen Gegenständlichkeiten wieder auf, künstlich unfassbar aber mächtig, als cybernetische, interaktive `Vereinigungs-Geste`. It´s a game. Vorhang auf für die Mathematik der Künstlichkeit, für die Mikroskopie des Natürlichen, die Bioskopie des Werdens.

> „Ein Zentralproblem, das uns unser Bewusstsein eingetragen hat, ist das widerstrebende Erleben unserer Ratlosigkeit an den Rändern des Begreiflichen."[76]

Oswald Wiener kritisierte einst:

> „Die KI-Forschung wäre schlecht beraten, wollte sie sich auf buchstäbliche Reproduktion protokollierter Reiz-Reaktions-Schemata konzentrieren. „Intelligentes Verhalten" muss letztlich die Art und Weise heißen, in der die „Regeln für konkrete Fälle" konstruiert werden, und „Reproduktion des Verhaltens" heißt Herstellung einer Maschine, die solche Regeln unter stringenten Bedingungen (Umwelt aus Maschinen) erfolgreich konstruiert."[77]

Thrill-seeking animal?

Biologen sagen, dass die größte Herausforderung für die Naturwissenschaften im Bereich des Lebendigen liege. Gerade weil Leben in seinen atomaren und molekularen Dimensionen unbelebt ist, bleibt unerklärlich, bislang, wie es den Atem des Lebendigen erhält. Die Selbstorganisation der Materie ist eine Erklärung, die sich bescheidet. Sie ist seltsam, aber wahr, für uns. Sie ist wahrscheinliches Leben, also mögliches Leben. Durch die Selbstorganisation der Materie ist Schmerz und Angst in die Welt gekommen. Rupert

---

[76]*Riedl, Rupert (2000): Zufall Chaos Sinn, Stuttgart, S. 99*
[77]*Wiener, Oswald (1990): Probleme der künstlichen Intelligenz, Berlin, S. 119*

Riedl erzählt die von Bertalanffy wohl oft angesprochene Entwicklung: „....Erst mit der Vielzelligkeit (kam) der Tod als Programm in die Welt, mit dem Nervensystems der Schmerz, mit dem Bewusstsein die Angst und...mit dem Besitz die Sorge. All das hätte uns die Evolution ersparen können." Hätte sie auf diese Differenzierungen verzichtet, auf gezielte Nachrichtenleitungen, auf Lenkung mithilfe des Gedächtnisses und Reserven für den Notfall, „sie hätte uns...gleichzeitig auch das Erleben des Geschlechts, der Lust, der Freude und der Geborgenheit genommen." Wäre echt schade ohne. Oder doch nicht? Wieder einer jener Egoismen des Auslaufmodells sensorischer Mensch?[78]

Oder könnte man hoffen, dass sich aus jener Unbelebtheit oder jener Granularität des körpernahen Lebens eine neue Erzählung der Selbstorganisation herstellt? Die Fliege, die durch Genmanipulation auf ihrem Körper verteilte Augen besaß, wird's als Phantasie nicht sein können. *Thrill-seeking* nannte Michael Balint (1896-1970) das Verhalten, entweder exzessiv ding- oder bewegungsfreudig zu sein. Ist nun, nach Jahrhunderten der Dingabhängigkeit und der escape velocity, Morphophilie angesagt, Spaß an ständig veränderten Körpern? Entstehen Kulturen, die ihre experimentellen Körperplastiken zerstören oder sterben lassen: ein Klon überlebt, hundert werden es nicht? Entstehen etwa morphophage Wissenschafts- oder Labor-Kulturen?

Die Vermutung scheint nicht falsch zu sein, dass sich die Richtung des *thrill-seeking* verändert hat. Die erreichten Geschwindigkeiten der binär-digitalen Rechner sind schon länger nicht beobachtbar, die Reichweiten der Medien schon immer dem Sender entzogen. Marshall McLuhan hatte von „extension of man" gesprochen. Bereits diese Ausweitung / Ausbreitung zielte nicht ins Leere, sondern auf den Menschen. Die Extensionen der Medien bildeten nicht nur Umwelten, sondern konfigurierten den wahrnehmenden, den kommunizierenden Menschen.

Anders gesagt: vordergründig könnte es scheinen, als hätten weder Medien, Technik noch Genetik den Status der (physikalischen, biologischen) Außenwelt berührt. Aber es ist ein Missverständnis, Außen und Innen ontologisch zu trennen, wie John C. Eccles schrieb. Der Mensch ist Dimension seiner gattungs- und kulturgeschichtlichen Außenwelt. Was dort geschieht, kann er nicht vollständig sinnlich erfassen. Gerhard Roth hatte vor wenigen Jahren darauf hingewiesen:

> „Anstatt die Umwelt mit einer Steigerung der Kapazität der Sinnesorgane immer exakter zu erfassen, hat das Gehirn in seiner Stammesgeschichte sozusagen die entgegengesetzte Richtung eingeschlagen, nämlich das interne Bewegungssystem ungeheuer zu steigern und wirksamer zu gestalten."[79]

Anders gesagt: Wissen erzeugt Wissen erzeugt Wissen... Modelle erzeugen Modelle... erzeugen... Im WEB scheinen sich die internen Bewegungssysteme mit den symbolischen zu einer neuen Kunst, einem neuen Thrill der räumlichen Anwesenheit verbunden zu haben, - hybrid spacial presence = Netz, bis auf Weiteres.

Schauen wir uns an, was Konstrukteure, Kritiker, Konsumenten dazu sagen.

---

[78] *Riedl, Rupert, a.a.O., a.a.O., S. 58*
[79] *Roth, Gerhard (1988): Erkenntnis und Realität, in: Schmidt, S. J. (Hrsg.): Der Diskurs des radikalen Konstruktivismus, Frankfurt / M, S. 246*

Ursula Hentschläger - Zelko Wiener

Webart Shortcuts.
Konturen einer Kunstwelt.

"Und da Widerspruch das Werk des Logos ist - die rationale Konfrontation dessen, 'was nicht ist', mit dem, 'was ist' -, muss er ein Medium haben, worin er sich mitteilt. Der Kampf um dieses Medium oder vielmehr der Kampf dagegen, dass es von der herrschenden Eindimensionalität aufgesogen wird, tritt hervor in den avantgardistischen Versuchen, eine Verfremdung zu schaffen, welche die künstlerische Wahrheit wieder kommunizierbar machen soll."

Herbert Marcuse, Der eindimensionale Mensch

Einführung

Wenngleich in der Forschung der Begriff "neu" tunlichst vermieden wird, so hat er sich bei Medien, die mit digitalen Produktionsmethoden einhergehen, im Namen selbst festgeschrieben. In der Auseinandersetzung mit diesen - entsprechend als Neue Medien bezeichneten - Instrumentarien eröffnen sich zahlreiche Forschungsfelder, die von unterschiedlichen Fachrichtungen bearbeitet werden. Es handelt sich um den Bereich der Technik, die diese Medien entwickelt; jenen der Informatik, die Maschinen die Arbeit mit Menschen zeigt; der Kommunikationswissenschaft, die sich der Erforschung von Medien widmet; der Soziologie mit Fragestellungen zu Macht und Verteilung; der Rechtswissenschaft mit der Konstruktion der entsprechenden Gesetze u.a.m. Es ist aber auch das Feld der Kunst, die damit experimentiert und die medialen Möglichkeiten erst auslotet. Die Auseinandersetzung mit neuen Medien ist also nicht der Wissenschaft alleine vorbehalten, sondern lebt wesentlich auch von außeruniversitären Forschungsprojekten und avancierten Einzelinitiativen. Darüber hinaus sind jene Gruppen von Bedeutung, deren Beitrag zur Festigung dieser Medien zentral ist: Produzierende, die Inhalte herstellen; Betreibende, die für die Rahmenbedingungen sorgen, und schließlich Nutzende, die die Angebote annehmen. Letztere wurden im Internetsurvey des ersten Projektteiles von Manfred Faßler und Stefan Weber befragt. Unser Beitrag widmet sich nun Überlegungen zu den inhärenten Möglichkeiten des World Wide Web, sowie - weiterführend - der allgemeinen Begrifflichkeit rund um Neue Medien(kunst).

Qualitative Medienforschung

Wenn es um die Entwicklung und den Ausbau netztheoretischer Beobachtungssprachen gehen soll, so lassen sich zunächst zwei unterschiedliche Zugänge erkennen, die erst abstrakte Aussagen ermöglichen und damit auch die Medienforschung prägen: Zum einen wird versucht, komplexe Zusammenhänge herauszufiltern, zum anderen werden konkrete Bedingungen analysiert. In beiden Fällen steht dahinter die Absicht, allgemeine Gesetzmäßigkeiten in einem Phänomen orten zu können. Die Gewichtung der unterschiedlichen Fragestellungen obliegt zum einen dem allgemeinen Diskurs, zum anderen aber der individuellen Herangehensweise. Auf einer konkreten Ebene gilt es die jeweiligen Spezifika der unterschiedlichen Medien selbst herauszufinden, um schließlich zu verbindlichen Aussagen kommen zu können. Auch hier ist die Klärung des Forschungsfeldes von zentralem Interesse. Wird also von elektronischen Netzwerken gesprochen (so ist damit nicht nur das Internet gemeint) oder vom Internet (so sind sämtliche Internetdienste mit ihren vielfältigen Möglichkeiten zu berücksichtigen) oder geht es um ein bereits isoliertes Phänomen, wie z.B. das World Wide Web (das neben E-Mail als erfolgreichster Internetdienst gilt)? Auf einer abstrakten Ebene gilt es hingegen die "großen" Begriffe auf ihre aktuelle Tauglichkeit hin zu prüfen. In diesem Zusammenhang sind eben

96

jene Fragen interessant, die bereits tausende Male gestellt wurden, wie: Was ist ein Medium? Ist es das Internet oder die DVD, oder sind es vielleicht sogar beide, und wenn ja, warum? Gehen wir davon aus, dass es im World Wide Web um Information geht, so stellt sich unmittelbar dieselbe Frage: Was ist Information? Ist es die Online-Ausgabe einer Tageszeitung oder die Beschreibung eines Pop-Songs? Ist es nicht auch der Song selbst, der in diesem Augenblick als MP3 auf die Festplatte geladen wird?

Medien werden über die Untrennbarkeit von Form und Inhalt beschreibbar. Ohne Ölfarbe gäbe es kein Tafelbild, ohne Kamera kein Filmschaffen, ohne binärem Code kein World Wide Web. Es ist die Verknüpfung, die erst zur jeweiligen Spezifik der Medien führt und die inhärenten Möglichkeiten offenbart. Mit der Veränderung der technologischen Bedingungen verändern sich die jeweiligen inhaltlichen Parameter. Die Form des World Wide Web beruht dabei auf den sich aus ihrer Codierung ergebenden Phänomenen der Interaktivität, der Gleichwertigkeit digitaler Formen und den Möglichkeiten elektronischer Vernetzung.[1] Welche eigenständigen Formen sich aus dieser Grundform festigen werden, steht bislang nicht fest. Im Augenblick sind viele Entwicklungen gleichzeitig zu beobachten. Als Modell wurde die Welt der Medienkunst herangezogen, da hier ein hohes Maß an theoretischer wie angewandter Auseinandersetzung angenommen werden konnte. Medienkunst - Kunst im Kontext Neuer Technologien – gilt als Spiegel des jeweiligen technologischen Entwicklungsstandes. Durch die Thematisierung des dieser Kunst inhärenten Spannungsfeldes von an sich wertfreien wie auch "sinnlosen" Technologien mit "sinnstiftender" Kunst, werden seit nunmehr dreißig Jahren kritische Positionen eingenommen, die wiederum auf die Gesellschaft zurückwirk(t)en. Im Bereich elektronischer Vernetzung zählen die Kunstprojekte der späten 70er-Jahre zu den ersten öffentlichen Anwendungsbeispielen dieser Technologie überhaupt. Diese - später im Rahmen des Internets als "Netzkunst" bezeichnete Richtung innerhalb der Medienkunst - zeichnete sich durch eine grundsätzliche Auseinandersetzung mit partizipativen Elementen aus. In dieser ersten Phase internationaler elektronischer Vernetzung wurde versucht, mit Hilfe von (Tele)Fax- oder Bildschirmtext-Datennetzen weltweite "Communities" aufzubauen und politische Grenzen via Datenfernübertragung zu umgehen. Diese Gedanken wurden über verschiedene Generationen von Künstlerinnen und Künstlern weiter ausgebaut und finden sich nach wie vor in vielen Projekten wieder.

Mit der technologischen Entwicklung der World Wide Web Oberfläche kam es Anfang der 90er-Jahre zu einem Umbruch innerhalb der Netzkunst. Multimedialität und Interaktivität wurden auch hier zu bestimmenden Faktoren. Die Verbindung interaktiver Bild-, Text- und Tonwelten erhält seitdem zunehmend größere Bedeutung und die Träume reichen vom Gesamtkunstwerk bis hin zu sinnlich erlebbaren Multi-User-Formaten. Ein wesentliches Element liegt dabei in der Entwicklung des generierten Bildes (Tones, Textes), der generierten Bildfolge (Ton-, Textfolge) und damit in der Generierung grundsätzlich. Kunst im World Wide Web – Webkunst – bietet heute die Chance zur Konstruktion von "Wirklichkeit", bzw. von "Welt", da belebbare Umgebungen geschaffen und somit eigenständige

[1] vgl. Ursula Hentschläger: NetzWerk, in: Gsöllpointner, Katharina / Ursula Hentschläger: Paramour. Kunst im Kontext Neuer Technologien. Triton: Wien 1999.

Subsysteme entwickelt werden können. Sowohl Verharrenden wie Vorwärtsstürmenden sollte aber bewusst sein, dass aktuell kaum etwas zeitabhängiger ist, als im Netz zu publizieren, denn Ideen, Theorien oder Kunstprojekte im Web sind über kurz oder lang, wenn überhaupt, nur noch von historischem Interesse. Wer kennt heute noch Bildschirmtext? Oder Minitel? Was bedeutet CEPT 0?[3] Wer erinnert sich im Jahr 2020 noch an HTML oder an Flash? Hinter all diesen (Hard- und Software-)Produkten fanden und finden sich ganze Weltanschauungen, die aber ebenso vergänglich sind wie die Werke, die damit in Zusammenhang stehen. Diese Vorstellung sollte in keiner Weise die Motivation bremsen, sich mit Technologie auseinanderzusetzen, denn individuelle Haltungen und möglichst breites Hintergrundwissen führen erst zu einem tieferen Verständnis neuer Medien in gesamtgesellschaftlichem Kontext. Das Bewußtsein, dass die inhärente Dynamik der Technokultur eine ihrer faszinierendsten Eigenschaften ist, bedeutet für alle Arbeitsbereiche auch ständiges Entdecken und Erforschen von noch unbekanntem Terrain. In dem Sinn stellen diese Interviews eine Art Keyframe zum Thema Kunst im Web dar. Entwicklungen werden nicht angehalten, und die nächste Phase zeichnet sich bereits ab. Wer aber augenblicklich im World Wide Web Information anbietet, stellt formal ein "Produkt" - wie immer dieses auch aussehen mag - ins Netz, das für einen Monitor konzipiert wurde und damit sinnlich erfassbar sein muss. Hierzulande wird eine Arena aus durchschnittlich 24bit, 19-21Zoll, 1000-2000MHz, Kabel/DSL u.a.m. betreten. An diesem Punkt setzte diese Untersuchung an.

---

[3] Bildschirmtext wurde Anfang der 80er-Jahre von nationalen Postdiensten in unterschiedlichen Varianten entwickelt. Er funktionierte nach dem Prinzip eines zentralen Netzwerkes: Alle Seiten wurden an einem einzigen Rechner abgelegt und die Computer der Nutzenden konnten auf diesen zugreifen. Im Vergleich zum Internet gab es damit nur einen Anbieter, der jede Art von BTX-Datenkommunikation verwaltete und damit auch kontrollierte. Trotz dieser Schwäche des Systems funktionierte BTX überraschend gut und störungsfrei, zumal im ganzen Land "Mirror"- Server verteilt waren, um allen Nutzenden auch lokale Einwahlnummern anbieten zu können. Es war der Beginn der Modems, die bereits die "Akustikkoppler" zu verdrängen begonnen. Das Einzigartige am österreichischen BTX waren die audio-visuellen Möglichkeiten, die in bestimmten Bereichen weitaus größere Gestaltungsfreiheiten erlaubten als HTML, das Jahre später die Datenkommunikation nachhaltig verändern sollte. Das faszinierende Element war der "dynamische Seitenaufbau", der eben jenen Bruch kontinuierlicher Wahrnehmung verhinderte, wie er heute das Web immer noch bestimmt. Die allgemeine Kritik am System richtete sich aber darauf, dass Information weder Bilder noch Klänge, am allerwenigsten aber die Vielfalt von gleichzeitig 4096 Farben brauche. Diese Ansicht schien durch eine parallele Entwicklung bestätigt zu werden, denn Frankreich stattete zur gleichen Zeit das ganze Land mit "elektronischen Telefonbüchern" aus: "Minitel", das anfänglich nur Text übertragen und zwei Farben darstellen konnte, wurde begeistert angenommen und das ganze Land wurde vom Minitel-Fieber erfasst. Alle anderen nationalen BTX-Systeme schafften aber den Sprung zum Massenmedium nicht und wurden mit den Jahren vom Internet verdrängt und schließlich ganz aus dem Netz genommen. Auch Minitel ist heute nur noch von historischem Interesse, wobei gerade dessen landesweite Präsenz die Verbreitung des Internets in Frankreich um Jahre verzögerte. Alle Versuche, aus der Computervernetzung ein Medium zu schaffen, scheiterten übrigens solange, als das Hauptargument der Anbietenden darin lag, ausschließlich "informieren" zu wollen.

Zelko Wiener: Imaginator. Biennale di Venezia 1986 - "Arte e Scienzia", Hauptkatalog, S. 196f.
Zelko Wiener - BLIX: Dialog - KunstBTX. Ars Electronica 1986. LIVA: Linz 1986, S. 341f.

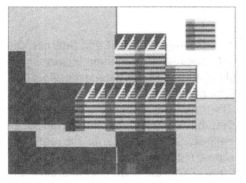

BTX (Bildschirmtext) - Cept0 - Onlineprojekt 1986

Status: Offline

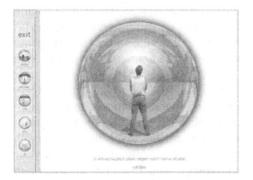

HTML (HyperTextMarkupLanguage) - Webprojekt 1996

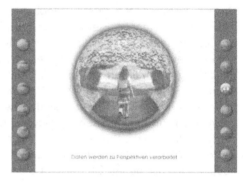

Status: Offline

SWF (ShockWaveFlash) - Webprojekt seit 1999

Status: Online

Abb.: BTX - Zelko Wiener, HTML und SWF - Zelko Wiener / Ursula Hentschläger

Methodik

Die vorliegende Sammlung von Interviews zeigt 21 Positionen zu Kunst und Internet. Die Interviewten zählen mit zwei Ausnahmen zur sog. Netzkunst-Community, einem eigenständigen Bereich im Internet, dessen Knotenpunkte bislang Medienkunstzentren und - festivals darstellen. Zu den bekanntesten - und hier vertretenen - zählen die österreichische Ars Electronica (Gerfried Stocker), die US-amerikanische Gallery9 am Walker Art Center (Steve Dietz), das spanische MECAD (Claudia Giannetti), das niederländische V2 (Nat Muller), das brasilianische FILE (Paula Perissinotto und Ricardo Barreto), das australische ANAT (Julianne Pierce) und die deutsche CYNETart (Klaus Nicolai). Darüber hinaus wären auch andere nennenswert, wie z.B. das ZKM, die Transmediale oder das EMAF als führende deutsche Unternehmungen, oder aber die ISEA mit ihren weltweit wechselnden Veranstaltungsorten u.a.m. Gemeinsam ist ihnen, dass sie Rahmenbedingungen für die Entwicklung und Präsentation jener künstlerischen Projekte herstellen, die sich der Erforschung des Mediums widmen. Kunstschaffende stehen in diesem Bereich vor einer Vielzahl an Möglichkeiten und die jeweilige Auseinandersetzung kann sich auf partizipative Elemente, zugrundeliegende Codierung, multimediale Interpretation u.a.m. fokussieren. Wir legten in der Auswahl der KünstlerInnen den Schwerpunkt auf jene, die sich mit audio-, visuellen-, wie textuellen Phänomenen im World Wide Web beschäftigen und kamen so von Simon Biggs, Giselle Beiguelman, Walter van der Cruijsen, Tina LaPorta, Melinda Rackham, Mark Tribe bis zu Young-Hae Chang Heavy Industries. Als dritte Gruppe war die theoretische Auseinandersetzung mit dem Medium vorgesehen und so wurden Tilman Baumgärtel, Josephine Bosma, Christiane Heibach, Herbert Hrachovec, Geert Lovink, Werner Kraut und Verena Kuni als in diesem Bereich Online Publizierende eingeladen. Ein zentrales Kriterium für die Auswahl war neben der soeben beschriebenen Dreiteilung die jeweils eigenständige Web-Präsenz; sei diese nun zur Präsentation gedacht, wie es bei vielen Festivals, Medienzentren und Theorieangeboten der Fall ist, oder aber zur Entwicklung eigenständiger und medialer Arbeiten im World Wide Web, wie sie im Rahmen von Kunstprojekten anzunehmen sind.

Das Prinzip eines Interviews liegt nun darin, dass jemand Fragen stellt, die andere beantworten. Das traditionelle Interview, jenes von Angesicht zu Angesicht - FaceToFace -, stellt immer noch die bekannteste Form dar. Es wird mit gesprochener und dabei aufgenommener Sprache verknüpft. In der jüngeren Wissenschaft gilt das Interview spätestens seit der Methodik der Oral History als eigenständige Untersuchungsform; vermutlich nicht zuletzt deshalb, weil durch die Möglichkeiten medialer Aufzeichnung mit den Originalaufnahmen auch die entsprechenden Nachweise speicherbar wurden. Als Kennzeichen qualitativer Interviews gilt der einheitliche Fragenkomplex, der sich durch die einzelnen Gespräche zieht. So ergeben sich im Lauf der Befragung subjektive Haltungen, die zum Teil aus unterschiedlichsten Positionen zu einem Thema Stellung nehmen und in Summe einen Gesamteindruck erlauben, der wiederum relevante Rückschlüsse zulässt. Die Kunst liegt darin, die entsprechenden Fragen zu stellen.

[1] vgl. Manfred Bobrowski (Hrsg.): Geschichte spüren. Österreichische Publizisten im Widerstand. Wien: Picus 1990

Digitale Medien eignen sich nun für digital geführte Interviews. Ein derartiges "Gespräch" kann im Augenblick aus digitalisierter Sprache bestehen (FaceToFace) oder aber geschrieben sein; sei es als E-Mail oder im Rahmen eines Online-Chat. Wir griffen auf Erkenntnisse der Untersuchung "Der Künstler als Kommunikator" aus den Jahren 1992/93 zurück und gingen von folgender Annahme aus: Online-Chats würden sich in der Länge der Aussagen von FaceToFace-Interviews unterscheiden, nicht aber in ihrem spontanen Element, das als wesentliches Merkmal des Interviews gilt.[3] Sollte dies auch für E-Mail-Interviews zutreffen? Wir stellten den Interviewten die drei derzeit aktuellen Formate zur Auswahl: FaceToFace, Online-Chat und E-Mail. Von den 21 internationalen Interviews gab es schließlich vier FaceToFace–Gespräche, zwei Online-Chats und fünfzehn E-Mail-Korrespondenzen. In den letzteren versuchten wir wiederum verschiedene Wege. So begannen wir mit einer Frage pro E-Mail, setzten mit mehreren Fragen zu einem Thema fort und ließen uns auch darauf ein, eine Liste aller geplanten Fragen zu verschicken.

Die Ergebnisse aus dem Jahr 1992/93 bestätigten sich: Online-Chats waren zwar kürzer als gesprochene Interviews, aber sie unterschieden sich nicht von der sonstigen Gleichzeitigkeit, die Interviews an sich kennzeichnen. Sie waren sowohl emotional, als auch spontan. Zu unserem Bedauern zeigten sich nur noch wenig Beteiligte an einem Chat interessiert. Die Bereitschaft dazu war vor zehn Jahren bei weitem höher. Wider Erwarten gestalteten sich die E-Mail-Situationen aber deutlich anders, denn in fast allen Fällen dehnten sie sich über längere Zeiträume und erfüllten damit die Anforderung an Unmittelbarkeit und Spontaneität in der Aussage nicht. Wenn E-Mail-Interviews derzeit auch als solche beliebt sind, so tragen sie offenbar doch den falschen Namen. Es wäre hier eher von E-Mail-Korrespondenzen zu sprechen, denn der Entstehungsprozess ähnelt am ehesten dem früheren Briefwechsel; darin liegt auch ihre Qualität. Zu unserer Überraschung mussten wir also feststellen, dass im Bereich elektronischer Netzwerke nach wie vor nur der Online-Chat als erweiterte Form des Interviews gelten kann.

---

[3] Zu Beginn der 90er-Jahre war Datenfernübertragung immer noch für viele ein Fremdwort. Die genannte Untersuchung hatte eine inhaltliche, wie auch formale Ebene. In letzterer stand die Frage im Vordergrund, ob es möglich wäre, Interviews online über ein Datennetzwerk von Maschine zu Maschine zu führen, und - wenn ja - wie sich ein FaceToFace – Interview schließlich von einem Online-Chat unterscheiden würde? Etliche Interviewsituationen wurden gestellt, da nicht alle Betroffenen bereits über Datenleitungen verfügten. Bis auf zwei Gespräche (von 12) fanden alle über ein Datennetzwerk statt. Am aufwendigsten war der Chat mit "Ponton European Media Art Lab". Die Gruppe war zu acht in ihrer Chatbox; alle standen gleichzeitig mit Gegenfragen und Antworten zur Verfügung. Entgegen der Annahme, nach der die beiden Interviewformen wohl nicht zu vergleichen sein würden, waren aber kaum qualitative Unterschiede feststellbar. Einzig die Länge der Aussagen war im geschriebenen Dialog kürzer. Die Online Interviews selbst hatte eine Eigenstrahlkraft, die vor allem durch Spontaneität in der Aussage gekennzeichnet war. Damit ähnelte es vom Prinzip durchaus dem traditionellen Interview. Der Vorteil dieser elektronischen Form von Interview fand sich vor allem in dem Umstand, dass derartige "Chats" auch mit Menschen vom anderen Ende der Welt möglich waren; dies aber ohne die Reise dahin antreten zu müssen.

Vgl. Hentschläger, Ursula: Der Künstler als Kommunikator. Online Interviewreihe. MedienKunstPassagen 1/93, Wien: Passagen 1993.

Der Fragenkomplex

Es ist wohl (kein) Zufall, dass ausgerechnet Steve Dietz bei der für uns wichtigsten Frage auf unsere eigene Arbeit verwies: Die Frage lautete: *Webkunst bietet heute die Chance zur Konstruktion von "Wirklichkeit", bzw. von "Welt", da belebbare Umgebungen geschaffen und somit eigenständige Subsysteme entwickelt werden können. Was halten Sie davon?* "Belebbar" beinhaltete dabei das Pulsieren des Netzes, das Teil der medialen Sprache ist, denn wir gehen davon aus, dass es Zweck von Netzwerken ist, Netzwerk zu sein; ob dieses als World Wide Web oder als Internet oder aber vor Ort im physischen Leben existiert oder konstruiert wird. Jeder Umzug in ein neues Viertel bedeutet in diesem Sinne Netzwerkarbeit. Und wenn sie auch nur darin besteht, im Notfall die richtige Nummer zur Hand zu haben oder aber den Bäcker am Morgen zu begrüßen. Bei jedem Umzug geschieht ein Konstruktions- und zugleich ein Kommunikationsprozess. In einem elektronischen Netzwerk passiert das gleiche. Es bietet aber bislang völlig freie Gestaltungsmöglichkeiten. 100 Megabyte Datenspeicher sind im Angebot von Providern nichts Ungewöhnliches und bei aktuellen Übertragungsraten bieten diese viel Platz. So werden schon seit geraumer Zeit Strukturen hergestellt. Beispiele sind die Welt der Online-Spiele oder die der Web-Portale. Sollte es also möglich sein, eigenständige (andere) Welten im Web aufzubauen? Wie können schließlich derartige Subsysteme aussehen und welche Freiheiten sind damit für wen verbunden?

Binnen kürzester Zeit haben sich in den Netzkunst-/ net.art-/ Webkunst - Knotenpunkten bekannte Strukturen aus der Offline-Welt herausgebildet. Für andere "Welten" im Web gilt das gleiche. Rundum entstehen neue alte Machtgefüge. So ergab sich zwangsläufig die Frage nach den Communities im Web. Wir bewegen uns hier vorerst in jener der Netzkunst / Webkunst. Systemisch sollte es einfach möglich sein, von dieser Welt in diejenige der Museen zu wechseln. Die großen Museen haben auch im Web die Mittel um Netzkunst-/ Webkunst-Kunst anzukaufen. Die Welt der Online Museen wäre aber eine wieder andere Community. Von dort geht der Weg vermutlich zu Stadtverwaltungen, Sponsorenunternehmen und immer weiter, bis es vielleicht sogar geschieht, dass der Weg nach vielen Kreuzungen ein zweites Mal und unabhängig zu der gleichen Adresse zurückführt. Damit könnte jede Community bereits als Beispiel für ein Subsystem gelten. Zusammenhang bei gleichzeitiger Verknüpfung, Abhängigkeit bei zeitgleicher Unabhängigkeit. Vergleichbar wäre in der physischen Welt zum Beispiel die Flusslandschaft in Europa, oder aber das Informationsverteilungsprinzip von Telefongesellschaften: Welche Communities werden aber nun mit Bedeutung versehen, bzw. wo erfolgt die Eigenpositionierung? Wir sprachen zumeist vom World Wide Web. Das bedeutet die Formen Interaktivität, Multimedialität und Netzwerk und ist - wie es Gerfried Stocker später ausführt - ein klar definiertes Medium mit einer eigenständigen Mediensprache. Wie lange es immer nutzbar sein möge, im Augenblick verdient es deshalb gesonderte Beachtung, weil es die Menschen lieben. Nun kann dieses Web geformt und damit auch virtuelle Umgebung gestaltet werden. Gestaltung ist in diesem Sinn aber als Formbildungsprozess zu verstehen, der über eine Codierung von Information abläuft. Wie immer diese Codierung aussieht: Es gibt hier keine Formel für den besten Weg, wie auch Paula Perissinotto und Ricardo Barreto feststellten. Wer daran arbeiten will, soll daran arbeiten. Die Möglichkeiten wollen überhaupt erst entdeckt sein. Warum sollte aber - um zur Kunst zu kommen - mit Flash oder Shockwave potentiell weniger Kunst möglich sein, als mit HTML oder Open Source Software? Alle bestehen sie aus konstruierter Information, können unterschiedliche Dinge, brachten den Entwickelnden Ruhm und im Idealfall auch Vermögen. Rundum findet ein wahrer Kampf um Formate statt. Was ist aber ein Format?

Die unterschiedlichen Vorstellungen der Netzkunst- und der Webkunstszene zeigen sich deutlich. Im einfachsten Fall lässt sich die Diskussion wohl auf der Ebene "jeder Pudel ist ein Hund, aber nicht jeder Hund ist ein Pudel" führen; damit ist auch eine klare Wertung getroffen, denn es geht zumeist um den Hund, und nicht um den Pudel. Nun funktioniert ein Pudel bis zu einem gewissen Grad gleich wie ein Rottweiler; dennoch sind Unterschiede zwischen den beiden Hundetypen klar ersichtlich. Um also über Hunde sprechen zu können, sollten zunächst die einzelnen Arten genauer betrachtet werden. Wer aber ist bislang in der Lage, elektronische Netzwerke in ihrer Gesamtheit zu beschreiben? Wo ist die entsprechende Analyse der Kriterien der Netzkunst und welchen Arbeiten wird auf diesen Grundlagen von wem Bedeutung zugesprochen? Inwieweit geht es überhaupt um (technische) Kriterien? Walter van der Cruijsen sagt sehr bestimmt, es gibt nur Kunst oder keine Kunst und akzeptiert auch nur drei Formate: Bild, Text und Klang. Hier gehen wir völlig d'accord.[1] Was macht aber nun Kunst zu Kunst? Es wird zwar nicht wörtlich von ihrer "Magie" gesprochen, aber die Kunst als solche wird nicht mehr wirklich in Frage gestellt; im Gegenteil: Ihre Freiräume werden geschätzt und Sinnhaftigkeit wird zugesprochen. Auch die Kunstschaffenden selbst werden wieder hervorgehoben und ein ganzer Berufszweig scheint damit vom Aussterben befreit.

Dass mit den Fragen nach den Begriffen immer neue Begriffe auftauchten, die augenblicklich auch nur für sich allein stehen können, zeigt ein Dilemma des Diskurses. Alle wissen und kennen viel aus dem jeweiligen Ausschnitt. So wie wir uns mit Webdramaturgie und audio-visuellen Gesamtereignissen beschäftigen, so arbeiten andere an der Generierung spezieller Software u.v.a. Sobald die Implikationen elektronischer Netzwerke überschaubar sein werden, geht es nicht mehr um die einzelnen Aspekte, denn diese werden selbstverständlich und mit einem genau zugewiesenen Funktions- und Wirkungsgrad in die Arbeit integriert sein; jeweils unersetzlich im Gesamtgefüge. Die einzelnen Schritte, die hier gezeigt werden, dienen in der einen oder anderen Weise der Erforschung eines Mediums, das im Augenblick immer noch im Entstehen begriffen ist. Diese Faszination ist durchwegs spürbar. Vor diesem Hintergrund schienen uns schließlich Fragen nach den jeweiligen Hintergründen und Arbeitsschwerpunkten hilfreich. Wer sind also die Menschen, die hier an Strukturen bauen? Die Vielfalt der unterschiedlichen Ansätze, die tiefgreifende Auseinandersetzung mit dem Medium und schließlich die vielseitigen Herangehensweisen konnten in den Interviews nur ansatzweise abgebildet werden. In allen Fällen eröffneten sich endlose, weitere Themenfelder, und jedes einzelne Interview gäbe Stoff für ein ganzes Buch. Doch die Aufgabe hier war nicht die Konzentration auf einen Aspekt. Das Ziel war die Verdichtung vieler einzelner Aspekte zu einem Zeitbild.

[1] vgl. Ursula Hentschläger / Zelko Wiener: Webdramaturgie. Das audio-visuelle Gesamtereignis. Markt+Technik: München 2002 (www.webdramaturgie.de)

Siteanalysen

Das ursprüngliche Konzept der Interviewreihe sah einen Exkurs vor, in dem auf die technischen wie gestalterischen Aspekte jener Webpräsenzen eingegangen werden sollte, die den jeweiligen InterviewpartnerInnen zugeordnet wurden. Es sollte sich daraus ein State of the Art im Bereich avancierten Webdesigns ergeben. Bereits nach einigen Site-Analysen stellte sich aber heraus, dass solche Darstellungen ohne explizite Bewertungen nicht sinnvoll umgesetzt werden können. Doch welche Maßstäbe wären notwendig, um eine Präsenz im Web daran messen und beurteilen zu können? Eine gewisse Selbstironie blieb nicht aus, denn wir scheiterten selbst an eben jener Frage, die wir so vielen anderen gestellt haben: "Inwieweit sind technische Kriterien hilfreich zur Positionierung einzelner Arbeiten?" Es ist in diesem Zusammenhang unübersehbar, dass die beiden aktuell dominierenden Schlagworte Content Management und Usability ausschließlich auf die Textebene hin orientiert sind. Damit kann wiederum das mediale Element isoliert werden, denn beide Schlagworte sind in diesem Zusammenhang als Verwaltungsinstrumente zu betrachten, die rekursiv Information in Form von Text, Bild und Ton zu strukturieren versuchen. Die Gestaltungsebene kann demnach auf die zu verwaltenden Objekte abgeschoben werden, die ihren jeweils eigenen, formalen Kriterien unterliegen. Damit wird aber genau das Gegenteil von dem erreicht, was Digitalisierung eigentlich ermöglicht hat: Statt die audio-visuellen Medien zusammenzuführen, werden sie voneinander getrennt und aus dem webspezifischen Informationsbegriff ausgelagert. Die Situation lässt sich verkürzt auch so darstellen: Über Texte im Web wird in der Literatur- oder Theorieszene diskutiert, für Web-Movies interessieren sich Video- und FilmemacherInnen, für Musik sind die Musikschaffenden zuständig und über Flash diskutieren die FlasherInnen. In diesen Bereichen mit ihren mehr oder weniger langen Traditionen wird Information als eigenständiger und nicht übertragbarer Begriff geführt. In der letzten Konsequenz müssen sie sich sogar ausschließen, um das Eigene behaupten zu können. Aus diesem Grund bedeutet jeder Blick über das angestammte Medium hinaus auch eine sinnliche Anstrengung, die sich zum Teil auch in den Interviews spiegelt. Wenn Herbert Hrachovec bei einer Flash-Site immer noch "zusammenzuckt", dann gilt dies auch umgekehrt: Audio-visuell Gestaltende kennen keine Gnade mit CMS; dies auch nicht, wenn es sich dabei um Open Source Produkte handelt, wie im Rahmen seiner Webpräsenz.

KünstlerInnen wie WissenschaftlerInnen haben in der Offline-Welt gelernt, sich gegenseitig zu respektieren und in Ruhe arbeiten zu lassen. Jede Art von Kritik bekommt zudem erst dann Gewicht, wenn sie aus dem eigenen Fachbereich kommt. Das Web ist auch in diesem Zusammenhang "grenzenlos"; übrig bleibt der Umstand, dass zuletzt immer das Eigene doch das "Bessere" scheint. Die dahinterstehende mediale Konfusion kann über Diskurse entschärft, keinesfalls aber aufgelöst werden, und ein Ausweg bietet sich höchstens in der bereits angeschnittenen Disparität der Medien. Statt also vom Medium Web zu reden, scheint es sinnvoller, von Web-Medien auszugehen, die klar voneinander abzugrenzen sind. Die gemeinsame digitale Ebene ist damit ein technologisches, aber keinesfalls ein mediales Bindeglied. Die Vorstellung, dass "Information" mit Textübertragung ident ist, kann aber als einer der hartnäckigsten Irrtümer der Computergeschichte gesehen werden. Demgegenüber werden die unterschiedlichsten Versuche unternommen,

diese Vorstellungen zu korrigieren und die Gleichwertigkeit von Text, Bild und Ton herzustellen. Im Web begegnen wir einer Behauptung, die vor bald 20 Jahren mit der gleichen
Überzeugung vertreten wurde wie heute: Niemand braucht Farbe und Bilder; geschweige denn Animationen und Sounds. Gleichzeitig sind die audio-visuellen Formate im Web
längst in der Massenanwendung und haben die ästhetischen Vorstellungen bereits nachhaltig verändert. Die Frage drängt sich auf, wie es zu diesen zwei völlig unterschiedlichen
Meinungen zu ein und dem selben Medium kommen kann und ob es nicht an der Zeit
wäre, diesem Umstand Rechnung zu tragen.

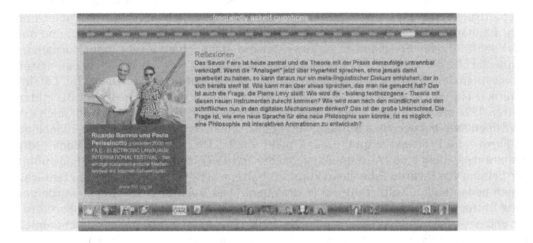

www.cyberpoiesis.net/shortcuts

1992 gab es den (unerfüllten) Traum einer Publikation der damaligen Interviewreihe auf
Diskette. Dahinter stand die Überlegung, wenn Interviews mit Hilfe digitaler Medien entstanden sind, sollten sie ebenso vertrieben werden. Seitdem sind zehn Jahre vergangen
und die Formen koexistieren bereits. So ist dieses Projekt nun zweigeteilt: In diesem
Buch finden sich die Interviews in eben jener Form, in der sie entstanden sind; sie sind
linear abgebildet, beginnen an einem bestimmten Punkt und enden redigiert mit einem
ebensolchen. Damit haben alle Personen ihren eigenen Denkraum und es entstehen
kompakte Einheiten, denen individuelle Schwerpunkte zuzuordnen sind. Das World Wide
Web hat aber mit Linearität wenig zu tun. Die Struktur tritt ebenso in den Vordergrund wie
die Verknüpfung einzelner Module oder formale Vorgaben. So wurden für die Web-
Version also Themenstellungen herausgearbeitet und das bestehende Material nach diesen Kriterien geordnet. Damit ergeben sich aber Leseweisen, die wiederum nur in der
Summe des Angebotes sinnvoll sind. Widersprüche oder Gemeinsamkeiten werden hier
noch offensichtlicher als sie es im Buch sind; der Denkraum der einzelnen Personen ist
durch diese Darstellung allerdings beschnitten. Die Kombination der beiden Formen
ergänzt sich ideal. Wenn im Buch die Web-Version keinen Platz finden kann, so gilt dies
auch umgekehrt. Damit ist diese Arbeit auch ein Beitrag zu Forschungsmethoden geworden, der gleichzeitig Grenzen auslotet.

Giselle Beiguelman

Die Schnittstelle ist die Botschaft

W+H: Du bist eine der erfolgreichsten Web-Künstlerinnen. Wann hast du begonnen, Web-Arbeiten zu machen, und warum?
GB: Es begann mit Erfahrungen in visueller Dichtung und mit meinem ersten Farb-monitor im Jahr 1991. Windows 3.1 machte mich wahnsinnig. Damals machte ich poe-tische Drucke und experimentierte mit verschiedenen Kombinationen von Papier und Schriftbildern. Ich stellte diese Arbeiten nie aus, machte sie nur für Freunde, und das über Jahre. Diesen Freunden ist es zu verdanken, dass ich eine sehr gute Journalistin kennenlernte, die bereits 1994 intensiv mit IT beschäftigt war. Sie gründete den ersten Online-Dienst in Brasilien und danach UOL, den größten Online-Dienst in Latein-amerika; Marion Strecker. Ich lernte das Internet durch meine Arbeit bei UOL in den Jahren 1996 bis 97 kennen. 1998 war ein schlechtes Jahr, danach bewarb ich mich um ein Stipendium bei der Vitae Stiftung, einer sehr selektiven Organisation, die Stipendien in Form von Preisen vergibt. Das Projekt hieß "The Book after the Book", die Weiterentwicklung eines Ausstellungsteils, den ich 1997 für Ex-Libris/Home Page unter der Leitung von Ricardo Ribenboim kuratiert hatte; er ist heute Leiter von Itau Cultural, einem bedeutenden Kulturzentrum in Brasilien. "The Book after the Book" wurde der Vitae Stiftung als Forschungsprojekt präsentiert, das in einem Essay über Cyberlitera-tur und neue Formen des Lesens münden sollte. Der Forschungsprozess brachte mich zu einer neuen Form der Hypertext-Kritik. Sonst wäre es nur eine Beschreibung, ein Diskurs, kein Dialog, keine Befragung gewesen. Einige Monate, nachdem ich den Preis gewonnen hatte, wurde ich jemandem am ZKM (*www.zkm.de, Anm.*) vorgestellt – Frieling – und ich erzählte ihm von meinem Projekt, das damals ganz am Anfang stand. Er wiederum brachte mich mit Peter Weibel zusammen, der gerade Net_Condition organisierte und mich zur Ausstellung einlud. Das war wichtig für mich und für das Projekt. Es veränderte sich, wurde ein Hybrid aus Kritik und Kunst. Das war der Anfang.

W+H: Was steht aktuell im Zentrum deiner Arbeit?
GB: Das Interface - die Schnittstelle. Das ist der Mittelpunkt. Ich glaube, wir haben uns stark verändert. Das Medium ist nicht mehr die Botschaft, denn alles ist Medium. Die Schnittstelle ist die Botschaft. Sie verändert die Art, in der wir Dinge lesen und wahrneh-men. Dasselbe Bild, online, gedruckt oder auf dem Display des Palmtop sieht anders aus, nicht wegen der Größe, sondern weil alle diese Schnittstellen für einen anderen Kontext des Lesens gedacht sind (Palmtops gehen davon aus, dass sie unterwegs benutzt werden, im Web wird Inhalt für geteilte Bildschirme, mehrere Fenster konzipiert usw.). Jede Schnittstelle kann digitale Daten unterstützen, da diese Daten immer hybrid sind, eine Mischung aus nicht-phonetischer Sprache und westlichen Sprachen - unsere Sprache und die Sprache unserer Zeit. Wenn wir von einer Welt des Lesens sprechen, dann geht es um die Art, in der wir die Welt lesen, nicht nur Texte. Das ist für mich interessant, egal, ob es um Palmtop, WAP oder Web oder Bücher und Plotter geht. Weil ich gerade dabei bin, ich teste eine neue Arbeit: *www.desvirtual.com/poetrica*.

W+H: Worin bestehen die Unterschiede zwischen den einzelnen Schnittstellen (Web, Wap, Palm...)?
GB: Sie verlangen unterschiedliche Kontexte der Rezeption und des Lesens. Palmtops und WAP erinnern mich an eine neue nomadische Lebensform, eine Zeit in der Geschichte, in der wir alle Cyborgs sein werden, mit Erweiterungen, die an das Netz angebunden sind. Das Web wurde einfacher zu handhaben als Bücher. Wir können alles online haben, rasch und in aller Komplexität. Alles scheint ruhiger geworden zu sein, wir sitzen vor dem Desktop am Tisch. Wir tun viele Dinge gleichzeitig, aber konzentrierter. Nomadische Geräte wie Palmtops und Mobiltelefone sind großartig für Situationen der Entropie, Beschleunigung, Zerstreuung. Man liest, nimmt wahr, zwischendurch, während man andere Dinge tut (z.B. fahren und sprechen). Sie erinnern uns daran, dass es keine Zeit für Kontemplation mehr gibt und das verändert die Art, wie wir Kunst erleben und wie wir Sinn stiften.

W+H: Wie werden sich Wahrnehmungsmuster verändern?
GB: Das Netz ist meiner Meinung nach gleichzeitig Produkt vieler kultureller Veränderungen und Produzent von Veränderungen. Kulturgeschichte ist ein Prozess, keine lineare Entwicklung. Das Netz erfüllte neue Bedürfnisse der Geschäftswelt und der Kommunikation, es veränderte aber auch unsere Vorstellungen von Ort und unsere Verbindungen zum physischen Raum. Heute ist jeder Mensch in jeder Domain ein Jemand und dieses in Bewegung befindliche Terrain führt zu verschiedenen Wahrnehmungsmaßstäben. Einer dieser Maßstäbe ist wahrscheinlich inhärent: der Ortsbegriff ist heute vor allem ein textueller Bezug zu einem Nicht-Ort. Eine weitere interessante Veränderung der Wahrnehmung ist die "Windows-Wirklichkeit" unserer Desktops, die uns das Multitasking bringt, ganz anders als das gute alte Zappen beim Fernsehen. Mausbenutzer sind keine Channelhopper, sie betrachten, lesen und interagieren mit vielen verschiedenen Dingen gleichzeitig.

Giselle Beiguelman, Ph.D. in Geschichte, ist Multimedia-Essayistin und Web-Künstlerin, sie lebt in São Paulo, Brasilien, dem Ort ihrer Geburt (1962).

Sie hält eine Professur im Graduation Program für Kommunikation und Semiotik an der PUC-SP und war Stipendiatin der VITAE Foundation; sie ist Mitglied des 11. ISEA International Program Committee (Nagoya, Japan) und hat ihre Web-Arbeiten bei zahlreichen Ausstellungen, Festivals und wissenschaftlichen Veranstaltungen zu Medienkunst gezeigt.

Bei "Trópico" ist sie für die Sektion Neue Medien zuständig und verfasst als Redakteurin Beiträge zu N-MEDIAC-C. Sie betreibt desvirtual.com, wo sich ihre eigenen Projekte finden, wie etwa "The Book after the Book", "(Content = No Cache)" und "wopart".

www.desvirtual.com

W+H: Werden sich Rezeptions- und Publikumsstrukturen ebenfalls ändern?
GB: Ja. Neben all den Veränderungen, die ich oben angeführt habe, können wir auch sagen, dass wir heute globale Empfänger sind; Empfänger, die den Inhalt, den wir erhalten, verändern, wiederverwerten, umverteilen können (vor allem, wenn es Open Source-Inhalt ist, aber auch dann, wenn er es nicht ist – die Hyperlinkstruktur gibt uns die Möglichkeit, an einem unendlichen Prozess der Rekonstruktion teilzunehmen).

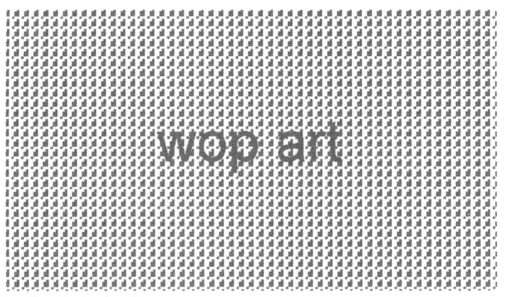

http://www.desvirtual.com/wopart

W+H: Das Web besteht aus vielen Einzelwelten. Welche Community hältst du für wichtig?
GB: Ich glaube, das Interessanteste am Internet ist, dass es die Grenzen dessen, was
Technologie, Naturwissenschaft, Kunst und Kommunikation ausmacht, verwischt. Es ist
all das und gleichzeitig eine Art Mini-Massenmedium. In diesem Sinn deutet es auf
Segmentierung und nicht auf Homogenität hin. Es ist eine Riesenmenge an Daten, die in
Mikrowelten aufgeteilt ist, und alle sind wichtig. Ich mag die Kunstszene im Web, das ist
mein Raum, aber ich habe das Gefühl, ich muss auch mit der Welt der Großfirmen, der
Dotcoms verbunden sein, und mit dem akademischen Netzwerk, um meine eigenen
Schichtungen zu ordnen.

W+H: Worin besteht die Herausforderung bei der künstlerischen Arbeit mit dem Web?
GB: Wir haben es im Web mit einer seltsamen Situation zu tun. Wir wissen nicht, wie unsere Arbeit aussehen wird (unterschiedliche Browser, Bildschirmauflösungen, Verbindungs-
geschwindigkeiten, Datenübertragung, Betriebssysteme usw.). Es ist also faszinierend
(und macht Angst!): Unsere Arbeit wird immer durch die Rezeptionsbedingungen rekonfi-
guriert (und nicht nur, weil die LeserInnen alle neue Ko-AutorInnen sind, sondern wegen
all der Instanzen, die die Net_Condition durchläuft). Ich sage immer, dass Mallarmé sein
Meisterwerk nicht hätte online schreiben können. Im Vorwort von "Un Coup de Dés" (Un
Coup de Dés Jamais n'Abolira le Hasard Jamais n'Abolira le Hasard") schrieb er darüber,
wie wichtig die Rolle der Abstände für die Rezeption seiner Gedichte war. Er konnte auf die
Seriosität der Druckereien und die Dauerhaftigkeit des Papiers zählen. Das Gedicht sah auf
dem Papier so aus, wie er es konzipiert hatte, und da es gedruckt und immer wieder gedruckt wurde, ist es (in mehr oder weniger guter Qualität) immer gleich, alles am selben
Ort, immer. Wir können dem Bildschirm nicht trauen. Unsere Arbeit ist keine Oberfläche,
sie ist eine Schnittstelle und muss immer der Online-Störungen gewärtig sein.

W+H: Worin besteht die Bedeutung der Webkunst / Netzkunst? Gibt es überhaupt eine?
GB: Es handelt sich um Kunst, die dazu konzipiert ist, online erlebt zu werden; das heißt nicht nur verbunden mit dem Netz, sondern verbunden mit anderen kreativen Menschen und der Interferenz seitens des Publikums (das ist der Prozess des Wiederverwertens und Linkherstellens, den ich vorhin beschrieben habe). Es handelt sich um Trans-Art und Meta-Art - "Trans-" steht für transversal (die Querverbindung von Kunst, Naturwissenschaft, Technik, Sprache) und "Meta-" für die Präsenz des Web in den Diskussionen, auch wenn es um Blumen geht.

W+H: Glaubst du, dass es in der Kunst im Allgemeinen Bedeutung gibt?
GB: Schöpferisches hat immer Bedeutung, Sinn – nicht absolut, nicht "a priori", aber eine Art Gefühl unserer Zeit. Wenn Schöpfung mit kulturellem Moment in einen Dialog tritt, hat das Bedeutung. Wenn nicht, ist es Marketing. Etwas für den Augenblick und mit einem praktischen Ziel.

W+H: Wie weit sind technische Kriterien hilfreich bei der Positionierung von Arbeiten?
GB: Manchmal denke ich, wir sind zu große Romantiker, was die Technologie anlangt. Gotische Kathedralen sind wunderbare Beispiele für den interessanten Einsatz der Technologie. Große Werke sind nicht deshalb groß, weil sie "die einzigen" sind, sondern weil sie in jedem Sinn pluralistisch sind: sie verändern Muster, Sehweisen, Nutzungen und Funktionen alter und neuer Werkzeuge. Dabei brechen sie Grenzen auf. Wie würden

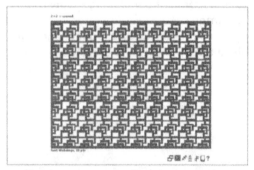

http://www.desvirtual.com/poetrica/crowd.htm

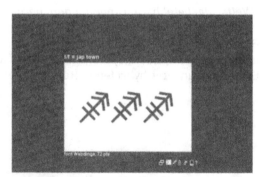

http://www.desvirtual.com/poetrica/japtown.htm

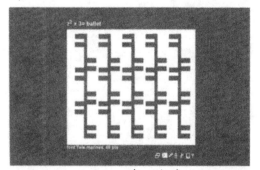

http://www.desvirtual.com/poetrica/ballet.htm

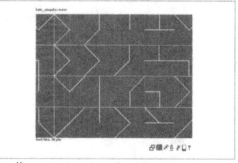

http://www.desvirtual.com/poetrica/lain_angela.htm

wir Bruneleschis Kuppel der Kirche Santa Maria dei Fiori definieren? Als Kunst, Architektur, Revolution in der Geometrie, historisches Wahrzeichen ...? Technologie ist nie von allen anderen Elementen unabhängig, die eine wichtige Rolle im kreativen Prozess spielen. Alles ist vermischt: technische Optionen, ideologische Positionen, ästhetische Wahlmöglichkeiten, kulturelle Hintergründe und Erfahrungen. Ich glaube nicht, dass alle diese Elemente in einem homogenen Credo vermischt werden sollten, aber wir müssen wissen, warum wir etwas so und nicht anders machen. Kurz, ich bin für das Chaos, aber ich misstraue dem Beliebigen.

W+H: Heute macht es auf der Ebene der Produktion kaum einen Unterschied, ob eine Arbeit als interaktive Installation oder als Web-Projekt oder als CD-ROM präsentiert wird, aber die Ausstellungssituation wird massiv beeinflusst, oder nicht?
GB: Das ist eines unserer größten Probleme als Web-KünstlerInnen. Die Institutionen definieren das Kunstwerk immer noch als Objekt. Sie brauchen daher Oberflächen in ihren Gebäuden. Wir arbeiten mit Schnittstellen. Unsere Arbeiten sind nicht im Computer, sie sind online, in einem Un-Raum. "Ceci n'est pas un nike", die Arbeit, die ich für die Bienniale von São Paulo produzierte – übrigens ein idealer Kontext für eine Diskussion darüber, wie sich Institutionen Webkunst einverleiben und welche Rolle sie auf dem Kulturmarkt spielen - in dieser Arbeit ging es um den Konflikt Oberfläche vs. Interface und dessen Eingliederung ins System.

W+H: Webkunst bietet heute die Chance zur Konstruktion von "Wirklichkeit", bzw. von "Welt", da belebbare Umgebungen hergestellt und somit eigenständige Subsysteme geschaffen werden können. Würdest du dem zustimmen?
GB: Wie ich schon vorhin sagte, glaube ich nicht an eine Cyberwelt, die unabhängig von unserer konkreten und symbolischen Welt ist. Diese Subsysteme sind Schichten unserer Erfahrung, unserer hybriden Kultur.

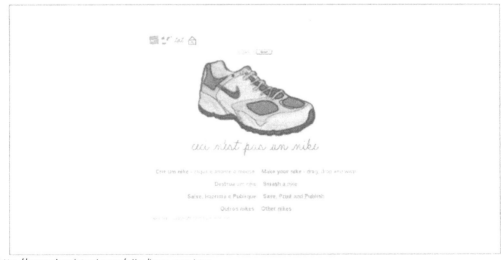

http://www.desvirtual.com/nike/img_gen.htm

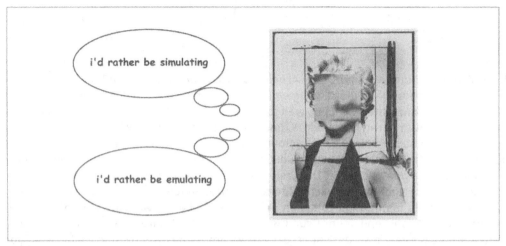

http://www.desvirtual.com/recycled/tobeornotobe.htm

W+H: Es gibt immer mehr Hybridformen aus Magazinen, Kunstsammlungen, Ausstellungsräumen einerseits und Mischformen bei Berufsbildern andererseits. KünstlerInnen organisieren Ausstellungen, TheoretikerInnen arbeiten in der Kunst, KuratorInnen verfassen theoretische Werke usw. Was hältst du davon?
GB: Einerseits deutet das, wie ihr sagt, auf eine hybride kulturelle Erfahrung hin und ist sehr wichtig, weil es neue Variablen im Spiel der Kunst außerhalb der Marktzwänge und der Warenwelt schaffen kann. Andererseits ist es gefährlich. Es erinnert an die Harley Davidson-Ausstellung im Guggenheim-Museum, "Pelé" im MASP - produziert und gesponsert von Coca Cola. In diesem Sinn sind die "Hybride" bloß Auswüchse der New Economy und ihrer Fähigkeit, Hypes zu schaffen und zu konsumieren.

W+H: Siehst du Multimedia-Software wie Flash oder Shockwave als Herausforderung?
GB: Sicher. Man sollte schon sehr gut sein, um nicht nur die Mysterien der "Action"-Tools darin zu entdecken, sondern auch um Software, die sonst für E-Business verwendet wird, kreativ zu nutzen. Ich könnte ein paar erstaunliche KünstlerInnen nennen, die bewährte Muster durch den Gebrauch von Flash und Shockwave auf den Kopf stellen (ihr beiden, Rafael Lain, Simon Biggs, Mark Amerika und viele andere).

W+H: Welche Bedeutung hat Multimedia für dich persönlich?
GB: Multimedia trifft auf jedes Kunstwerk zu, das verschiedene Medien braucht, wie zum Beispiel die Oper. Ich bin daher nicht an Multimedia interessiert, sondern an hybriden Arbeiten, Plattformüberschreitungen; Arbeiten, die sich anders verhalten und uns die Störgeräusche ihrer Kommunikation vermitteln.

W+H: Welche Entwicklungen erwartest du für die nächsten Jahre?
GB: Hybride Geräte und Tools und eine Invasion von Apparaten für den nomadischen Lebensstil, mit denen wir Inhalt von irgendwo nach nirgendwo beamen können, indem wir alle Tools gleichzeitig verwenden (wow!!!!!).

Simon Biggs

KünstlerInnen machen Kunst

H+W: Wann hast du begonnen, Web-Arbeiten zu machen, und warum?
SB: Die Antwort darauf ist gleichzeitig einfach und komplex. Einfach, weil ich meine erste Web-Arbeit 1994 machte; komplex, weil ich seit der Entstehung 1991 überlegt hatte, wie ich an das Medium herangehen sollte, und weil ich bereits seit 1978 Kunst mit Hilfe von Computern und auch vernetzten Systemen produziert hatte. Ich verwendete mein erstes Modem um 1980 und verband damit zwei Computer über eine Telefonleitung, einfach nur, um zu sehen, was da passierte. Die erste Web-Arbeit war "Book of Shadows", aber das stimmt eigentlich auch wieder nicht. Zuerst produzierte ich die Arbeit 1993 als interaktives Buch, das als Installation zu sehen sein sollte. Dabei verwendete ich Computer mit Touchscreens. Aus irgendeinem Grund war aber niemand daran interessiert, es auszustellen, und als ein Verlag in London bei mir wegen einer CD-ROM anfragte, beschloss ich, das Book of Shadows-Projekt einfließen zu lassen. Das bedeutete, dass ich die Arbeit neu konzipieren musste, nicht mehr als räumliches und physisches Werk, dem die Menschen im realen Raum begegnen, sondern etwas, auf das sie im virtuellen Raum auf dem Computerschirm treffen, indem sie die konventionellen Schnittstellen - Maus und Fenster - verwenden. Als ich an der CD-ROM Book of Shadows arbeitete, wurde mir klar, dass ich eher an einem Buch als einem Kunstgegenstand arbeitete, und von dort war es nur noch ein kleiner Schritt zu der Erkenntnis, dass die Arbeit genauso gut im Web existieren konnte. Damit sah ich das Web eher als Veröffentlichungs- und Verteilungssystem denn als Umfeld für "Kunst", was mein Denken befreite und mir ermöglichte, mit dem Medium an sich umzugehen. Das war der Blickwinkel, den ich seit 1991 gesucht hatte. Also produzierte ich eine HTML (Version 1.0) - Fassung von Book of Shadows, die ich mit meiner ersten Website 1994 ins Web stellte. Die CD-ROM kam etwa ein Jahr später heraus, was auch zeigte, dass das Web als Veröffentlichungsform schneller reagiert als traditionellere Formen, die komplexe Produktions- und Verteilungsmodelle brauchen (und damit mehr Geld, Leute und Zeit). Wie viele Künstler arbeite ich mit verschiedenen Medien, um mein Publikum auf verschiedene Arten zu erreichen. Ich habe das Gefühl, meine Installationen bilden den Kern meiner Praxis, dort entstehen die wichtigsten Arbeiten, aber schon sehr früh habe ich immer ergänzend mit "leichter" zugänglichen Medien gearbeitet. Anfang der achtziger Jahre waren es statische Bilder (Grafiken, Fotos usw.). Ab Mitte der achtziger Jahre waren es Videos und Animation, und ab den neunziger Jahren die ersten CD-ROMs und dann das Web. Obwohl ich diese Medien als zweitrangig für meine Praxis sehe, sind dies die Arbeiten, die dafür und damit entstehen, nicht. Die meisten meiner Ideen werden in Form von Installationen entwickelt und dann folgt die Migration in andere Medien. In jüngerer Zeit drehte sich der Prozess sogar um, "Babel" wurde etwa für das Web konzipiert. Ich habe den Web-Aspekt meiner Arbeiten immer als Teil eines Kontinuums der Arbeiten in meiner Praxis gesehen, die ich mit Computern produziere. Für mich war das Web keine wirklich neue Technologie, sondern eher eine neue Umgebung, die dem Publikum einen anderen Zugang zur Arbeit ermöglichte als die Galerie, das Videoband oder die CD-ROM. Erfolgreich mit dem Web umzugehen, hieß zumindest für mich nicht, sich neue Werkzeuge und Medien anzueignen, sondern ein

neues Konzept des Umgangs mit dem Publikum zu entwickeln; also ein neues Konzept der Beziehung Autor/Leser. Es war eher ein begriffliches als ein technisches Problem. Ich musste das "Was" und das "Warum" dessen, was ich tat, eher neu definieren als das "Wie", wenn ich ernsthaft mit dem Web arbeiten wollte. Es wäre einfach gewesen, nur einen Aspekt meiner Arbeit zu nehmen und ihn ins Web zu verpflanzen, aber das schien mir keine Methode, mich mit den Besonderheiten des Mediums auseinanderzusetzen. Also musste ich die Grundlagen erst wirklich neu durchdenken, und das brauchte Zeit.

H+W: Was steht im Zentrum deiner Arbeit?
SB: Ich glaube, die meisten KünstlerInnen haben Schwierigkeiten, diese Frage zu beantworten. Sehr häufig gibt es in der künstlerischen Praxis kein einzelnes Zentrum, sondern eher ein Territorium oder Netzwerk der Fragestellungen, Ideen, Erfahrungen und Gefühle, die KünstlerInnen über eine bestimmte Zeit beschäftigen. In vielerlei Hinsicht ist es die Rolle der KritikerInnen oder KunsttheoretikerInnen, diese Frage für die KünstlerInnen zu beantworten, denn sie sind objektiv genug, um das Gesamtschaffen der KünstlerInnen zu betrachten und es in einem größeren Kontext zu erfassen. Ein paar Dinge sind im Hinblick auf meine Arbeiten jedoch klar, sogar für mich. Mehr als 20 Jahre konzentriere ich mich jetzt auf digitale, interaktiv vermittelte Erfahrungen, egal, ob die Arbeit letztlich eine Installation, eine CD-ROM oder eine Arbeit für das Web ist. Es gab auch oft die gleichzeitige Beschäftigung mit Bild und Text, und regelmäßig auch mit Audio (wenn auch nicht mit Musik als solcher – in den meisten Fällen war der Audioteil textbasiert oder von einem Text abgeleitet). In meinen Arbeiten geht es um Besessenheit von Sprache, nicht als Mittel des Ausdrucks oder der Sinnstiftung, sondern als eigenständiges Objekt. Meine Arbeiten sind alle struktureller Art, das bedeutet, die Struktur der Arbeit ist der Ausgangspunkt und der Inhalt entsteht durch die Struktur. Der Einsatz des Computers ermöglicht es, aktive und selbstregulierende Strukturen zu schaffen, und so kann ich Dinge machen, bei denen der Inhalt einfach eine Funktion einer Struktur ist, die tut, wozu sie hergestellt wurde. Ich glaube, deshalb bin ich auch von der Sprache fasziniert, denn das ist etwas, was auch die Sprache in vieler Hinsicht tut. Man braucht eigentlich keinen Inhalt (im Sinne einer Botschaft, einer

Simon Biggs, geb. 1957 in Adelaide, AUS. Seit 1976 Künstler. Studierte an der Unversität Adelaide Computermusik. Entwickelte 1979 ein eigenes Computergrafik-System. Der Schwerpunkt seiner Arbeit liegt seither auf interaktiven Installationen, Animation, Netz, CD-ROM und verwandten Medien. Er lebt und arbeitet in Großbritannien.

Preisträger des Arts Council of England, der National Lottery, von Eastern Arts, British Council, London Film and Video Development Agency und Australia Council. Artist in Residence bei zahlreichen Institutionen. Seine Arbeiten wurden bei Festivals und Ausstellungen auf der ganzen Welt gezeigt, so etwa in Frankreich, Holland, Großbritannien, USA, Lettland, Griechenland, Kolumbien, Norwegen, Kanada, China, Finnland, Kroatien, Italien, Schweden, Brasilien, Japan, Bosnien, Slowenien, Mexiko, Portugal, Spanien, u.a.m. Zu seinen Monografien gehören "Halo" (1998), "Magnet", "The Reading Room" (1997) und "Book of Shadows" (1996).

www.littlepig.org.uk

Handlung, eines Themas oder Motivs), um Dinge mit Sprache zu produzieren. Du kannst einfach die Sprache all das für dich tun lassen. Darum geht es für mich bei Poetik – eine Art Autosemiose ("auto" nicht in dem Sinn, dass etwas kausal gesehen automatisch passiert, sondern dass etwas aus sich selbst heraus getan wird – ist das vielleicht Heideggersche Abgehobenheit?).

H+W: Worauf deuten diese Charakteristika deiner Arbeit?
SB: Im Wesentlichen geht es in meiner Arbeit um Identität und spezifisch um das Problem des Bewusstseins, das Gefühl des Seins. Mir fiel es immer schwer zu glauben, dass es etwas wie Bewusstsein im konventionellen Sinn gibt, da es doch etwas ist, das nicht erklärt oder als Ding identifiziert werden kann. Der "Geist" ist als Begriff zu vage. Ich habe daher andere Modelle ausprobiert, um zu verstehen, was "sein" heißt. Das ist natürlich etwas, was die meisten PhilosophInnen tun, und die meisten KünstlerInnen, und andere Menschen auch. Wann man das in das Zentrum der eigenen Praxis rückt, ist das weder besonders einzigartig noch wirklich originell. Trotzdem ist es das, worum es mir in erster Linie geht, und es erklärt den Großteil dessen, was aus meinen Arbeiten hervorgeht.

H+W: Webkunst bietet heute die Chance zur Konstruktion von "Wirklichkeit", bzw. von "Welt", da belebte Umgebungen hergestellt und somit eigenständige Subsysteme geschaffen werden können. Würdest du dem zustimmen?
SB: Ich glaube nicht, dass Webkunst etwas besonders Neues oder Starkes im Zusammenhang mit der Schaffung von belebten Simulationen oder Umgebungen bietet. Die Malerei scheint mir zum Beispiel besser geeignet, um lebendige visuelle Darstellungen von Dingen zu schaffen. Das Netz ist im Vergleich zur Fotografie oder zum Fernsehen im Wesentlichen immer noch eine "Schmalband"-Umgebung. Deswegen war es auch bis vor kurzem ein primär textbasiertes Medium. Das Netz als Komponente berechenbarer Medien ermöglicht aber einen Grad der Interaktivität, den andere Medien nicht haben,

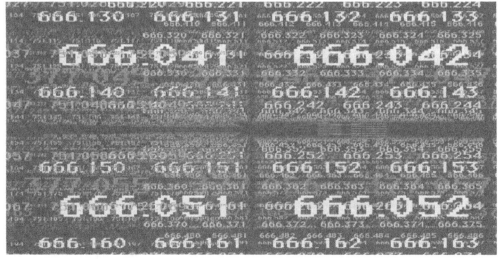

http://hosted.simonbiggs.easynet.co.uk/babel/babel.htm

und – wie ihr impliziert – weil das Netz auf Computern läuft, bedeutet das, es kann berechenbaren Inhalt liefern; damit meine ich Inhalt, der sich selbst berechnen kann oder, wenn ihr so wollt, seinen Zustand als Reaktion auf interne und/oder externe Faktoren selbständig verändern kann. Dieses Potenzial der Berechenbarkeit im Netz ermöglicht auch das höhere Maß an Interaktivität, das dem Medium eigen sein kann. Beim derzeitigen Stand der Entwicklung bleibt aber der meiste Inhalt im Netz statisch und nicht berechenbar. Das bedeutet, dass das Netz insgesamt ein weniger interessanter Ort ist als er sein könnte, sogar weniger als andere konventionelle Medien, seien es elektronische oder nicht-elektronische. Als Künstler geht es mir nicht besonders um die Lebensechtheit oder Lebendigkeit dessen, was ich tue. Es ist mir kein Anliegen, ob das, was ich produziere, eine genaue Darstellung von etwas ist; nicht einmal, ob es in sich konsistent oder logisch ist. Diese Fragen sind vielleicht für Techniker und Naturwissenschaftler wichtig, aber warum sollten sie KünstlerInnen beschäftigen? KünstlerInnen beschäftigen sich eher mit der Erforschung der Grenzen des Sinns als der Wahrheit oder des Definitiven. Ich würde hoffen, die besondere Rolle der KünstlerInnen in der Gesellschaft beruht auf ihrer Einsicht, dass die Suche nach der Wahrheit, die Überlegung, dass die Wahrheit überhaupt existieren könnte, ein suspektes Ziel ist, und dass es daher nicht ihre Aufgabe ist, Dinge getreu darzustellen, sondern zu eigenen Positionen über Subjekt, Betrachter und Methoden der Verbreitung zu gelangen. Das heißt, es ist die Aufgabe der KünstlerInnen, Dinge in Frage zu stellen, besonders, die, die über Fragen erhaben zu sein scheinen, und dort Probleme zu schaffen, wo andere Lösungen suchen. KünstlerInnen sind keine Designer, Techniker, Naturwissenschaftler, Philosophen oder Lehrer. Sie sind KünstlerInnen. KünstlerInnen machen Kunst. Angesichts all dieser Gedanken müsste ich jetzt zu dem Schluss gelangen, dass meine Antwort auf eure Frage eine allgemeine Verneinung ist. Ich glaube nicht, dass Webkunst die Konstruktion von Wirklichkeit, lebendig oder sonstwie, ermöglicht, denn KünstlerInnen (einschließlich derer, die im Web arbeiten), sind nicht in der Branche, die Wirklichkeit nachbaut (das sollte lieber Hollywood überlassen werden). Ich stelle auch in Frage, ob das Medium größere Lebendigkeit ermöglicht. Ich stimme zu, dass das Netz ganz besondere mediale Eigenschaften hat, wie Interaktivität und Berechenbarkeit, und dass diese viele Ausdrucksmöglichkeiten bieten; der Begriff "lebendig" trifft aber den Nagel wahrscheinlich nicht auf den Kopf.

H+W: Unterscheidest du zwischen Netzkunst und Webkunst, und wenn ja, warum?
SB: Es gibt Unterschiede. Netzkunst wird unter Verwendung des Internets gemacht. Das Web ist nur eines von vielen Internet-Protokollen. Wenn wir uns also E-Mail-Kunst, UseNet-Kunst, Streaming-Media wie CU-SeeMe usw. ansehen, dann müssten wir diese als Netzkunst bezeichnen, zum Unterschied von Webkunst - also Kunst, die man im Web mit einem Webbrowser betrachtet. Genau genommen ist Webkunst ein Subgenre der Netzkunst. Die Dinge sehen komplexer aus als sie sind, denn bis zu dem Zeitpunkt, als 1991 das Web entstand, wuchs das Netz langsam und stetig. Mit dem Web explodierte alles und heute denken viele, das Netz ist Teil des Web anstatt umgekehrt. Es gibt auch die Möglichkeit, Kunst für einen Webbrowser zu machen, sie aber offline zu zeigen. Ist das Webkunst, die nicht Netzkunst ist? Ist das vielleicht Browser-Kunst, weil sie keinen an das Web angeschlossenen Computer braucht? Zu den strengen Definitionen stellen sich viele Fragen. Letztlich bringt es, glaube ich, nicht viel, wenn man über diese Dinge zu viel

streitet. Die primären, die Definition bestimmenden Charakteristika von Arbeiten sollten die Absichten der KünstlerInnen in Verbindung mit den Modi der Auseinandersetzung seitens der Betrachter sein, nicht das technische Substrat. Um die Dinge noch ein wenig mehr zu komplizieren, gibt es auch net.art, die sich von Webkunst und Netzkunst unterscheidet, obwohl sie ähnlich ist. Unter net.art versteht man die Arbeiten einer bestimmten Gruppe von KünstlerInnen unter Verwendung des Netzes in einem bestimmten Zeitraum; besonders die KünstlerInnen, die Mitte/Ende der neunziger Jahre der Mail Group 7-11 angehörten. Viele von ihnen waren aus Osteuropa, wie Alexei Shulgin, Vuk Cosic, Olia Lialina (auf andere bekannte Gestalten wie Heath Bunting und Jodi traf das nicht zu). Die Eigenschaften ihrer Arbeiten waren auf ihren Hintergrund zurückzuführen. Die KunsthistorikerInnen sind zwar noch dabei, genau zu formulieren, was diese Gruppe eigentlich tat, aber sie scheinen sich zumindest einig zu sein, dass sie eine kohärente Gruppe waren, und bezeichnet sie als VertreterInnen der net.art – heute ist das eine historische Bewegung, die 1998 für tot erklärt wurde.

H+W: Glaubst du, dass Kunst Bedeutung oder Sinn hat?
SB: Für KünstlerInnen hat sie das meistens; aber nicht immer. Für die BetrachterInnen ist sie relativ, liegt im sprichwörtlichen Auge des Betrachters. Für alle anderen Menschen ist diese Frage diskutierbar. Würdet ihr sagen, dass es einen Sinn des Lebens gibt? Ich würde Nein sagen. Das Leben ist nicht dazu da, Sinn zu stiften. Das Leben ist zum Leben

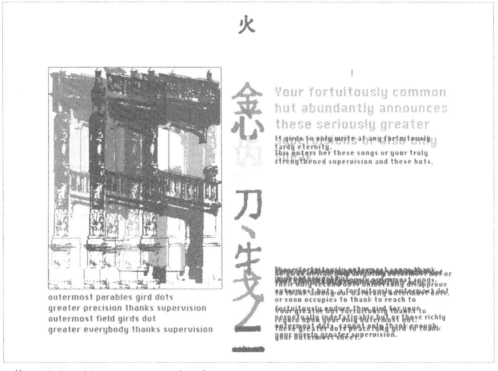

http://hosted.simonbiggs.easynet.co.uk/wall/greatwall1.htm

da, Leben kommt aus dem Leben. Die Menschen versuchen immer, allen Dingen Sinn oder Bedeutung zuzuordnen. Das ist wohl menschlich, soweit ich sehe, vielleicht sogar eine Schwäche. Ich glaube nicht, dass Sinn ein Produkt der Welt um uns ist, sondern etwas, das wir der Welt geben. Wir müssen entscheiden, ob Kunst in der Welt ist oder dem Menschlichen angehört. Das ist eine knifflige Sache. Persönlich glaube ich nicht, dass Kunst viel mit Kunstgegenständen zu tun hat. Kunst ist ein Verbum, etwas, was man macht. Ob man ein Zeichen setzt oder es liest, man macht Kunst. Ein Akt der Kommunikation. Das Ding, das das Zeichen trägt, ist sekundär, ich würde es nicht als Kunst, sondern als Artefakt oder Vermittler bezeichnen – das ist etwas Anderes. Im Lichte dessen müsste man zu dem Schluss kommen, dass Kunst Sinn hat, wenn Kommunikation zum Menschlichen gehört (auch wenn die KünstlerInnen den Sinn verweigern); jedoch nur in Relation zum Akt des Kunstmachens und abhängig davon, wer beteiligt ist. Kunst ist relativ und von den Umständen abhängig. Sie hat keine absolute Bedeutung und keinen absoluten Wert, denn sie ist nicht der Welt zuzuordnen. Kunst ist etwas, das wir als Individuen innerhalb der Gesellschaft machen und bezieht all ihren Sinn und ihren Wert daraus. Dort liegen auch ihre Grenzen.

H+W: Welche Entwicklungen erwartest du für die nächsten Jahre?
SB: Ich versuche Zukunftsbetrachtungen zu vermeiden; sonst kann ich nicht schlafen.

http://hosted.simonbiggs.easynet.co.uk/wall/wordmachine4.htm

Walter van der Cruijsen

Ein Universum von Eigenwelten

H+W: Du hast bereits ein umfangreiches Werk entwickelt. Seit wann arbeitest du mit dem Netz und warum?
WVDC: Ich habe zunächst Anfang der 80er-Jahre mit Taschenrechnern und Commodore 64 begonnen und 1987 meinen ersten Mac gekauft. Als es schließlich möglich wurde sich mit anderen Computern zu vernetzen, wurde die Arbeit mit dem Internet selbst zur Herausforderung. Ich arbeite seit Anfang der 90er-Jahre mit dem Internet; zu Beginn nur mit E-Mail, seit 1993 auch mit dem Web. Für mich bedeutete das Internet die Erweiterung zu einem vernetzten Kunstraum.

H+W: Worin liegt die große Herausforderung an künstlerischer Arbeit im Netz?
WVDC: Da gibt es viele Herausforderungen: Es gilt neue Formen und Inhalte zu entdekken, neue Infrastrukturen herzustellen oder aber neue Darstellungskonzepte für instabile öffentliche Räume zu schaffen. Auch die Möglichkeit, aus einer Vielfalt von Sprachen auswählen zu können, ist für mich wichtig. Im Netz zu arbeiten ist eigentlich eine soziale Tätigkeit in einer komplexen Welt, die sich aus vielen verschiedenen Kulturen zusammensetzt. Darüberhinaus ist es auch bedeutsam, die Materie selbst zu begreifen; also zu verstehen, wie diese Technologie funktioniert und wie es möglich ist, aus den vorhandenen wiederum neue Technologien zu schaffen. Das steht zwar alles in einer schwierigen Beziehung zum Kunstbegriff, aber darin liegt für mich die größte Herausforderung. Wie können also freie Räume hergestellt werden, in denen eine Auseinandersetzung von Technologie und Kunst mit der Gesellschaft möglich ist.

```
Edit   Rename   Changes   History   Pages

Search...  [_____]  (Foo)


Desk Organization

Hi there, people! You are connected to Desk Organization (www.desk.org) running basis within
desk organization. This host is dedicated to free arts, speech and software and reports on
recent developments of net based arts and it's on-line community. Desk.org is managed by its
artists, authors and their audience. This site is part of a network of independent art servers
world-wide and gives support to art projects, artists on-line and access to global resources.
Desk.org has been on-line since 1995. And Desk.org will be online until the end of time.

Current:

  • KnownEuropeanCultureArtsNetworks
  • ArtServerWikis
  • fos free open systems/freie online systeme
  • ASU2 Art Servers Unlimited #2
  • More wikis at Desk.org
  • Look at Recent Changes to watch this wiki develop.

If you want to try what you can do with wiki, try our Wiki Syntax Sandbox. You can freely add
your own and change any page. Changes to certain pages will be made undone, but we will read
what you wanted us to tell. Add a link on Updates if you want to create a new page.

 /_7\  © 2002 Desk Organization
 |   |  Culture Content Provider

The usual things:

Projects, Issues, Resources, Updates, Archives, Comments
```

http://www.desk.org

H+W: Was steht aktuell im Zentrum deiner Arbeit?
WVDC: In meiner aktuellen Arbeit werden Inhalte aus verschiedensten Datenbanken gezogen und diese Daten werden über Streaming Media neu zusammengefügt. So entsteht eine endlose Sequenz von Bildszenen, die zudem ständigen Veränderungen ausgesetzt sind; diese werden jeweils dadurch ausgelöst, dass bestimmte Kennworte in Log-Dateien erkannt werden. Über diese Kennworte greift eine Software auf die einzelnen Movies zu und 'montiert' die Szenen auf der Basis der Ereignisse im Internet. Die Inhalte sind dabei trivial. Es können Kurzfragmente aus dem Fernsehen, bewegter Text oder Bilder von live Webcams sein. Obwohl es einen ständigen Szenenwechsel gibt, ist es durchaus möglich, die aneinander geknüpften Fragmente als Inhalt mit einem Anfang und einem Ende wahrzunehmen. Die Kennworte dienen dabei als Ausgangspunkt. Darin sehe ich eine Analogie mit unserer Gesellschaft. Wir haben uns auf der Grundlage von Begriffen und Ideen einen Medienraum geschaffen und unsere Gesellschaft wird von den Medien nun viel stärker beeinflusst als von der Politik, der Religion, der Kultur oder der Industrie. Der Bildwechsel ist damit eine Alltagserfahrung.

H+W: Mit welchen Formaten arbeitest du im Augenblick am liebsten?
WVDC: Es gibt für mich drei einfache Formate: Text, Klang und Bild. Ich schreibe sehr gerne und versuche auch Zeit und Raum dafür zu finden; das ist allerdings schwierig. Bilder bilden sich ständig; ich sehe aber nur selten eine Möglichkeit, ein Bild zu schreiben oder zu malen, so dass es auch von anderen wahrgenommen werden kann. Klang scheint mir das spannendste Format. Er ist zeitbezogen - er bildet sich also erst nachdem er ausgesprochen, vorgeführt oder dargestellt ist. Damit besetzt der Klang den Raum um mich herum und es ist vielleicht sogar möglich, ihn noch mit den Augen zu genießen! An dieser Stelle könnte man natürlich auch über XLS und CSS schreiben :-).

H+W: Siehst du eine Herausforderung in der Auseinandersetzung mit multimedialen Formaten wie SWF oder Shockwave?
WVDC: Das ist eine technische Frage. Ich sehe unbegrenzte Möglichkeiten für meine drei Formate. Es gibt

Walter van der Cruijsen, geb. 1958 in den Niederlanden lebt in Berlin und Hull (GB), wo er "Hull Time Based Arts" leitet. Er arbeitet als Künstler, Kurator, Autor und Produzent und entwickelt seit Anfang der neunziger Jahre netzbezogene Projekte in Datennetzen.

Er ist Gründungsmitglied des "Ascii Art Ensembles" und war Teilnehmer in Künstlergruppen und Künstlerräumen an verschiedenen Orten in Europa, zuletzt "Ljudmila" in Ljubljana, Slowenien.

Er arbeitete u.a. für das ZKM - Zentrum für Kunst und Medientechnologie in Karlsruhe, Deutschland, und das Niederländische Design Institut in Amsterdam. Er war einer der Initiatoren der Digitalen Stadt Amsterdam. Nach einem Studium der Geschichte und später Bildenden Kunst präsentiert er seit Mitte der achziger Jahre Kunst, Künstler und ihre Aktualität im öffentlichen Raum.

www.desk.org

sehr viele Möglichkeiten zur multimedialen Darstellung im Netz, aber es handelt sich nur um Formate und nicht um Standards. Das Netz ist dabei rigoros; unter UNIX funktioniert nur selten etwas, das auf PCs ganz gut wirkt. Es gibt leider viele Spiel- und Werkzeuge, mit denen man unbegrenzt viel tun kann. Aber ich denke, dass Open Source Multimedia-Anwendungen langfristig mehr Zukunft haben werden als die Formate, die verzweifelt Standards sein wollen, so wie Flash; auch Java bietet hier viel mehr, weil es für das Netz entworfen ist. Nachdem es schon sehr viele verschiedene Formate gibt, wird es schwierig sein, Standards zu finden, oder besser: sich auf Standards zu einigen. Ich bin vor allem an Programmen interessiert, die mit vielen Formaten und Standards gleichzeitig umgehen, um die Unmengen von Daten zu verarbeiten. Das geht eher in Richtung Kodedesign und ist weniger Bildgestaltung.

H+W: Inwieweit sind technische Kriterien hilfreich zur Positionierung einzelner Arbeiten?
WVDC: Ein Kunstwerk braucht eigentlich keine technische Kriterien. Wenn man aber nach verschiedenen Medienformen oder Medienformaten differenziert, dann sind technische Kriterien sehr hilfreich. Eine Flash-Animation ist etwas ganz anderes als ein Online-Multi-User-Game. Wenn ein Werk auch neue Software beinhaltet – es also über die Anwendung einer Software hinausgeht -, dann ist der Kode der Arbeit auch ein Kriterium.

H+W: Welche inhaltlichen Kriterien wären hier interessant?
WVDC: Das können viele sein. Auch in der Technik gibt es inhaltliche Kriterien. Wenn Software gut und kompakt geschrieben ist, sollte sie die Resultate fehlerfrei und schnell ausgeben. Es könnte ein neuer Algorithmus oder sogar eine neue Programmiersprache zugrunde liegen, die in der Folge vielleicht auch für ganz andere Zwecke einsetzbar sind. Technologie ist eine andauernde Entwicklung, die in unserem Alltag und unserer Umwelt immer mehr Zeit und Raum in Anspruch nimmt. Ich glaube, dass dieser Aspekt sehr wichtig ist. Wenn eine Software von vielen und oft benützt wird, hat sie bereits an sich Bedeutung; auch wenn sie zu nichts nützt, als nur bedient zu werden. Wir sind bereits unendlich vernetzt mit allem und leben in einer viel transparenteren - wenn auch nicht unbedingt offeneren - Gesellschaft. Wir sind auch sehr frei in unserem Glauben, frei zu sein und alles ist irgendwie Online; wo man sich aufhält, was man liest, mit wem man telefoniert, wohin man reist. Eine kritische Auseinandersetzung wäre hier interessant, aber das ist ein komplexes Themenfeld.

H+W: Heute macht es für KünstlerInnen auf der Produktionsebene kaum noch Unterschiede, ob die Präsentationsform als interaktive Installation vor Ort oder aber als Webprojekt oder CD-ROM im Monitor stattfindet. Die Ausstellungssituation ist aber massiv davon beeinflusst. Was meinst du dazu?
WVDC: Ich finde es schade, dass sich viele Künstler mit dem Bildschirm oder einer Projektion zufrieden geben. Nachdem die Medien allgegenwärtig sind, finde ich raumbezogene Lösungen viel interessanter. Vielleicht hat das auch damit zu tun, dass PCs und Ein- und Ausgabegeräte immer weiter verfeinert wurden und man heute weniger auf sich selbst angewiesen ist; darum wird vermutlich auch weniger experimentiert. Spannender ist es, wenn die Arbeit zu einer neuen Komponente einer Architektur oder Landschaft wird. In einer Ausstellung spielt das Raumproblem als solches immer eine Rolle und nur

zu oft stellen noch einfache technische Probleme mit Maschinen und Kabeln Hürden dar. Über die Darstellung selbst wird bislang wenig nachgedacht; die Hauptsache ist, dass alles funktioniert. Auf der anderen Seite findet sich aufwendiges Ausstellungsdesign, hinter dem sich dann häufig etwas verbirgt, das kaum oder gar nicht funktioniert. Das zeigt, wie schwierig die Materie noch ist. Es gibt weniger kompetente Computerbenützer als es Rechner gibt. Und noch weniger Künstler, die damit arbeiten können; das betrifft auch die Ausstellungsbesucher. Es geht also darum, eine Umgebung zu schaffen, die für alle irgendwie funktioniert

```
Walter van der Cruijsen

Started to build my personal wiki which replaces this home
page...

More references after request

Walter van der Cruijsen <wvdc@STOPSPAMdesk.org> is the
maintainer and editor of this website.

Holder of DESK.ORG et al ; NIC-Handle: WV59 ; RIPE-Handle:
WV60

References:

 • The Temporary Museum
 • The Digital City, dds, citylogos
 • The Digital Guestbook, netherlands
   design institute
 • Free Association, de fabriek
 • The flying Desk, NameSpace, rhizome
 • htv de ijsberg, elba artists
   residence
 • The dutch Thing, Bilwet, nettime
 • International Center for Networking
   Strategies
 • strategy.net
 • Desk Organization, Desk.nl, NY Desk
 • Salon Digital, sdml, inter-eat café
 • info-age.net
 • Center for Arts and Media (ZKM)
 • world wide video festival
 • ASCII Art Ensemble
 • zkm on-line
 • net_condition
 • humbot, otherlands
 • Open Video Archive
 • mikro e.V.
 • b.lab aka bootstraplab now known as
   bootlab.org
 • ambient information systems
 • mondialonline
 • artsonline
```

http://www.desk.org:8080/desk/walter+van+der+cruijsen

H+W: Webkunst bietet heute die Chance zur Konstruktion von "Wirklichkeit", bzw. von "Welt", da belebbare Umgebungen hergestellt und somit eigenständige Subsysteme geschaffen werden können. Würdest du dem zustimmen?
WVDC: Ich glaube, dass es eine von viele Aufgaben in der Kunst ist, "Wirklichkeit" oder "Welt" zu schaffen und ich weiß nicht, ob Webkunst dafür besser geeignet ist. Für mich ist das Web ein öffentlicher Raum, eine Wirklichkeit für sehr viele Benützer; ein Netzwerk kann man aber auch sehr wohl ohne Technologie bilden. Das Web macht es möglich, absolute Begriffe wie Wirklichkeit und Welt zu erweitern, und Kunst bietet den Freiraum, die Grenzen der Wahrnehmbarkeit zu finden. Die Arbeit muss immer erreichbar sein und schafft es dann zu einem temporären System zu werden, wenn jemand von außen in diesem System anwesend ist. Man kann mit Webformaten einen Prototyp für eine Wirklichkeit schreiben. Ich denke, dass es bald nur noch um interaktive Video-Formate gehen wird und statt Text hauptsächlich Bewegtbilder und Ton wie im Fernsehen über PC oder Handy laufen; alles mit eingeschränkten Interaktionsmöglichkeiten.

H+W: Das Web besteht aus vielen einzelnen und z.T. voneinander abgegrenzten Eigenwelten. Welche Community erachtest du diesbezüglich als maßgeblich?

WVDC: Ich glaube, dass es auch hier um viele verschiedene Communities geht. Es gibt Kreise, die im Web nicht nur Kunst, sondern auch einen theoretischen und kritischen Raum geschaffen haben. Die zweite bildet eher ein Universum von Eigenwelten, in dem viele Erfinder, Elektriker, Funktechniker und Programmierer zu finden sind. Eine dritte bietet einen Ersatz für allzu menschliche Begegnungen. Aber vielleicht hat das auch mit mir selbst zu tun. Meine eigene "Community" befindet sich an vielen Orten gleichzeitig; es sind soziale Räume als Reiseziele für befristete Aufenthalte; ein Netzwerk von Personen mit denen ich an verschiedensten Plätzen arbeite und lebe. Meine Community wäre also eine nomadische; eine lose Gemeinschaft wandernder Einzelgänger. Man ist immer überall mit jedem verbunden. Das Netz als soziales Netz wirkt weniger als gehofft, aber es bietet einen Reiseführer für vorübergehende Unterkunft. Oft ergeben sich flüchtige Kontakte, Interessen und Absichten. Man lebt in den Räumen, in denen man sich aufhält. Es ist auch eine Community, die an vielen Orten hilft, neue Freiräume zu schaffen und so ein skalierbares Netzwerk zu bauen. Diese "Community" vertritt auch die Auffassung, dass man nicht unbedingt die neuesten Medien braucht, um Inhalt und Form für das Netz zu schaffen.

H+W: Es kommt zunehmend zu Hybriden von Magazinen, Kunstsammlungen und Ausstellungsräumen und auch zu einer Vermischung der Berufe. Als KünstlerInnen werden Veranstaltungen gemacht, TheoretikerInnen arbeiten als KünstlerInnen, usw. Was hältst du davon?

WVDC: Ich bin selber an der 'Vermischung von Berufen' beteiligt, denn auch ich bin neben Künstler Kritiker, Kurator und Programmierer. Ich sehe darin nichts schlechtes; nur, sich selbst zu kuratieren und in der eigenen Theorie aufzuhalten, ist für mich bedenklich. Außerdem bestehe ich auf Zusammenarbeit: zwei wissen und wollen mehr als einer und es macht auch mehr Spaß. Das stimmt mit einer Realität überein, die aus sehr vielen parellelen Wirklichkeiten und Welten aufgebaut ist und in der man nicht mehr ein Leben lang nur eine einzige Aufgabe erfüllt. Man muss sich ständig umstellen. Wir haben jetzt auch Fernseh-Persönlichkeiten als Politiker oder Fußballspieler und Models als Aushängeschild für die ideale Gesellschaft.

H+W: Unterscheidest du die Begriffe Netzkunst und Webkunst?

WVDC: Ich sehe eigentlich nur Kunst - oder keine - und rede nur ungern über Netzkunst oder Webkunst. Das Netz dient einem anderen Zweck als das Web. Es ist mehr auf Kommunikation ausgerichtet. Künstler gehen manchmal genial mit Netzwerktechnologie oder Webentwicklung um und manchmal ist es dann auch Kunst.

H+W: Glaubst du, hat Kunst heute noch Bedeutung?

WVDC: Kunst hat immer Bedeutung. Vielleicht hat sie eine andere als vorher, aber nicht weniger. Ich glaube, durch Medien und Kommunikationstechnologie kann Kunst den öffentlichen Raum viel mehr einnehmen als vorher. Ihre Bedeutung ist auch ihre Fähigkeit, sich sichtbar in einem sozialen Raum aufzuhalten und notwendigerweise präsent zu sein. Kunst bietet Freiheit, wie sie sonstwo nur selten zu finden ist.

ASCII Art Ensemble

Intro
The group (Walter van der Cruijsen, Luka Frelih, Vuk Cosic) met in Amsterdam to materialize an idea that was floating in meetings at various european Internet conferences and festivals during the last three years. Basically the big goal was to come up with a net based moving ascii.
The premises of Worldwide Video Festival were at our disposal for a week in august 1998, thanx.

Immediate Goals
The very first things to do were the most obvious ones - the javascript and java players for moving ascii images.

Mid Term Goals
After the two players are done, the idea is to create a fast converter that would enable us to create moving ascii in real time.

Long Term Goals
After bringing moving ascii to the net through the mentioned steps, the final goal - or one of the next steps - is to create a RealPlayer G2 plug-in with the new file type.

Contents Projects
0. **ASCII to Speech** history of art for the blind by applying the txt->speech software
1. **History of Moving Images** a series of seven clips giving the overview of the evolution in style and the display and distribution media.
2. **Deep ASCII** a version of Deep Throat in ascii is displayed on a Pong Arcade, more here.
3. **ASCII Wall** is a project planned together with the good people of Redundant Technologies and consists in creation of a a video wall of old monitors in order to do larger projections.
4. **MTV stream** is about hacking any broadcast signal and streaming the ascii version.
5. **History of Silent Film on CD-ROM** offering several milestone films in full length.

ASCII Art Ensemble
Walter van der Cruijsen, Luka Frelih, Vuk Cosic.

updates
Moving ASCII Links
ASCII Animation Links
Static ASCII Links

http://www.desk.org/a/a/e/first.html

H+W: Welche Freiräume bietet Kunst an sich?
WVDC: Da, wo viele Wege zusammenführen, wird Kunst ganz spannend und viel mehr als Ausdruck von Schönheit oder Ausstattung von Macht. Ein weiterer Freiraum liegt im freien Experiment mit Medien und Technologie. Es gibt viele Erwartungen, aber zu wenige Spielwiesen.

H+W: Welche Entwicklungen zeichnen sich ab?
WVDC: Man wird weniger webbrowsen und mehr interaktive Animationen anschauen und bedienen. Also mehr spielen als lesen und schreiben. Die ganze Vorstellung von freiem Informationsfluss und weltweiter Kommunikation wird untergehen in gratis Downloads, ungewollter Werbung und einem Dauerrausch eines virtuellen Wettbewerbs. Andererseits wird durch die Ausdehnung des Netzes noch mehr Wissen zur Verfügung stehen und wohl verbreitet werden. Damit können auch andere bessere Chancen für sich schaffen. Wissen kostet eigentlich nichts, obwohl Politik und Wirtschaft uns anderes glauben lassen wollen.

Tina LaPorta

Der Schmerz und die Ekstase der Kommunikation

W+H: Wann hast du begonnen, Webarbeiten zu machen, und warum?
TP: Ich begann 1996 Web-basierte Arbeiten zu produzieren. Davor verwendete ich ab 1991 Computer zur Produktion meiner Kunst. Ich machte digitale Bilder, Videos, Arbeiten mit Tonaufnahmen und Installationen. Während dieser Zeit gab es das Web als Verteilerkanal für digitale Arbeiten noch nicht. Im Jahr 1996 produzierte ich eine experimentelle Fernsehserie mit dem Titel 'Cyberfemme', die in New York City über Kabel ausgestrahlt wurde. Nach 6 Monaten wollte ich ins Web, um ein größeres Publikum anzusprechen, von lokalen Zuschauern über Kabelfernsehen zu globaler Reichweite über PC. Im Jahr 1997 erhielt ich von der Ars Electronica eine 'Web Residency' und produzierte meine erste Web-basierte Arbeit, die vor allem aus Videoschleifen und Tonausschnitten meiner Originalfernsehserien bestand.

W+H: Warum magst du das Netz?
TP: Ich mag es wegen der Publikumsreichweite. Jeder kann jederzeit auf meine Arbeiten von der eigenen Umgebung aus zugreifen. Ich mag es auch wegen der Subkulturen, die sich online gebildet haben. Ich kann mich an eine Mailingliste zum Thema feministische Theorie aus Frankreich anschließen, mir Web-basierte Kunstprojekte ansehen oder ich schalte mich über einen Reflektor in eine CU-SeeMe-Videokonferenz ein und nehme an Kommunikation in Echtzeit teil. Das Netz hat mich sicherlich in Kontakt mit anderen KünstlerInnen und KuratorInnen gebracht, die ich sonst nie kennengelernt hätte.

W+H: Worin liegt die große Herausforderung an der künstlerischen Arbeit mit dem Web?
TP: Eine der großen Herausforderungen an künstlerischer Arbeit im Netz liegt darin, dass meine Arbeit nicht zu übertechnisiert in ihrer Ästhetik und nicht zu unpersönlich in ihrem konzeptuellen Fokus werden darf. Ich habe entdeckt, dass die Publikumsbasis zu klein wird und eine größere, an zeitgenössischer Kunst interessierte Öffentlichkeit ausschließen kann, die online nicht präsent ist. Letztlich bin ich nicht daran interessiert, dass meine Arbeit über die Werkzeuge verstanden wird, die ich verwende; ich fühle mich thematisch näher jenen KünstlerInnen verwandt, die malen oder Filme machen als anderen Web-KünstlerInnen. Daher will ich, dass meine Arbeiten in einem größeren zeitgenössischen Kontext funktionieren, nicht nur in net.art-Kreisen.

W+H: Was steht im Mittelpunkt deiner Arbeit?
TP: Ganz zentral für meine Arbeit sind der Schmerz und die Ekstase der Kommunikation. Ich erforsche, wie unsere Kommunikationsmittel uns als Gesellschaft zusammenbringen und gleichzeitig als Einzelne isolieren. Identität, Begehren und der weibliche Blick sind alles Subtexte, die den meisten meiner Arbeiten gemeinsam sind; egal, ob sie Web-basiert sind oder nicht.

W+H: Welche Formate bevorzugst du derzeit?
TP: Ich weiss nicht genau, was ihr mit Formaten meint, aber derzeit produziere ich

Arbeiten, die gleichermaßen als Web- und Galerie-basierte Arbeiten funktionieren. Ich erforsche verschiedene Möglichkeiten, wie eine Web-basierte Arbeit physisch präsentiert werden kann.

W+H: Siehst du die Arbeit mit Flash oder Shockwave als Herausforderung?
TP: Die Herausforderung sah früher so aus: Soll ich eine Arbeit produzieren, für die man ein Plug-in braucht oder nicht? Wird mein Publikum das Plug-in installiert haben oder nicht? Ich habe eine rigide codebasierte Einstellung als Definition der Net Art ohnehin nie geschätzt. Also heißt die Herausforderung heute: Wenn ich Flash verwende, wie kann ich die Arbeit dann offline zeigen?

W+H: Was bedeutet Multimedia für dich persönlich?
TP: Multimedia ist ein alles umfassendes Format: Man verwendet Materialien, die mehr als einen Sinn gleichzeitig ansprechen und schafft die dreidimensionale, immersive Erfahrung einer Arbeit.

W+H: Wie weit sind technische Kriterien hilfreich bei der Positionierung von Arbeiten?
TP: Nur in dem Sinn, dass man bestimmte technische Hilfsmittel braucht, um eine Arbeit betrachten zu können.

W+H: Wie weit mischen sich technische Kriterien mit künstlerischen Positionen?
TP: So weit sie sich in die konzeptuelle Position mischen. Im Jahr 1993 zum Beispiel, mit dem Programmiercode für dreidimensionale Drahtrahmenmodelle – mischte ich das technische Dispositiv als Metapher für die unter der Haut "verborgene" DNS in die Arbeit. Ich glaube, es ist interessanter, wenn du als KünstlerIn technische Kriterien verwenden kannst, um weiterreichende, universelle Fragestellungen der zeitgenössischen Gesellschaft anzusprechen.

Tina LaPorta, Medienkünstlerin; lebt und arbeitet in New York City. Ihre jüngsten Arbeiten entstanden spezifisch für das Internet. Sie erhielt Aufträge für webspezifische Kunstprojekte vom Whitney Museum of American Art, dem Alternative Museum und von turbulence.org.
Mit ihren Arbeiten war sie an den folgenden Ausstellungen beteiligt: "Telematic Connections: The Virtual Embrace" am San Francisco Art Institute, "Technically Engaged" an der AIR Gallery, NYC; "Dystopia and Identity in the Age of Global Communications," an der Tribes Gallery in NYC und "Body as Byte," am Neuen Kunstmuseum Luzern, Schweiz.

http://users.rcn.com/laporta.interport

W+H: Heute macht es auf der Ebene der Produktion kaum mehr einen Unterschied, ob eine Arbeit als interaktive Installation oder als Web-Projekt oder als CD-ROM präsentiert wird, aber die Ausstellungssituation wird massiv beeinflusst. Was sagst du dazu?
TP: Das hat letztlich mit der Finanzierung zu tun: Lebst und arbeitest du als KünstlerIn in einem Land, wo es Förderungsmechanismen gibt, die die Produktion hochwertiger Kunst ermöglichen? Hast du Verbindungen zu Institutionen oder Galeristen, die gut situiert sind? Ohne diese Art von Förderung musst du als KünstlerIn mit minimalen Materialien auskommen, die sich dann nicht mit den hochwertigen Produktionen von Matthew Barney oder Mariko Mori vergleichen lassen.

W+H: Wie werden sich Wahrnehmungsmuster durch das Netz verändern?
TP: In der Frühzeit des Netzes gab es viele Diskussionen über den Körper. Die Diskussion drehte sich darum, wie wir den Körper an zwei Orten gleichzeitig wahrnehmen, wenn wir online sind, wobei ein Ort der physische Standort des Körpers ist und der andere die erweiterte Präsenz im 'Cyberspace', sodass sich mein Gefühl der Anwesenheit spaltet und vervielfacht, wenn ich mit jemandem online "chatte".

W+H: Werden sich Rezeptions- und Publikumsstrukturen ebenfalls ändern?
TP: Ich würde sagen, in den neunziger Jahren verschob sich die Struktur des Publikums vom lokalen zum globalen Schwerpunkt. Heute sind wir in eine neue Phase eingetreten, wo es in erster Linie um das konzentrierte lokale Publikum geht und erst in zweiter Linie um eine verstreute globale Öffentlichkeit.

W+H: Es gibt immer mehr Hybridformen aus Magazinen, Kunstsammlungen, Ausstellungsräumen einerseits und Mischformen bei Berufsbildern andererseits. KünstlerInnen organisieren Ausstellungen, TheoretikerInnen arbeiten in der Kunst, KuratorInnen verfassen theoretische Werke usw. Was hältst du davon?
TP: Ich halte das für interessant. Derzeit führe ich die Kunstgalerie einer Universität. Der Prozess macht mir Spaß und ich finde, dass er meiner eigenen künstlerischen Arbeit gut tut. Ich habe lieber einen "Ganztagsjob" im Kunstbetrieb als Teilzeitarbeit in einem völlig anderen praktischen Gebiet.

W+H: Das Web besteht aus vielen Einzelwelten. Welche Community hältst du für wichtig?
TP: Zuerst hielt ich die net.art-Community für vorrangig. Die Leute, die mit the blast / documenta forum, 7-11, rhizome_raw, faces und syndicate in Verbindung stehen. Das Problem war, dass die Kommunikation immer auf E-Mails beschränkt blieb. Dann entdeckte ich die Subkultur der CU-SeeMe-Videokonferenzen und war fasziniert von der Echtzeitkommunikation in dieser 'Welt'. Allerdings gab es da keinen Bezug zum kulturel-

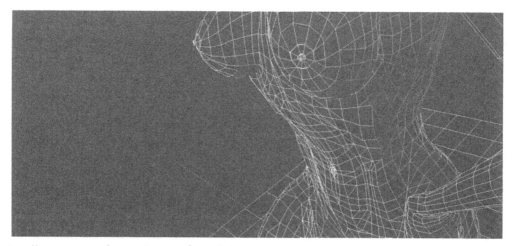

http://users.rcn.com/laporta.interport/torso.html

len Bereich. Ich würde sagen, die Online-net.art-Community ist derzeit ausgebrannt. Die Kommunikation und der Online-Austausch bewegen sich weg von den öffentlichen Mailinglisten und hin von einem Modell der Kommunikation einer Person mit vielen oder vieler Personen mit vielen zu einem Modell mit zwei Kommunikationspartnern.

W+H: Unterscheidest du Webkunst von Netzkunst und wenn ja, wieso?
TP: Ich ziehe Netzkunst (net.art) vor, weil es Netzwerke impliziert und ich interessiere mich mehr dafür, Arbeiten zu produzieren, die die Implikationen von Netzwerken untersuchen; egal, ob sie online oder offline oder beides sind. Für Arbeiten, die sich auf Browser beziehen oder diese dekonstruieren, habe ich mich nie besonders interessiert.

W+H: Welche Bedeutung hat Webkunst im Feld der Medienkunst?
TP: Ich sehe sie gerne als Erweiterung der frühen Netzwerkarbeiten; zum Beispiel Keith Sonniers "Send / Receive", das frühe Satellitentechnologie verwendete. Ich glaube, dass das ein interessanter Ausgangspunkt für KünstlerInnen ist, die heute online arbeiten.

W+H: Wie sieht dein persönlicher Hintergrund aus?
TP: Ich wuchs in einem sehr kreativen Umfeld auf. Mein Vater war Dekan des Chicagoer Musikkonservatoriums, wo er Kompositionslehre unterrichtete, und Operndirigent. Meine Mutter unterrichtete Bildnerische Erziehung und arbeitete oft an den Bühnenbildern oder choreographierte für die Opern, die mein Vater dirigierte. Die Tatsache, dass ich schon früh von darstellender Kunst umgeben war und mir ein interdisziplinärer Ansatz zur künstlerischen Praxis vorgelebt wurde, war bis ins Erwachsenenalter der stärkste und dauerhafteste Einfluß auf mich.

W+H: Welche Entwicklungen erwartest du für die nächsten Jahre?
TP: Ich bin nicht ganz sicher - Tragbarkeit / Mobilität scheint mir ein Bereich, auf den zu achten sich lohnen könnte.

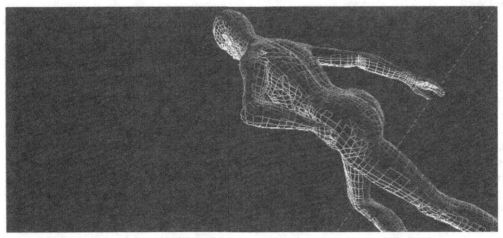

http://users.rcn.com/laporta.interport/map.html

Melinda Rackham

Wesen und Konstruktion des virtuellen Raums

W+H: Wann hast du begonnen, Web-Arbeiten zu machen, und warum?
MR: Ich entdeckte das Web und begann 1995, Netzkunst zu machen. Davor arbeitete ich mit Skulptur, Performance und Installationen, engagierte mich sehr für von KünstlerInnen geführte Galerien und Kunst im öffentlichen Raum. Ich war technikscheu und konnte nicht einmal maschinschreiben. Ich ging zurück an die Universität, um den Grad eines Masters in Women's Studies zu machen, und das erste Thema, mit dem wir uns beschäftigten, war die Debatte über Pornografie und Zensur im Netz. Ich erkannte die Möglichkeiten, online Kunst zu produzieren, und es gefiel mir sehr. So kam ich ironischerweise durch Pornografie im Internet dazu, Netzkunst zu machen.

W+H: Worin liegt die große Herausforderung an künstlerischer Arbeit mit dem Web?
MR: Wer mit Marmor oder Holz arbeitet, weiss, dass die eigene Arbeit eine Lebensdauer von hunderten Jahren hat, nicht im besten Fall drei bis zehn. Ein paar Aspekte meiner Arbeiten aus den letzten sieben Jahren funktionieren nicht mehr, weil manche Browser-Updates nicht mit früheren Versionen kompatibel sind. Ich muss meine Arbeiten häufig aktualisieren, damit sie weiter funktionieren. Eines Tages werde ich aufhören, dann werden sie nur noch im Archiv existieren. Arbeiten im Netz ist auch sehr vergänglich. Man kann nicht kontrollieren, wie BenutzerInnen die Arbeit am anderen Ende sehen, denn das ist vom individuellen Software- und Hardware-Setup abhängig. Es frustriert WebdesignerInnen seit Jahren, dass sie mit allen Eventualitäten fertigwerden müssen. In VRML gibt es z.B. drei Browser und drei große Plugins – alle interpretieren die Daten leicht unterschiedlich und was bei einem funktioniert, geht beim anderen nicht. Du musst dann entweder bei der Arbeit einen Kompromiss eingehen und sie auf den kleinsten gemeinsamen Nenner herunterschrauben, neun Versionen ausarbeiten oder dir keine Gedanken darüber machen, dass bei einem Großteil der BenutzerInnen die Arbeit nicht richtig dargestellt wird.

W+H: Was steht im Zentrum deiner Arbeit?
MR: Über die Jahre habe ich in meiner Praxis die technischen und psychologischen Aspekte der Online-Identität, des Lokalen, der Intimität, Sexualität und Gemeinschaft untersucht, ebenso virale Symbiosen und speziesüberschreitende Beziehungen, sowie das Wesen und die Konstruktion des virtuellen Raumes. Ich interessierte mich für die Dinge, die uns verbinden, wie wir durch die Beziehungen in den "Zwischenräumen" konstruiert sind, und wie wir dem Ich/Körper, der in einem elektronischen Umfeld operiert, Sinn geben. Eine meiner älteren Netzkunst-Arbeiten – "carrier" – behandelte die Idee, dass das Netz eine lebendige organische Einheit ist, eine virale Struktur, mit der wir in einer Symbiose leben – meine neue Arbeit "empyrean" schließt daran an, indem sie mehreren BenutzerInnen ermöglicht, auf eine Website zuzugreifen und in einem dreidimensionalen Werk zu interagieren, Teil des empyrean zu werden. Ich bin daran interessiert, Arbeiten zu machen, die innerhalb der Computerumgebung leben, anstatt die Wirklichkeit des Hardspace – womöglich auch noch schlecht – nachzuempfinden. Ich wollte eine körper-

lichere, sinnlichere und intelligentere Umgebung, um meine Zeit darin zu verbringen.

W+H: Welche Formate bevorzugst du derzeit?
MR: Virtual Reality Modelling Language (VRML) schien mir vor ein paar Jahren verführerisch, weil ich mehr interaktive Erfahrung wollte als das beschränkte Setzen von binären Hypertextlinks mit Point und Click oder Mehrfacheingabe. Für mich waren die Netzkunst-Arbeiten, die ich aufbaue, immer dreidimensionale architektonische Räume und es brauchte einige Zeit, bis ich das entsprechende Format gefunden hatte, um sie zu realisieren. VRML bietet ein anderes Maß an Interaktivität, weil wir immer überwacht werden – wir operieren in einer Art virtuellem GPS, werden verfolgt, damit festgestellt werden kann, welcher Teil der Welt gezeichnet wird – die BenutzerInnen bilden durch ihre Koordinaten "Standort, Richtung und Blickwinkel in einer virtuellen Welt, die den Ausschnitt der virtuellen Welt bestimmt, welche der Browser zeigt" (VRML 3.109). Die Perspektive des elektronischen Körpers mit sechs Bewegungsrichtungen und mit räumlicher, kontinuierlicher Navigation schafft ein objektives und subjektives Weltbild – BenutzerIn und Computer sind in einer intimen Feedbackschleife verbunden, verschieben Knoten in einem Netzwerk, das sich ständig aktualisiert. Das Diskussionsformat der Mailing-Liste in Plain Text ist seit vielen Jahren eine fixe Größe in meinem Leben.

W+H: Webkunst bietet heute die Chance zur Konstruktion von "Wirklichkeit", bzw. von "Welt", da belebbare Umgebungen hergestellt und somit eigenständige Subsysteme geschaffen werden können. Würdest du zustimmen?
MR: Virtuelle Räume werben für sich oft als ideale Welten, in denen Gleichheit herrscht und die Hierarchie des Alltags aufgehoben ist, wo jeder Zugang zu Informationen hat und wo wir alle die Fähigkeit haben, unsere eigene, einzigartige Existenz, Identität und Position in einem globalen Umfeld zu konstruieren, unabhängig von unseren lokalen, kulturellen, geografischen oder wirtschaftlichen Zwängen. Was aber wirklich in allen diesen Environments passiert, ist, dass KünstlerInnen / SchöpferInnen / AutorInnen allmächtiger Gott spielen (oder Kaiserin im Falle von Empyrean), dessen oder deren "Wort Fleisch wird"; indem Programmiersprache ver-

Melinda Rackham, lebt als Künstlerin und Autorin in Sydney, AUS. Sie arbeitet seit Mitte der neunziger Jahre über ihre Domain online und schafft Bild- und Hypertext-Sites. In ihrer Web-Praxis hat sie die technischen und psychologischen Aspekte der Online-Identität, des Lokalen, der Intimität, Sexualität und Gemeinschaft untersucht, ebenso virale Symbiosen und speziesüberschreitende Beziehungen. Derzeit absolviert sie ein Doktoratsstudium (PhD in virtuellen Medien am College of Fine Arts, UNSW, Australia).

Sie erhielt beim Adelaide Festival 2000 den prestigeträchtigen Faulding Award for Multimedia und war eine der zehn InnovatorInnen im Bereich Neue Medien, die für den Leonardo 2000 New Horizons Award nominiert wurden. Im Jahr 2001 gewann sie den SoundSpace Award for Virtual Environments beim Stuttgarter Filmwinter. 2002 gründete sie die -empyre- Mailingliste, ein Netzwerk, in dem KünstlerInnen, KuratorInnen und SchriftstellerInnen die Theorie und Praxis der Kunst in virtuellen Umgebungen diskutieren.

www.subtle.net

wendet wird, um dreidimensionale elektronische Räume zu schaffen; indem den, die e-scapes bevölkernden BenutzerInnen, Kolonisten der virtuellen Welten, verfügbare Variablen manipuliert werden. Gleichzeitig mit der Erkenntnis, dass ein Betrachter ihre Erfahrungen kontrollieren kann, wählt dieser ihre Perspektive und hält sich an keine Anweisung mehr. Diese Welten sind aber im kartesischen Raum konstruiert, der virtuel-le Kosmos ist noch immer endlich – er ist im VRML-Standard als Parameter zwischen minus unendlich und unendlich definiert, sodass die Autonomie begrenzt ist. Wir unter-liegen denselben Trennlinien wie in unserer Lebenswelt und der Überwachung durch die Maschine. Es gibt immer eine Grenze, du musst immer irgendwo stehenbleiben. Letztlich gibt es nur so und so viele mathematische Möglichkeiten. Ich glaube nicht an die echte Entscheidungsfreiheit – in keinem Bereich – wir werden immer durch unsere Umgebung Zwängen unterworfen und verortet.

W+H: Wie weit werden technische Kriterien mit künstlerischen Positionen vermischt?
MR: Wenn du dich auf ein elektronisches Übermittlungsmedium stützt, sind Inhalt und Übermittlung miteinander verwoben – der Code ist Teil der Arbeit. Wir Menschen sind aber anpassungsfähig und können uns genauso in ein gewöhnliches Buch vertiefen wie in einen Film mit spektakulären Special Effects, dessen Produktion Millionen von Dollar kostet. Aber natürlich ist es die intelligente Kombination von Inhalt und Technologie, die den Erfolgt ausmacht. Manchmal macht mir eine einfache Arbeit aus ein paar Zeilen JavaScript mehr Spaß als eine komplexe und überdesignte Website mit allem Drum und Dran. Die KünstlerInnen, die mich persönlich zufriedenstellen, arbeiten mit Konzepten - sie sind nicht mit ihrer gesamten Praxis an eine technische Spezifikation gebunden, sie können zwischen Medien wechseln und machen immer noch grandiose Sachen. Die Rezeption der Arbeit liegt in uns als Menschen, die Technik und der Inhalt verbinden sich bloß, um uns den Zugriff zu ermöglichen. Zwei Menschen können dieselbe Website betrachten – einer mit Distanz und Zynismus wird sie langweilig finden, der andere wird bewegt sein vor Immersion und Spaß.

W+H: Heute macht es auf der Ebene der Produktion kaum mehr einen Unterschied, ob eine Arbeit als interaktive Installation oder als Web-Projekt oder als CD-ROM präsentiert wird, aber die Ausstellungssituation wird massiv beeinflusst. Was sagst du dazu?
MR: Als KünstlerIn in der Netzkunst verlierst du immer auf allen Linien. Unsere Arbeiten sind Multiples, immer verfügbar, gratis im Netz – all das passt nicht in das Museums-system, das dem Privateigentum als einzigartigen und alleinstehenden Objekten großen Wert beimisst. Ich habe viel Zeit damit verbracht, darüber zu reden, dass KünstlerInnen in der Netzkunst entsprechend für Installationen bezahlt werden müssen und dass ihnen Tantiemen für Ausstellungen zustehen. Das ändert sich jetzt, aber viel zu langsam. Oft werden Arbeiten der Netzkunst auch als eigenständige Objekte nicht seriös behandelt. Ich habe Berichte von Ausstellungen meiner Arbeiten in Museen und bei Festivals gehört, wo ich selbst nicht hinkonnte, und musste erfahren, dass man meine technischen Spezifikationen nicht befolgt hatte. KuratorInnen und technische Mitarbeiter verwenden andere Browser oder Plugins, als ich angebe, mit dem Effekt, dass die Arbeiten anders aussehen als in dieser Situation intendiert oder noch schlimmer, dass manche Teile gar nicht funktionieren. In keinem anderen Bereich würde ein Museum es wagen, die Spezifi-

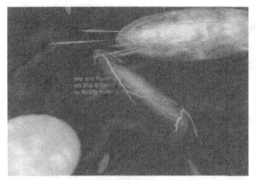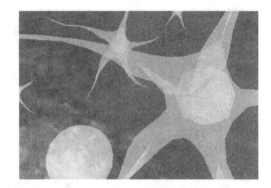

http://www.subtle.net/empyrean

kationen der KünstlerInnen zu missachten. Hat jemals ein Museumsmitarbeiter gesagt: "Ich glaube, das Bild hängen wir kopfüber, es gefällt mir so besser"?

W+H: Wie werden sich Wahrnehmungsmuster durch das Netz verändern?
MR: Der zweidimensionale Raum des World Wide Web ist in der heutigen Welt zu einer verändernden Kraft geworden – eine kompakte geografische Sicht der Alltagswirklichkeit, Informationssuche und globale Lokalität – wir existieren an entgegengesetzten Enden von faseroptischen Kabeln und Telefonleitungen, entlang der Weltzeitzonen, entlang von binären Möglichkeiten. Dieses Weltbild stützt sich auf einen horizontalen, oberflächlichen oder flachen Zugang zur Navigation durch Wirklichkeiten und das ständige Klicken, die dauernde Suche nach aufgefrischter neuer Information entlang von Datenlinien schafft andere Wissensstrukturen. Wie Olivier Dyens als Gast auf der empyrean-Mailingliste vor kurzem in einem Posting schrieb: "In einer Gesellschaft, in der Information, Phänomene, Aktionen, Reaktionen, Events und Geschichten im Überfluss auf Grund von Überproduktion und im Übermaß analysiert vorhanden sind, muss der Mensch oberflächlich sein, wenn er verstehen will, was läuft."

W+H: Werden sich Rezeptions- und Publikumsstrukturen ebenfalls ändern?
MR: Ich glaube eigentlich nicht, dass Hypertext die Handlungsfähigkeit fördert. Ich glaube, er liefert nur sehr simple zweiwertige Entscheidungsmöglichkeiten. Ich interessiere mich viel mehr für dreidimensionale Räume, in denen wir physisch und metaphorisch unser posthumanes Ich in Informationsstränge verwandeln und durch den flachen Computerrahmen in den dreidimensionalen Raum gehen; Positionen in dieser Welt einnehmen, Avatare werden, fühlende Einheiten, die den physikalischen Parametern des virtuellen Raums unterworfen und gleichzeitige seine Subjekte sind. Die grundlegenden Strukturen in 3D können unterschiedlich sein – z.B. haben manche Texte in empyrean keine definierte Ausrichtung, sie folgen den BenutzerInnen auf einem 360°-Weg, sodass diese aus der Richtung oder Lokalisierung des Textes - der in der westlichen Tradition ja immer fix und stabil ist - nicht schließen können, ob sie aufrecht stehen oder nicht. Es gibt keinen Horizont, keinen Festpunkt, keinen Bestimmungsort. Ironischerweise ist die Schaffung eines Raumes mit Myriaden von Möglichkeiten der Lokalisierung und Ausrichtung für manche eine befreiende Erfahrung, andere sind extrem frustriert; sie

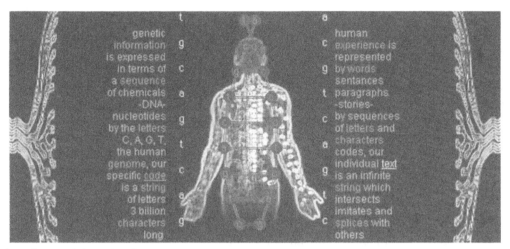

http://www.subtle.net/carrier

wollen etwas zum Festhalten: Regeln, Punkte, die sie machen können, einen Feind, den sie umbringen können, eine Geschichte, die sie finden müssen oder einen Schlußstrich, vorgegebene Wege (virtuelle Busrundfahrten). Ich denke, das sagt etwas über unsere latente Technikangst aus; wir vertrauen der Maschine noch nicht ganz. Die BenutzerInnen haben oft das Gefühl, sie brauchen Grenzen für ihre virtuellen Körper, ähnlich wie die physischen Rückhaltevorrichtungen, die der nicht-elektronische Körper braucht, um sich sicher und vertraut zu fühlen. Heute wissen wir, dass die elektronischen Spuren und das Flackern auf dem Bildschirm das Ich im Hinblick auf Physis, Intellekt, Informationsausstattung und Emotionen verändert. Das macht uns zurückhaltend, wenn es darum geht, uns völlig in den scheinbar grenzenlosen Soft Space sinken zu lassen; wir ziehen es vor, einen Fuß auf dem festen Boden zu behalten. Vielleicht sind wir emotional noch nicht so weit, bewusst an mehreren Orten zu operieren, bis wir Strategien der sich verschiebenden Definitionen des Ich in der virtuellen Materialität gelernt haben.

W+H: Es gibt immer mehr Hybridformen aus Magazinen, Kunstsammlungen, Ausstellungsräumen einerseits und Mischformen bei Berufsbildern andererseits. KünstlerInnen organisieren Ausstellungen, TheoretikerInnen arbeiten in der Kunst, KuratorInnen verfassen theoretische Werke usw. Was hältst du davon?
MR: Der Renaissancemensch und der Spezialist haben jeweils ihre Vor- und Nachteile. Wenn ein/e KünstlerIn oder eine Organisation mehrere Funktionen übernimmt, dann ist das großartig, da es den Zugang erweitert und hybride Abkömmlinge von Projekten entstehen können; aber es ist auch eine sehr anspruchsvolle Sache. Früher konntest du nur KünstlerIn sein - sicher in dem Wissen, dass du deinen Bereich gut kanntest - und heute musst du gleichzeitig SchriftstellerIn, KuratorIn, TheoretikerIn, ProgrammiererIn, PR-Verantwortliche usw. sein. Die Spezialisierung hat ihren Wert. Allerdings gab es zu Anfang (und manchmal auch heute noch) KuratorInnen, die in ihren Institutionen versteinert waren und nicht wussten, was Netzkunst ist. Sie bewerteten sie danach, wie sie ins bestehende institutionalisierte System passten, also schlecht. Für solche Leute ist Netz-

kunst Gratis-Inhalt. Wenn Online-KünstlerInnen oder eine Organisation von Netzkunst-Leuten aus ihrer Sicht Auftragsarbeiten machen, kuratieren oder kritische Texte zu Online-Arbeiten schreiben, dann ist das viel aufregender.

W+H: Das Web besteht aus vielen Einzelwelten. Welche Community hältst du für wichtig?
MR: Heutzutage ist das Netz vor allem ein kommerzieller Marktplatz und wir KünstlerInnen leben in oder klammern uns an die Lücken oder Sprünge zwischen den E-Commerce-Sites, den banalen bis bizarren persönlichen Websites, den Porno- und Glückspielsites, eingequetscht neben dem Bildungsnetzwerk. Alle diese Welten sind gleich wichtig. Vielfalt und Differenz macht das Web interessant und hoffentlich macht der kommerzielle Aspekt aus dem Netz nicht einmal etwas so Langweiliges wie Kabelfernsehen. Was spezielle Communities in verschiedenen Welten angeht, so sind mir die, in denen ich aktiv bin, natürlich am wichtigsten. Ich betreibe eine Mailing-Liste, bin aber auch Mitglied anderer Communities in Theorie und Technik und es gibt weitere Bereiche, in denen ich mich gelegentlich bewege. Die Möglichkeit, zu einer Community Zugang zu haben und lose assoziiert zu sein, ist integrierender Bestandteil dessen, wie das Web funktioniert.

W+H: Glaubst du, dass es in der Kunst noch Bedeutung gibt?
MR: Je mehr ich mit Technologie arbeite, umso konservativer werde ich. Heute tendiere ich persönlich zur romantischen Landschaftsmalerei des 19. Jahrhunderts oder einfachen Marmorskulpturen. Viel zeitgenössische Kunst, die gerade noch als Kunst durchgeht oder sich als Kunst geriert oder Kunst ist, weil sie in einem musealen Kontext zu finden ist (Tracey Ermins Unterwäsche ist in der Galerie Kunst, und zu Hause einfach Schmutzwäsche), ist meist recht langweilig. Ich beschäftige mich lieber mit Film oder mit Kunstwerken, die verschiedene Ebenen der Textur und Komplexität haben und die in einem Medium einem großen Publikum zugänglich sind, als mit rein theoretischen Arbeiten oder Online-Einzeilern, die schnell vergessen sind. Sinnliche, intellektuelle und emotionale Auseinandersetzung mit Kunst ist für mich ein zentraler Teil des Alltags.

W+H: Welche Entwicklung erwartest du in den nächsten paar Jahren?
MR: Ich glaube, die Ästhetik des Netzes geht in Richtung 3D und die Großfirmen prügeln sich schon um die Vormachtstellung auf dem Markt. Alle wollen die Entsprechung zu Flash für 3D entwickeln, wenn ihr so wollt. Was das Netz selbst angeht, bin ich pessimistisch im Hinblick auf die Zukunft der unabhängigen KünstlerInnen in der Netzkunst; wenn ich die Marginalisierung der Kunst im Netz sehe, die dadurch entsteht, dass Museumsportale bestimmen, welche Netzkunst die Öffentlichkeit zu sehen bekommt. Angesichts des Verfalls der dot.com-Aktien steht jedoch, glaube ich, eine reifere Phase des Netzes bevor. Das Backbone wird aufgeteilt und mehr Regeln für Portale, Rechtsfragen, Tantiemen und Zensur werden den ungehinderten Datenstrom künstlich eingrenzen; immer mehr Lagunen werden entstehen, daraus werden vielleicht faulige Sümpfe ohne irgendwelchen Input. Schließlich werden neue, hoffentlich gutartige Lebensformen aus dem elektronischen Urwesen hervorgehen. Vielleicht verkriecht sich die Netzkunst offline und mutiert, um auf unseren Mobiltelefonen, Playstations und PDAs wiederzukehren. Vielleicht entscheiden wir uns dafür, nicht global vernetzt zu sein und arbeiten innerhalb kleiner lokaler Funknetzwerke.

Mark Tribe

Die globale Medienkunst-Community

H+W: Mit rhizome.org habt ihr ein reichhaltiges Angebot aktueller Web- und Netzkunst entwickelt. Wann hast du begonnen, Web-Arbeiten zu machen, und warum?
MT: Ich begann mich 1993 als Kunststudent an der University of California, San Diego, für das Internet als einen Raum für Kunstproduktion zu interessieren. Ich machte damals Veranstaltungen mit Kunst im öffentlichen Raum und suchte einen neuen öffentlichen Raum für meine Interventionen. Als erstes las ich zunächst alle Cyberpunk-Romane, die ich finden konnte. Über die Universität erhielt ich Zugriff auf Usenet und Gopher und AOL, die für mich die Vororte des Cyberspace waren. Diese Forschungsarbeiten führten dann zu meiner Beteiligung an Vital Signs, einer Gruppe von StudentInnen und Mitgliedern des Lehrkörpers an der UCSD, die in Zusammenarbeit "Apparitions" entwickelte; eine ambitionierte Virtual Reality-Umgebung und –Installation. Ich produzierte im Sommer 1994 als Online-Katalog für Apparitions eine Website und erkannte intuitiv, dass das Web viel mehr Potenzial als Medium für die Kunst hatte, weil man einfach damit arbeiten konnte. Es war benutzerfreundlich und – das war am wichtigsten – es war einer globalen Öffentlichkeit sofort zugänglich. Das Web schaltete den Kunstbetrieb als Vermittlungsinstanz aus – das hat für mich auch heute noch Charme. Im Jahr 1995 zog ich nach Berlin, arbeitete als Webdesigner bei Pixelpark, einer Multimedia-Firma, und produzierte weiter Kunst. Eva Grubinger lud mich zur Teilnahme an "Computer Aided Curating" (C@C) ein, meines Wissens der erste Online-Raum für Web-basierte Kunst. Für C@C machte ich "Traces of a Constructed City", ein Netzkunst-Projekt, das digitale Bilder von Berliner Baustellen zeigt, die man über einen Stadtplan durch Anklicken aufruft. Anfang 1996 gründete ich dann eine Mailing-Liste mit der Bezeichnung "Rhizome".

H+W: Was steht aktuell im Zentrum deiner Arbeit?
MT: Meine Arbeit hat eigentlich kein Zentrum. Ich glaube, das Leitbild von Rhizome erklärt recht gut, worum es bei Rhizome.org geht: Es ist eine Online-Plattform für die globale Medienkunst-Community.

H+W: Warum magst du das Netz?
MT: Für mich war die simple Tatsache der Connectivity immer etwas Aufregendes. Ich glaube, deshalb mochte ich CD-ROMs als Kunstmedium nie besonders – im Vergleich zu einer Webpage, die man live von irgendeinem Server auf der anderen Seite des Planeten laden konnte, waren CD-ROMs für mich immer irgendwie tote Materie. Ich mag auch diese Qualität der Eroberung des Wilden Westens – das Netz ist noch immer so neu, alles ist im Fluss; es gibt viel Platz für die Schaffung neuer Räume und Regeln.

H+W: Rhizome ist wie ein Hybrid aus Magazin, Kunstsammlung und Ausstellungsraum.
MT: Es stimmt, dass Rhizome.org Ähnlichkeiten mit traditionellen Medien wie Magazinen oder traditionellen Organisationsformen wie Kunstsammlungen hat, aber es gibt auch wesentliche Unterschiede. Es hilft zwar manchmal, Vergleiche mit diesen traditionelleren Formen zu ziehen, um Leuten, die mit Websites und Mailinglisten nicht vertraut sind, zu

erklären, was Rhizome.org ist, aber einer besser informierten Öffentlichkeit gegenüber würde ich Rhizome lieber als Online-Community mit Archiven für Texte und künstlerische Arbeiten der Community bezeichnen.

H+W: Der Gedanke, Webkunst durch das Spiegeln von Sites zu sammeln, scheint zunächst ein idealer Ansatz zu sein. Was macht ihr aber, wenn Systeme veraltet sind?
MT: Wir beschäftigen uns intensiv mit Fragen des technischen Veraltens und der Erhaltung. Es gibt vier Ansätze zu diesen Problemen: Dokumentation, Migration, Emulation und Neuinterpretation. Dazu gibt es in der ArtBase-Sektion der Rhizome.org-Website schon eine Menge Material. Wir arbeiten auch an einem Weissbuch und einem Dokument zur Archivierungspolitik, die diese Fragen beleuchten sollen.

H+W: Unterscheidest du zwischen Netzkunst und Webkunst, und wenn ja, warum?
MT: Ich verwende im Allgemeinen den Ausdruck Netzkunst, weil er mehr umfasst. Ich denke, Webkunst wäre als Untergruppe von Netzkunst zu verstehen; Kunst, die das Web nutzt, während Netzkunst auch andere Internet-Plattformen und –Technologien wie E-Mail oder WAP einschließt.

H+W: Das Web besteht aus vielen Einzelwelten. Welche Community hältst du für besonders wichtig?
MT: Unserer Community gehören KünstlerInnen, KuratorInnen, KritikerInnen, SchriftstellerInnen, ProfessorInnen und andere Lehrende ebenso an wie Studierende, DesignerInnen; Leute, die im Bereich Neue Medien arbeiten, und viele, die einfach an Neuen Medien interessiert sind. Über Rhizome.org und andere Plattformen bilden diese Menschen eine Art globale Community wie viele andere Online-Communities; das ist keine Frage der Geografie, sondern der gemeinsamen Interessen.

H+W: Webkunst bietet heute die Chance zur Konstruktion von "Wirklichkeit", bzw. von "Welt", da belebbare Umgebungen hergestellt und somit eigenständige Subsysteme geschaffen werden können. Würdest du dem zustimmen?
MT: Damals, als ich mich 1993 zum ersten Mal für das Internet als Raum für die Produktion von Kunst zu interessieren begann, las ich viele Cyberpunk-Bücher

Mark Tribe, Künstler und Kurator an der Schnittstelle von neuen Technologien und zeitgenössischer Kunst. Er ist Gründer und Geschäftsführer von Rhizome.org, einer Online Plattform für Kunst im Bereich Neue Medien. Er war vor kurzem Gastdozent und Artist in Residence am Williams College. In seinem jüngsten künstlerischen Projekt Revelation 1.0 (einer Auftragsarbeit für Amnesty International) beschäftigt er sich mit der ästhetischen Aufmachung der Website von Amnesty USA. Zu den jüngsten Projekten als Kurator gehörten die Sektion für Computerkunst in Game Show (Co-Kurator Alex Galloway), einer Ausstellung von Spielen, die KünstlerInnen gestaltet haben, an der MASS MoCA in North Adams, Massachusetts, und net.ephemera, eine Ausstellung von Skizzen, Notizen und Diagrammen von 25 Net Art-KünstlerInnen mit Wohnsitz New York an der Moving Image Gallery in New York City. Vor der Gründung von Rhizome.org lebte Mark in Berlin, wo er als Künstler und Webdesigner tätig war. Mark erwarb 1994 seinen MFA in Bildender Kunst an der University of California, San Diego, und 1990 seinen BA in Bildender Kunst an der Brown University.

http://rhizome.org

http://www.amnestyusa.org

(Romane wie Neuromancer und Snowcrash). Darin wurde das Netz als "harmonische Halluzination" dargestellt (um es mit William Gibson zu sagen), eine immersive 3D-Umgebung, in der sich alle möglichen Erfahrungen und Transaktionen abspielten. Es stellte sich heraus, dass das Web, das im Wesentlichen eine Multimedia-Hypertext-Umgebung ist, zur dominierenden Internet-Plattform wurde (zusammen mit E-Mail). VRML, das einmal eine Hoffnung auf eine offene Plattform für 3D-Internet-Umgebungen zu bieten schien, setzte sich nie richtig durch. Vielleicht wird sich eines Tages aus VRML oder etwas Ähnlichem wirklich etwas entwickeln, wenn Hardware, Software und Bandbreite größere Fortschritte machen. Bis dahin scheinen sich die interessantesten Dinge in 3D auf die Welt der Spiele zu beschränken.

H+W: Welche Bedeutung hat Webkunst / Netzkunst im Feld der Medienkunst?
MT: Netzkunst ist eine Untergruppe der Kunst im Bereich Neue Medien, die ich wiederum als zeitgenössische Kunst definiere, welche neue Technologien als Medien einsetzt. Kunst mit Neuen Medien ist eine Untergruppe der Medienkunst. Innerhalb des Feldes der Medienkunst ist Netzkunst eine Herausforderung für andere Formen der Medienkunst, die mit größerem Aufwand zu produzieren sind und eine kleinere Reichweite haben.

H+W: Glaubst du, dass Kunst im Allgemeinen Bedeutung hat?
MT: Kunst bedeutet mir etwas.

136

http://rhizome.org/cgi/strip.cgi?url=http://www.amnesty-usa.org

H+W: Wie war die Lage der Medienkunst in den USA vor dem 11. September?
MT: Ich glaube nicht, dass sich die Lage der Medienkunst in den USA seit dem 11. September 2001 sehr geändert hat. Es gab immer schon diese starke Tradition der taktischen Intervention, des politischen Aktivismus und der aktuellen Dokumentation innerhalb der Community der MedienkünstlerInnen.

H+W: Wie würdest du allgemein das Gefühl beschreiben, das nach dem 11. September in der New Yorker Medienkunstszene herrscht?
MT: Zuerst waren viele von uns geschockt. Die Situation war verwirrend. Für mich ist das alles eine wirkliche Herausforderung für meine pazifistische Haltung.

H+W: Du präsentierst Stimmen aus dem "anderen" Amerika. Schafft diese Haltung Probleme mit den offiziellen Stimmen?
MT: Nein. Wie ihr wisst, gibt es in den USA ein starkes Engagement für die Redefreiheit. Das Problem heißt nicht so sehr Zensur, sondern Zugang zu Öffentlichkeit. Die großen Medienunternehmen sind überall, du kannst ihnen praktisch in den USA (und auch sonst fast überall auf der Welt) nicht entkommen. Alternative Medien haben es schwer, Zugang zum Publikum zu finden und gegen die Konkurrenz Aufmerksamkeit zu erringen.

H+W: Welche Entwicklungen erwartest du für die nächsten Jahre?
MT: Das, was bei der Veränderung der neuen Medien zählt. Die Netzkunst von heute wird nicht mehr unter Neue Medien fallen. Ich weiß nicht, was an ihre Stelle treten wird.

YOUNG-HAE CHANG HEAVY INDUSTRIES

Die schwerelose Welt des Internet

H+W: Wann habt ihr mit Webarbeiten begonnen, und warum?
C+V: Wir begannen 1999, als wir zur Teilnahme an der Multimedia Art Asia Pacific (MAAP) in Brisbane, Australien, eingeladen wurden. Die physische Seite der Kunst mochten wir nie besonders, denn die meiste Kunst ist dazu bestimmt, auf der Müllhalde zu enden. Das ist mühsam. Letztlich ist es besser, man klickt die Kunst weg oder jemand anderer klickt sie weg. Das ist sauberer. Klein, kleiner, am kleinsten – an dieser Steigerung ist etwas Schönes, Wahres und Tragisches, in der Kunst wie im Leben. Staub zu Staub, ihr wisst schon. Die unwesentliche Existenz der Netzkunst, immer am Rande des Verschwindens, ihre Bescheidenheit und Diskretion ziehen uns an. Das scheint uns auch angesichts der Ereignisse des 11. September wichtig.

H+W: Warum habt ihr beschlossen, zusammenzuarbeiten und wie sieht eure Erfahrung mit der Arbeit als Künstlerduo aus?
C+V: Wir lernten einander in Paris kennen, wo wir beide lebten. Ausländer haben im Alltag Schwierigkeiten, an die Inländer gar nicht denken. Wir fanden, dass es Spaß machte, einander zu helfen. Netzkunst kommt der Teamarbeit auch entgegen, wie die vielen Netzkunst-Kollektive beweisen. Vielleicht liegt das daran, dass es ständig so viele technische Fragen gibt. Das macht die künstlerische Technik der Neuen Medien auch so anders als etwa die Techniken bei Malerei und Skulptur. Improvisieren funktioniert in der digitalen Welt nur bis zu einer bestimmten Grenze. Darum ist es immer gut, jemanden zu haben, der vielleicht eine Lösung für ein anstehendes Problem hat. Bei uns wurde daraus ein Prozess der Zusammenarbeit.

H+W: Worin liegt die große Herausforderung an der künstlerischen Arbeit mit dem Web?
C+V: Wir sehen die Arbeit im Web oder außerhalb des Web als eine der wenigen Tätigkeiten im Leben, die keine Herausforderung ist. Oder sagen wir, für uns ist Kunst weniger eine Herausforderung als Gehirnchirurgie. Unsere Arbeit macht viel zu viel Spaß, als dass sie als Herausforderung gelten könnte. Weil es um wenig oder gar nichts an Geld und Verantwortung geht, ist Kunst etwas, bei dem man sich immer fragt, warum man es macht und ob es wirklich wichtig ist. Das ist ein gutes Gefühl.

ÜBER MEINE ARBEIT
UND MICH
UND ALLES ANDERE HABE
ICH GEWÖHNLICH GEÄUSSERT:

ICH HABE
NICHTS
ZU SAGEN UND
ICH SAGE ES.

http://www.yhchang.com/SAMSUNG_GERMAN.html

Young-hae Chang Marc Voge

www.yhchang.com

Ich (Young-hae) wurde in einem Haus geboren, in dem es keinen Computer gab. Dann, eines Tages, gab es einen. Er stand auf dem Boden, groß und grau, eher wie ein kleiner Kühlschrank als ein Desktop. Ich hielt den Schirm zuerst für ein Fernsehgerät. Er strahlte ein schwaches Glühen aus, mit grünen Zeichen auf schwarzem Hintergrund – eine witzige Fernsehshow. Ich sollte nicht in das Zimmer gehen, in dem er den ganzen Tag vor sich hin brummte, Tag und Nacht. Ich tat es aber, einfach nur, um die grünen Zeichen anzuschauen. Ich dachte, mein Vater sei Geschäftsmann. Erst später, in der Mittelschule, wurde mir klar, dass er für die koreanische Regierung arbeitete. Eines Tages verschwand er und ich sah ihn nicht wieder. Das war, als ich 15 war. Ich ging mit 20 nach Paris und schrieb auf einer gelben mechanischen Schreibmaschine der Marke Brother mit einer Leertaste, die immer wieder hängen blieb. Das war in einer Zeit, als die Franzosen noch handgeschriebene Unterlagen austauschten, ziemlich fortschrittlich. Wenn ich spätabends tippte, beklagten sich die Nachbarn im Wohnhaus über den Lärm der Tasten. Ich legte ein gefaltetes Handtuch unter die Tastatur und hoffte, das würde den Lärm dämpfen. Eines Tages bot mir ein Koreaner einen Laptop mit einem kleinen Schwarz-Weiss-Bildschirm an. Er hatte auch ein Modem und er ermutigte mich, Faxnachrichten nach Korea zu schicken. Ich tat das nicht, bis ich einen Anruf von einem Verwandten erhielt, der mich schalt, dass ich nicht öfter Faxnachrichten über mein Leben in Paris sendete. Es überraschte mich, da ich doch meiner Familie gegenüber nichts von Computer und Faxmodem erzählt hatte. Aber ich begann, gelegentlich Faxnachrichten zu senden und eines Tages kam derselbe Koreaner vorbei und brachte einen Freund mit, der E-Mail-Software auf dem Computer installierte und mir zeigte, wie man damit umgeht. "An wen kann ich E-Mails schicken?" fragte ich. Der Koreaner gab mir eine Liste mit drei E-Mail-Adressen. "Das sind Leute, die gerne über dein Leben hören möchten. Sag' dir, es sind deine Brieffreunde. Wenn du ihnen regelmäßig E-Mails schreibst, wird dir das Koreanische Kulturzentrum in Paris ein kleines Honorar bezahlen." Das geschah zu einer Zeit, als sich die koreanische Gemeinde in Paris um einen kümmerte.

Ich kehrte vor ein paar Jahren nach Seoul zurück, um dort zu leben. Als ich in Kimpo durch den Metalldetektor ging, löste ich den Alarm aus. Ich ging zurück, leerte meine Taschen, ging wieder durch und es klingelte neuerlich. Ich ging nochmals zurück, aber da war nichts mehr, was ich loswerden konnte. Der Detektor klingelte weiter. Ein Sicherheitsbeamter schritt zur Leibesvisitation, mit einem Handdetektor, der an einem Punkt rechts von meinem Nabel anschlug – aber dort war kein Metall, sondern nur eine kleine Narbe von einer Blinddarmoperation, die einige Jahre zurücklag. Alle waren durch den Zwischenfall aufgescheucht, also brachte mich der Beamte in einen separierten Raum auf dem Flughafen und es wurde telefoniert. Man ließ mich gehen. Ein paar Monate später ließ ich eine Ultraschalluntersuchung meines Bauchraums machen. Die Schwester zeigte mir erstaunt die Aufnahme: Ich sah einen briefmarkengoßen, rechteckigen Gegenstand in meinem Unterbauch. Ich fragte sie, was das war. "Ich weiß es nicht," sagte sie. Der Arzt war verwundert und betroffen. Man würde weitere Untersuchungen machen müssen. Ich ging zu keiner mehr. Ich hängte die Ultraschallaufnahme in meiner Küche an die Wand. Eines Tages sagte eine Freundin beim Betrachten, das briefmarkengroße Ding sehe aus wie ein Computerchip. Ich sagte ihr nicht, dass sie ein Bild aus dem Inneren meines Bauches anschaute. Ich nahm das Bild schließlich mit in ein Viertel von Seoul, in dem es die meisten Großhändler für Computerchips und Motherboards gibt. "Können Sie diesen Gegenstand identifizieren?" fragte ich einen von ihnen. "Hm, sieht wie der Umriss eines Chips aus," bestätigte er. "Geben Sie mir eine Minute, vielleicht kann ich die Marke feststellen." Er zog ein paar Kataloge hervor, blätterte sie durch und fand, was er suchte. "Da ist er," sagte er, "Das ist ein Samsung Z5000." "Wozu dient er?" fragte ich. "Man verwendet ihn in Verfolgungssystemen, die weltweit über Satelliten funktionieren." Ich dankte ihm und ging. Das war vor ein paar Monaten. Ich habe gehört, dass diese Verfolgungssysteme nach ein paar Jahren zusammenbrechen und ausgetauscht werden müssen. Inzwischen rufe ich vor jeder Reise jemanden an, der den Sicherheitsdienst auf dem betreffenden Flughafen informiert.

H+W: Welche Formate bevorzugt ihr derzeit?
C+V: Jeder weiß, dass wir Flash verwenden. Wir trauen uns zu sagen, dass viele in der Welt der Netzkunst kein gutes Haar an Flash lassen, aber wir mögen es, weil es schnell, schäbig und grell ist; ein einfaches Vehikel dafür, was wir in der Webkunst beherrschen - textbasierte Arbeiten.

H+W: Webkunst bietet heute die Chance zur Konstruktion von "Wirklichkeit", bzw. von "Welt", da belebbare Umgebungen geschaffen und somit eigenständige Subsysteme entwickelt werden können. Was haltet ihr davon?
C+V: Vielleicht. Eurem Konzept scheint zu Grunde zu liegen, dass es auch Leute gibt, die annehmen, dass Webkunst keine Wirklichkeit konstruiert oder nicht autonom ist. Alle wissen, dass die Kunstszene immer mit alternativen Wirklichkeiten zu tun hatte. In der Webkunst selbst gibt es viele KünstlerInnen, die sie als autonome Wirklichkeit wahrnehmen – was auch immer das sein mag – und danach streben, sie als solche zu gestalten. Was uns angeht, sehen wir Webkunst nicht als autonom. Für uns ist sie einfach ein weiteres Genre wie Malerei, Skulptur und Installation. Diese sorglose, nicht idealisierende Sichtweise der Webkunst gibt uns die Freiheit, schöpferisch zu sein, ohne Angst haben zu müssen, dass wir ihre angebliche Autonomie kompromittieren.

H+W: Wie weit werden technische Kriterien mit künstlerischen Positionen vermischt?
C+V: Soweit wir sehen können, ist die Kunst der Neuen Medien momentan eng mit technischen Kriterien verbunden. Kunst ist immer bis zu einem gewissen Grad durch ihre technischen Grundlagen bedingt. Technisch gesehen ist Malerei immer Farbe auf Malgrund. Es ist jedoch zu bezweifeln, dass irgendjemand Einspruch erhebt, wenn eine andere Person etwas als "Gemälde" bezeichnet. Die Zeiten sind auf immer vorbei. Anders war es in der Frühzeit der Neuen Medienkunst. Vielleicht war das ein bisschen wie der Schock, den die ersten Gemälde der Impressionisten in der Welt der Kunst auslösten. Allerdings gibt es einen grundlegenden Unterschied zu den Impressionisten: niemand würde in Frage stellen, ob digitale Kunst Kunst sein kann. Die Diskussionen, was ein Kunstwerk im Bereich Neuer Medien ausmacht, sind vorbei. Auch die Diskussionen zu technischen Kriterien wie Interaktivität oder mangelnde Interaktivität. Wir glauben, dass in naher Zukunft davon nicht mehr die Rede sein wird; die Grenze zwischen der Kunst der Neuen Medien und anderen Formen der Kunst wird so verwischt sein, dass sie nicht mehr wesentlich ist. Derzeit sind die technischen Kriterien in der Diskussion um Neue Medien - die formale Seite - das, was für die künstlerischen Kriterien wesentlich ist.

H+W: Heute macht es auf der Ebene der Produktion kaum mehr einen Unterschied, ob eine Arbeit als interaktive Installation oder als Web-Projekt oder als CD-ROM präsentiert wird, aber die Ausstellungssituation wird dadurch massiv beeinflusst. Was sagt ihr dazu?
C+V: Für KünstlerInnen, und zumindest für uns beide, gibt es wesentliche Unterschiede zwischen interaktiven Installationen, Web-Projekten und CD-ROMs, auch wenn alle drei digitale Formen der Arbeit sind. Unser Interesse konzentriert sich auf das Web: Webkunst befriedigt uns am meisten. Wir haben nur halbherzig ein paar CD-ROMs und Installationen gemacht. Wir werden wahrscheinlich mehr machen, obwohl wir uns oft fragen, warum. Der Webbrowser ist der optimale Kontext für unsere Arbeit. Ein wichtiger

Grund, weshalb wir Webkunst bevorzugen, ist das Geld, um das es geht. Von den Produktionstechniken, die ihr genannt habt, ist Webkunst die billigste und – Wunder über Wunder – hat die größte Reichweite. Eine interaktive Installation unterscheidet sich oft nur ganz gering von anderen Installationen und CD-ROM ist oft nur eine andere Bezeichnung für Video. Von den dreien ist Webkunst die Form, die am radikalsten innovativ ist, weil sie ohne den Kunstbetrieb auskommt. Oder weil dein Computer mit der Internetverbindung zur Kunstszene wird. Als KünstlerIn siehst du das entweder als Gelegenheit oder du gehst in den Ausstellungsraum zurück.

H+W: Wie werden sich Wahrnehmungsmuster durch das Netz verändern?
C+V: Durch das Internet wird die Welt flacher – was vom visuellen Gesichtspunkt aus interessant ist, weil die Menschen seit Anbeginn der Kunst immer mehr oder weniger bewusst versucht haben, etwas zu schaffen, was Gewicht, Volumen und Tiefe hat. Heute sind die Menschen – die, die Websites machen, und die, die sie betrachten – von der Schwerelosigkeit, der Flachheit (auch der Computerschirme) und der Oberflächlichkeit des Internet (in mehreren Bedeutungen des Wortes) fasziniert. Das Interessante an dieser Flachheit ist, dass diese visuelle Regression aus künstlerischer und psychologischer Sicht offenbar niemanden stört. Die schwerelose Welt des Internet wird als essenziell real wahrgenommen (das heißt, als unterhaltsam); wie etwa Fernsehen, Video, Film. Die Öffentlichkeit ist stärker konzeptuell ausgerichtet. Das Konzeptuelle ist realer geworden. Ein weiterer interessanter Aspekt unseres Wahrnehmungswandels ist, dass das Internet zwar als Informationsquelle mehr an das Lesen von Text erinnert als an das Betrachten von Bildern, die Menschen es aber langsamer als die Zukunft des Lesens akzeptieren können als die Zukunft des Betrachtens. Das betrifft uns stark, weil wir unsere Arbeit und die Arbeiten anderer, bei denen es um Text geht, nicht nur als eine esoterische Form des kreativen Schreibens, sondern als eine Form des Schreibens der Zukunft betrachten.

http://www.yhchang.com/SAMSUNG_GERMAN.html

H+W: Werden sich Rezeptions- und Publikumsstrukturen ändern?
C+V: Diese Entwicklung hat teilweise schon eingesetzt. Manche Englischprofessoren an Colleges setzen ihren Studierenden Arbeiten von uns auf die Leseliste. Das heißt, sie gehen dann nicht in die Bibliothek oder in die Buchhandlung, sondern ins Internet. Die amerikanischen Unis dürften in dieser Entwicklung an vorderster Front stehen, denn owohl wir gar nicht so wenige Arbeiten in anderen Sprachen haben, zeigen unsere Webstatistiken, dass bisher nicht viele koreanische, französische oder spanische Bildungsinstitutionen unsere Site angesteuert haben. Die Webstatistiken zeigen uns auch, dass unsere Arbeiten von einem anderen Publikum gelesen wird; es sind nicht nur Studierende an Colleges und auch nicht gerade die, die die New York Review of Books lesen. Unser Publikum scheint jünger zu sein als die, die Literatur lesen. Vermutlich ist es auch sonst anders. Das lässt sich alles leicht daraus erklären, dass das Internet für eine jüngere Generation gedacht ist.

H+W: Welche Bedeutung hat Webkunst im Feld der Medienkunst?
C+V: Wir glauben, dass Webkunst oder Netzkunst denselben Sinn auslotet wie andere Genres in der Kunst. Sie reflektiert ganz wesentlich die Zeit, in der wir leben, aber das tun andere Genres eigentlich auch. Webkunst ist untrennbar mit dem Internet verbunden, das sich als die Technologie unseres Zeitalters erweist. Damit unterscheidet sie sich wesentlich von Malerei und Bildhauerei, die es schon ein paar Zeitalter, wenn nicht sogar Jahrhunderte und Jahrtausende, gibt. Damit könnten wir aber auch völlig falsch liegen, weil Webkunst die virtuelle Welt des Internets genauso ausdrückt wie Malerei und Bildhauerei die reale Welt.

H+W: Glaubt ihr, dass es in der Kunst noch Bedeutung gibt?
C+V: Aber ja, natürlich. Es gab sie immer und wird sie immer geben. Das Schöne an der Kunst ist, dass sie für jeden eine andere Bedeutung hat. Was zählt, ist doch, wie weit

ØDER ICH HÄTTE
AUCH NICHTS
SAGEN KÖNNEN.

http://www.yhchang.com/SAMSUNG_GERMAN.html

jemand zu gehen bereit ist, um Bedeutung zu stiften. Wir meinen damit nicht, wie weit KünstlerInnen gehen – ihre Aufgabe ist nicht die Bedeutungsstiftung. Wir meinen damit, wie weit die BetrachterInnen zur Bedeutungsstiftung bereit sind. Es stellt sich nämlich heraus, dass die wichtigsten Kunstwerke die sind, die den professionellen BetrachterInnen die profundesten und weitesten Bedeutungen erschließen. Was Webkunst angeht, so sind bis jetzt die BetrachterInnen nicht sehr weit gegangen, wenn es um profunde Bedeutungsstiftung ging. Aber das kommt noch. Kunst, sei es Webkunst oder eine andere Kunstform, drückt immer Bedeutung aus. Nicht die übliche Art und Weise, die einen weiterbringt, sondern eher die Sorte, die einen nirgendwo hinbringt. Das ist auch etwas Schönes – die viele Bedeutung, die nirgendwo hinführt.

H+W: Bietet die Kunst im Allgemeinen Zufluchtsstätten?
C+V: Für uns die die Kunst selbst eine Zufluchtsstätte, zumindest in der westlichen und verwestlichten Welt. Als etwas, das in der Welt Dinge bewegt, ist die Kunst relativ unwichtig. In diesem Sinn ist sie unangreifbar, eine Zufluchtsstätte. Mit wenigen Ausnahmen bedeutet es ein Leben in Abgeschiedenheit, wenn du dich für die Kunst entscheidest. Lass' dich nicht von dem Wirbel um die Kunst täuschen. Heute ist sie nichts als eine andere Form der Unterhaltung, und Unterhaltung ist Spektakel, daher der Wirbel. Es ist richtig, dass Kunst politisch ist (daher angreifbar), aber nicht mehr, als alles Andere im Leben. Kunst ist eine Zufluchtsstätte, weil Kunst zu schaffen und zu konsumieren im besten Fall Lustgewinn für KünstlerIn und BetrachterIn bedeuten, und im schlechtesten Fall Indifferenz. Und letztlich ist es egal, ob die Reaktion auf Kunst Lust oder Indifferenz ist, das Ergebnis ist dasselbe: Nichts.

H+W: Welche Entwicklung erwartet ihr für die nächsten paar Jahre?
C+V: Wir glauben, dass bis 2005 das Flash 42-GTO Plug-in zu uns gebeamt wird.

http://www.yhchang.com/SAMSUNG_GERMAN.html

Tilman Baumgärtel

Die kursorische Geschwindigkeit des Netzes

H+W: Seit wann arbeitest du mit dem Netz und warum?
TB: Seit 1995. Ich habe mich bei Compuserve angemeldet, die gerade "echtes" Internet anzubieten begannen und dann eine deutsche Journalisten-Mailingliste namens Jo!Net abonniert, die es heute noch gibt. Innerhalb weniger Monate hatte ich genauso viele neue Freunde wie Feinde; man begann, sich zum Frühstück zu treffen und so weiter. Dieses Erlebnis einer "virtuellen Gemeinschaft" war der Auslöser für meine Faszination mit dem Internet. Je mehr ich mich mit der Geschichte und der gewachsenen Internet-Kultur zu beschäftigen begann, desto interessanter fand ich sie. Bis heute ist all das freilich nur kleinen Zirkeln von Cognoscenti bekannt. Für mich ist es wichtig, dieses Wissen aus solchen kleinen Kreisen herauszuholen.

H+W: Warum fasziniert dich das Netz?
TB: Am Anfang war es "the new, new thing". Überall gab es Hinweise auf dieses neue Medium; es war exotisch, da war man natürlich neugierig. Ein gutes halbes Jahrzehnt später ist es fast schon umgekehrt: jetzt muss man den Leuten nicht mehr erklären, was das ist, was einen da interessiert. Seit dem Dotcom-Crash ist es nicht mehr so chic, sich noch mit dem Internet zu beschäftigen. Aber ich glaube, dass die großen, gesellschaftlichen Veränderungen, die das Internet auslösen kann, noch gar nicht stattgefunden haben. Jeff Bezos, der Gründer von Amazon.com hat kürzlich in einem Interview gesagt, dass wir in punkto Internet immer noch in der Stunde Null sind. Das glaube ich auch. Und ich finde es toll, dass ich in meinem Leben die Gelegenheit habe, fast von Anfang an mitzuerleben, wie sich ein neues Medium entwickelt und was es für gesellschaftliche Konsequenzen zeitigt. Das ist ein Privileg, das längst nicht alle Leute haben.

H+W: Wo liegt die große Herausforderung an theoretischer Arbeit im Web?
TB: Ich bin mir nicht sicher, ob ich "theoretische Arbeit" im Web mache. Ich habe selten das Bedürfnis verspürt, lange, theoretische Texte zu schreiben, um sie dann über eine Website oder Mailingliste kursieren zu lassen. Meiner Meinung nach entspricht das nicht der medialen Natur des Internet. Dessen wichtigste Qualität ist, dass es schnell geht. Lange theoretische Traktate profitieren davon nicht unbedingt; Information und fixe Gedanken schon eher. Das heißt nicht, dass man online nicht trotzdem komplexe Gedanken verbreiten kann; aber vielleicht nicht in Form langer, elaborierter Texte. Ich fand immer, dass man mit Interviews der kursorischen Geschwindigkeit des Netzes eher entgegenkommt. Damit kann man neue Ideen und Konzepte schnell abfragen und weiter verbreiten. Es ist bestimmt kein Zufall, dass zum Beispiel auf Listen wie Rhizome oder nettime so viele Interviews verbreitet werden; bei Rhizome gibt es sogar eine eigene Rubrik mit Interviews. Darin liegt ein Unterschied zu Print-Journalismus. Darum sind auch die beiden Bücher über Netzkunst, die ich veröffentlicht habe, zum größten Teil aus Interviews zusammengesetzt; sie kursierten zum Teil vorher schon im Internet. Die theoretischen Vorworte habe ich für das Buch aufgespart.

H+W: Bezeichnest du dich dann als Medientheoretiker?
TB: Hm, schwierig. Meine beiden Bücher über Netzkunst haben zwar einen theoretischen Anspruch, aber sie sind keine theoretischen Abhandlungen. Ich fand es wichtig, durch diese Interviews erstmal eine faktische Grundlage für Theoriebildung zu schaffen. Für mich kommt zuerst die Dokumentation, dann die Analyse, dann die Theorie. Außerdem war ich selbst eben 1996 mitten in diese Netzkunst-Szene hineingeraten. Ich befand mich also in einer guten Position, um aus nächster Nähe über diese Entwicklung zu berichten. Ich war allerdings nie ein vollkommener Insider, und will es auch gar nicht werden. Für mich war es immer wichtig, mich nicht zu sehr mit den Leuten, die ich als Protagonisten sah, anzufreunden, um eine gewisse Distanz zu bewahren. Dadurch vermeidet man Vetternwirtschaft und bewahrt sich und seinen Urteilen eine bestimmte Unabhängigkeit. Meine Bücher haben sich auch nie an die Szene selbst gerichtet, sondern waren immer darauf angelegt, Leute jenseits der üblichen Kreise zu erreichen; was offenbar teilweise auch gelungen ist. Theorie hat - gerade im deutschsprachigen Raum - natürlich eine viel wichtigere Position als Dokumentation, und manchmal denke ich, ich habe mich durch diese Interviewbücher unter Wert verkauft. Ich bin nur der, der mit den Leuten spricht und Informationen sammelt. Wenn ich statt diesen beiden Materialbänden "net.art 1.0" und "net.art 2.0" (*Verlag für moderne Kunst Nürnberg 1999 und 2001, Anm.*) ein Buch voller Fremdworte und Foucault-Zitate geschrieben hätte, wäre mein Status ein ganz anderer. Aber im Augenblick finde ich es immer noch wichtigerer, Material zu sammeln statt Theoriebildung zu betreiben, weil die Entwicklungen, die mir interessant und neu erscheinen, eben gerade jetzt stattfinden. Da mache ich lieber mit statt aus der Ferne Theorien zu schmieden. Mit der Auswertung und der Theoriebildung muss ich bis in meine zweite Lebenshälfte warten. Wenn ich den Eindruck habe, dass die wichtigen Entwicklungen, die ich noch zu verstehen in der Lage bin, vorbei sind, kann man immer noch theoretische Überlegungen nachreichen. Dafür sind meine Urteile und Analysen dann hoffentlich auch etwas valider als das, was zum Thema digitale Medien im Augenblick so verbreitet wird. Das meiste davon ist nämlich hanebüchen.

Dr. Tilman Baumgärtel, geb. 1966, Studium Germanistik, Medienwissenschaften und Geschichte an der Heinrich-Heine-Universität in Düsseldorf und der State University of New York in Buffalo (USA). Ab 1995 freier Autor in Berlin, seit 1999 Redakteur der Multimedia-Seite der Berliner Zeitung. Nebenher Mitarbeiter des Internetmagazins Telepolis, von Spiegel-Online, der taz und einer Reihe von anderen Publikationen. Mitglied der Jury für Netzkunst und CD-ROMs beim Medienfestival Transmediale in Berlin. Vorträge und Vorlesungen an der Lumumba-Universität, Moskau; im Palais Tokyo, dem Museum für zeitgenössische Kunst in Paris; der Hochschule der Künste in Berlin; dem Museum Shedhalle in Zürich; der Volksbühne in Berlin; dem Filmmuseum in München; dem Videofest in Kassel; der Transmediale in Berlin; am Bauhaus in Dessau; beim Viper-Festival in Luzern; an der Martin-Luther-Universität in Halle und der Ruhr-Universität in Bochum; beim Cafe9-Projekt in Bologna und bei vielen anderen Festivals und Veranstaltungen. Letzte Veröffentlichung: "net.art – 2.0 – Neue Materialien zur Netzkunst", Nürnberg 2001 (Verlag für moderne Kunst)

www.thing.de/tilman

SEVERE MALFUNCTION!

1|14|PrevieSave for@8B@>ú>A÷*) @0 ?7
À)ü>.☐☐5k☐<*€:û*,1À-ù*:— ; À)ö*,~€)ê>*è>+ç>/*
4S☐5Û~6Í>9Ì>;É><Æ>=Ã*6é*7–*- *0å>3â*-ä*4ë ;3*-fi
>ø€.†*-Ü*4ª*☐D)Ö~—@1T☐; À1i☐6Ô*1Ñ>7B@AeÀ)
Bä€)ò€=Ë*-Ê*.Xƒ)Ç~-÷€4Yƒ<Å*-Ä*:-€5fi☐6Á*,Zƒ)¿*6
À11>7·*5¸*7‡ƒ3^*)µ*>´fl☐D 1v☐;
À,ì☐4®>:–*>Ì*)«>1x€+•ƒ*ú?/ø?5÷?;ö?<ê¿1ù¿+±€*5*)
6î☐; À☐D 1ë?; ÀB]ƒ0é¿-è¿:n,*Ú?+Ù?,¿?/Ê?0Ç
4Ã?51?6µ☐: ?;œ?<•?=x☐@±€*Z,:x?; À)Ö¿5Õ¿-Ô¿6
À,Ï¿=Î¿+Í¿-Ì¿)i -*À1É¿6t☐<Ç¿<Æ¿)Å¿:Ä¿1ß€-u 1¿?
;*¿*~*)°¿,å*)¶?7x =☐,: ƒ+°?,È ¨?;«☐<€¿<ß€7®¿:-¿,
@1uƒ3ª¿:©¿1¨¿<§ÿ☐D 1v☐; À) @1¡?7 À)â*)Ÿ¿0
@;*¿7;*3›¿)s¿<™¿+¨¿0—¿—¿?...€)y ="¿:'¿,è☐6*ÿ☐
À4Œ¿1í€)‡?0*?7{?:p¿6†¿,...¿1„¿6ƒ¿),¿>w€-€¿6☐¿

http://www.thing.de/tilman/error444.htm

H+W: Welches theoretische Modell erachtest du als relevant für das Web?
TB: Eines, das noch zu entwickeln ist. Im Augenblick stürzen sich die verschiedenen wissenschaftlichen Disziplinen auf das Internet, was auch in Ordnung ist. Aber langfristig muss schon eine eigene Methodologie her. Was nicht heißt, dass es nicht trotzdem eine Soziologie, eine Ökonomie etc. des Internets geben kann. Aber dafür müssen sich die Wissenschaften auch ein Stück weit dem Internet anverwandeln.

H+W: Inwieweit findest du Theorien / Modelle an sich hilfreich?
TB: Ich weiß, dass ich bloß auf den Schultern von Giganten stehe, von denen ich wichtige methodische und theoretische Anregungen bekommen habe, und ich bin froh, dass ich mich aus den Arsenalen, die sie aufgebaut haben, bedienen kann. Allerdings, immer wieder: Es geht, wenn man über das Internet und/oder Netzkunst schreibt, nicht darum, existierende theoretische Modelle auf das Internet zu beziehen, sondern umgekehrt, aus dem Internet heraus neue theoretische Modelle zu entwickeln. Die entstehen zwar nicht aus dem luftleeren Raum, sondern vor dem Hintergrund existierender medienwissenschaftlicher und sonstiger Theoriebildung, aber sie müssen trotzdem Bezug auf die medialen Eigenheiten ihres Gegenstandes nehmen. Das Elend in der deutschsprachigen

Medienwissenschaft war lange (und ist es in gewissem Maße immer noch), dass sie von Literaturwissenschaftlern dominiert wurde. Sie brachten ihr ganzes Instrumentarium aus ihrer erlernten Disziplin mit, und wendeten es relativ umstandslos auf die neuen Medien an. Das könnte theoretisch sogar interessant sein. Aber praktisch führte es vor allem zu unglaublich phantasielosen und papierenen Texten; da finde ich jede E-Mail von Richard Stallman aufschlussreicher. Langsam wird es besser, und es tauchen Leute auf, die ihre Ideen über digitale Medien aus der gelebten Auseinandersetzung mit diesen Medien schöpfen. Aber wenn ich mir die Stellenanzeigen ansehe, mit denen in der "Zeit" nach Medienwissenschaftlern für Unis gesucht wird, gehen die meisten immer noch von einem literaturwissenschaftlichen Kanon aus. Die meisten Stellen sind in Fächern wie Germanistik oder Anglistik, und da gehört Medienwissenschaft meiner Ansicht nach inzwischen nicht mehr hin. Sie hat sich weit genug entwickelt, um auf diese Fächer nicht mehr angewiesen zu sein.

H+W: Wechseln wir zum Thema Kunst. Welche Freiräume bietet Kunst heute noch?
TB: Die, die sie sich nimmt.

```
Schwerer Ausnahmefehler an krn386.exe
Schwerer Ausnahmefehler an krn386.exe
Schwerer Ausnahmefehler an krn386.exe
Schwerer Ausnahmefehler an krn386.exe
Schwerer Ausnahmefehler an krn386.exe
Schwerer Ausnahmefehler an krn386.exe
Schwerer Ausnahmefehler an krn386.exe
Schwerer Ausnahmefehler an krn386.exe
Schwerer Ausnahmefehler an krn386.exe
Schwerer Ausnahmefehler an krn386.exe
Schwerer Ausnahmefehler an krn386.exe
Schwerer Ausnahmefehler an krn386.exe
Schwerer Ausnahmefehler an krn386.exe
```

http://www.thing.de/tilman/error333.htm

H+W: Geht es nicht um das je zeitgenössische Denken und Handeln, das immer auch auf Reflexion des Bestehenden beruht?
TB: Ich glaube, dass Netzkunst eine Reaktion auf und Realisierung von Ideen ist, die unter anderem aus der sogenannten "Netzkritik" gekommen sind. Sie ist keine Übersetzung dieser Ideen in ein anderes Medium, sondern eine Weiterführung und eine Rückführung in eine Praxis, die anders erfahrbar ist, als durch die Lektüre von Texten. Im besten Fall setzt sie längerfristige Prozesse in Gang, die diese Ideen einer lebensweltlichen Überprüfung unterziehen.

H+W: Du hast von l'art pour l'art gesprochen, von modernistischer Kunst u.a.m und begibst dich damit in einen traditionellen Kunstkontext. Sprichst du von netart als Kunst oder von Kunst als netart?
TB: Nein, das ist zwar ein Dauerthema in der Diskussion über Netzkunst, aber eines, das ich relativ langweilig finde. Künstler mögen das anders sehen. Die Pointe meiner Argumentation im Vorwort von "net.art 2.0", ist vielmehr die: Netzkunst steht zwar ganz klar in der Tradition eines künstlerischen Formalismus, ist aber gerade darum eine "Nicht-nur-Kunst". Die erfolgreichsten Netzkunstarbeiten kann man durchaus ansehen und goutieren, ohne überhaupt zu wissen, dass es sich dabei um Kunst handelt. Dass ich mich in dieser Argumentation ausgerechnet auf Clement Greenberg beziehen kann, amüsiert mich natürlich ganz besonders.

H+W: Webkunst bietet heute die Chance zur Konstruktion von Wirklichkeit, bzw. von Welt, da belebbare Umgebungen hergestellt und somit eigenständige Subsysteme geschaffen werden können. Wie siehst du das?
TB: Wenn mit der "Konstruktion von Wirklichkeit" dreidimensionale VRML-Modelle gemeint sind, finde ich das relativ uninteressant. Wenn damit das Potenzial zur Organisation und Aktivismus über das Netz gemeint ist, finde ich das schon interessanter. Tolle Beispiele für ein "eigenständiges Subsystem" waren zum Beispiel der "Toywar" oder jetzt die Aktionen der "Yes Men". Deren spezieller Reiz besteht freilich gerade darin, dass ihre Aktivitäten im Netz ziemlich weitreichende Auswirkungen in der "wirklichen Welt" hatten.

H+W: Reicht es also aus, einen Domain-Prozess zu führen und damit Kunst produziert zu haben, oder nicht? Resp. ist nicht der Domain-Prozess symptomatisch für unsere Gesellschaft und deshalb nicht ein gesellschaftspolitisches Problem?
TB: Diese Frage nach den Mechanismen, durch die Kunst zu Kunst wird, ist meiner Ansicht nach nicht das Spannendste an der Netzkunst. Es ist ein Dauerthema, ganz klar, aber eben nur eines unter vielen. Mir geht es um Erkenntnisgewinn zum Thema Internet. Und da hat die Netzkunst oft die interessantesten Fragen und die radikalsten Herangehensweisen gezeigt. Domainprozesse werden auf der ganzen Welt den lieben, langen Tag geführt; das ist erstmal keine Kunst. Wenn man aber, wie "etoy" (*www.etoy.com*, Anm.), aus diesem Verfahren ein Spektakel macht, an dem sich auf der ganzen Welt Leute beteiligen, dann hat das schon etwas von einer Performance. Das, was etoy gemacht haben, war eine Herangehensweise, auf die die usual suspects (Rechtsanwälte, Domainname-Kläger, konkurrierende Firmen etc.) normalerweise nicht kommen. Die Aufladung des Toywar zum politisch korrekten Internet-Entertainment und die

Einbeziehung aller potentiellen Verbündeten war aber natürlich als Kunst auch eine mit Marketingmethoden durchgezogene Propagandaschlacht. Das war gerade das Interessante daran. Solchen Phänomenen kommt man nicht wirklich nahe, wenn man die ganze Zeit bloß auf dieser Kunst-Nichtkunst-Dichotomie herumreitet.

H+W: Betrachtest du Kunst nur in ihrer gesellschaftspolitischen Dimension als Kunst, bzw. als interessant?
TB: Nein. Aber die gesellschaftspolitische Dimension lässt sich am leichtesten vermitteln, und wird im Diskurs über Kunst am häufigsten unterschlagen. Natürlich hat Kunst, auch die Netzkunst, ästhetische Dimensionen. Aber die will ich den Leuten nicht aufdrängen, das ist eine persönliche Sache. Ich will niemandem meinen privaten Geschmack aufzwingen. Es gibt aber auch Netzkunst-Arbeiten, die ich wirklich schön finde. Ich habe sogar schon Sachen aus diesem Bereich *gekauft*, um sie mir an die Wand zu hängen (Ohmeingott!).

H+W: Welche Entwicklungen zeichnen sich ab?
TB: Manuel Castells hat neulich bei einem Vortrag in Berlin auf eine ähnliche Frage geantwortet, dass er keine Prognosen abgibt, sondern versucht, die unmittelbare Vergangenheit einigermaßen korrekt vorherzusagen. Das ist auch meine Haltung. Was die Zukunft bringt, erfahren wir in der Zukunft. Wenn mir vor fünf Jahren jemand erzählt hätte, dass SMS der Hit unter den neuen Telekommunikationsanwendungen werden wird, hätte ich ihn ausgelacht. So können sich "Experten" irren.

Online.Datei not found

Um an die aktuellen Inhalte zu gelangen, müssen Sie einen Reload durchführen. Es gibt verschiedene Stufen des Reloads:

1. Reload- (erneut laden) Button drücken

2. Einen forcierten Reload (z. B. unter Windows: Strg-Taste gleichzeitig mit dem Reload-Button drücken)

3. Speicher- und Festplattencache löschen

Bitte teilen Sie uns mit, unter welchen Umständen und auf welcher Seite dieser Fehler aufgetreten ist, z.B. beim Aufruf welcher URL oder beim Sprung von welcher Seite.

Wir sind Ihnen sehr dankbar dafür und werden daran arbeiten, daß dies nicht mehr vorkommt.

---

http://www.thing.de/tilman

Josephine Bosma

Kunst ist ein Hafen

H+W: Du hast zahlreiche Interviews mit KünstlerInnen und OrganisatorInnen geführt und viele Texte geschrieben. Seit wann arbeitest du mit und im Netz?
JB: Im Jahr 1991 hörte ich bei der Ars Futura in Barcelona einen Vortrag von Derrick de Kerckhove, da hat alles angefangen. Er sprach über McLuhan und die Medien als 'Erweiterungen des Nervensystems'. Ich war fasziniert. Kurz danach begann ich, bei dem freien Amsterdamer Sender Radio Patapoe eine experimentelle Sendung zu gestalten. Ich interessierte mich auch für die Verbindung zwischen Körper und Geist, weil ich diesen tiefen Wunsch habe, die Menschen von Grund auf zu verstehen. Erweiterungen des Nervensystems – das war eine große Herausforderung für mich! Im Jahr 1992 beschloss ich , das in einer Radiosendung zu reflektieren. Ich begann damit, dass ich Vorträge sendete, die bei der Ausstellung 'brain internal affairs' in den Niederlanden gehalten wurden. Sie stammten von einer Reihe von ForscherInnen, die sich mit dem menschlichen Geist beschäftigten. Einige davon arbeiteten mit Computern, wie etwa Margaret Boden. Im selben Jahr interviewte ich das radikale Architektenduo NOX. Im Jahr 1993 hatte V2, das damals noch in Den Bosch war, das ganze Jahr lang den Körper zum Thema. So wurde ich langsam in den Bereich Computer und Computernetzwerke hineingesogen. Ich tastete mich langsam vorwärts, weil ich nicht wirklich eine Technikerin bin. Im Jahr 1993

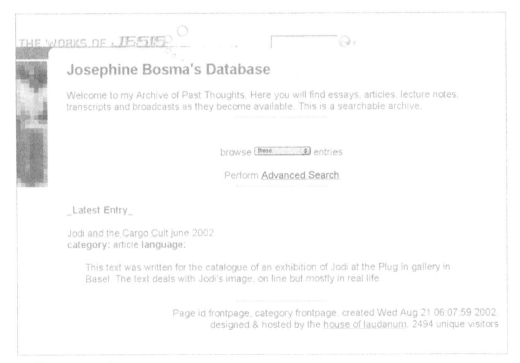

http://laudanum.net/bosma

machte ich ein paar meiner interessantesten Interviews, die ich übrigens nie transkribiert habe. Sie waren wahrscheinlich für mich so interessant, weil ich so viel aus ihnen lernte. Ich sprach mit Robert Adrian, Gerfried Stocker, David Blair, Nick Baginski, Van Gogh TV und anderen. Das Jahr 1993 inspirierte mich so sehr, dass ich beschloss, mich ausschließlich auf Neue Medien zu konzentrieren. Da ich ein ganz kleines Kind hatte, machte ich bis Ende 1995 nicht viel; danach aber eine ganze Reihe von Interviews bei DEAF und "Doors of Perception". Unter anderem sprach ich mit Timothy Druckrey, Marc Pesce, Pierre Levy und Siegfried Zielinski; Leute, die mit ganz eigenen Zugängen zu Neuen Medien sehr inspirieren. Kurz danach kam ich über meine Arbeit in der freien Radioszene auch in die Radioabteilung von "Next5Minutes". Während der ganzen Zeit hatte ich eine eigene Sendung - "Web Site Story" - in der ich die Interviews sendete, die ich gemacht hatte. Im Jahr 1996 schlug Andreas Broeckmann dann vor, dass ich diese Gespräche transkribieren sollte, weil es so wenig Informationen zum Thema Kunst in Netzwerken gab. Das machte ich schließlich. Die Kommunikation über die Mailingliste nettime, die einzige, der ich jemals angehört habe, empfand ich allerdings als ziemlich akademisch. Ich versuche, Möglichkeiten zu finden, Kunst in Netzwerken und die Art, in der wir kommunizieren, gleichzeitig

Josephine Bosma, lebt und arbeitet in Amsterdam.

Sie ist als Journalistin und Autorin in den Bereichen Kunst, Neue Medien und Medientheorie tätig. 2001 initiierte sie CREAM - einen Newsletter für Netzkunst-Kritik (www.laudanum.net/cream)

www.laudanum.net/bosma

darzustellen. Die Untersuchung des Mediums selbst war immer schon ein wichtiger Teil meiner Arbeit. Am Anfang fragte ich die GesprächspartnerInnen immer über die Mensch/Maschinen-Schnittstelle und die Auswirkungen, die Netzwerke auf die Emotionen und die Psyche von Individuen und Kollektiven haben. Da ich aus einer eher theoretischen Richtung und von den sozialen Netzwerken her zum Netz gekommen bin, interessieren mich die Hi-Tech-Aspekte von Websites und Ähnlichem nicht so sehr. Groß aufgemachte Websites langweilen mich auf den ersten Blick. Ich suche immer etwas Anderes, das sich drinnen oder dahinter verbirgt und die Website anschauenswert macht.

H+W: Welcher Bereich bildet deinen aktuellen Arbeitsschwerpunkt?
JB: Kunst. Obwohl ich viel mit Radio gearbeitet und über Radio geschrieben habe, ist es nicht mein Hauptinteresse. Ich habe das Gefühl, dass ich über die Kunst die ganze Welt untersuchen kann. An Radio und Ton mag ich die Flexibilität. Wenn Kunst, Ton und Radio zusammenkommen, erhält man eine interessante Mischung. Wenn Kunst, Internet und Ton zusammenkommen, erhält man einen Ort für Experimente, wie es ihn auf diesem Planet noch nie gegeben hat. Darum habe ich mich eine Zeit lang mit Netz-Radio beschäftigt. Der Mediendiskurs flachte dann aber inhaltlich ziemlich ab, Politik und kommerzielle Interessen schienen in den Vordergrund zu rücken. Deshalb bin ich davon mittlerweile abgerückt.

H+W: Du sagst, du magst Kunst. Warum?
JB: Kunst ist ein Hafen. Die Felder, Szenen und Experimente der Kunst sind ein großartiger Spielplatz für Kreativität. Kunst entzieht sich allen Definitionen des Nutzens und Regeln der Nützlichkeit. Für mich persönlich ist Kunst immer etwas, das mir Hoffnung und Inspiration für eine bessere Zukunft der Menschheit gibt. Mich fasziniert die Bandbreite der Empfindungen, die man in der Kunst erleben kann. Kunst kann alles sein, von ekelhaft und finster bis strahlend und schön. Sie kann simpel oder komplex sein und manchmal beides gleichzeitig. Es gibt keinen anderen Bereich, in dem für Vielfalt und Anderssein mehr Platz wäre. Darum bin ich sehr vorsichtig im Umgang mit dem Wort Kunst, anders als manche Leute in Online-Kreisen. Wenn man die Sphäre der Kunst verlässt, fällt man sehr leicht den Wölfen aus Kommerz und Politik zum Opfer. Und noch etwas: ich glaube, der Spruch des 20. Jahrhunderts, "jeder ist ein Künstler", den Beuys und andere gerne verwendeten, ist überholt. Er war nützlich, als es darum ging, einen ganz in sich geschlossenen Kunstdiskurs um den Weißen Kubus im Westen aufzubrechen. Wie andere verallgemeinernde Slogans ("jeder sollte frei sein, um das zu tun, was er will", "die Welt gehört uns allen") tendiert er dazu, seine Bedeutung zu verlieren, wenn er populär wird. Im allgemeinen Sprachgebrauch werden solche Slogans aus dem Kontext gerissen und ohne viel Nachdenken verwendet. Jeder weiß, dass Freiheit relativ ist, jeder weiß, dass die Welt niemandem gehört, und jeder weiß, dass nicht jeder wirklich ein Künstler ist. Diese Slogans existieren nur, um da zu sein, und leider nicht immer aus rein uneigennützigen Gründen. Sie werden außerdem dazu verwendet, um kritische Stimmen zum Schweigen zu bringen oder gar nicht aufkommen zu lassen. Es ist wichtig, dass wir solchen geschlossenen Konstrukten kritisch gegenüberstehen, dass wir in der Lage sind, unsere Umwelt und Kultur kritisch zu betrachten.

H+W: Welche Bedeutung hat Webkunst innerhalb der Medienkunst?
JB: Webkunst ist für mich nicht so interessant wie Netzkunst, aber sie ist wichtig, weil sie die Medienkunst aus den eher begrenzten Räumen der elektronischen Kunst (Galerien, Rundfunkstationen) dorthin bringt, wo vorher nur die Massenmedien hingekommen sind: zu den Menschen nach Hause. Allerdings nur in der westlichen Welt, das ist einer der Nachteile. Diese Besonderheit des Mediums, mit dem sie arbeiten, scheint vielen KünstlerInnen im Bereich Webkunst entweder nicht bewusst oder egal zu sein. Sie machen hochkomplexe Arbeiten, auf die nur mit neuesten Computern und mit neuester Software zugegriffen werden kann. Dadurch schränken sie ihren Medienraum ein.

H+W: Unterscheidest du Webkunst von Netzkunst?
JB: Webkunst und Netzkunst sind zwei verschiedene Dinge. Webkunst ist dazu gemacht, dass sie über einen Webbrowser präsentiert und betrachtet wird. Netzkunst wird für und in einem Netzwerk gemacht (einer Kombination aus sozialen und technischen, meist Computer-Netzwerken). Webkunst ist daher nur ein Teil der Netzkunst. Du kannst Netzkunst nicht verstehen, wenn du nur Webkunst kennst. Du kannst aber Webkunst nicht kennen, wenn du Netzkunst als Ganzes betrachtest. Netzkunst nur über Webkunst zu betrachten, ist wegen der Bedeutung, die Networking und Netzwerke für unsere Politik, unsere Gesellschaft und unsere Kultur - und damit auch für die Kunst - haben, sehr unklug. Es ist, als ob du durch das Schlüsselloch schaust, anstatt die Türe zu öffnen.

In letzter Zeit trat noch eine andere interessante Untergruppe der Netzkunst (wenn man das so nennen kann) in den Vordergrund: Code Art. Inke Arns hat Anfang 2002 darüber einen sehr interessanten Text geschrieben. Code ist ja die Grundlage aller Computerkommunikation, aller Schnittstellen und aller digitalen Darstellungen. Code ist so etwas wie die genetische Grundlage der digitalen Welt und er wird vom Menschen geschaffen. Für mich ist Code Art ein Spezialgebiet, das sich mit Netzkunst und digitaler Kunst überschneidet. Dort untersuchen KünstlerInnen die Sprache, die wir verwenden, um Computer dazu zu bringen, etwas zu tun; sie experimentieren mit dieser Sprache. Der Begriff 'Code' lässt sich aber auch in einem sehr weit gefassten Sinn verstehen, ebenso wie 'Netzwerk'. Es gibt Bekleidungscodes, Verhaltenscodes, soziale und politische Codes, um nur einige zu nennen. Darum mag ich Code Art. Ich muss dazu noch sagen, dass die Terminologie im Bereich Computerkunst insgesamt noch sehr in Entstehung begriffen zu sein scheint. Vor nicht all zu langer Zeit diskutierte ich mit Florian Cramer und es wurde mir klar, dass Code Art für ihn etwas ganz Anderes ist als für mich. Für mich ist der Begriff 'Code' genauso flexibel wie das Wort 'Netz'. Deshalb kann ich damit bei theoretischen Überlegungen über die Kunst und ihr Umfeld gut damit spielen. Für Florian ist Code Art eine Kunstform, in der KünstlerInnen in einer Art mit Sprache spielen, die das Schreiben von Code nahelegt. Da haben wir's: der Ausgangspunkt einer neuen Begriffsverwirrung. Wir werden aber einen Ausweg finden, da bin ich sicher. Der Begriff Netzkunst war immer schon problematisch. Du kannst dich fragen, ob eine Kunst mit

http://laudanum.net/cream/definition.html

so breitgefächertem Erscheinungsbild und so unterschiedlicher Praxis mit einem Begriff bezeichnet werden sollte, der sie in einem bestimmten technischen Kontext einsperrt. Wegen der spezifischen Veränderungen der Kunst innerhalb einer vernetzten Gesellschaft scheint aber ein Bezug zur Technologie in der Terminologie, die verwendet wird, notwendig, damit man die anstehenden Fragen nicht außer Acht lässt. Darum verwende ich den Begriff Netzkunst beharrlich weiter. Code Art ist bisher der einzige Terminus, der die gleiche Art der Doppelbedeutung und Bandbreite hat wie Netzkunst, der einzige, der es mit Netzkunst aufnehmen kann. Digitale Kunst, Computerkunst, Medienkunst und elektronische Kunst sind für meinen Geschmack alle zu eng mit Technologie verbunden. Du tendierst dann dazu, zu vergessen, dass diese Kunst Teil der Kultur insgesamt ist, und diese Vergesslichkeit führt zu Fetischismus, Besessenheit von Werkzeugen und technischen Welten, die schön, inspirierend und dumm sein können. Gleichzeitig oder hintereinander, je nach Situation. Ich glaube, der Unterschied zwischen Netzkunst und Code Art (wie ich ihn sehe) und die Entscheidungsgründe für eine der beiden liegen lediglich in der Perspektive, aus der du diese neue Situation für die Kunst sehen willst. Konzentration auf den Code, den genetischen Aufbau, bedeutet, dass du das Material und den Kontext dieser Kunstform wie durch eine Lupe betrachtest. Konzentration auf das Netzwerk heißt, dass für dich Kommunikation in der Debatte um die Kunst in unserer Zeit zentral ist. Beide sind für mich gleich wichtig, obwohl Codes unter anderem eine Grundlage der Kommunikation bilden. Code Art und Netzkunst sind für mich eng verknüpft, wenn nicht sogar gleichbedeutend. ihr merkt schon, dass ich hier ein bisschen mit mir selbst rede. Ich komme von einem taktischen Hintergrund in den Medien und interessiere mich sehr dafür, wie Wahrnehmung und Verstehen zustandekommen. Deswegen verwende ich Netzkunst bewusst lieber als Code Art. Ein Schwergewicht auf den Code würde für mich nämlich ein Ablenken von Redefreiheit und Medienzugang bedeuten, auch wenn Code sehr viel mit diesen Fragen zu tun hat. Ich glaube, die meisten Menschen wissen, was Networking bedeutet, während Code etwas viel Obskureres ist. Ich habe mich aus PR-Gründen für den Begriff Netzkunst entschieden.

H+W: Warum magst du das Netz?
JB: Warum atme ich gerne, warum gehe ich gerne aus? Das Netz ist eine Erweiterung unseres Raumes. Eine Möglichkeit, zu reisen und andere kennenzulernen. Du kannst Besuch empfangen, ohne dich rühren zu müssen. Es ist einfach ein Teil der Welt. Vernetzte Computer sind ein Teil der Art und Weise, wie wir die Welt erfahren, wir wir mit ihr umgehen, darin agieren. Ich erinnere mich, dass Willem Velthoven sagte, wir sind wie Kinder, die lernen, ein neues Werkzeug zu verwenden und zu kontrollieren. Genau das ist ein Grund, weshalb du dich vom Netz angezogen fühlen kannst: der Wunsch, neue Möglichkeiten zu erforschen, mit ihnen umzugehen (und vielleicht die älteren aus einem neuen Blickwinkel besser zu verstehen). Ich mochte Computer nicht, bevor es das Netz gab. Der Mitbegründer von desk.nl, Reinout Heeck, sagte einmal, wenn seine Internet-Verbindung unterbrochen würde, dann wäre es, als gebe es in dem Zimmer, in dem der Computer steht, ein schwarzes Loch. Ich hatte früher dasselbe Gefühl, obwohl mein wirkliches Leben und mein virtuelles Leben derzeit besser im Gleichgewicht sind.

154

H+W: Siehst du Entwicklung in Multimediaformaten als Herausforderung und akzeptierst du diese Arbeiten als Kunst?
JB: Das Leben bietet immer Herausforderungen. Kunst mittels Hochtechnologie zu produzieren ist eine Herausforderung, weil KünstlerInnen mit dem Material um Aufmerksamkeit und Kontrolle konkurrieren und kämpfen. Allerdings ist das ein Problem, das alle KünstlerInnen haben. Bei der Medienkunst konzentriert sich das Publikum manchmal zu sehr auf die Technologie und sieht die Kunst nicht, und manchen KünstlerInnen fällt es schwer, in ihren Arbeiten über den rein technischen Bereich hinauszugehen.

H+W: Webkunst bietet heute die Chance zur Konstruktion von "Wirklichkeit", bzw. von "Welt", da belebbare Umgebungen geschaffen und somit eigenständige Subsysteme entwickelt werden können. Wie siehst du das?
JB: Ich glaube, eure Sicht des übrigen Netzes ist zu begrenzt. Eine 'Welt' ist nicht nur eine visuell zugängliche Einheit. Wer sich auf den visuellen Raum beschränkt, sperrt sich eigentlich ein. 3D-Kunst, Webkunst und andere Arbeiten, die irgendwie von der 'Virtual Reality' abstammen, bleiben oft in der eigenen Schöpfung stecken. Arbeiten, die in diesen Bereichen entstehen, ersticken das Publikum oft, weil die KünstlerInnen einfach nicht in der Lage sind, über den Einsatz der Technologie hinauszugehen. Natürlich gibt es auch Ausnahmen.

H+W: Welche Entwicklungen erwartet du?
JB: Zunächst mehr Medienkunst von KünstlerInnen, die sich nicht MedienkünstlerInnen nennen. Es wird immer mehr technologie-basierte oder elektronische Kunst oder Medienkunst geben (und gibt sie auch schon), die nicht produziert wird, damit sie in der Welt der elektronischen Kunst gezeigt wird oder ihren Widerhall findet. Das ist eine gute Entwicklung. Ich hoffe, in Zukunft nennen sich mehr MedienkünstlerInnen einfach nur 'KünstlerInnen'. Zweitens: Die Neuen Technologien haben dazu geführt, dass viele Menschen auf ein Ende der Traditionen und Strategien des Kunstbetriebs hoffen. Ich glaube aber, der zeitgenössische Kunstbetrieb ist flexibel genug, dass er veränderte Marktstrategien oder Politik absorbiert, ohne dass es zu den revolutionären Umbrüchen kommt, die wir erwarten (als Kinder des 20. Jahrhunderts, die wir nun einmal sind). Was ich an Veränderung erwarte, ist eine noch stärkere Erweiterung des Kunstbegriffs (was natürlich keine wirkliche Überraschung ist) und eine viel größere Ausdehnung des Kunstbetriebs auf die Länder der Zweiten und Dritten Welt durch den Einfluss der Medientechnologien. Ich glaube, wir werden in diesen Ländern viel stärkere, neue Systeme der Kunst erleben; Systeme der Kunst, die nicht auf ein bestimmtes Land beschränkt sind, sondern durch verschiedene internationale Begriffe der zeitgenössischen Kunst beherrscht werden. Der Kunstbetrieb wird sich aufteilen, ohne dass es zu Spaltungen kommt. Für mich stellt sich dabei die Frage, welche Märkte entstehen werden. Ich hoffe auf mehr Unterstützung für Projekte und Initiativen anstelle von Märkten, die auf zukünftigen Gewinn ausgerichtet sind (aus dem Verkauf von Kunstobjekten). Ich hoffe eigentlich auf eine veränderte Einstellung zum Gewinn.

Christiane Heibach

Alles ist im Fluss

W+H: Seit wann arbeitest du im Netz?
CH: Ich habe 1996 begonnen, das Buch "Kursbuch Internet" mitherauszugeben. Damals ist mir das Netz wirklich ins Bewusstsein gerückt. Davor wusste ich zwar, dass es existiert und kannte es auch als Instrument, mit dem Dinge machbar sind, aber was genau sich dahinter verbirgt, das war mir eigentlich nicht klar. Im Grunde bin ich über die Theorie zur Praxis gekommen, habe mich langsam eingearbeitet, künstlerische Aktivitäten beobachtet und festgestellt, dass medienspezifische Kunst oder Literatur ihre eigenen Gesetze haben. Seit letztem Jahr arbeite ich mit meiner eigenen Domain "netzaesthetik.de". Ich biete hier einen Überblick über verschiedene historische Ideenstränge an, die durch das Internet wieder aufgelebt sind – z.B. Begriffe wie Interaktivität oder Intermedialität, die - vor allem in der Kunst - schon lange existieren. Es ist auch immer noch eine Forschungslücke, Netzliteratur und Netzkunst im Kontext mit ihren möglichen verschiedenen historischen Strängen zu beleuchten.

W+H: Wo liegt die große Herausforderung an theoretischer Arbeit im Web?
CH: Das Netz stellt etablierte Formen in Frage, die lange Zeit als gegeben hingenommen wurden, wie z.B. die gesamte Konstruktion des Literatursystems. Auf der auktorialen Zuschreibungsmöglichkeit oder der materiellen Abgeschlossenheit eines Produktes beruhen bewährte Vermarktungsstrategien und gewohntes Rezeptionsverhalten. Das Netz ist aber ein prozessuales Medium, und man muss sich von dem Paradigma der Unveränderbarkeit von Werken verabschieden. Das verändert auch die wissenschaftliche Arbeitsweise. Gemäß der eigenen Denkentwicklung können nun auch hier Netzinhalte angepasst werden. Das wirkt wiederum auf die gesellschaftliche Praxis zurück. Man muss sich also darüber Gedanken machen, wie die verschiedenen Systeme miteinander konvergieren können. Es wird nicht der Fall sein, dass ein System das andere ersetzt, aber sie werden sich gegenseitig beeinflussen. Die Frage ist also, was ist wofür geeignet? Dann können die Spezifika der jeweiligen Medien genutzt werden. Wir sollten lernen, mit verschiedenen gleichwertigen Medien zu leben und - damit zusammenhängend - unsere Wahrnehmung jeweils unterschiedlich einzustellen und zwischen ganz verschiedenen Verhaltensweisen zu oszillieren. Das ist eine zentrale soziale und auch ethische Aufgabe, die die Wissenschaft ernst nehmen müsste, denn sie kann die Bedingungen dieser Oszillationen durch Analysen deutlicher machen und dazu beitragen, das derzeit noch vorherrschende Entweder-Oder-Denken aufzulösen.

W+H: Welches theoretische Modell erachtest du als relevant in Bezug auf das Web?
CH: Die Medientheorien haben den großen Fehler, dass sie sehr abstrakt und philosophisch ausgerichtet sind, sich aber kaum darum kümmern, welche Dynamiken tatsächlich ablaufen. Ich sehe einerseits kein existierendes theoretisches Modell, das das Netz völlig erfasst, andererseits würde ich auch gar nicht danach suchen wollen. Ich glaube, man muss sogar umgekehrt vorgehen: beobachten, was passiert und dann versuchen, die großen Linien abzuleiten, um schließlich wiederum einen Zusammenhang mit den

Strukturen der alten Medien, die schon viel besser erforscht sind, herstellen zu können. Wo liegen also Unterschiede und / oder Ähnlichkeiten? Daraus ließe sich eine
Art Theorie-Praxis-Modell entwickeln, in dem sich Abstraktion und Konkretion ergänzen und damit Zukunfts-
entwürfe möglich werden. Im Unterschied zur herkömmlichen geisteswissenschaftlichen Vorgehensweise, die
zumeist die Vergangenheit analysiert, haben wir, wenn
wir uns mit dem Internet beschäftigen, auch die Aufgabe,
uns mit der Zukunft zu beschäftigen; zu fragen, wohin
sich das alles entwickelt und wie wir diese Entwicklung
beeinflussen können. Und auch da ist es wieder fast eine
ethische Aufgabe, sich zu fragen, inwieweit diese
Möglichkeiten dann auf gesellschaftliche Strukturen
zurückwirken. Wenn man sich dieser Verantwortung
bewusst ist, kann man grundlegende Lebensformen
(mit)gestalten. Wozu kann also das Netz grundsätzlich
eingesetzt werden, bzw. wofür sollte es eingesetzt werden? Dann kann man daran arbeiten, diese Möglichkeiten
auch umzusetzen. Das ist das eigentlich Spannende an
der Sache: Es gibt Gestaltungsmöglichkeiten.

*W+H: Worin liegen deiner Meinung nach ungelöste Fra-
gen aktueller Medientheorie?*
CH: Da ist zunächst der Bereich sozialer Praxis; wie und
wozu können Computer und das Internet benutzt werden,
so dass ihre spezifischen Eigenschaften fruchtbar gemacht werden? Tendenzen außerhalb des künstlerischen
Feldes sind immer noch im e-commerce-Bereich oder
auch im Publikationsbereich gefangen. Es werden also
die Strukturen der alten Medien in das neue Medium
überführt, ohne dass die Frage gestellt wird, ob das überhaupt sinnvoll ist. Ein ganz brennendes Problem ist die
Frage, wie Computer und Internet durch Multimedialität,
Intermedialität und Prozessorientiertheit unsere Wahr-
nehmungsstrukturen verändern. Dann taucht die Frage auf, ob sich nicht unser Begriff
von Wissen verändert - also auch die kulturellen Praktiken der Informationsgenerierung
und Informationsverarbeitung – transformiert werden. Das ist alles überhaupt noch nicht
geklärt und das ist auch nicht so einfach zu klären, denn dazu braucht es zunächst einmal Beobachtungen. Im Moment ist wichtig, dass man das Bewusstsein für diese Fragen
entwickelt und zwar wieder davon ausgehend, dass es nicht um ein Entweder - Oder geht
oder ein Ablösen der alten durch die neuen Medien. Daran schließt sich vermutlich das
zentralste Problem an: Inwieweit kann eine Brücke zwischen alten und neuen Medien
geschlagen werden; eine Oszillation erfolgen. Was ist dazu erforderlich? Das gilt auch für
die Gestaltung von Gesellschaft.

Dr. Christiane Heibach, geb.
1967. Studium der Germanistik, Geschichte und Philosophie in Bamberg, Paris und
Heidelberg. 1996 gab sie
zusammen mit Stefan
Bollmann das "Kursbuch
Internet. Anschlüsse an Wirtschaft und Politik, Wissenschaft und Kultur" heraus.

1999 Dissertation über
Literatur im Internet an der
Universität Heidelberg. Der-
zeit wissenschaftliche Assis-
tentin am Lehrstuhl Verglei-
chende Literaturwissenschaft
mit den Schwerpunkten
Kultur- und Medientheorie,
Mediengeschichte an der
Universität Erfurt.

Publikation zahlreicher Beiträge zu Medientheorie,
Netzkunst und -Literatur.

www.netzaesthetik.de

W+H: Wo zielen deine eigenen Überlegungen hin?

CH: Zum einen versuche ich herauszufinden, was denn nun wirklich das Spezifische des Netzes ist und dazu gehören wieder verschiedene Aspekte: Einerseits spielt die technische Struktur eine große Rolle, denn die Materialität des Mediums hat Auswirkungen darauf, was mit diesem Medium gemacht werden kann. Diese Perspektive könnte man als "Medienontologie" bezeichnen. Auf einer anderen Ebene hat man es auch immer mit Menschen zu tun, die mit den Geräten arbeiten; insofern hängt auch viel von der sozialen Nutzung des Mediums ab – also den Vernetzungsstrukturen. Die Suche nach den medienspezifischen Eigenheiten, bzw. die Frage, inwieweit der Umgang mit dem Medium anders ist als der Umgang mit den klassischen Medien und wie beide Bereiche einander durchdringen und die gesellschaftlichen Praktiken verändern können, ist damit die eine Dimension meiner Arbeit. Ein zweiter Schwerpunkt liegt in der Auseinandersetzung mit Kunst und Literatur: Inwieweit verändert sich Literatur, wenn sie tatsächlich für ein anderes Medium konzipiert wird? Hier geht es also sowohl um den Vernetzungs- als auch um den Darstellungsaspekt. So entstehen durch die Vernetzung kollektive Produktionsformen, im Hinblick auf die Darstellungsformen löst sich z.B. die Bindung von Literatur an Sprache dadurch auf, dass mehrere Codes nutzbar werden. Bild, Text, Ton und gesprochene Sprache können heute in einer so komplexen Weise zusammengeführt werden, wie es in den alten Medien eigentlich nicht möglich war. Der Literaturbegriff, so wie er bislang konzipiert war, wird durch weitere Aspekte ergänzt und damit verändert. Dazu gehört auch die Frage, wie wir überhaupt Kunst und Literatur in neuen Medien wahrnehmen können oder woran wir dann Kategorisierungen festmachen müssen – also in der epistemologischen Dimension, die hier aber auch wieder über den Kunstbereich hinausgeht und generelle Fragen zu Veränderungen bei der Erzeugung und Darstellung von Wissen impliziert. All diese Aspekte sind aber derzeit im Fluss, weil sich das Medium als solches so rasch und in ganz verschiedene Richtungen entwickelt. Es ist unmöglich, hier mit unbeweglichen Konzepten zu arbeiten. Man braucht verschiedene Herangehensweisen bzw. Perspektiven und kann dann versuchen, diese miteinander zu kombinieren.

W+H: Mit den neuen multimedialen Formaten SWF oder Shockwave gibt es eine unübersehbare Tendenz mit diesen Möglichkeiten zu produzieren. Inwieweit wird das von der Netzliteratur auch als Ausdrucksform anerkannt?

Das ist unterschiedlich. Es gibt starke Vorbehalte; u.a. der deutschen Netzliteraturszene, die Experimente mit Shockwave unter dem doch sehr verächtlichen Begriff "KlickiBunti" zusammenfasst. Aber ich glaube, dass es wirklich sehr gute Sachen gibt, die damit gemacht werden. Dazu gehört auch eure "Fernwärme" oder die Arbeiten von Simon Biggs. Man kann ganz erstaunliche Effekte erzielen, aber um das wirklich gut zu machen, braucht es gestalterische und visuelle Kompetenzen. Das, was auch euer Ansatz ist: Es geht nicht mehr nur um Textästhetik, sondern auch um eine visuelle Ästhetik. Das hängt aber wiederum zusammen mit epistemologischen Fragen. Wie kann man Text gestalten, wie wird er dann wahrgenommen, wie soll er wahrgenommen werden; soll er noch gelesen werden? Und wenn, wie intensiv? Oder geht es vielleicht gar nicht mehr um das Lesen - wie bei Simon Biggs' "The Great Wall of China", wo der Text sich viel zu schnell verändert? Diese Formate sind aber genau deshalb interessant, weil sie Arbeiten ermöglichen, die in alten Medien nicht möglich gewesen wären. Auch die Visuelle Poesie war statisch.

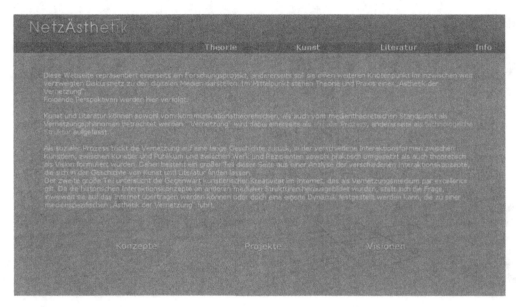

http://www.netzaesthetik.de

Mit der Computertechnologie kann z.B. die Idee des Intermedialen als Verschmelzung von visuellen Effekten mit Text viel konsequenter umgesetzt werden. Für mich ist das überhaupt keine Frage, dass das zu dieser neuen Literatur gehört. Visuelle Effekte, Texte und Ton fließen zusammen. Wenn später einmal die Schnittstellenästhetik weiter ausgereift sein wird, kommt vielleicht auch noch die Taktilität dazu. Damit können synästhetische Effekte erzeugt werden, wie sie in alten Medien nicht möglich waren. Das könnte dazu führen, dass Kunst und Literatur irgendwann nicht mehr unterscheidbar sein werden.

W+H: Der Ruf nach dem Tod des Autors, der Autorin sind immer noch zu hören wie in der Kunst der Ruf nach dem Tod des Künstlers, der Künstlerin. Was hältst du davon?
CH: Mittlerweile ist der Tod des Autors zum Klischee verkommen. Jeder benutzt es beliebig, aber im Grunde kam die Idee durch Foucault auf und war eine sehr plakative Zusammenfassung seiner Erkenntnis, dass der Autor nicht eine ontologische Gegebenheit ist, sondern etwas durch soziale Bedingungen und die spezifischen Bedingungen des Literatursystems grundsätzlich Konstruiertes ist. Entsprechend dieser Bedingungen entwickeln sich verschiedene Autorenbegriffe. Wir sollten uns nur weniger mit dem Tod des Autors oder Künstlers befassen. Es wird immer Autoren und Künstler geben; davon bin ich fest überzeugt. Aber es wird vielleicht anders zu bestimmen sein, was und wer ein Künstler ist. Man muss auch von Pluralitäten, von Autorenkollektiven, sprechen. In der vernetzten Produktion sind die einzelnen Beiträge häufig nicht mehr zuordenbar, weil viele an einem Text arbeiten und man nicht mehr weiß, wer was dazu beigetragen hat. Das hat natürlich auch Folgen. Wer hat dann die Urheberrechte oder bekommt die Tantiemen? Das greift sehr tief in die bestehenden Marktstrukturen ein und macht erforderlich, dass man neue Strukturen entwickeln muss, damit solche Dynamiken, die ich begrüße, nicht unterbunden werden. Die Strukturen verändern sich und damit auch die Begrifflich-

http://www.netzaesthetik.de

keiten. Es wird also alles komplexer. Aber auch hier gilt, dass nicht ein Konzept ersetzt wird, sondern dass mehrere Konzepte nebeneinander existieren. Ich finde das insofern spannend, als es nicht nur Implikationen für die Kunst hat, sondern auch für die Wissenschaft. Wenn es in den Geisteswissenschaften plötzlich Autorenkollektive gibt, muss man im Grunde das ganze Wissenschaftssystem flexibilisieren - es nicht mehr nur auf individuelle Leistung ausrichten, sondern versuchen, andere Kriterien zu entwickeln. Das wird dauern, aber ich hoffe sehr, dass diese Entwicklung nicht völlig unterbunden wird.

W+H: Was würdest du dir von Literatur im Web wünschen?
CH: Mehr Radikalität, mehr Experimentierfreudigkeit und mehr Gefühl für das Medium; Mut zum Scheitern, um über dieses Scheitern weiter zu kommen. Hinter vielen Projekten steht immer noch der Wunsch, dann vielleicht doch gedruckt zu werden. Auch mehr Bewusstsein für die Gestaltungsmöglichkeiten von Zukunft und die soziale Relevanz des eigenen Tuns.

W+H Welche Rolle spielen dabei Institutionen, um diese Entwicklungen zu fördern?
CH: Das ist ein großes Problem: Sie spielen fast überhaupt keine Rolle. Sie interessieren sich auch nicht dafür; vermutlich auch deshalb, weil es ein Feld ist, in dem es noch wenig wirklich überzeugende Arbeiten gibt. Die meisten Institutionen wollen etwas, das schon voll entwickelt und ausgereift ist, um sich dann dessen zu bemächtigen. Sowohl in der Kunst wie in der Wissenschaft ist es im Moment sehr schwierig, Institutionen für solche Experimente zu begeistern. Wenn ich mich als Literaturwissenschaftlerin mit digitaler Literatur beschäftige, dann schütteln die klassischen Literaturwissenschaftler den Kopf und sagen, das interessiert mich nicht. Literatur ist an das Medium Buch gebunden und damit ist Schluss. Das Netz und Computer haben es in sich, dass sie sehr viele unter-

160

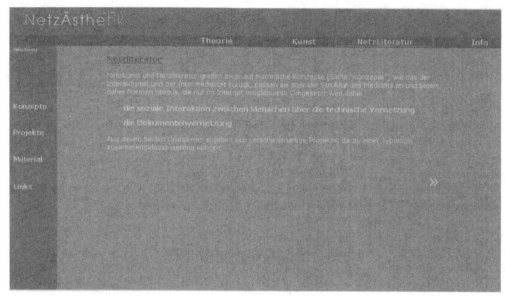

http://www.netzaesthetik.de

schiedliche Kompetenzen erfordern; zum einen die technischen, wie die Programmier-
fähigkeit, dann aber auch die visuellen Kompetenzen, die Einbindung von akustischen und
Textelementen und Kommunikationsmöglichkeiten. Es ist ein absolut interdisziplinäres
Feld und eine einzelne Person kann nicht alles gleich gut leisten. Ich denke, was wirklich
von Nöten ist, wäre die Bereitschaft zur Arbeitsteilung unter den Bedingungen einer
intensiven Kooperation, dass sich Leute zusammenfinden und von ihren ganz unterschiedlichen Perspektiven aus versuchen, ein gemeinsames Projekt zu entwickeln.
Dasselbe gilt auch für die Wissenschaft. Ich glaube, diese wird erst dann soweit sein, mit
diesen Phänomenen umzugehen, wenn sie bereit ist, die Disziplinenabgrenzung aufzuge-
ben; wenn die Geisteswissenschaften auch bereit sind, mit Technikern und Naturwissen-
schaftlern zusammenzuarbeiten und umgekehrt; wenn versucht wird, eine gemeinsame
Sprache zu finden. Da sind wir aber wirklich weit davon entfernt.

W+H: Welche Entwicklungen zeichnen sich ab?
CH: Auf dem Symposium (*"p0es1s. Poetologie digitaler Texte"*, *www.p0es1s.net*, Anm.)
hat sich gezeigt, dass dieses technische Bewusstsein nun sehr stark betont wird - z.B. in
bezug auf die Fragen nach Programmiersprachen und Umsetzungsmöglichkeiten. Das ist
eine Entwicklung, die ich sehr begrüße. Es geht um technische Machbarkeiten, um die
Frage nach dem Code und der Rolle der symbolischen Schichten, die unter dem Wahrnehmbaren liegen. Vermutlich ist aber auch das wieder nur eine notwendige Phase, um
im nächsten Schritt zu Formen zu kommen, die alle Aspekte gleichermaßen berücksichtigen. In welcher Form sich Kunst und Literatur konkret entwickeln werden, darüber
wage ich keine Aussage. Es ist alles offen und eben diese Offenheit sollte nicht durch nor-
mative Kriterien reduziert werden.

Herbert Hrachovec

Zwischenstationen

H+W: Sie zählen zu den wenigen Philosophen, die sich bereits seit langer Zeit mit Kunst und mit neuen Medien beschäftigen. Seit wann arbeiten Sie mit dem Netz und warum?
HH: Begonnen hat es etwa 1993/94. Ich kam damals von einem Jahr im Wissenschaftskolleg Berlin zurück nach Wien und stellte fest, dass mein Computer im Büro ein neues Kabel aufwies. Das war noch die Zeit vor dem WWW und Grafikdateien konnte man zwar schon gut transportieren, aber in der Regel nur am eigenen Gerät anzeigen und bearbeiten. Noch herrschten Smileys und ASCII-Art, und ich muß gestehen, dass mich der asketische Reiz dieser Zustände wohl unwiderruflich geprägt hat. Ich zucke bei Flash-Seiten noch immer leicht zusammen. Das passt ja auch zu deren Namen :-).

H+W: Seit wann und warum bespielen Sie ihre eigene Domain?
HH: Das ist zwei Jahre her und war ein Kopf-an-Kopf-Rennen. Ich habe mich ab 1996 mit Linux vertraut gemacht und voller Staunen entdeckt, dass man damit - nach einer anfänglich sehr steilen Lernkurve - kostenlosen und gut dokumentierten Zugang zu allen wichtigen Diensten des Internets erhält, darunter fällt auch "bind", jenes Programm, das im Prinzip die Adressen-Auflösung im Netz bewerkstelligt. Ein sogenannter "nameserver" gestattet die Einrichtung von "domains" und ist auf Linux relativ einfach zu installieren. Als ich soweit war, recherchierte ich, ob "philosophie.at" noch frei war. Das war der Fall - und ich machte den Fehler, drei Wochen zu warten. Danach war der Name bereits vergeben und ich wechselte auf "philo.at". Ist auch angenehm kurz; auf der anderen Adresse findet sich derzeit eine Gemischtwarenhandlung.

H+W: Was steht aktuell im Zentrum Ihrer Arbeit?
HH: Im Moment habe ich eine Reihe meiner verschiedenen Web-Initiativen auf ein open source "Content Management System" umgestellt. Aus philosophischer Sicht ist es mir nicht recht, aber die Entwicklungsgeschwindigkeit im WWW verlangt verwaltungstechnisch den Einsatz von Datenbanken, dynamischer HTML-Generierung und die interaktive Einbindung der Benutzerinnen und Benutzer. Es reicht auch für den akademischen Anbieter nicht mehr, schlichte HTML-Seiten zu verfassen, zumindest nicht, wenn er im Wettrennen um die Aufmerksamkeit mitspielen will. Diesen Anspruch möchte ich zumindest mit einigen meiner Projekte erheben. Ich nenne drei: ein kleines Portal zur Dokumentation innovativer Lehre am Institut für Philosophie (*http://innovation.philo.at*), ein Archiv elektronisch zugänglicher philosophischer Texte, beginnend mit Diplomarbeiten und Dissertationen am Institut (*http://eprints.philo.at*) und eine philosophische Audiothek (*http://audiothek.philo.at*).

H+W: Das Web besteht aus vielen einzelnen und z.T. voneinander abgegrenzten Eigenwelten. Welche Community erachten Sie diesbezüglich als maßgeblich?
HH: Es ist schwer zu sehen, dass es eine Community gäbe, die sich als Standard bezeichnen ließe. Abgesehen von den zahllosen Interessens- und Themengruppen, die sich entwickelt haben und die eher unverbunden friedlich koexistieren, würde ich am ehesten an

162

die Grobgliederung entsprechend gewisser technischer Vorgaben denken: die Anhänger des Internet Explorers, die Netscapeisten, die Google-Gemeinde, die Webmailer etc. Aber das sind natürlich keine Communities, sowenig wie die AutofahrerInnen, die alle gemeinsam im Stau stecken.

H+W: Es kommt im Web zunehmend zu Hybriden von Magazinen, Kunstsammlungen und Ausstellungsräumen und auch zu einer Vermischung der Berufe.
HH: Gestern habe ich mein Projektseminar damit begonnen, dass ich die TeilnehmerInnen so begrüßte: "Guten Tag bei der Redaktionskonferenz. Wir müssen in den nächsten 2 Stunden eine viertelstündige Rundfunksendung machen. Ich bitte um Vorschläge." Zugegeben, es ist ein Seminar, das sich mit Radio beschäftigt, dennoch war die Verblüffung groß. Und am Ende hatten wir die Sache tatsächlich produziert. Die Studierenden fungierten als Interviewer, TechnikerInnen, ModeratorInnen und recherchierten. Diese Multiplizität hat etwas atemberaubendes und kann auch schwer danebengehen. Aber sie bringt Fronten durcheinander, die das Verständnis der neuen Kommunikationssituation blockieren.

Prof. Dr. **Herbert Hrachovec** geb. 1947 in Wien. Studium der Germanistik und Geschichte an der Universität Wien; Habilitation (1980). Seit 1991 Professor am Institut für Philosophie der Universität Wien.

Forschungsschwerpunkte: Analytische Philosophie, Ästhetik und die Philosophie der neuen Medien.

http://hrachovec.philo.at

H+W: Welche Erfahrungen gibt es in der Zusammenführung von Kunst und Wissenschaft?
HH: Jetzt könnte man gleich weitermachen und darüber reden, dass gerade auch die Front zwischen Kunst und Wissenschaft beseitigt wird. Da würde ich aber doch lieber beim Durcheinanderbringen bleiben, als beim Zusammenführen. dass diese Bereiche im neuen Medium überraschend aufeinandertreffen, ist keine Frage. Aber die Tatsache, dass ich ein Grafikprogramm bedienen kann, das mir ehemals unerhörte Eingriffe in visuelles Material gestattet, macht aus mir noch keinen Künstler. Wenn ich einen Reifen wechsle, bin ich noch kein Automechaniker. Ich schreibe immer wieder Katalogbeiträge und dabei ist die erste Bewegung oft, den Produzenten deutlich zu machen, dass ich kein Lautsprecher für ihre Gedanken bin, sondern eine Begegnung von außen.

H+W: Wie bedeutsam ist der Zusammenhang von Kunst und Theorie an sich?
HH: An diese Frage kann man sehr unterschiedlich herangehen. Eine wichtige Entscheidung besteht darin, ob man die beiden Bereiche als prinzipiell voneinander getrennt sieht, oder die Trennung als überholt betrachtet. Im ersten Fall ergibt sich dann die Möglichkeit, mannigfaltige Parallelen und Beziehungen aufzubauen; im zweiten Fall wird in der Regel mit überraschenden, hybriden Konstrukten operiert. Auf der einen Seite stehen etwa Gilles Deleuze oder Stanley Cavell, auf der anderen Paul Feyerabend oder Oswald Wiener. Die Bedeutsamkeit des Zusammenhangs von Kunst und Theorie stellt sich dementspre-

163

chend unterschiedlich dar. Nehmen wir "Österreich-Ungarn". Als eine Möglichkeit bietet sich an, zwei Staaten anzunehmen und ihre Verbindungen zu erforschen. Die Alternative wäre, gemeinsame historische Erfahrung vorauszusetzen und die Staaten als deren Ausgestaltung zu fassen. So, wie wir aus dem Geschichtsunterricht auf Nationalitäten trainiert sind, verhält es sich auch in der Aufteilung des gesellschaftlichen Feldes in Kunst, Theorie, Politik etc. "An sich" kann ich dazu nichts sagen, es sei denn, darauf hinzuweisen, dass man sich das betreffende Verhältnis jeweils sehr genau ansehen muß. Und um eine konkrete Position anzugeben: Ken Goldbergs Installation "Telegarden" im Ars Electronica Center Linz ist ein schönes Beispiel für die Multiplizität, mit der man hier zu rechnen hat. Sie verwirklicht einen techno-theatralischen Raum und provoziert eine neue philosophische Subdisziplin, die Tele-Epistemologie. Das ist mehr als eine Überschneidung. Das Projekt erschließt gleichzeitig ästhetische und theoretische Dimensionen. Ich würde dennoch dazu raten, vorsichtshalber bei der Trennung zu beginnen. Es gibt zu viele unausgegorene Mischwesen in diesem Gebiet.

H+W: Können Institutionen grundsätzlich Experimentierfreudigkeit fördern?
HH: Der institutionelle Bereich, den ich überblicken kann, lässt eigentlich viel Spielraum für Experimente. Schon alleine deshalb, weil es kaum mehr kostet, ob man im Universitätsnetz E-Mails abfragt oder einen Nameserver betreibt. Die Hindernisse liegen eher bei den Personen, von denen man nicht verlangen kann, dass sie jahrzehntelange Gewohnheiten schnell aufgeben. Allerdings ist zu bemerken, dass es zunehmend Bestrebungen gibt, die elektronische Dimension ganz in den alten Gesetzesrahmen zurückzubiegen. Ich hatte letzte Woche einen E-Mail-Austausch mit Hubert Dreyfus aus Berkeley. Er nimmt seine Vorlesung auf und stellt sie als mp3-Dokumente zur Verfügung. Ich fragte ihn, ob ich in der Audiothek davon einen "mirror" machen könne. Seine Antwort: Von ihm aus gerne, nur muß er bei der Universitätsleitung nachfragen, ob das gestattet

http://timaios.philo.at/fsp3

ist. Ob ihm seine eigenen Vorlesungen gehören! Die revolutionären Möglichkeiten der Informationsübertragung provozieren Befürchtungen, die früher niemand haben konnte.

H+W: Inwieweit sind Theorien / Modelle an sich hilfreich?
HH: Ich komme auf den oben erwähnten Telegarten und meine Warnung vor "Mischwesen" zurück. Auf den ersten Blick hat eine Webinstallation nichts mit erkenntnistheoretischen Fragen zu tun. Musiker, die im Konzertsaal herummarschieren, produzieren einen neuen Wahrnehmungsraum für Musik und ähnlich verhält es sich mit der Fernbedienung von Geräten zum Pflanzenwachstum. Die Frage, unter welchen Bedingungen wir gesicherte Erkenntnis aufbauen, ist davon weit entfernt. Man kann das Subjekt-Objekt-Verhältnis natürlich, quasi als Katalogbeitrag, als Hintergrund für die Erforschung interaktiver Prozesse im Web herbeizitieren, aber das ist ein schwacher Sinn von "hilfreich". Die Inspiration des Telegartens liegt darin, dass eine Idee in beide Richtungen wirkt, in den Bereich der Kunst und der Theorie. Um das richtig auskosten zu können, muß man die - unterschiedlichen – Regeln beider Bereiche kennen. Eine theoretische Stellungnahme wäre etwa, dass Wissen in diesem Fall primär Kompetenz im Umgang mit den Komponenten ist. Diese Demonstration ist hilfreich in einem weniger praktischen Sinn. Sie erlaubt es, das Kunstprodukt als Denkmittel gegen traditionelle Theorien einzusetzen und umgekehrt, an einem Experiment in Telekommunikation zusätzliche Dimensionen zu bemerken.

H+W: Wo liegt die große Herausforderung an theoretischer Arbeit im Web?
HH: Darin, dass wir nur das Modell der Buchkultur kennen, das im Online Bereich nur sehr beschränkt gilt. Theoretische Arbeit ist von Einzelpersonen getragen worden, hin und wieder von lokalen Arbeitsgruppen. Dann traf man sich auf Kongressen und Tagungen, um die Ergebnisse auszutauschen, von denen man durch Bücher und

Computer und Computernetze

»Austro-Hungarian Disconnections
Ein Essay über Nationalitäten im Internet. Über Brücken und Hypertext.

»Bemerkungen zum Textbegriff unter dem Einfluß elektronischer Verfahren
Eine vernachlässigte Web-Seite gibt Anlaß zu Gedanken über den Unterschied zwischen Publikationen im Druck und im WWW.

» Computernamen im Internet. Techno-phänomenologische Aspekte
Das „Domain Name System" (DNS) als Anstoß für semantische Reflexionen.

»Deutsche Positionen zur Informationstechnologie
Eine Sammelrezension. Special guest: Heinz Zemanek.

http://hrachovec.philo.at/computpub.html

Zeitschriften Kenntnis bekommen hatte. Heute ist es möglich, weltweit vernetzt in Echtzeit zu kooperieren. Ein Kollege in Karlsruhe schreibt das Programm, in das ich meine Kommentare zu Nachlaßmanuskript 115 von Ludwig Wittgenstein, das in Bergen, Norwegen am Server liegt, einfüge. Natürlich ändert sich damit der ganze Duktus der Gedankenführung. Statt Fußnoten setzt man Hyperlinks, die wiederum bloß semistabil sind. Wenn wir einmal über die Phase hinaus sind, in der wir die Kollegen/innen mit Gadgets verblüffen, wird sich die Wissenslandschaft nachhaltig ändern.

H+W: Wie verändern sich die Wahrnehmungsmuster?
HH: Sagen wir einmal so: ein Tafelbild, eine Radierung, eine Buchseite und ein Streichquartett erhalten einen ganz besonderen Reiz. Das ist ein Prozess, den man bewußt mitmachen und genießen kann. Auffälliger ist natürlich die andere Seite, die Mutationen, die über die Konsumenten kommen. Also z.B. was mit einem geschieht, der im Handumdrehen auf Inhalte antworten kann, damit aber auch einer bedeutenden Belastung der Urteilskraft ausgesetzt ist. Oder der unsägliche Zwischenzustand, wenn ein Browser eine Seite von jenseits des Atlantiks lädt. Diese Mischung zwischen unfaßbarer Neuerung und der beinahe schon wieder abschätzigen Beurteilung von langen Ladezeiten.

H+W: Wie können Sie sich eine aktuelle Medientheorie vorstellen?
HH: Schlecht. Sowohl auf der technischen, als auch auf der ökonomischen Seite ist derartig viel im Umbruch, dass eine theoretische Erfassung ständig davon irritiert werden muß. Zum Beispiel rückt durch die gegenwärtige Entwicklung der Funktechnologie die Bedienung des Garagentors und die Versendung einer E-Mail, was den Datentransfer betrifft, eng zusammen. Telefon über das Internet oder voll digitalisierte Radiostationen

http://gorgias.philo.at/cgi-bin/search.cgi

über webcast sind andere Illustrationen. Es ist im Moment ausgesprochen schwer, einigermaßen nahe an den Fakten zu bleiben und dabei auch einen Überblick zu behalten. Nicht umsonst ist der Schwerpunkt der meisten Arbeiten zur Medientheorie entweder historisch oder abstraktiv. Damit meine ich: zwar theoretisch, aber nicht aus einer Bewährung gedanklicher Impulse am turbulent verlaufenden Fortschritt hervorgegangen. Es gibt zur Zeit weltweit etwa fünf nach meinen Standards theoretisch akzeptable Bücher über das Mobiltelefon. Wenn man bedenkt, wie lange es gedauert hat, bis Elektrizität oder das Automobil als theoretische Herausforderung erkannt wurden, ist das ein tolles Tempo. Gleichzeitig ist aber deutlich, dass es sich nur um Zwischenstationen handeln kann. Einer bestimmten Gattung der Medientheorie wird es nicht anders ergehen, als den Telekommunikations-Gesellschaften: sie sind akut gefährdet, im rapiden Umbruch ihren Kredit zu verlieren. PhilosophInnen (um das Stereotyp zu bemühen) sichern sich gegen solche Eventualitäten dadurch ab, dass sie in vorsichtiger Distanz zur Tagespolitik bleiben. Das ist vermutlich unter diesen Umständen keine schlechte Option. Die Ansätze von Martin Seel gefallen mir in diesem Zusammenhang gut. (*"Bestimmen und Bestimmenlassen. Anfänge einer medialen Erkenntnistheorie". Deutsche Zeitschrift für Philosophie 46 (1998). S. 351ff*).

H+W: Welche eigenen Überlegungen resultieren aus dieser Auseinandersetzung?
HH: Wie die Fragen zeigen, über die wir uns hier unterhalten haben, besteht ein starkes Interesse daran, Orientierungspunkte zu finden, die es gestatten, durch digitale Innovationen durcheinandergewirbelte Bereiche wie Kunst, Konsum und Theorie einigermaßen zu re-organisieren. Das steht im Zeichen schwer prognostizierbarer Produktentwicklungen, massiver ökonomischer Interventionen und der sozial-politischen Risikoformationen, welche die Globalisierung mit sich bringt. Es gibt TheoretikerInnen, die für diese Aufgaben griffige Worte gefunden haben ("Gutenberggalaxis", "Agonie des Realen", "Rasender Stillstand", "Turbokapitalismus"). Die Lektüre der betreffenden Traktate lässt mich allerdings schnell unbefriedigt. Ihr Ablaufdatum ist zu offensichtlich. Um Boden unter die Füße zu bekommen, schlage ich vor, solche großflächigen Perspektiven an den Apparaten zu erden, die zu ihnen Anlaß geben. Wir sind in einer Epoche, in der nicht die phantasie-geleitete Spekulation, sondern die Technik atemberaubende Aussichten bietet. Die theoretische Neugierde wird in diesem Fall ein Auskundschaften von Programmen, Übertragungsmodalitäten und Kontrollmechanismen. Wenn ich mir vorstelle, was ein Software-Virus leistet und anrichtet, stelle ich fest, dass ich mindestens ein halbes Jahr brauchen würde, um diese Abläufe philosophisch auch nur zufriedenstellend zu thematisieren: das Schreiben als Tun, das Schreiben als Technik, der Übertragungsrahmen als Gefahr, die Ritualisierung, der Schleier der Unwissenheit, das Verhältnis von Kommunikationsbedingungen und Kommunikationsgehalt etc. Das Programm lautet also: Hand anlegen und genügend Zeit behalten, sich über die Ergebnisse Gedanken zu machen. Hilfsprogramme können überprüfen, dass Hyperlinks auf einer Webseite alle funktionieren. Sie können nicht verhindern, dass ein funktionierender Link auf eine falsche Adresse verweist. Das eine ist die korrekt notierte Verbindung, das andere die Frage, wohin sie gehen soll. Es ist verlockend, die Verweisautomatik auf die Zieladresse fortzuschreiben. Aber das Bestehen einer Verbindung ist kein Grund dafür, am betreffenden Ort zu sein.

Peter Kraut

Die Balance von Mensch und Maschine

H+W: Du arbeitest als Theoretiker und als Veranstalter. Wo liegt dein Schwerpunkt?
PK: Im Moment des Übergangs; in der Passage von der Theorie zur Praxis; auf dem Weg vom utopischen Konzept bis hin zum Problem der geeigneten Steckdose und des besten Backstage-Caterings. Oder andersrum: in der ständigen Überprüfung, ob das, was ich im Kopf als für unsere Zeit angemessene Darbietungsform halte, in der Realität dann auch funktioniert. In der Theorie geht es darum, Begriffe zu formen, die Musik beschreiben können und darüber hinaus zu einer Interpretation zu finden. Beim Veranstalten wird das ein für alle Mal geprüft; gleichzeitig schaffe ich den Rohstoff, der mich wieder zur Theorie zurückführt. Beides gehört für mich zusammen.

H+W: Was steht aktuell im Zentrum deiner Arbeit?
PK: Die Beschäftigung mit aktuellen Musik- und Kunstformen, bspw. im Rahmen des "taktlos-bern". Oder die "Biennale Bern 2003", die von der Hochschule für Musik und Theater Bern veranstaltet wird: Ursprünglich war die Uraufführung von Stockhausens Oper "Mittwoch" aus dem Zyklus "Licht" geplant und auch konkret eingeleitet, doch das musste abgesagt werden. Jetzt bin ich daran, einen musikalischen Schwerpunkt rund um das Thema "archaische Gegenwarten" zu programmieren. Theoretisch geht es mir um zeitgemäße Vermittlungsformen von Musik, d.h. im Moment bspw. um die Einbindung Neuer Medien ohne das Gefühl zu produzieren, man spaziere durch einen Technopark; um das Ausprobieren adäquater Präsentationsformen: Konzert vs. Club vs. Lounge vs. Environment; um die präzise Bereicherung des Angebotes in Bern; um die Musik, die mir persönlich wichtig scheint; um einen Zeitkommentar via Musik / Medien.

H+W: Wo liegt die große Herausforderung an theoretischer Arbeit im Bereich der Musik?
PK: Im Moment darin, eine Sprache zu finden, die jenseits von modischen oder technologisch gefärbten Begriffen operiert. Da es in der Musik nur sehr wenige Eigenbegriffe gibt (wie zum Beispiel blau/rot/gelb für Farben oder süß/verbrannt für Düfte), bedeutet dies ständiges Suchen. Biografische Hinweise oder solche zum Konzept eines Musikstücks können zwar Beihilfen sein, aber ich lese nicht gerne Bedienungsanleitungen. Also versuche ich jeweils die Musik - gemäß ihren Anlehnungen und Referenzen, die sie bei mir auslöst - zu verorten. Das kann dann popkulturlastig sein oder im Sinne einer bloßen, sozusagen authentischen Beschreibung des Gehörten. Was nicht geht: Musik verstehen.

H+W: In der Medientheorie war und ist der Ruf nach dem Tod des Autors, der Autorin ebenso zu hören wie in der Kunst der Ruf nach dem Tod des Künstlers, der Künstlerin. KomponistInnen scheinen davon verschont geblieben zu sein. Oder nicht?
PK: Ich glaube nicht an den Tod des Autors, wenn man ihn / sie als Anbieter von Ideen oder Interpretationen versteht. Das kann dann auch heißen, dass er / sie sich völlig aus dem Geschehen zurückzieht. John Cage hat das großartig bewiesen, trotzdem hat er ein "Werk" geschaffen und hinterlassen; und wenn es nur Pausen oder Zufälle sind, die in einer beschränkten Zeit musikalisch umgesetzt werden.

H+W: Wie kannst du dir eine aktuelle Medientheorie im Bereich der Musik vorstellen?
PK: Eine Medientheorie der Musik müsste vermehrt den Einfluss der Technologie auf die Resultate berücksichtigen; das scheint mir zentral. Ich habe manchmal den Eindruck, dass die Software den Komponisten bedient und nicht umgekehrt. Das ist ein trockenes, technisches Thema, wird aber zu sehr vernachlässigt. Das hieße dann auch, sich vermehrt den Interfaces zu widmen: Wie wird der Gedanke zu einer Anweisung, die dann via Hardware Musik wird? Der Violinschlüssel mit Terzabstand und Noten, die den Zeitwert tragen, war jahrhundertelang der Weg, auf dem dies erledigt wurde, später kamen neue Notationen und heute geht es v.a. auch um die Eingabe in ein elektronisches System. Und hier, im digitalen Bereich, haben sich die Verhältnisse völlig umgedreht, da alles mit allem dargestellt werden kann – Materialien können zu Verfahren werden, Licht zu Musik etc. und die Bedienungsoberflächen mit immer einfacheren Mitteln immer komplexere Prozesse steuern. Das muss man berücksichtigen. Zudem gilt es, Klänge im Verbund und Austausch zu anderen Künsten und Äusserungsformen zu verorten. Soviel zu einem zentralen Punkt der Medientheorie der Musik. Was die Analyse der Resultate in musikhistorischer Perspektive bedeutet, ist noch etwas ganz anderes.

Peter Kraut, geb. 1965, studierte Geschichte, Soziologie und Politologie, arbeitet an der Hochschule für Musik und Theater Bern als wissenschaftlicher Mitarbeiter der Direktion.

Seit 1987 Mitveranstalter des taktlos-bern, Festival für Musik und Medien. Früher als Musiker tätig (electronics) und mit der Band Alboth! in Europa unterwegs.

Als freier Mitarbeiter schreibt er für die Neue Zürcher Zeitung und Schweizer Radio DRS.

www.taktlos-bern.ch

H+W: Welche theoretischen Überlegungen resultieren aus dieser Auseinandersetzung?
 PK: Aus diesen Überlegungen resultieren für mich zunächst praktische Dinge: Ich interessiere mich für die Technologie, für Software, für Studioumgebungen. Oder für die alltägliche Klangkulisse des modernen Lebens, die uns bspw. im öffentlichen Raum als Klangdesign begegnet; sei es in Kaufhäusern, Bahnhöfen, Flughäfen oder an alltäglichen elektronischen Geräten etc. In einem weiteren Rahmen geht es dann darum, der Musik, dem Klang seine Bedeutung in einem weiteren Umfeld zu geben, gerade etwa im Verhältnis zum Bild. Und es geht, wie erwähnt, um die Interfaces, also die Schnittstellen: Welche Gestaltungsmöglichkeiten lassen sie zu und welche Aussagen über eine allenfalls abgebildete Realität oder aber Produktionsbedingungen erlauben sie?

H+W: Wo liegen brennende Fragen in aktueller Medientheorie im Bereich der Musik?
PK: Die Medientheorie untersucht den Träger / Vermittler des Klangs und seine Auswirkungen darauf, ist also stark technologieorientiert. Das ist eine Seite, die relativ gut und geschlossen untersucht werden kann. Spannende Fragen schließen sich für mich aber erst daran an: Wo sind heute präzise musikalische Kommentare / Welten am Entstehen, die die Medienrealität insgesamt reflektieren? Also z.B. das Verhältnis von Virtualität und Körperlichkeit, Auswahl und Overkill, Zitat und genuiner persönlicher

Äußerung, Klang und Bild, oder allgemeiner: Input fl‡ Interface fl‡ Output. Und da komme ich schnell wieder auf altmodische Begriffe wie Handwerk, persönliche Signatur des Künstlers / der Künstlerin, vielleicht sogar "Werk"? Die allgemeine Verfügbarkeit und Simulation von Material sind heute im Audio-Bereich riesig (weil nicht sehr rechnerintensiv), in Echtzeit machbar und längst bewiesen; also interessiere ich mich mehr für ganz präzise Eingriffe in das große Verbundsystem Musik / Medien.

H+W: Inwieweit kümmert sich die Musiktheorie um diese jungen Entwicklungen?
PK: Ich beobachte, dass dies vermehrt berücksichtigt wird, etwa in Überlegungen zur Medienkunst allgemein. Das akustische Ergebnis einer Arbeit wird aber oft noch mit Begriffen aus der Pop- und Musiktheorie eher allgemein beschrieben. Pop etwa als Verbindung einer bestimmten Biografie und eines Life-, Musicstyle. Weil sich aber durch die digitale Plattform das Feld sehr vergrößert hat, muss man auch Begriffe außerhalb des Systems "Musik" zuhilfe nehmen, um den Gegenstand adäquat zu erfassen. Mindestens muss man "understanding media" betreiben, um moderne Musik zu interpretieren.

H+W: Die digitalen Möglichkeiten der Musikproduktion verändern die Kompositionsprinzipien essentiell. Wo liegt hier heute der Schwerpunkt?
PK: Da ich nicht Komponist bin, weiss ich zuwenig um die hochtechnologischen Forschungsschwerpunkte Bescheid. Granularsynthese ist sicher ein Gebiet, auch virtuelle Instrumente, die mit Rechnern simuliert werden, neue Interfaces oder "Metainstrumen-

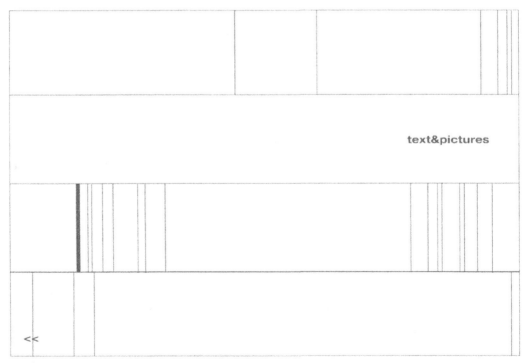

http://www.taktlos-bern.ch/aktuell/aktuell.html

te"; d.h. Verbünde von Instrumenten, die sich gegenseitig beeinflussen. Ich wünsche mir aber, dass der Schwerpunkt in der Arbeit liegt, die nicht von der Hardware / Software in vorgeschriebene Bahnen gelenkt wird.

H+W: Hast du eine Idee, wie sich dadurch die Wahrnehmungsmuster verändern?
PK: Da elektronische Musik das tägliche Leben durchdringt und nicht mehr an das Konzertritual gebunden ist, hat man heute einen viel weiteren Begriff von Musik. Die Verfügbarkeit und Mobilität des musikalischen Materials ist so groß geworden, dass ich als Gegenreaktion eine Sehnsucht spüre und beobachte nach konzentriert aufgeführter Musik, wo Menschen zu sehen sind, die ihre eigene Musik in Echtzeit darbieten. Das ist vielleicht eine dunkle, gefährliche oder irritierende Musik, die einen klaren formalen Rahmen hat und wo man seltsame Bewegungen eines Menschen sieht.

H+W: Verändern sich im Netz Rezeptionsstrukturen und Publikumsschichten?
PK: Sicher betont das Netz in jedem Fall die Zweidimensionalität (Bildschirm). Im Falle der Musik ist hier kein raumgreifendes Erleben möglich, nicht zuletzt, weil gute Lautsprecher oft fehlen. Die Publikumsschichten verändern sich insofern, als das Netz eine Pseudoöffentlichkeit darstellt. Einerseits öffentlich zugänglich, aber sehr privat im Konsum. Es gibt keine filternde Vermittlungsinstanz mehr oder soziale Einbettung wie etwa im Rahmen eines Konzertes.

Peter Kraut Bern

X T

• Rauschen im White Cube

• Mythos und Imitation

• Powerbookintensitäten mit viel DSP Feingefühl
Das Sprechen über neue elektronische Popmusik

• Metamusik für den Dancefloor

kraut@bluewin.ch

peter kraut, *1965, studium der geschichte, soziologie und politologie,
ko-veranstalter des taktlos-bern seit 1987, schreibt für die NZZ über
elektronische musik und neue medien, arbeitet im stab 'kulturelle aktivitäten'
der schweizerischen landesbibliothek, mitglied der gruppe sitemapping des BAK
(förderung der neuen informations- und kommunikationstechnologien im bereich der kultur).

www.taktlos-bern.ch >

http://www.xcult.org/texte/kraut

H+W: Inwieweit sind technische Kategorien hilfreich zur Positionierung einzelner Arbeiten?

PK: Kenntnisse technischer Kategorien können nützlich sein zur Beurteilung des Einsatzes eben dieser Technologie. Wenn ich etwas von Studiotechnik verstehe, kann ich elektronische Musik besser beurteilen. Um dann aber schnell wieder Abstand zu nehmen und ausschliesslich auf die Ohren zu vertrauen. Die technischen Hilfsmittel bestimmen das Resultat in großem Masse. Bei elektronischer Musik ist diese Durchdringung total. Wenn nicht bloß konkretes Material zitiert wird, ist die Thematisierung der Technologie immer auch gegeben, ob man das will oder nicht, ob man sich dessen bewusst ist oder nicht. Vinyl reagiert anders als CD, Native Instrument Software klingt spezifisch, genau wie ein Lexicon Hall oder ein Marshall Verstärker. Das war schon immer so, nur hat sich das mit der Elektrifizierung und Digitalisierung noch zugespitzt. Dumm ist, wenn man bloß noch die Geräte hört und nicht mehr die Idee des Musikers. Je mehr Hilfsmittel dieser nämlich hat, umso mehr muss er sich um den formalen Rahmen kümmern, um die Balance Mensch-Maschine und ähnliche Gegebenheiten. Je komplizierter die Maschinen werden, umso radikaler muss das Denken sein. Je komplizierter die Maschinen aber sind, umso einfacher sind die Benutzeroberflächen zu deren Bedienung und folglich wird das ganze System sehr intransparent; dessen muss man sich bewusst sein.

H+W: Es kommt zunehmend zu Hybriden von Magazinen, Kunstsammlungen und Ausstellungsräumen und auch zu einer Vermischung der Berufe. Als KünstlerInnen werden Veranstaltungen gemacht, TheoretikerInnen arbeiten als KünstlerInnen, usw. VeranstalterInnen werden zu TheoretikerInnen. Was hältst du davon?

PK: Ich sehne mich schon fast wieder nach einer klareren Arbeitsteilung. Natürlich ist es hilfreich, in verschiedenen Positionen Erfahrungen zu machen, etwa als Künstler und Veranstalter. Aber die größere Einsicht in das Gesamtsystem macht das künstlerische Arbeiten nicht unbedingt einfacher, weil es das Denken blockiert. Eine gewisse Radikalität ist nur aus einer klar definierten Position heraus zu bewahren und nicht in der Integration von vielen Rollen. Das gibt Konflikte.

H+W: Ist eine Auflösung der Disziplinen wünschenswert; oder ist sie unmöglich; oder erfordert sie lediglich tiefergehende Kooperationen?

PK: Die Auflösung der Disziplinen ist auch wesentlich von der Technologie mitbestimmt, weil alle ähnliche Plattformen benutzen. Sie ist aber nur insofern wünschenswert, als dadurch gegenseitig befruchtende Resultate und Einsichten produziert werden. Als Beobachter stelle ich bspw. fest, dass viele hervorragende Musikschaffende zum Teil völlig daneben greifen, wenn sie sich in die Bildwelten stürzen und diese mitgestalten. Ein anderes Problem ist dagegen die Kultur- und Kunstförderung. Sie stellt noch zuwenig präzise Kategorien zur Verfügung (sprich: entsprechende Kommissionen und Jurys), um die hybriden Gewächse zu fördern; von der langfristigen Konservierung solcher Werke ganz zu schweigen. Die Ermöglichung / Verhinderung künstlerischer Arbeit ist möglich, wenn die Begriffe und Kategorien (nicht) passen. Also muss man in diesen Gremien vor allem daran arbeiten, die neuen Tendenzen schnell aufzugreifen, zu beschreiben und dann flexible Instrumente zur Hand zu haben, um sie zu fördern. Das scheitert oft an den Satzungen / Verordnungen; vielerorts ist man zumindest in der Schweiz am Umdenken.

H+W: Wie ist die gegenwärtige Situation der Medienkunst in Bern?
PK: Schlecht.

H+W: Und in der Schweiz?
PK: Ein bisschen besser. Es gibt neue Studiengänge an den Hochschulen, es gibt "site-mapping.ch", eine Initiative des Bundes zur Förderung der neuen Informations- und Kommunikationstechnologien in der Kunst, es gibt Festivals für Neue Medien, es gibt taktlos-bern u.a.m. Noch hat man nicht begriffen, welcher Nutzen für Konsumenten, Produzenten, Staat und Industrie entsteht, wenn eine hohe Kapazität im Umgang mit Neuen Medien herrscht.

Peter Kraut

Mythos und Imitation

Auch grosse Rockbands schreien und schwitzen immer noch auf der Bühne. Im Studio entsteht ihre Musik aber weitgehend am Computer. Und Computercracks, die Musik machen, vergessen oft, dass es dabei auch ums Hören ginge. Derweil plündert der Pop das musikalische Archiv und bedankt sich bei den Herstellerfirmen von Studioelektronik. Ist alles durcheinander?

Überblickt man die elektronische Musik der letzten zehn Jahre, so zeigt sich ein produktiver Widerspruch: sie ist in hohem Mass abstrakt geworden, durch ihre Verfügbarkeit an der digitalen Schnittstelle aber auch ungemein konkret. So treibt etwa die rechnergestützte Atomisierung der Klänge wundersame Blüten: minimalste Fehlgeräusche werden wie unter der Lupe vergrössert und bilden Ausgangspunkt ganzer CD-Produktionen. Solche Musik ist ohne Kenntnis ihrer technologischen Voraussetzungen nur metaphorisch zu fassen. Will man differenzierter darüber sprechen, braucht es einen Verstandigungsapparat uber und Einblick in Programmiersprachen, Samplingtechniken, Umgang mit Hüllkurven, digitale Effekte und anderes mehr, um zu beurteilen, ob da jemand Neuland betritt oder bloss ein Untermenu eines Windows-Programmes schlau einsetzt. Dieser von den Fortschritten der Musiksoftware vorangetriebene abstrakte Reduktionismus, der bis ins Innerste des Klanges vordringt, wird wohl bald an ein Ende kommen. Die Breite Front von akademischen Forschern, DJs und esoterischen Bastlern, die hier tätig ist, muss sich dann anderen Bereichen zuwenden, bspw. dem Design virtueller Instrumente, dem fortgeschrittenen Plündern des Musikarchivs oder der Philologisierung von Naturgeräuschen. Demgegenüber steht eine wohltuende Tendenz, die uns wieder auf das hören seit zu und wirft, electronisch gespeicherte Klange stromen unentwegt aus Lautsprechern von Computern, Mobiltelefonen, Gameboys und Hörstationen, sie plärren in Boutiquen, Schalterhallen und Werbeblöcken. Damit sind wir ausserhalb aller Vermittlungs- und Verständigungscodes, die uns etwa das Konzertritual abverlangt, von Musik und Sounds umgeben. So artifiziell und entfernt diese Sounds von dem eines tatsächlich gespielten Instrumentes auch sein mögen, so nahe dran sind sie am täglichen Leben, umgeben uns, begleiten uns. Wenn es dabei auch oft bloss um Fragen des Produkte- und Dienstleistungsdesigns geht, das mit Klangen modelliert wird, so ist es doch eine permanente Chance, den eigenen Ohren zu trauen. Noch nie waren die Verdienste auch der so umfassend. Musik kann heute überall abgerufen und wiedergegeben werden. Was mit der Elektrifizierung und dem Phonographen angefangen hat,

http://www.xcult.org/texte/kraut/mythos.html

H+W: Welche Entwicklungen zeichnen sich ab?
PK: Generell in den Neuen Medien: Dass Medien, Interfaces und Inhalte "zusammenpassen" und sich gegenseitig ausdifferenzieren; nicht im Sinne einer "richtigen" Ausdrucksweise sondern im Sinne der gehaltvollen Aussage. Das Buch bspw. ist das beste Medium für die schriftliche Erzählung, weil beides, Buch und Erzählung, sich von einem Anfang zu einem Ende bewegen. Ist aber das Web das angemessene Medium für Musik? Die Konzertsituation das angemessene Medium für Video? Der Bildschirm das angemessene Interface für Musikproduktion? Das muss man jedesmal prüfen und es wird je länger je schwieriger, weil in der digitalen Welt jedes Medium durch ein anderes dargestellt werden kann. Licht kann sich in Ton verwandeln, Lautstärke in Frequenz, Frequenz in Farbe. Das digitale Prinzip unterscheidet nicht nach Material und Verfahren. Alles kann sich gegenseitig bedingen.

Verena Kuni

Eine Arena der Repräsentation

H+W: Seit wann arbeitest du im Netz und warum?
VK: Mein Einstieg ins Netz, von vereinzelten Netznutzungen in Form von Datenbank-
recherchen einmal abgesehen, erfolgte Anfang der Neunziger Jahre über The Thing BBS.
Seit 1995 etwa setze ich mich systematischer mit netz- und webbasierten künstlerischen
Arbeiten auseinander, für die das WWW damals noch einen dezidiert außerinstitutionel-
len Rahmen bot - wovon heute so mit Sicherheit nicht mehr die Rede sein kann, weil einerseits im Netz Institutionalisierungsprozesse stattgefunden haben, und sich andererseits auch die traditionellen Institutionen des Kunstsystems mittlerweile mehr oder weniger vollzählig im Netz widerspiegeln; letzteres natürlich mit gewissen systembedingten
Verzerrungen. Jedenfalls: Damals war die Szene zwar extrem übersichtlich – trotzdem
war die Beschäftigung mit Kunst im Netz noch eine ziemlich mühselige und zeitaufwen-
dige Angelegenheit mit langen Ladezeiten und vielen Abstürzen. Was allerdings nicht nur
an der bescheidenen Ausstattung auf Seiten der NutzerInnen lag, sondern auch daran,
dass dieser auf der MacherInnenseite eine Mischung Enthusiasmus und Experimentier-
freude - aber eben oft auch Unerfahrenheit gegenüberstand. Unter dem Strich jedoch war
es – zumindestens für mich – eine hochspannende Angelegenheit. Es herrschte doch
auch eine ziemliche Aufbruchstimmung in diesem Bereich. Zugleich fand ich es schon
damals interessant, welche Verschiebungen durch den Umstieg vom textbasierten BBS
ins Web stattfanden. Die Netzkulturen professionalisierten und differenzierten sich,
zugleich konnte man gerade im Kunstbereich sehr gut merken, welcher Druck durch die
Repräsentationskultur des WWW entstand. Im November 1995 fand im Rahmen des
Kasseler Dokumentarfilm- und Videofestes – wo ich in dem Jahr erstmalig als Ko-
Kuratorin für den Videobereich engagiert war – die erste "interfiction"-Tagung statt, bei
der eben diese Entwicklung als einer von mehreren Knotenpunkten – für mich persönlich
ein ziemlich zentraler - auf der Agenda stand. Thema waren seinerzeit "Utopien und
Realitäten von Gegenöffentlichkeiten in Datennetzen". Es ging also um die Frage der politischen und sozialen Handlungsfähigkeit in den verschiedenen Netzgemeinschaften und
den Öffentlichkeiten, in denen sie sich situieren und die sie adressieren, sowie natürlich
um den Nutzen und Nachteil von Netztechnologien in diesem Zusammenhang. Diese
Frage im Auge zu behalten, halte ich - auch wenn sich die Rahmenbedingungen, unter
denen sie sich stellt, wie auch die Netzkultur(en) als solche selbstverständlich entwickelt
und verändert haben - nach wie vor für wichtig. Und zwar auch dort, wo das manchen möglicherweise erst einmal nicht so vordringlich erscheinen mag, wie beispielsweise im
Kontext der Kunst.

H+W: Was steht aktuell im Zentrum deiner Arbeit?
VK: Nun: Die angesprochene Frage nach der politischen und sozialen Handlungsfähigkeit
in den verschiedenen Netzgemeinschaften und den Öffentlichkeiten, in denen sie sich
situieren und die sie adressieren, sowie damit verbunden diejenige nach Nutzen und
Nachteil von Netztechnologien in diesem Zusammenhang - beschäftigt mich, wie gesagt,
bis heute - gerade auch in meiner Arbeit als "Netzkunstwissenschaftlerin" (besser bzw.

präziser vielleicht: als Kunst- und Medienwissenschaftlerin mit entsprechendem Interessen- und Arbeitsschwerpunkt). In dieser übergreifenden - also nicht unbedingt auf den Kunstkontext fokussierten, aber für diesen doch sehr wichtigen Dimension. Der Anlass dafür, diese Themen, Fragen und Probleme auf den Tisch zu bringen, kommt jeweils aus der Netzkultur. Aber der Radius bleibt nicht notwendigerweise auf die Netzkultur beschränkt. Solche Schnittstellen zwischen verschiedenen Medienkulturen interessieren mich auch sonst in meiner Arbeit immer wieder. Wenn ich etwa zu Themen wie "Metamorphose" oder "Oberflächen" oder "Ökonomien der Kunst" forsche und/oder schreibe, dann ist es spannend, zu sehen, welche spezifischen Beiträge webbasierte Kunst zu diesen Themen leistet. Aber ausschließlich auf den Bereich netz- bzw. webbasierte Kunst zu fokussieren, finde ich tendenziell nicht so spannend - es sei denn, wiederum unter einem speziellen Fokus - etwa zum Thema "Fiktionen und Realitäten von Identität" oder zu "Migrationen im elektronischen Raum", um beispielhaft konkrete Projekte zu nennen, mit denen ich mich in der Vergangenheit beschäftigt habe. Insgesamt ist es also eher meine Sache, spezifischere Fragestellungen zu verfolgen. Eine davon ist schon seit längerem die Frage nach den Geschlechterverhältnissen im WWW als einer Arena der Repräsentation und danach, wie KünstlerInnen sich mit dieser Thematik auseinandersetzen. Über Recherchen einerseits und persönliche Kontakte andererseits, stieß ich 1996/97 zunächst auf die Mailingliste FACES, und auf Cornelia Sollfrank. Von dort aus führte der Weg zu OBN, das als Arbeitszusammenhang und Austauschplattform für mich bis heute eine wichtige Rolle spielt - eben nicht nur für die theoretische Auseinandersetzung mit dem Spannungsfeld "Gender - Medien bzw. Netz - Kunst", sondern auch auf einer praktischen und pragmatischen Ebene. Diese Möglichkeit, die eigene Theoriebildung sehr direkt und über Erfahrungswerte mit Praxis zu verknüpfen, wenn man so will: an der Praxis überprüfen zu können, wie idealerweise ja auch jede Praxis von theoretischen Reflexionen genährt und über diese auf ihre Viabilität und Relevanz hin "geprüft" werden sollte, halte ich insgesamt für sehr wertvoll und wichtig. Selbstredend nicht nur, was die Schnittstellen von Gender- und Medientheorie- und Praxis betrifft, sondern ganz grundsätzlich.

Verena Kuni, Kunst- und Medienwissenschaftlerin M.A. Lehrt und forscht hauptberuflich an der Universität Trier, nebenberuflich als Projektarbeiterin an der HfG Offenbach am Main [*www.gendersenses.net/ gmk*] sowie gelegentlich als Lehrbeauftragte an verschiedenen Universitäten und Kunsthochschulen. Schreibt regelmäßig Texte zur Kunst, u.a. für diverse Zeitschriften, und unterhält als miss.gunst neben einem persönlichen & parteiischen, jedoch nichts desto weniger informativen Newsletter ihre eigene Radiosendung auf radioX / Frankfurt am Main. Seit 1995 Co-Kuratorin im Bereich Video für das Kasseler Dokumentarfilm und Video-fest, in diesem Rahmen auch seit 1999 Leitung der [interfiction]-Tagung für elektronische Kunst & Medienkultur [*www.interfiction.net*]. Mitbegründerin und Webmistress der [filiale zeitgenössische kunst gender vermittlung] [*www.thing.de/filiale*] u. Mitglied des Old Boys Network - OBN [*www.obn.org*]. Lebt und arbeitet an und in verschiedenen Netzwerken, sowie - wenn sie nicht unterwegs ist - nach wie vor gern in Frankfurt am Main.

www.kuni.org/v

H+W: Wo liegt die große Herausforderung an theoretischer Arbeit im Web?
VK: Wenn ich die Frage richtig verstehe, dann zielt sie zurecht nicht auf "Netz"- oder "Web"-Theorie, wie sie von A-Z auch außerhalb des Mediums situiert und praktiziert werden könnte, sondern auf eine theoretische Arbeit am bzw. sogar im Medium selbst. Das finde ich insofern interessant, da uns das unmittelbar auf ein, wenn man so will: epistemologisches Problem führt, das im Verhältnis von Theorie und Praxis - spätestens dann, wenn es um Kompetenzen geht - seit jeher die Gemüter bewegt und ein ziemliches Konfliktpotenzial besitzt. Von Seiten der Theorie bzw. manchen TheoretikerInnen wird gern suggeriert, dass man Theorie(bildung) über etwas am besten dann betreiben kann, wenn man sich in gesunder Distanz zu diesem Etwas hält. Nun ist eine solche theoretische Praxis sicher nicht von vornherein fragwürdig; gerade in der Frühgeschichte der Medien- und der Netztheorie hat sich auch durchaus gezeigt, wie inspirierend diese Art der spekulativen Reflexion nicht nur für das Feld der Theorie, sondern in der Tat auch für diejenigen sein kann, die eben jene Praxis betreiben, um die es in den Theorien geht. Und ich würde auch selbst jederzeit bestätigen, dass es das theoretische Sprechen bzw. Schreiben über eine Sache ungeheuer erleichtert, wenn man eine Distanz einziehen kann (was, nota bene, nicht dasselbe wie "Distanz aufrechterhalten" ist). Was in dieser Figur allerdings gerne verdrängt wird, ist, dass es sich bei jeglicher Theorie selbst um eine Praxis handelt, welche die Sache, über die man nur zu reflektieren meint oder vorgibt, als Beschreib- und Vermittelbare erst formt oder mindestens mit konfiguriert. Die "große Herausforderung an theoretischer Arbeit im Web" würde ich vor diesem Hintergrund also darin sehen, dass man nicht nur gezwungen ist, Theorie im beschriebenen Sinne selbst als Praxis zu reflektieren, sondern auch bewusst zu betreiben; nicht nur in das Medium zu übersetzen, das sie zum Gegenstand hat, sondern vielmehr in und mit den Mitteln des Mediums zu formen.

H+W: Welche eigenen theoretischen Überlegungen resultieren daraus?
VK: Zunächst finde ich es - was sich allerdings wohl von selbst versteht - methodisch schwierig, über "das Netz" als solches zu sprechen. Sinn macht ein solcher Sammelbegriff für mich eigentlich nur, wenn man den "Mythos" Netz bzw. Netzmythen im Auge hat - oder eben im Zusammenhang mit der Frage nach dem "Netzwerken" und den "Netzwerken", wo technische/technologische und soziale/soziologische einander überschneiden und die Unschärfe zwischen den verschiedenen Netzen, die angesprochen sind, charakteristisch ist. Letzteres trifft zwar wiederum auch für die verschiedensten Netzdienste des Internet zu. Aber es ist doch sinnvoll, jeweils zu präzisieren, über welchen Bereich und welchen Aspekt dieses Bereiches man sprechen will. Gerade in der Medientheorie haben die mangelnde Präzision und die freizügige metaphorische Übertragung zu einer Menge Ballast geführt, in dem wesentliche Fragestellungen - die in der Praxis vielleicht längst aufgestoßen waren und bearbeitet wurden - untergegangen sind. Das heißt nicht, dass ich dafür plädiere, in diesem Feld der Theorie fixe Grenzen zu etablieren. Aber als Medientheoretikerin muss ich doch jeweils spezifizieren, über welche Bereiche und Ebenen ich spreche; auf welche eine theoretische Formulierung gemünzt ist, aus welchen Prozessen ich welche Thesen ableite und wofür diese dann Gültigkeit beanspruchen. Kleines, alltägliches Beispiel: "Kunst im Internet" ist etwas anderes als "Netzkunst", und das WWW ist wiederum ein ganz spezifisches Feld, das selbst für den kleinen Bereich

http://kuni.org/v/gunst.htm#Beginn

"Kunst" seinerseits eine ganze Reihe von Differenzierungen verlangt. Nicht nur aus der Sicht des Mediums, sondern auch aus der Sicht der Kunst. Ebenso ist theoretische Arbeit über das Web etwas anderes als theoretische Arbeit im Web. Um also noch einmal auf diesen Punkt zurückzukommen: Die "große Herausforderung", oder vielleicht etwas weniger hoch gehängt: eine der großen Herausforderungen an bzw. für letztere ist es, dem Medium gleichzeitig gerecht zu werden und es dabei dennoch kritisch zu reflektieren. Für ersteres muss man sich mit einem gewissen Enthusiasmus nach den spezifischen Potenzialen des WWW fragen, also: Wie kann ich diese ausloten und forcieren, um hier etwas zu realisieren, was in anderen medialen, technischen/technologischen und sozialen Kontexten so nicht möglich wäre. Letzteres erfordert hingegen immer wieder eine Distanzierung. Die Chance an diesem Punkt sehe ich darin, dass man viel direkter aus der Praxis für die Theorie lernen kann und umgekehrt als dies in so manchem anderen Feld der Fall ist. Nicht so sehr in dem Sinne, dass man an dem Feld, in dem man und über das man arbeitet, aktiv mitbaut - das trifft, wie ich schon ausgeführt habe - nolens volens auch auf andere Felder zu. Sondern vielmehr, weil es eben ein vergleichsweise junges Feld ist, das man zudem - in unserer Generation jedenfalls - in seiner Entstehung miterlebt hat. Da wären wir bei dem Stichwort "Zeitgenossenschaft". Das WWW mag in den letzten Jahren wie auch immer sprunghaft gewachsen sein, strukturell betrachtet ist es bei aller Komplexität - mit Komplexität meine ich hier v.a. die verschiedenen medialen, sozialen, politischen, juridischen Verstrebungen mit anderen medialen, sozialen, politischen, juridischen Kontexten - doch recht übersichtlich. Das ist eine echte Chance für eine Theorie, die sich nicht nur als Arbeit über ein Medium versteht, sondern auch in und mit dem Medium arbeiten will. In diesem Sinne darauf zu beharren, dass das WWW etwas ist, was man in dieser Verschränkung konstruktiv als Medium und als kulturelles Feld nicht nur betrachten, sondern auch nutzen kann, wäre jedenfalls eine meiner Utopien. Und die möchte ich - auch wenn ich selbst gerne vom "WWW als einer Arena der Repräsentation" spreche bzw. schreibe - vorläufig auch ungern über Bord werfen. Ihre Tragfähigkeit hängt allerdings - so sehe ich das jedenfalls - sehr wesentlich von den politischen und rechtlichen Entwicklungen ab, die wir in Zukunft in diesem Bereich gewärtigen. Diese Entwicklungen mitzugestalten sehe ich als eine wichtige Aufgabe und als eine große Verantwortung an, derer sich alle diejenigen, die ein aktives Interesse am WWW haben, nicht entziehen dürfen.

H+W: Welche Erfahrungen gibt es in der Zusammenführung von Kunst und Wissenschaft?
VK: Meine Antwort auf diese Frage geht wahrscheinlich nicht ganz in die Richtung, die man zunächst einmal mit diesen beiden Stichworten verbinden würde ."Zusammenführung von Kunst und Wissenschaft", das ist - weil man nachgerade automatisch "Die Künste" und "Die Naturwissenschaften" assoziiert - zunächst einmal ein Paradigma des Humanismus, das derzeit gerade im Bereich der sogenannten "Medien-Kunst"(-Theorie) eine regelrechte - wie ich jedoch meine: recht fragwürdige oder hinterfragenswerte - Renaissance erfährt: Prominent etwa in der allenthalben kursierenden Rede von einer neuen Generation der "Künstler-Wissenschaftler" oder "artist-engineers", die leider nicht nur eine Neuauflage der alten Legende vom Universalkünstler liefert, sondern prekärerweise - wenn man so will: post-humanistisch aufpoliert - auch Wissenschaftlern ganz gut zu gefallen scheint, wenn es darum geht, sich quasi als "alter deus" jeglicher ethischer Rechtfertigung zu entziehen. Da wir hier jedoch spezifisch über den Bereich Netze/Netzwerke sprechen, ist es glücklicherweise gar nicht so naheliegend, auf solche charismatischen Generalisierungen zu verfallen. Viel naheliegender ist es da doch, einzelne Wissenschaften konkreter ins Auge zu fassen, die sich mit diesem Feld beschäftigen und dementsprechend auch für eine Beschäftigung mit diesem Feld geeignet erscheinen: die Informatik, die Systemtheorie, die Soziologie/Politologie, die Medienwissenschaft, die Kunst- und Kulturtheorie. Zumal dann, wenn man umgekehrt eben auch nicht von einem seinerseits generalisierten Begriff von "Kunst" ausgeht, von dessen Charisma sich selbstredend ebenfalls leicht profitieren ließe, sondern von jenen Bereichen der Kunst, für die und in denen der Netzwerkbegriff eine Rolle spielt. Mir ist es also erst einmal sehr sympathisch, wenn man sich in dieser Frage auf den Netz(werk)-begriff bescheidet, als eine Art kleinsten gemeinsamen Nenner, obzwar er natürlich in allen diesen Wissenschaften ebenso wie in verschiedenen Bereichen der Künste durchaus unterschiedlich funktioniert. An diesem wesentlich präziseren, aber doch immer noch hinreichend oszillierenden Punkt jedenfalls lässt sich die Frage nach möglichen Zusammenführungen sehr viel besser beantworten. Und zwar so, dass man fragen könnte: Welches Feld könnte geeigneter sein, als die Netzkultur, um mögliche Gemeinsamkeiten ebenso notwendige Differenzen zwischen den Künsten und Wissenschaften zu erkunden und für diese beiden Bereiche fruchtbar zu machen? Hier könnte ich wohl auch am ehesten eine Schnittstelle für das sehen, was ihr als potentiell positiven Effekt von Hybridisierungsprozessen angesprochen habt: etwa theoretische Arbeit in anderen Formaten umzusetzen als denjenigen, die normalerweise für sie "vorgesehen" sind bzw. als bereits institutionalisierte für sie zur Verfügung stehen; und dabei - aufgrund der eigenen Involvierung in Prozesse der Konfiguration oder "Formatierung" des entsprechenden Feldes - auch das Risiko von Kontamination bzw. Distanzverlust bewusst einzugehen, um es als eine Chance zu begreifen. Was übrigens nicht heißen soll, dass dies in anderen Feldern nicht ebenso möglich (bzw. unvermeidlich) wäre. Die Kunstgeschichte beispielsweise hat sehr gewonnen, seit sie ihre eigene Involvierung in den Prozess des Kunstgeschichte-Machens nicht nur erkannt hat, sondern auch aktiv und kritisch reflektiert. Selbst verdanke ich die Erfahrung, einen solchen Prozess in dieser Direktheit mit zu erleben - sozusagen die Konditionen und Rahmungen in ihrer Entstehung beobachten zu können, ebenso wie die nicht immer so angenehme Erfahrung zu machen, dass und inwieweit man selbst in die entsprechenden Mechanismen verstrickt ist und welche

Konsequenzen das mit sich bringt - vor allem der Netzkultur im allgemeinen und im besonderen der cyberfeministischen Netzpraxis. Und der letztgenannte Bereich, also der Cyberfeminismus, wäre es wohl auch, wo ich persönlich die fruchtbarsten Zusammenführungen von Kunst und Wissenschaft im Bereich der Netzkultur erlebt habe, wie allerdings auch die heftigsten Konfrontationen und Komplikationen. Insgesamt habe ich doch den Eindruck, dass nicht nur Hybridisierungsprozesse, sondern auch Zusammenführungen bedauerlicherweise am besten dort funktionieren, wo sie quasi "(post-)darwinistisch" funktionieren und auch funktionieren sollen. Als Entdifferenzierungen und Indienstnahmen, Funktionalisierungen eben. Während ansonsten die Abgrenzungsmechanismen nach wie vor beste Dienste leisten und - wenn auch manche der traditionellen Institutionen an Einfluss und Bedeutung verlieren mögen - Institutionalisierung das dominierende Paradigma bleibt. Das lässt sich etwa auch für den Bereich der Kunst im Netz bzw. der webbasierten Kunst beobachten. Die Frage ist, wie man mit diesen Erfahrungen umgeht, insbesondere mit der Erfahrung, dass man selbst an Mechanismen Anteil hat und an Prozessen partizipiert, die man eigentlich einmal zu kritisieren oder zu verändern angetreten ist. Für Resignation sehe ich da allerdings keinen Grund. Denn letztlich hat das wohl auch etwas mit dem zu tun, was man eben "Zeitgenossenschaft" nennen könnte; wo Involvierung automatisch da und Distanzierung nicht so einfach zu haben ist - was beides gleichermaßen problematisch macht, aber gerade auch besonders spannend und fruchtbar.

http://kuni.org/v

H+W: Warum fasziniert dich also das Netz?
VK: An diesem Punkt - der äußerst ambivalenten, weil eigentlich ständig zwischen Öffnungen und Verschließungen oszillierenden Entwicklung, in der sich die Netzkultur befindet - würde ich wohl auch so etwas wie die "Faszination" ansetzen, die dieser Kontext wie auch das Medium für mich nach wie vor besitzen. Wobei der Begriff "Faszination" ursprünglich nicht nur mit der Macht(beziehung) einer Anziehungskraft zu tun hat, sondern wortwörtlich eine "magische" Anziehung meint, die etwas auf jemanden ausübt - der oder die weder das, was ihn oder sie anzieht, noch die Art und Weise, wie die Anziehung zustande kommt, begreifen bzw. rational verstehen kann. Da sehe ich dann doch einen entscheidenden Unterschied: dass mich das Netz "fasziniert", könnte ich also allenfalls in Anführungsstrichen stehen lassen, denn es handelt sich doch um ein aktives Interesse, das erstens mit "Verstehen-Wollen" zu tun hat, zweitens davon ausgeht, dass das Ganze bzw. seine Strukturen und die in diesen Strukturen situierten Prozesse begriffen und vermittelt werden können und sich drittens – mindestens als Utopie – auch selbst als aktiv an diesem Prozess teilnehmend und diesen mitgestaltend versteht.

Geert Lovink

Die Allmacht der Interfaces

H+W: Du sprichst davon, dass dich zur Zeit der Wunsch nach Auflösung der Disziplinen und die strukturelle Unmöglichkeit dessen beschäftigt und siehst darin ein sonderbares Paradoxon: Auf der einen Seite die Notwendigkeit des Aufbaues neuer Disziplinen und Fachbereiche – in deinem Fall der Netzkritik - und auf der anderen Seite die Forderung, Grenzen zwischen institutionell definierten Bereichen zu sprengen, zu negieren, zu meta-morphosieren. Könnte in diesem Problem nicht auch eine Herausforderung liegen?

GL: Nein. Ich verweigere mich dieser protestantischen Logik, bei der die Probleme der Welt zu Herausforderungen umgedeutet werden. Wir sprechen hier über reale Probleme und Interessenskonflikte innerhalb von Institutionen und Disziplinen. Das ist ein Tabuthe-ma, weil in diesem Konsens-Zeitalter alle grundsätzlich einer Meinung sind. Wenn Neues aufkommt - wie in diesem Fall Computernetze - können wir nicht naiv davon ausgehen, dass alle die Geburt des Neuen begrüßen und die Innovation automatisch und voller En-thusiasmus in bestehende Arbeitsfelder integriert wird. Für Spezialisten in der Massen-kommunikationsbranche ist das Internet immer noch unwichtig. Das gleiche gilt für die Experten der "universalen" Medien der Menschheit, wie auch für Musik, Tanz, Bildende Kunst und Literatur. Für die Bürokraten dieser Branchen sind Computer nach wie vor Bü-romaschinen, die ihre Sekretärinnen bedienen. In wenigen Jahren wird die Netzland-schaft aber anders aussehen, und die Entwicklung der Netze wird abgeschlossen sein. Unter welchen Bedingungen werden wir dann kommunizieren? Wer wird die Standards setzen? Wer kümmert sich jetzt schon um die Privacy von morgen? Das sind nicht die Maler, Operndirektoren oder Kulturbosse, die alles auf kalkulierbaren Entertainment-Wert abschätzen.

http://laudanum.net/geert

H+W: Führen nicht arbeitsteilige Prozesse unter Beibe-haltung der spezifischen Arbeitsweisen zu einer Auf-lösung einzelner – meist absoluter – Wahrheitsansprüche und werden nicht damit auch neue Zusammenhänge generiert, die über das jeweils eigene Fach hinausgehen?
GL: Ja, dieses Risiko müsste man eingehen. Es hat bei der Einführung des Internets Mitte der 90er-Jahre so etwas wie einen "Cyberrausch" gegeben, der sich danach in Richtung Business verschoben hat und der jetzt - Ende 2001 - vorerst verschwunden scheint. Es gibt aber unzäh-lige Netz-Diskurse, die alle ihre mythologische Phase haben und damit Wahrheitsansprüche stellen. Das gilt auch für das, was ich hier behaupte. Die Arbeitsteilung innerhalb der Wissensbereiche soll immer weiter gehen. Gleichzeitig wissen wir, dass manche Bereiche fast unbe-merkt verschwinden; Beispiele dafür wären die Kyberne-tik oder die Massenpsychologie. Das Geschäft mit den Neuen Medien ist aber erst im Kommen. Damit wird sich die Krise der Geisteswissenschaften, wie auch die ohne-dies wachsende Dominanz von angewandtem Wissen über abstrakte und historische Artefakte noch verstär-ken. Computer als universale Rechenmaschinen und Netze als Ressourcen für alles Mögliche haben beide die Tendenz in sich, Spezialwissen implodieren zu lassen. Eine Theorie für alles entwickeln zu wollen gleicht aber einem Spektakel und der Wunsch, sich mit anderen Kollegen verständigen zu können, ist lediglich humanisti-scher Abfall. Alle Versuche in Richtung einer Meta- oder Transdisziplinarität führen irgendwann wiederum zu ab-geschotteten Diskursen. Trotzdem sind derartige Versu-che berechtigt. Das Wissen wird aber heutzutage nicht in einer abgeschlossenen Monade entwickelt. Wir müssen also gleichzeitig akzeptieren, dass die Spannung zwi-schen dem Allgemeinen und dem Speziellen steigt. Es gibt hier weder Versöhnung noch Synergie.

H+W: Du siehst hier unüberbrückbare Differenzen?
GL: Es geht darum, dass der 'Kampf' gegen die etablier-ten 'alten' Medien in Zeiten der Kürzungen nun einmal hart und dieser Umstand allen unangenehm ist. Sollen wir uns in diesem Sinne als Feinde der Opernkultur outen oder einen endgültigen Bruch mit der Gemäldemafia aus-rufen? Der analoge Film ist beinahe tot; sollte man also überhaupt noch jemandem die Vorteile digitaler Filmpro-duktion erklären müssen? Oder die Geschwindigkeit von

Geert Lovink, geb. 1959 in Amsterdam, ist Medien-theoretiker und Aktivist. Nach Abschluss des Politologiestudiums an der Universität Amsterdam arbeitete er als unabhängiger Kritiker, Produzent, Verleger und Radiojournalist. Er ist Gründer zahlreicher Internet-Initiativen und organisiert Konferenzen, Online-Foren, Publikationen und Projekte wie gemeinnützige Internet-Provider, Mailinglisten und Medienlabore.

In den letzten beiden Jahr-zehnten lebte und arbeitete er in Berlin, Budapest und an anderen Orten in Mittel- und Osteuropa, wo er Medienge-schichte lehrte und unabhän-gige Medien unterstützte, mit denen eine neue Medienkultur entstand. Er war Herausgeber der Zeitschrift für neue Medienkunst Mediamatic (1989-1994) und gehört Adilkno an. Im Jahr 1995 war er an der Gründung der internationalen Mailingliste Nettime beteiligt. In jüngster Zeit arbeitete er in den Themenbereichen Kultur und New Economy. Er lebt derzeit in Sydney, AUS.

http://laudanum.net/geert

email anpreisen? Nein. Es geht in der Medientheorie nicht um Produktmarketing. Es muss also jenseits der gesellschaftlichen Notwendigkeit noch etwas anderes mit den Neuen Medien sein. Diejenigen, die experimentieren und darüber reflektieren, sollten über das Techno-Schicksal einer Einführungsrhetorik hinausgehen. Gleichzeitig wissen alle, die sich mit dieser Medienfrage befassen, dass es immer wieder zu früh ist. Es scheint, als ob diese Technologien nie den Punkt ihrer vollständigen Integration in die Gesellschaft erreichen. Die Widerstände gegen das Neue sind anscheinend immens. Neue Medien sind nicht harmlos. Sie haben ein Potenzial und versprechen Möglichkeiten wie Interaktivität, dezentrale Dialoge, Beschleunigung informeller Entscheidungsprozesse und generell eine Vervielfachung von Kommunikation. Funktionäre in alten Machtstrukturen schätzen dies nicht und bleiben daher lieber offline, wenn sie vielleicht offiziell auch Vernetzung und Digitalisierung predigen. Hier ist die Gefahr, dass - noch bevor Neue Medien sich etablieren und neue Logiken und Arbeitsweisen erforscht und vertieft werden können - die Vernetzung vollendet ist, die Computer da sind und niemand mehr adäquate Vorgehensweisen braucht.

H+W: Der Bruch mit der "Gemäldemafia" beinhaltet eine Gegenposition, die auf ein Feindbild reduziert ist. Gibt es abgesehen von dem Geschäft mit den Bildern, nicht auch Bilder, die an sich als Bilder funktionieren? Geht es nicht um das je zeitgenössische Denken und Handeln, das immer auch auf Reflexion des Bestehenden beruht? Können in diesem Sinn Dinge nicht gleichwertig koexistieren?
GL: So funktionieren moderne Institutionen leider nicht. Es geht nicht um das Recht auf friedliche Koexistenz zwischen dem Alten und dem Neuen, sondern darum, dass die Babyboom-Generation - und damit die "Offline-Machthaber" - nicht bereit sind, ihre Ressourcen abzugeben; vor allem nicht in einer Zeit andauernder Kürzungen. Es gibt einen ganz realen Kampf um Gelder und Aufmerksamkeit. Die Objektkunst hat den Vorteil, dass sie den Markt hinter sich weiß. Das ist im heutigen Klima nicht unwichtig. Diejenigen, die also reale Objekte im Angebot haben - seien es digitale Prints oder auch Videoinstallationen - haben einen großen Vorsprung gegenüber jenen, die im Netz tätig sind. Das Kunstsystem umarmt nun 35 Jahre nach seiner Einführung endgültig Video. Der Kampf war enorm. Das ist die Tragik der Avantgarde. Soll das mit den Netzen wieder so lange dauern? Ich schätze ja. Aber mehr und mehr Pioniere machen diese Machtrituale nicht mehr mit. Es droht also eine institutionelle Leere, denn wer hat Lust auf 30 Jahre Ignoranz? Viele Institutionen sind nicht mehr reformierbar. Entweder sie verschwinden oder werden sehr konservativ. Das heißt aber, dass die Etablierung des Neuen stagniert und Erneuerung kann nur als Stellenabbau interpretiert werden. Zwangsläufig heißt die Alternative also Business.

H+W: Gibt es in der Geschichte eine Phase, in der Avantgarde geschätzt und geachtet wurde? Ist das Bemühen um Bedeutung nicht schon grundsätzlich auf die Zeit nach dem eigenen Leben angelegt?
GL: Ich denke, dass es in der ersten Hälfte des 20. Jahrhunderts tatsächlich eine historische Avantgarde gegeben hat. Das Problem mit dem Avantgardismus begann erst nach 1945 und kam mit den großen gesellschaftlichen Verschiebungen in den 60er-Jahren, wie dem Aufkommen der globalen Medien, dem Postkolonialismus und Demokratisierungs-

wellen, zum Vorschein. In einer Zeit, in der jeder Künstler sein und jeder sich jeglicher technischer Medien bedienen und dabei noch komplexe Identitätsfragen aufwerfen kann, ist Avantgarde ein loser Begriff geworden. Es gibt also nicht mehr die eine Bewegung, sondern polymere Zentren, Fragestellungen und Strategien. Diese Vielzahl an Möglichkeiten soll aber nicht mit Liberalismus verwechselt werden. Ich denke nicht, dass diejenigen, die Innovatives leisten, sich heute noch auf die Zeit nach ihrem Tod einstellen. Ganz im Gegenteil. Es geht um "jetzt oder nie", denn die Möglichkeiten von heute sind bestimmt anders als die von morgen oder noch von heute abend. Die Begeisterung für das Heute ist groß - und ich teile dies. Ich glaube, man sollte die Geschichte nicht gegen diejenigen einsetzen, die etwas vorhaben. Es geht mir eher darum, in der Praxis aktuelle Mechanismen und Gesetze für gesellschaftliche Veränderungen herauszufinden. Es ginge, glaube ich, darum, zu entdecken, wie die kreativen Kräfte ohne Vermittlungsinstanzen direkt Geld verdienen könnten. Solche Modelle sind heute möglich und könnten ausprobiert werden. Die Frage ist, ob die Kulturschaffenden klug sind und sich jetzt entscheiden, solche dezentralen Bezahlungssysteme aufzubauen. Ansonsten machen Microsoft und AOL es für sie.

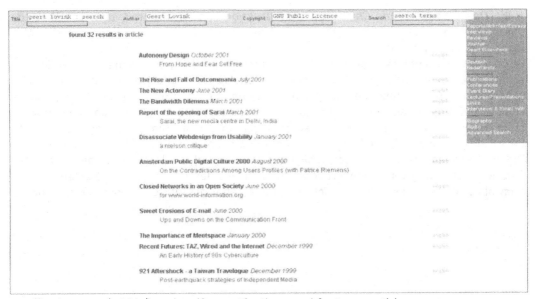

http://laudanum.net/cgi-bin/isengine.pl?o=geert&action=search&category=article

H+W: Sind nicht aktuelle Kooperationen mit der Wirtschaft mit Auftragsmalereien in der Renaissance zu vergleichen?
GL: Kann sein. Das Problem ist nicht, dass Künstler so etwas machen. Es gibt für mich keine politisch korrekte Moral in solchen Fällen. Die Frage ist doch eher: Werden radikale Modelle praktiziert und weiter entwickelt oder geht es nur um regressive Bebilderung der Bürowelt oder privater Innercity-Appartements mit popkulturellen Ikonen? Ich bin der Meinung, dass die Befreiung aller Künste in ihrer Sinnlosigkeit liegt. L'art pour l'art ist nicht nur ein historisches Statement, sondern eine permanente Herausforderung.

Autonomie, die Befreiung von der Gesellschaft und die radikale Konfrontation mit dem Unbekannten sind mir viel wert. Diese Position kann sich aber auch elitär und unschuldig auswirken, wenn Radikalität, Neugier und Besessenheit fehlen. Man trifft sie in Ländern, in denen die junge Kunst mit Geldern und Ressourcen bestückt wird. Manche Formen von Autonomie führen zu einer gewissen Form von Beliebigkeit und gar Naivität. Ich bin aber nach wie vor ein großer Befürworter einer aktiven und auch destruktiven Praxis, in der die hegemoniale Ideologie spielerisch auseinandergenommen, oder besser noch, umgangen wird. Medien sollten sich keinem Ziel außerhalb der Mediensphäre unterwerfen. Das primäre Ziel jeglicher Medienarbeit ist die Befreiung der Medien und jeder Schritt zu Unabhängigkeit ist ein Gewinn. Ich denke aber nicht, dass dies zu einer Formreligion führt. Mir ist eine intensive Auseinandersetzung mit Medienformen und Oberflächen besonders lieb. Alle, die sich aktiv für Neue Medien einsetzen, sind sich - glaube ich - der politischen, kulturellen und wirtschaftlichen Dimensionen von Computer-Interfaces bewusst. Das ist das Erbe jahrzehntelanger Diskussionen um Materialismus und Strukturalismus. Wir alle glauben fest an die Allmacht der Interfaces. Sie strukturieren die heutige Kommunikation und das Wissen als solches.

H+W: Das Web bietet die Chance zur Konstruktion von Wirklichkeit, bzw. von Welt, da belebbare Umgebungen hergestellt und somit eigenständige Subsysteme geschaffen werden können. Wie siehst du das?
GL: Das Internet entwickelt sich in entgegengesetzte Richtungen, in denen - in der Gesellschaft bereits vorhandene - Spannungen ausgetragen und beschleunigt werden. Einerseits entwickeln die Netze autopoietische Systeme, die die Komplexität steigern; anderseits wird mit der Integration von Computernetzen innerhalb der Gesellschaft die gewonnene Ausdifferenzierung wieder ebenso drastisch abgebaut. Komischerweise tragen alle Entwickler zu beiden Tendenzen bei. Es geht in diesem Fall also nicht um Parteinahme. Die wachsenden Gegensätze lassen sich gut am Beispiel der Usability-Debatte ablesen. Seit der Einführung von Benutzeroberflächen gibt es das Bestreben, die Bedienung und Auswahl einfacher zu machen. Gleichzeitig gehen aber die interessantesten Experimente

http://laudanum.net/geert/audio.shtml

- anfangs mit HTML und Director, jetzt mit Flash - in die entgegengesetzte Richtung. Sie "berauschen" den User während der Fahrt und versuchen wegzukommen von der kalten Rationalität der Corporate Portals. Andererseits macht es Sinn, öffentliche Informationen für alle zugänglich zu machen. Standards, die für alle gleich möglich sind, sind wichtig und viele Internetnutzer kümmern sich darum, die technischen Standards offen und frei zu halten. Standardisierung von Gestaltung und Inhalt – "syndication" - führt dagegen zu einer Retrobewegung; zurück zu den top-down Massenmedien, die nur in einer Richtung kommunizieren und User nur als Konsumenten von "Dienstleistungen" betrachten. Ich würde also nur an "Subsystemen" arbeiten, die sich in diesem Spannungsfeld positionieren. Sich jetzt in einer gemütlichen Subkultur abzublocken, ist mir noch zu früh. Dieser Trend wird sich aber durchsetzen, sobald AOL, Microsoft und noch ein paar mehr, alle Märkte erobert und zusammen mit den jeweiligen Regierungsstellen das Netz "gesichert" haben.

H+W: Wie kannst du dir eine aktuelle Medientheorie vorstellen? Worin liegen deiner Meinung nach brennende ungelöste Fragen?
GL: Die weiter vorangehende Digitalisierung und Vernetzung wird zu großen Spannungen und Verwirrungen führen. Zum Beispiel: Was ist das Eigene am Film im Vergleich zum Fernsehen, wenn digitale Produktion und Ästhetik gleich sind? Gut, Film hat seine eigene Genealogie, die sich von der Geschichte des Fernsehens unterscheidet. Das wird in Zukunft keine wesentliche Unterscheidung mehr darstellen; bislang ist dies durchaus noch der Fall. Gleichzeitig wissen wir, dass die große Konvergenz nicht stattfinden wird. Es wird kein Übermedium geben - trotz Andeutungen in diese Richtung. Für die Medientheorie stellt sich also die Frage: Was ist ihr Objekt? Liegt das nur in der Geschichte, der Archäologie der Medien wie Avital Ronell, Friedrich Kittler, Erkki Huhtamo oder Lev Manovich sie betreiben? Wo liegt die Abgrenzung zu Cultural Studies, (Massen)Kommunikationswissenschaft, den Geisteswissenschaften, der Kunsttheorie bis hin zur Informatik und sogar weiter in Richtung Gehirn- und kognitiver Forschung? Die Antwort, dass alles mit allem zusammenhängt, bringt uns nicht viel weiter. In dem Agentur Bildwelt-Buch "Das Medien Archiv" (1993) haben wir die Grenzen der Medientheorie abgetastet, und das Resultat war relativ spekulativ. Wenn alles zum Medium, zum potentiellen Kanal für Botschaften werden kann, implodiert das Wissensgebiet. Das könnte sehr gut passieren. Bisher hat sich die Medientheorie, wie sie sich in Mitteleuropa entwickelte, hauptsächlich an der Philosophie und der Literaturwissenschaft orientiert. Diese Phase ist vorüber. Die Konzepte aus der Geisteswissenschaft sind zu grob und spekulativ, zu abgehoben. Sie spiegeln eine quasi Tiefe vor, die aber nicht da ist. Diese kontinental-europäische Sehnsucht nach Tiefe ist verständlich, aber auch leicht restaurativ. Das Buchwissen der vergangenen Jahrhunderte stellt eine ideenreiche Galaxis dar, kann aber auch ein schwarzes Loch für neue Gedanken und Initiativen sein. Für die Kulturwissenschaften - wie Friedrich Kittler sie derzeit definiert – sind sie eine Quelle der Inspiration gewesen. Es ist gut, manchmal dorthin zurückzukehren, aber nicht dort herumzuhängen. Manchmal wird stromabwärts der Fluss breiter und wilder. Die heutige Medientheorie sollte wirklich versuchen, von dem Pathos des historischen Buchwissens wegzukommen und sich radikal mit den Neuen Medien auseinandersetzen.

Ricardo Barreto - Paula Perissinotto

Das Netz ist ein Ganzes und dieses Ganze hat Teile

H+W: Das FILE Festival hat in kurzer Zeit international bereits große Anerkennung erlangt. Wie seid ihr auf die Idee gekommen, ein Festival zu gründen und zu veranstalten?
B+P: Es war letztlich nicht eine Idee, sondern ein Prozess, in dem verschiedene Ideen schließlich zum Festival geführt haben. Im Vordergrund stand der Wunsch, das Netz verstehen zu lernen und simultane Prozesse weltweiter Kreativität sichtbar zu machen. Verschiedene Menschen haben zur selben Zeit verschiedene Ideen. Wichtig war uns dabei, dass wir diese Kreativität des Kollektiven nicht nur den Produzierenden, sondern auch allen anderen Menschen zeigen wollten. Die Idee ist aber, dass das FILE nicht nur an einem einzigen Ort bleibt, sondern sich verbreitet; ähnlich der ISEA *(Inter-Society for the Electronic Arts, www.isea.qc.ca, Anm.)* und doch anders. Dazu ist dieses Medium da. Es macht Simultanität und damit unabhängige Einheiten an verschiedenen Orten gleichzeitig möglich. Wir werden im Oktober 2001 nach Curitiba fahren *(Hauptstadt des Bundesstaates Parana, Anm.)*, um dort das erste externe FILE zu veranstalten. Wenn sich dort auch nur fünf Leute das Programm ansehen, so sind es doch fünf mehr, die sich dafür interessieren.

H+W: Wie ist die gegenwärtige Situation der Medienkunst in Brasilien, bzw. Südamerika?
B+P: Es gibt eine kleine Gruppe von Intellektuellen, die sich in Südamerika mit Medienkunst beschäftigt und sie auch versteht. 2001 haben verschiedene Fernsehsender und die Presse die Bedeutung des Festivals wahrgenommen und darüber berichtet. Aufgrund des großen Medienechos kamen plötzlich aus Neugierde Besucher ins Museum, die davor nicht hier waren. Brasilien ist das größte Land Südamerikas und es ist durchaus vorstellbar, dass es deshalb auch mehr Gewicht hat. Es gibt hier zudem immer noch eine interne Diskussion um Südamerika und Lateinamerika. Ist ein mexikanischer Künstler also auch ein südamerikanischer, wenn er doch ein lateinamerikanischer ist? Es ist schwierig, Vergleiche anzustellen. Es gibt einige Südamerikaner, die wir zum Festival eingeladen haben, aber es gibt bestimmt noch viele andere, die uns bislang unbekannt sind. Was wir sicher wissen, ist, dass das FILE etwas Besonderes in Brasilien ist.

H+W: Der zentrale konzeptuelle Faktor liegt in der Gleichzeitigkeit der Präsentationen im Museu da Imagem e do Som und derjenigen im Web. Welche Bedeutung hat das Web?
B+P: Der Hauptgrund, dass die Arbeiten auch im Museum zu sehen sind, liegt darin, den Menschen die Arbeiten näher zu bringen und ihnen die Sprache vertrauter zu machen. Die meisten Menschen in Brasilien haben noch keinen Zugang zum Internet und so können auch sie die Arbeiten kennenlernen. Parallel vermitteln wir damit, dass diese Kunst für ein Museum geeignet ist. Die Stärke des Festivals liegt aber sicher in der Kombination von online und offline Version *(gemeint ist mit "offline" die Präsentation im Museum, die wiederum durchaus online ist; das Festival verfügt über schnelle Datenleitungen; Anm.)* Für uns selber und für die Produzierenden wäre eine online Version ausreichend, aber für andere ist sie es nicht. Die Präsentation im Museum legitimiert die Arbeit auf einem weiteren Level.

H+W: Ihr habt euch auf Internet- und CD-ROM-Projekte konzentriert. Steht dahinter der Umstand, das Installationen kostenintensive Events sind oder seid ihr von diesen Kunstrichtungen inhaltlich überzeugter als von anderen?
B+P: Nein, um den Inhalt geht es nicht. Wir haben eine große Begeisterung für Installationen, aber das Problem sind die Kosten. Wir müssen mit unserem Budget auskommen und es ist viel aufwendiger mit Installationen zu arbeiten. Dazu kommt die Energiekrise in Brasilien. Projekte, die viel Strom brauchen, könnten wir im Augenblick deshalb nicht realisieren. Wir haben das Problem, dass wir keinen Hauptsponsor haben und deshalb von einzelnen Unterstützungen von Firmen und kulturellen Institutionen abhängig sind. Mit der diesjährigen Aufmerksamkeit der Presse sollte es nächstes Jahr besser werden. Das Ziel des Festivals ist, alles zu zeigen, was neu ist in diesem Bereich: sowohl online, wie auch offline. Hier liegt unsere Kompetenz. Sowohl die Biennale in Sao Paulo wie auch die in Venedig möchte mit Avantgarde arbeiten. Beide haben aber nicht die Kompetenz, zu verstehen, was das Netz ist. Die Kuratoren lassen sich also von Leuten beraten, die damit zu tun haben, wie von uns. Sie werden versuchen, solche Arbeiten zu präsentieren, haben aber einen ganz anderen Zugang.

H+W: Heute macht es für KünstlerInnen in der Produktion kaum noch Unterschiede, ob die Präsentation als interaktive Installation vor Ort oder aber als Webprojekt oder CD-ROM stattfindet. Die Ausstellungssituation ist aber massiv davon beeinflusst. Was meint ihr dazu?
B+P: Der Monitor bietet die individuelle Auseinandersetzung, während die Projektion an sich "öffentlicher" ist; andere Leute können im Umgang mit dem projizierten Projekt beobachten, wie man mit der spezifischen Arbeit umgeht. Die Präsentation mit der Datenprojektion ist an sich viel eindrucksvoller, ideal ist aber beides parallel. Man muss hier immer wieder experimentieren, dafür braucht es aber auch wieder Equipment. Es gibt Arbeiten, die über die Projektion nicht wirklich funktionieren, weil sie zu dunkel sind, die Schrift zu klein ist, etc. Dann gibt es Arbeiten, die grundsätzlich sehr gut zu projizieren wären, der Künstler aber nicht möchte, dass sie projiziert wird, da sie im Netz produziert ist und da auch bleiben soll. Das ist aber selten, die meisten Künstler wollen die (online) Datenprojektion.

Ricardo Barreto, studierte Philosophie an der Universität und der Akademie der Bildenden Künste in São Paulo. Er lehrt Medienkunst mit den Schwerpunkten Deleuze und Guattari. Seit 1982 ist er an Kunstausstellungen beteiligt, seit 1997 beschäftigt er sich mit digitalen Arbeiten.

Paula Perissinotto schloss ihr Studium der Bildenden Künste mit einem Diplom der FAAP (SP) und dem Grad eines Masters an der Kunsthochschule der Universität São Paulo ab. Seit 1993 nimmt sie mit Multimedia-Installationen und Objekten an Ausstellungen teil, seit 1997 beschäftigt sie sich mit digitalen Arbeiten.

Gemeinsam entwickelten sie zunächst SATMUNDI, eine Website für experimentelle Kunst (www.satmundi.com). Im Jahr 2000 gründeten sie mit FILE - ELECTRONIC LANGUAGE INTERNATIONAL FESTIVAL das einzige südamerikanische Medienfestival mit Internet-Schwerpunkt. 2001 wurde ihnen dafür der "Sergio Motta" – Preis für kulturelle Initiativen verliehen.

www.file.org.br

H+W: Gibt es einen Begriff, mit dem die Arbeiten des letzten Jahres umschrieben werden können und einen für die Arbeiten von heuer?
B+P: Es gab auf jeden Fall mehr Interaktion in diesem Jahr. Es war auch unser Hauptauswahlkriterium: Interaktion und wie sie zustande kommt.

H+W: Welchen Unterschied macht ihr zwischen Webart und Netart?
B+P: Diese Kategorien sind fließend und ändern sich. Was ist Netzkunst, Webkunst, Virtual Reality, Ascii-Art oder ein interaktiver Film? In diesem Jahr haben wir auf der FILE-site die einzelnen Kategorien angeführt, sie gehen aber ineinander über. Diese Begriffe entstehen, weil Menschen die Gewohnheit haben, allem einen Namen zu geben. Das ist nur Nomenklatur. In der Webkunst gibt es diese neue Vorgabe, zu der es noch wenige Arbeiten gibt: das Vernetztsein per se. Unser nächstes Projekt hat auch damit zu tun. Das ist eine andere Art Kunst, mit der es gleichzeitig auch viele Probleme gibt, weil das Anliegen des Autors nicht mehr so wichtig ist. Viel wichtiger ist die Strategie, die der Autor benutzt, damit es multiple Inhalte gibt, wenn man sich mit dem Werk auseinandersetzt und auch die Konstruktion, die die Person generiert, die damit zu tun hat; auch das ist eine der großen Revolutionen. Das Wichtige daran ist, wie das Kunstwerk entsteht, damit es diese multiple Qualität hat. Damit ändert sich die Wichtigkeit der Rolle des Künstlers und in der Folge auch die Rolle des Publikums. Dieses muss viel kreativer sein, weil es dem Kunstwerk erst einen Sinn geben muss. Das ändert alles. Wenn wir also sagen, dass Webart alles ist, was Netart nicht ist, dann wird auch das Verhältnis zum Publikum wichtig, bzw. wie sich das Publikum damit auseinandersetzen kann. Es muss selbst den "Geist" haben, diese Kunst entdecken zu wollen und sehr offen sein, um sich mit der Arbeit auseinanderzusetzen und die Wege zu entdecken. Die große und bislang ungelöste Frage ist, wie man das Publikum dazu bringt, Interesse dafür zu entwickeln. Wir denken, das Netz ist ein Ganzes und dieses Ganze hat Teile. Das Festival möchte dem nachspüren, was im Internet geschieht. 2001 hatten wir die interaktiven Filme, die es so letztes Jahr noch nicht gegeben hat. Am wichtigsten scheinen uns aber Projekte, die mit der Vernetzung arbeiten.

H+W: Welche Bedeutung hat die Webkunst innerhalb der Medienkunst heute?
B+P: Unterscheiden wir zunächst Multimedia von Hypermedia - mit Multimedia meinen wir die analogen Medien, wohingegen Hypermedia für die digitalen Medien steht – und gehen wir ein Stück zurück bis zu der Zeit, in der die Welt durch die neu aufkommende Postmoderne in eine Krise geschlittert ist, weil nichts mehr linear war. Die Postmoderne hat diese Krise zwar aufgezeigt, konnte aber keine Lösungen finden. Der einzige Versuch, den sie schließlich anstellte, war die Approbation der Vergangenheit und damit die Kombination verschiedener Stile vergangener Zeiten. Und dann geschah die Revolution des Netzes, die am Anfang versteckt war, durch die aber heute alles anders ist. So fängt alles neu an: die Art des Denkens, die Werkzeuge, das Verhalten. Deswegen zitieren wir gern Lewis Caroll und sagen: "Je mehr Alice rennt, umso mehr bleibt sie stehen." Es ist ein Paradoxon. Es geht nicht mehr um Avantgarde. Diese Revolution war so brutal und stark, dass wir sie gar nicht bemerkt haben. Sie war auch noch gar nicht, sondern sie ist immer noch. Webkunst ist ein Manifest, das zeigt, dass jemand diese Revolution versteht. Wenn man vom Paradigma der Kunst ausgeht, ist es schwierig, Webkunst zu beurteilen,

weil sie viel zu neu ist. Das wird sich erst alles zeigen und wir werden noch einige Zeit brauchen, um historisch urteilen zu können.

H+W: Inwieweit sind technische Kategorien hilfreich zur Positionierung von Arbeiten?
B+P: Wenn die Technik lange genug vorhanden ist, hat sie keine Bedeutung mehr; der Inhalt wird wichtig. Als die Ölfarbe erfunden wurde, gab es sicher Menschen, die sich damit beschäftigten, was mit diesem Material nun möglich ist. Heute geht es nur noch darum, was damit gemacht wird. Wenn also jemand eine neue Technik entwickelt, bekommt sie Gewicht. Früher war alles linear, man hatte die Form und den Inhalt. Es gab Künstler, die nur die Form nutzten und sie bekamen den Vorwurf des Formalismus. Dann gab es auch umgekehrt diejenigen, deren Schwerpunkt auf dem Inhalt lag, wie z.B. die Expressionisten, und auch das wurde vorgeworfen. Es gab also immer die (aristotelische) Frage nach der Beziehung von Form und Inhalt. Aber die Frage wird in Zukunft vielleicht gar nicht mehr so gestellt. Wichtig ist, was eine Arbeit potenziert.

H+W: Welche Entwicklungen zeichnen sich inhaltlich für die nächsten Jahre ab?
B+P: Vilem Flusser sah eine Entwicklung in der Biotechnologie: die Arbeit am eigenen Körper mit eigenen Genen. Das ist einer der Wege. Der andere Weg sind "infactiveis"; Arbeiten, die so angelegt sind, dass man nie an ihr Ende kommt und in denen man sich verliert. Der interaktive Film ist aktuell auch ein experimentelles Projekt. Würden davon Langfilme gemacht, könnte man sie tage-, wochen- oder monatelang ansehen. Auch mit

SÃO PAULO 2001

http://www.file.org.br/file2001a

der Entwicklung des digitalen Fernsehens werden spezifische interaktive Programme entwickelt werden müssen und daraus werden wiederum viele neue Dinge entstehen; wobei speziell hier die Gefahr besteht, dass es Sendermonopole geben wird. Im Internet besteht nur die Gefahr, dass jemand in eine Arbeit hineingeht und nie mehr herauskommt.

H+W: Ihr zählt zu den wenigen KuratorInnen, die sich auf multimediale Entwicklungen einlassen. Die meisten eurer Projekte arbeiten mit Bild, Ton und Text parallel. Nach welchen Kriterien trefft ihr eure Auswahl und wie findet euer Entscheidungsprozess statt?
B+P: Es gibt immer noch Arbeiten, die linear, narrativ und dabei interaktiv sind. Wir ziehen aber hypertextuelle Arbeiten vor, in denen Navigation kreiert, bzw. bearbeitet wird und sprechen dabei von "fließenden" Navigationsarchitekturen. Die Navigation ist nicht nur wegen der Link-Architektur wichtig, sondern weil sie auch die Idee des Werkes verstärkt und den User involviert. Was heute zwischen der Technik und der Kunst steht, ist die immer komplexere Herstellung dieser Navigationsstrukturen. Darin sehen wir eine ganz große Herausforderung: Die Entwicklung von Audionavigationen, Textnavigationen, Bildnavigationen oder solchen, die aus einer Verbindung dieser Möglichkeiten entstehen.

H+W: Das Web besteht aus vielen einzelnen und z.T. voneinander abgegrenzten Eigenwelten. Welche Community erachtet ihr diesbezüglich als maßgeblich?
B+P: In Wirklichkeit sind wir keiner Community verbunden, wir legen vielmehr Wert auf den Aspekt der Anarchie. Im FILE arbeiten wir mit allen Communities, sind aber selber nicht Teil davon. Wir zeigen Ausschnitte dessen, was geschieht. Wir arbeiten nicht nur mit Künstlern, sondern auch mit Wissenschaftlern, kommen selber aber von den Visual Arts. Das ist unser primärer Zugang. Aber es gibt viele Dinge, die wir auch zeigen möchten.

H+W: Webkunst bietet heute die Chance zur Konstruktion von "Wirklichkeit", bzw. von "Welt", da belebbare Umgebungen geschaffen und somit eigenständige Subsysteme entwickelt werden können. Wie seht ihr das?
B+P: Es gibt Arbeiten, die Realität repräsentieren. Viel interessanter ist aber, wenn man Welten kreiert, die nicht mit dieser Welt in Verbindung stehen und das ist, was die Simulation heute erlaubt: eine Welt zu schaffen, die eigene Gesetze hat, eigenes Verhalten aufweist und die Kreativität des Menschen verstärkt; das Potenzial des Zuschauers und des Schaffenden. Es gibt drei Möglichkeiten: man kann simulieren, emulieren oder eine ganz neue Welt bauen. Das sind unterschiedliche Ebenen und alle sind wichtig. Es kann sein, dass man hier beginnt und dort endet. Es gibt keine Formel für den besten Weg.

H+W: Wir arbeiten als KünstlerInnen, entwickeln die Theorien und bauen an Strukturen, in denen wir präsentieren. Das scheint auch alles sehr subversiv zu sein.
B+P: Wichtig sind Organisationen, die autopoietisch sind und unabhängig von den staatlichen Institutionen und dem Kapital. Wir sind eine derartige non-governmental Organisation. Wir wollen keine Vorgaben. Wir müssen noch wachsen, aber wir kamen genau so zustande. Die staatlichen Institutionen sind langsam, auch wenn sie entwickelt sind und obwohl die Institution "Kapital" schnell ist, ist sie dumm. Im Internet kann man viele Dinge sehr schnell und ohne Vermittlungsebene machen. Es ist gerade dadurch schnell, weil es keine Vermittlung braucht.

http://www.file.org.br/filemeio/english/trabalhoing.htm

H+W: Wie bedeutsam ist der Zusammenhang von Kunst und Theorie?
B+P: Die Theorie muss immer mit der Kunst in Zusammenhang stehen. Das ist die Idee von Maturana: "Ich weiß, was ich mache...". Das Savoir Faire ist heute also zentral und die Theorie mit der Praxis demzufolge untrennbar verknüpft. Wenn die "Analogen" jetzt über Hypertext sprechen, ohne jemals damit gearbeitet zu haben, so kann daraus nur ein meta-linguistischer Diskurs entstehen, der in sich bereits steril ist. Wie kann man über etwas sprechen, das man nie gemacht hat? Das ist auch die Frage, die Pierre Levy stellt: Wie wird die – bislang textbezogene - Theorie mit diesen neuen Instrumenten zurecht kommen? Wie wird man nach den mündlichen und den schriftlichen nun in den digitalen Mechanismen denken? Das ist der große Unterschied. Die Frage ist, wie eine neue Sprache für eine neue Philosophie sein könnte. Ist es möglich, eine Philosophie mit inter-aktiven Animationen zu entwickeln?

Steve Dietz

Die Durchlässigkeit von Grenzen

H+W: Mit der Gallery9 auf der Walker-Website wurde ein reichhaltiges Angebot aktueller Webkunst und Netzkunst entwickelt. Wann hast du mit der Arbeit im Netz begonnen?
SD: Ich begann 1996 am Walker Art Center. Damals versuchten sie bzw. versuchten wir zu verstehen, wie man einen Bezugspunkt in dem Techno-Hype finden konnte. Meine Position war ziemlich einfach: als Institution mit der Aufgabe, als Katalysator für kreativen Ausdruck zu dienen (www.walkerart.org/generalinfo/), mussten wir unsere Aufmerksamkeit auf die Kunst unserer Zeit richten; was im Netz passierte, interessierte mich sehr.

H+W: Wie zufrieden bist du bisher mit Gallery9 und wie sehen deine weiteren Pläne aus?
SD: Also, von Anfang an war Gallery9 für mich ein "Raum" für Kunst im eigentlichen Sinn, abseits der Kommunikationsaspekte der Museums-Website. Ich habe das Gefühl, dass Gallery9 ein wirklicher Beitrag auf institutioneller Ebene ist und ich liebe die Projekte und den Diskurs, die wir dadurch fördern konnten. Damals war es sinnvoll, eine Online-Galerie zu gründen (die 9 kommt daher, dass es im Walker Art Center keinen öffentlich zugänglichen 9. Stock gibt); mittlerweile empfinde ich den Begriff jedoch als limitierend. Zumindest haben wir aber nicht versucht, eine physische Darstellung zu schaffen! Trotzdem sind wir gerade dabei, die Website komplett zu überholen; sie wird danach viel mehr mit Verbindungen (Netzwerken + Hyperkontext) zu tun haben.

H+W: Wie ist die Lage der Medienkunst in Minneapolis zur Zeit?
SD: Wir haben natürlich ein paar sehr gute KünstlerInnen. Piotr Szyhalski arbeitet am Minneapolis College of Art and Design und sein "Ding an sich" war die erste Auftragsarbeit der Gallery9 (www.walkerart.org/gallery9/szyhalski). Es gibt auch ein Institut für Neue Medien an der Universität und das Design Institute der Universität, das Jan Abrams leitet, interessiert sich sehr für Neue Medien. Und es gibt natürlich zahlreiche andere KünstlerInnen, von Colette Gaiter bis zur conflux site. Die "Szene" hat sich aber noch nicht so entwickelt, wie wir das erhofft hätten. Vor kurzem starteten wir eine Website unter dem Namen Minnesota Artists Online (www.mnartists.org), die allen KünstlerInnen offensteht, aber im kommenden Jahr gibt es ein Budget speziell für die Schaffung einer Plattform für Neue Medien in der Region. Ich hoffe, dass das der Debatte und dem Gespräch förderlich sein wird.

H+W: Inwieweit ist das typisch für die USA?
SD: Es ist schwer, in knappen Worten "die Situation" zu beschreiben. Allgemein gesprochen würde ich sagen, dass das Umfeld für Neue Medien angesichts des traurigen Zustands alternativer Räume in den USA nicht annähernd so günstig ist wie in Großbritannien und Kontinentaleuropa. Andererseits gibt es überall in den USA viele engagierte KünstlerInnen und besonders an den Küsten leben sie in manchen Gegenden konzentriert; es besteht aber lange nicht mehr diese Hegemonie der Küstengebiete, wie es sie früher gab. Im institutionellen Bereich scheint praktisch jede Bildungseinrichtung

192

ein "Zentrum für Neue Medien" zu gründen und das kann dem Umfeld nur zuträglich sein, auch wenn es gelegentlich Fehlentwicklungen gibt. In den Museen sind Netzkunst und digitale Kunst immer stärker präsent, obwohl relativ wenige Museen sich so stark engagieren wie Walker, Guggenheim, Whitney oder SFMOMA. Ist das gut oder schlecht?

H+W: Sich engagieren im Hinblick auf die KünstlerInnen oder die Kunst an sich?
SD: Ich kann nur für das Walker Art Center sprechen; als Kunstzentrum engagieren wir uns im Kern für die KünstlerInnen. Ein Engagement für die "Kunst an sich" ist auch wichtig, denke ich. Vielleicht ist das ein Element, bei dem Museen und Bildungseinrichtungen mehr beitragen könnten; sogar während ich das hier schreibe, ist die traurige Wahrheit jedoch, dass sogar hinter vielen der seriösesten kritischen Bemühungen als treibende Kräfte KünstlerInnen stehen; sei es Bookchins Line oder Crumb oder euer Projekt oder Cream.

H+W: Worin liegt die große Herausforderung an der künstlerischen Arbeit mit dem Web?
SD: In allem. Ich glaube, für mich, der ich in einer multidisziplinären Institution arbeite, ist eine der interessantesten Herausforderungen das Experimentieren mit dem Web als unabhängigem "Raum" im Gegensatz zum vernetzten Raum an einem physischen Standort, und das Web als eigenständiges Medium, das nicht aus weiter gefassten Diskussionen ausgeschlossen ist.

H+W: Welche Bedeutung hat Webkunst im Bereich der Medienkunst?
SD: Webkunst ist eine Bezeichnung, die ich so gut wie nie verwende, obwohl ich in letzter Zeit feststelle, dass dieser Begriff etwas Spezifisches an sich hat, eine Unterscheidung der WWW-basierten Kunst von der Netzwerk-Kunst im Allgemeinen. Letztlich scheint es mir keine interessante oder grundlegende Unterscheidung zu sein, obwohl es wesentlich ist, das Netz als mehr zu sehen als http und html-Protokolle. Ich betrachte im Prinzip zwei Bereiche – Netzwerke und Computer. Sie verbinden sich im Begriff Telematik, auch wenn ich nie sagen würde, dass beide notwendig sind. Es gibt auch die Diskussion um die "Code Art", geschweige denn "transge-

Steve Dietz ist Kurator für neue Medien am Walker Art Center in Minneapolis, Minnesota, USA, wo er 1996 die Abteilung "New Media Initiatives" gründete.

Er ist für die Programmgestaltung der Online-Galerie Gallery 9 zuständig, die mehr als 20 Netzkunst-Auftragsarbeiten und eine der ältesten Archivsammlungen für Netzkunst (Walker's Digital Arts Study Collection) beherbergt.

Dietz initiierte zusammen mit dem Minneapolis Institute of Arts die preisgekrönte Bildungswebsite ArtsConnectEd und mit der McKnight Foundation als Ressource und Community für in Minnesota lebende KünstlerInnen die Website Minnesota Artists Online.

Er schreibt und hält Vorträge zum Thema Neue Medien, Interviews und Beiträge von / mit ihm erschienen unter anderem in Parkett, Artforum, Flash Art, Design Quarterly und Spectra.

www.walkerart.org/gallery9

ne Kunst" usw. Ich denke da relativ allgemein und agnostisch an Kunst / Kultur, die Netzwerke und / oder Computer als integrierende Bestandteile verwendet, wobei mir klar ist, dass das keine hieb- und stichfeste "Definition" ist.

H+W: Welche Kriterien wendest du in Entscheidungsfindungsprozessen an?
SD: Ich habe eine geheime Checkliste und jede Arbeit, die zumindest 85 Prozent oder mehr der neutralen Smilies für jedes Kriterium erhält, kommt in Frage. Als ich Fotografie studierte, dachte ich immer, dass der Begriff des Meisterwerks absurd war. Einzelbilder bedeuten außerhalb ihres Kontextes so wenig. Ich glaube, das gleiche gilt für die Netz-kunst. Ein Projekt kann in einem bestimmten Kontext immens interessant sein und kaum in einem anderen. Es geht nicht darum, Fragen der Fertigkeit, Qualität etc. zu umgehen, aber - wie ich schon bis zum Überdruss geschrieben habe - es ist mir lieber, zu früh in der Entwicklung des Mediums zu verstehen, was "gut" ist, als es nicht zu wissen.

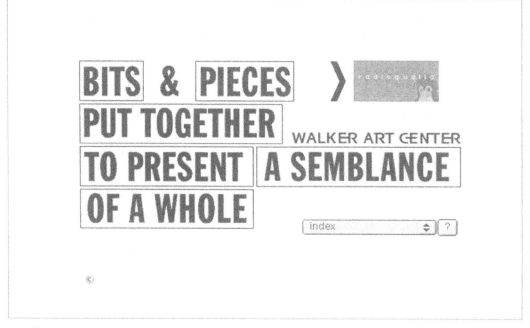

http://www.walkerart.org

H+W: Inwieweit sind technische Kriterien hilfreich zur Positionierung einzelner Arbeiten?
SD: Ich glaube, es ist nützlich, die technischen Aspekte einer Arbeit zu verstehen, und wie in jeder Kunstform von Malerei bis Video gibt es "KünstlerInnen KünstlerInnen", bei denen die technische Fertigkeit mehr bewundert wird als die Kunst, die sie produzieren. Es wird in diesem Zusammenhang immer ein bisschen verhandelt, aber auch wenn es so aussieht, manövriert man sich noch nicht in eine Sackgasse. All zu oft wird eine Netzkunst-Arbeit von gut informierten "Kunstexperten" geringgeschätzt, weil sie sich nicht verhält wie die Kunst, die sie kennen. Es ist wichtig, wenn man weiß, was unter der

Motorhaube passiert und wie das die Zielsetzung im Vergleich zu Video oder Fotografie verändern kann. Gleichzeitig glaube ich, dass die interessantesten und einflussreichsten Netzkunst-Arbeiten mehr sein müssen als "saubere Arbeit von Amateuren".

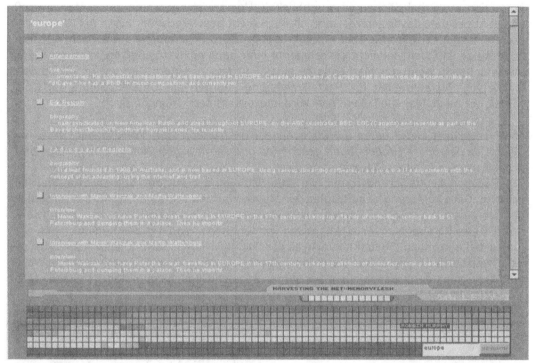

http://gallery9.walkerart.org

H+W: Wie sieht es mit den inhaltlichen Kriterien aus?
SD: Inhaltliche Kriterien erinnern mich an Filter, die bestimmte Inhalte nicht durchlassen. Ich kann beschließen, dass ich an einer bestimmten Präsentation eines Inhalts nicht interessiert bin, aber von vornherein "kein/e ..." zu sagen, scheint mir unmöglich.

H+W: Das Sammeln von Webkunst ist ein ziemlich neuer Ansatz. Was ist zu tun, wenn die aktuellen Systeme nicht mehr verwendet werden? Beschäftigt dich diese Frage schon?
SD: Ja, ich denke über das Problem nach. Es ist sehr facettenreich. "Sammeln" von Netzkunst ist nicht mehr als ein schwacher Versuch, zu dokumentieren - siehe Lisa Jevbratts Stillman-Projekt, das wir in Auftrag gegeben haben (*www.walkerart.org/gallery9/stillman/*). Andere Versuche bleiben zwar über die Zeit hinweg gültig, aber was tut man wirklich, wenn sich die Technologie ändert? Wir arbeiten mit Jon Ippolito und Rhizome an dem Projekt "Variable Medien", um ein paar dieser Ideen auszuprobieren (*www.guggenheim.com/variablemedia/*). Ich fühle mich immer noch dem Gedanken verpflichtet, dass es der Kultur gegenüber an sich verantwortungslos wäre, keinen Versuch zu unternehmen, diese Arbeiten im Web zu sammeln oder zu dokumentieren.

H+W: Siehst du Multimedia-Arbeiten mit Flash oder Shockwave als Herausforderung?
SD: Meine erste Reaktion auf Flash war, dass es sich um die Rache der Design-Community handelte, die (sehr verallgemeinernd gesagt) die mangelnde Kontrolle über die Darstellung in html hasste. Ich glaube, es ist auch einfach, Flash / Shockwave als Animation mit Schaltflächen zu durchblicken. Und es ist auch eine ganze Menge Spaß dabei. Abgesehen davon interessiere ich mich nicht besonders für "Flash Art". Ich interessiere mich für Fotografie, aber nur sehr am Rande für Platinfotografie an sich. Auf ähnliche Weise ist Flash vielleicht ein Subgenre oder auch nicht (meiner Ansicht nach ist es etwas seltsam, wenn der Markenname eines Formats zu einem Genre wird, als ob eine Marke von Pastellkreiden für Pastellzeichnung stünde); die Unterscheidung ist nicht wichtig für mich. Manche "Flash Art" wird interessant sein, manche nicht.

H+W: Webkunst bietet heute die Chance zur Konstruktion von "Wirklichkeit", bzw. von "Welt", da belebbare Umgebungen geschaffen und somit eigenständige Subsysteme entwickelt werden können. Was hältst du davon?
SD: Darüber dachte ich nach, als ich heute früh wieder auf die Zeitgenossen-Website schaute. Ganz zu Anfang beauftragten wir Marek Walczak mit einer VRML-Interpretation des Minneapolis Sculpture Garden (*www.walkerart.org/resources/res_msg_vrmlframe.html*). Es sollte eine animierte Umgebung werden, in der und mit der KünstlerInnen virtuell arbeiten können. So funktionierte es aber nicht wirklich; obwohl das Versprechen da ist, erweist sich die praktische Durchführung als schwierig. Zum Teil auch deshalb: Wenn man behauptet, dass man in einen zweidimensionalen Bildschirm eintauchen kann, dann

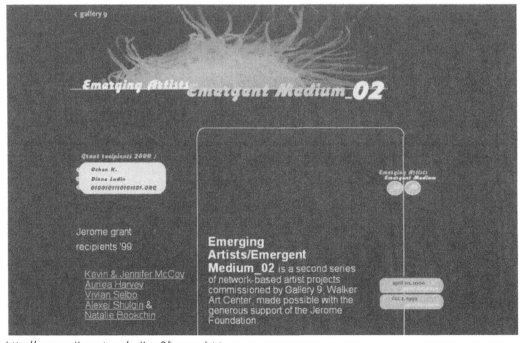

http://www.walkerart.org/gallery9/jerome/old

stimmt das nicht ganz. Der Effekt ist vielleicht eher immersionsartig als immersiv. Das wird sich aber ändern. Es gibt einige "immersive" Projekte, die, so glaube ich, erfolgreich sein werden. Zeitgenossen ist für mich ein solches Projekt auf Erfolgskurs. Melinda Rackhams Arbeiten und Gregory Chatonsky gehören zu den wenigen. Ich stimme aber zu 100 Prozent zu, dass das Potenzial da ist, und das ist auch für meine Einstellung als Kurator bestimmend: Es geht nicht darum, dass wir sagen, wohin es geht, sondern dass wir hingehen, wo ihr uns hinführt.

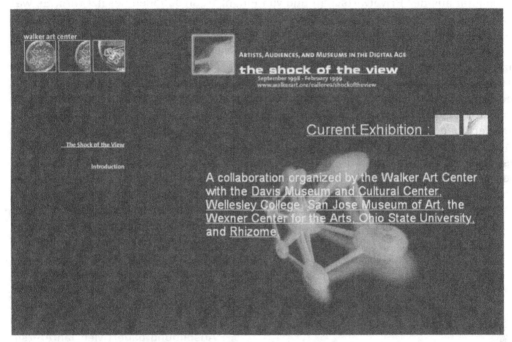

http://www.walkerart.org/gallery9/shockoftheview

H+W: Es gibt immer mehr Hybridformen aus Magazinen, Kunstsammlungen, Ausstellungsräumen einerseits und Mischformen bei Berufsbildern andererseits. KünstlerInnen organisieren Ausstellungen, TheoretikerInnen arbeiten in der Kunst, KuratorInnen verfassen theoretische Werke usw. Was hältst du davon?
SD: Ich freue mich, dass die Grenzen durchlässig sind, obwohl ich nicht der Meinung bin, dass wir Spezialisierungen über Bord werfen sollten. Die Tatsache, dass KünstlerInnen mehrere Rollen übernehmen, ist für den Fortschritt des ganzen Feldes sicherlich von zentraler Bedeutung.

H+W: Das Web besteht aus vielen Einzelwelten. Welche Community hältst du für wichtig?
SD: Für mich ist unter anderem sehr inspirierend, was bei nettime, rhizome und thingist läuft. Ich interessiere mich sehr dafür, wie man in einem globalen, vernetzten Umfeld "Lokalität" ausdrücken und erhalten kann – was Andreas Broeckmann als "translokal" bezeichnet. Das ist ein Forschungsgebiet für das kommende Jahr.

Claudia Giannetti

Die spezifische Sprache der Medien

H+W: Das MECAD hat international bereits große Anerkennung erlangt. Unter welchen Voraussetzungen wurde es gegründet und wie bewährt es sich bislang?
CG: Das MECAD wurde 1998 auf Initiative von FUNDIT gegründet, einer Stiftung, deren Stiftungsrat aus der Privatwirtschaft und von Finanzorganisationen besetzt wird. Es war von Anfang an eine offene und dezentrale Organisation. Wir glauben, dass die traditionellen Modelle von Institutionen, die sich in ihrer Arbeit auf den physischen Raum beschränken, überholt sind und heute in dieser Form nicht mehr funktionieren. Das MECAD identifiziert sich mit der Metapher des Netzwerks und zielt darauf ab, Verbindungen zu den verschiedensten Gedanken und Strömungen herzustellen, um zu einem Zentrum für Medienkunst zu werden, wo Forschung ebenso stattfindet wie schöpferische Arbeit an Projekten. Das MECAD will auch eine Art Aufnahmebereich sein, wo es Unterstützung für KünstlerInnen und andere Kulturschaffende gibt, und ein Verteilerzentrum, eine Startrampe für Kreative in den vielfältigen Feldern der Medienkunst. In der Praxis heißt das, dass wir "im Innenverhältnis" eigene Aktivitäten entwickeln, aber ebenso auch in anderen kulturellen Räumen tätig sein werden; sei es in Barcelona, in Spanien oder sonstwo auf der Welt. Das MECAD ist das einzige Zentrum dieser Art in Spanien, das sich ausschließlich der Förderung und Verbreitung der Medienkunst verschrieben hat. Die Gründung des MECAD fiel zeitlich und örtlich mit der Schaffung eines neuen Diploms für elektronische Kunst und digitales Design zusammen, das die ESDI verleiht; diese Hochschule für Design wurde ebenfalls von der FUNDIT-Stiftung gegründet und steht unter meiner Leitung. Die Ausbildung dauert vier Jahre – sie ist die erste dieser Art in Spanien – und ist stark von unserer interdisziplinären Philosophie und den Netzwerkgedanken beeinflusst. Ausgehend von vier Spezialgebieten – audiovisuelle Gestaltung / Computergrafik, digitale Bilder, interaktive Kunst und telematische Kunst – geht es der ESDI darum, nicht nur bei den Inhalten neue Wege zu gehen, sondern auch bei der Lehrgangsstruktur. Kunst, Wissenschaft, Technologie und Design werden auf theoretischer und praktischer Ebene miteinander verwoben. Im Bereich Forschung

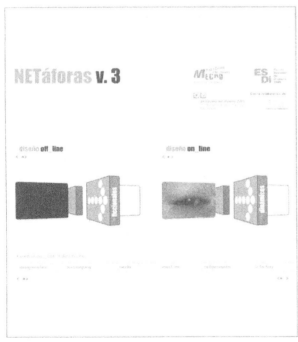

http://www.mecad.org/netaforas_v3

und Ausbildung arbeitet das MECAD mit der ESDI zusammen und bietet den neuen Studiengängen wesentliche Unterstützung, zum Beispiel durch die Schaffung von Arbeitsgruppen für Studierende, die dann mit dem Medienlabor des MECAD zusammenarbeiten.

H+W: Welche Bedeutung hat die online Präsentation?
CG: Das Zentrum ist auf Forschung, Produktion und Support für den schöpferischen Einsatz von digitalen und audiovisuellen Mitteln, Telematik und Multimedia-Technologie ausgerichtet. Bei unserer Arbeit im telematischen Raum geht es darum, den Zugang zu wichtigen Informationen zur Medienkunst zu vereinfachen und über das Netzwerk neue Strategien und Hilfestellungen für Kreative zu entwickeln. Mit dem Link "Virtual Gallery", der für Arbeiten im Bereich Kultur und Kunst (Net Art) gedacht ist, will unser Zentrum beide Ziele erreichen. Dieser virtuelle Raum beherbergt Projekte, die entweder im Medienlabor entstanden sind oder in Zusammenarbeit mit dem Medienzentrum geschaffen wurden. Darüber hinaus gibt es das MECAD Electronic Journal, die Online-Zeitschrift des MECAD (www.mecad.org/e-journal), das sich als kritisches Forum und Netzwerk für Kunst, Wissenschaft und Technologie versteht. Das MECAD e-journal ist jeweils einem bestimmten Thema gewidmet und besteht aus folgenden Teilen: theoretische Essays, Interviews, Monografien, Kritiken, Diskussionsforum und Newslist, die alle ins Spanische übersetzt werden. Jede Ausgabe ist 4 Monate lang online verfügbar, dann wird sie in unser Online-Dokumentationsarchiv im Web gestellt und durch eine neue Ausgabe ersetzt.

H+W: Welche Schwerpunkte lassen sich aus dem Programm ablesen?
CG: Das MECAD organisiert Ausstellungen, Seminare, Workshops und Vorträge. Es entwickelt auch Projekte in den Bereichen Produktion, Redaktion und Publikation. Außerdem gibt es beim MECAD ein Stipendienprogramm für Works-in-progress von MedienkünstlerInnen; diese Stipendiaten können in unserem Medienlabor arbeiten. Im Jahr 2002 ist unser wichtigster Schwerpunkt der neue akademische Grad eines "International Master on Creation and Design for Interactive Systems". Der Einsatz der Mensch-Maschinen-Schnittstelle ist einer der wichtigsten Bestandteile in der Ausbildung für digitale Kunst.

Dr. Claudia Giannetti, studierte Musik und Kunstgeschichte. Sie ist Expertin für Medienkunst. Seit 1998 leitet sie das MECAD - Media Centre of Art and Design - und den Studiengang für elektronische Kunst und digitales Design der Escola Superior de Disseny ESDI, Sabadell-Barcelona.

Sie war Kuratorin und Organisatorin zahlreicher Ausstellungen, Kongresse, Symposien und Veranstaltungen in Museen und Institutionen in Spanien und im Ausland; u.a. kuratierte sie 1999 zusammen mit Peter Weibel "Net_Condition", eine internationale Ausstellung zu Netzkunst.

Sie ist Herausgeberin von Büchern und leitet das "Electronic Journal", das Online-Magazin des MECAD zu den Themen Kunst, Wissenschaft und Technologie. Bei mehreren Multimedia- und Internet-Projekten fungiert sie als künstlerische Leiterin und Beraterin. Sie lebt und arbeitet in Barcelona.

www.mecad.org

Deshalb ist es notwendig, breit gefächertes, interdisziplinäres Fachwissen von digitalem Design über die Konstruktion von Schnittstellen bis zu Hypertexterstellung und digitalem Inhalt anzubieten. Genau das ist das Ziel des Master-Programmes. Im März beginnen wir einen neuen postgraduierten Masterkurs, der sich dem Thema "Curating new media" widmen wird. Dies ist ein schwieriges Thema, denn zum einen kommen die meisten KuratorInnen aus der direkten Praxis und zum anderen ist der Bereich Medienkunst sehr komplex; gerade diese Spannung macht dieses Projekt aber so interessant.

H+W: Welche Entwicklungen zeichnen sich inhaltlich für die nächsten Jahre ab?
CG: Um unsere Aktivitäten weiter zu verbreiten, hat MECAD jetzt seit diesem Jahr neue Räumlichkeiten in der bekannten Allee Passeo de Gracia im Zentrum von Barcelona. Hier werden wir hauptsächlich den Master, Seminare, Workshops, Konferenzen und Ausstellungen organisieren. In Sabadell - 30 km von Barcelona entfernt - wird weiterhin unser Media Lab und die Administrationsabteilung bleiben. Unsere Projektabteilung wird sich mit vier Hauptthemen beschäftigen: Der erste Bereich ist die nicht-geschriebene Geschichte der Medienkunst. Dabei werden die vergessenen, unbekannten oder nichter-wähnten KünstlerInnen aus der sogenannten Dritten Welt berücksichtigt; hier gibt es teil-weise wichtige Pioniere, die die amerikanische, wie eurozentrische Kunstgeschichte weit-gehend ignoriert. Der zweite Bereich fokussiert auf die Formalisierung der digitalen Ästhetik im Internet; dies hängt mit einem von MECAD kreierten Preis zusammen. Als drittes Feld möchten wir die Möglichkeiten für Medienkunstausbildung im Internet unter-suchen und schließlich werden wir uns als viertes Thema der Forschung und Entwicklung im Bereich spezifischer Sprachen für Streaming Media stellen.

H+W: Wie ist die Situation der Medienkunst in Spanien?
CG: In den letzten 5 Jahren hat sich sehr viel bewegt. Das Interesse des Publikums und auch der Künstler ist gewachsen. Das zeigt sich im Ansteigen der Aktivitäten in diesem Bereich. Leider haben die Museen und Kulturinstitutionen diese Tendenz bislang nicht verfolgt. Noch gibt es eine unsichtbare Barriere, wenn es sich um Medienkunst handelt. So gibt es zum Beispiel erst sehr wenige Werke von Medienkünstlern in den Sammlungen öffentlicher zeitgenössischer Museen.

H+W: Inwieweit gibt es Gelder für Forschung und Entwicklung für Webart in Spanien?
CG: Leider gibt es weder für Webart als auch allgemein für Medienkunst kaum finanziel-le Unterstützung. MECAD ist eine der wenigen Institutionen, die Stipendien für Produktion und Forschung vergeben; dieses Jahr zum Beispiel für Aufenthalte in der KHM - der Kunsthochschule für Medien in Köln - und im ZKM in Karlsruhe. Wir denken, dass es für die KünstlerInnen sehr wichtig ist, andere Erfahrungen zu machen und die Produktionen und Forschungen dieser Institutionen kennenzulernen.

H+W: Unterscheiden Sie Netzkunst und Webkunst?
CG: Mir persönlich ist der Begriff Telematische Kunst lieber. Das ist aber ein Terminus, der das Internetbegleitende "Marketing" nicht überstanden hat. Bevor man über Begriffe spricht, sollte man hinterfragen, was Netzkunst wirklich bedeutet, ob es eine bestimmte Definition dafür gibt. Wie viele Künstler und Autoren schon erwähnten, sollte Netzkunst

nicht als "ismus" verstanden werden, da sie keine einheitliche Tendenz beinhaltet. Im Gegenteil: Was wir in den letzten Jahren erlebt haben, war eine Divergenz der Richtungen. Viele Netzwerkautoren wollen nicht als Künstler präsentiert werden und verstehen ihre Produktionen demzufolge nicht als Kunst. Andere arbeiten nur mit Codes und Programmierung. Dann gibt es auch Netzaktivisten u.a.m. Ich glaube, dass Insider die Unterschiede zwischen Netzkunst und Netzwerk bereits assimiliert haben; ebenso wie den zwischen Netzkunst und Kunst im Netz; noch weitere Unterscheidungen zu treffen in Webkunst, Kontextsysteme u.a.m. mag theoretisch nützlich sein, es ist aber auch redundant.

H+W: Welche Bedeutung hat die Webkunst innerhalb der Medienkunst heute? Welche Bedeutung hat die Webkunst überhaupt?
CG: Sie hat nicht mehr Bedeutung als alle anderen Bereiche der Medienkunst. Die Technik ist nicht das Entscheidende, sondern das, was mit der spezifischen Sprache der Medien geschaffen wird; wie man virtuelle Infrastrukturen benutzt; wie man inhaltlich damit umgeht und wie Medien in kreative Katalysatoren umgewandelt werden. Die Auseinandersetzung mit Medien und ihren Eigenschaften - sei es im Sinne einer Hinterfragung der Technik in Form von Gegenkonventionen, Dekonstruktionen, etc., oder als kritische soziopolitische und mediale Positionierung - hat teilweise auch die besten Netzarbeiten hervorgebracht. Bedeutungen wären in diesem Zusammenhang zu sehen.

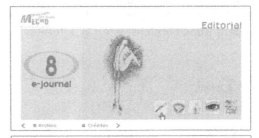

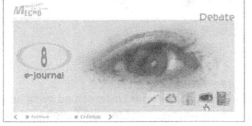
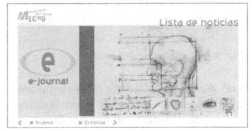

http://www.mecad.org/e-journal/numero8/marco.htm

H+W: Heute macht es für Künstlerinnen und Künstler auf der Produktionsebene kaum noch Unterschiede, ob die Präsentationsform als interaktive Installation vor Ort oder aber als Webprojekt oder CD-ROM im Monitor stattfindet. Die Ausstellungssituation ist aber massiv davon beeinflusst. Was halten Sie davon?

CG: Ich glaube, man darf wieder nicht generalisieren. Für viele Künstler ist die Art der Präsentation noch von großer Bedeutung. Es gibt einige interaktive Installationen, die keinen Sinn als Netzkunst machen würden, da das Publikum in situ den Interaktivitätsprozess erleben muss.

H+W: Inwieweit sind technische Kategorien hilfreich zur Positionierung einzelner Arbeiten und inwieweit vermischen sich technische Kriterien mit Fragen nach künstlerischen Positionen?

CG: Wenn mit Positionierung der Kunstmarkt gemeint ist, wäre es natürlich ein Fehler, die Arbeiten nur oder hauptsächlich vom technischen Standpunkt aus zu beurteilen. Wir wissen, dass einige Ausstellungen, Festivals oder Preise nach Kategorien vorgehen, die von der technischen Anwendung abgeleitet werden. Aber das sind sicher nicht die besten Kriterien. Heutzutage gibt es schon einige Filmregisseure, die mit digitalem Video arbeiten, aber wenn sie die Bänder an Festivals schicken, werden sie im Bereich Film klassifiziert und nicht im Videobereich. Im Bereich interaktive Kunst steht immer wieder die Frage, ob man eine "physische" interaktive Installation zusammen mit einem virtuellen, telematischen Werk vergleichen könnte. Aber wenn man richtig überlegt, haben auch andere Kunstbereiche, wie z.B. Literatur, dieselbe Klassifizierungsproblematik.

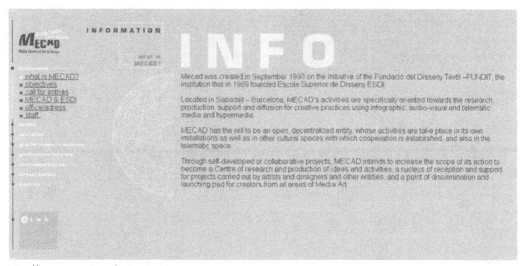

http://www.mecad.org/index_in.htm

H+W: Welche inhaltlichen Kriterien wären hier interessant?

CG: Im Bereich interaktiver Kunst, wäre ein Kriterium vielleicht der Unterschied zwischen lokaler Interaktivität, bei der das Emplacement und die physischen Elemente wichtig sind, und der virtuellen Interaktivität, die telepräsent ist.

H+W: Das Web besteht aus vielen einzelnen und z.T. voneinander abgegrenzten Eigen-
welten. Welche Community erachten Sie diesbezüglich als maßgeblich?
CG: Maßgeblich oder modellhaft sind sehr gefährliche Konzepte in diesem Bereich. Wo es
so schnelle Veränderungen gibt, muss man immer neuere Formen der Kommunikation
und technologischen Nutzung erfinden.

H+W: Webkunst bietet heute die Chance zur Konstruktion von "Wirklichkeit", bzw. von
"Welt", da belebbare Umgebungen geschaffen und somit eigenständige Subsysteme ent-
wickelt werden können. Wie sehen Sie das?
CG: Im Deutschen gibt es einen subtilen Unterschied zwischen Wirklichkeit und Realität.
Im Spanischen gibt es nur ein Wort, das den Sinn von Realität einnimmt ("realidad").
Wenn ich auf Spanisch denke, müsste ich sagen, Netzkunst schafft keine neue Realität,
sondern doch neue Welten, die simulierte Systeme kreieren könnten, in dem simulierte
Wirklichkeiten (immer im Plural) existieren. Vor kurzem haben wir unter dem Titel "Ohne
Notausgang" eine Ausstellung organisiert und dazu ein Buch veröffentlicht
(Sabadell/Barcelona und México D.F.). Es war eine Hommage an Otto E. Rössler. In seinem Buch "Endophysik" hat er geschrieben, dass "die Welt, die einer virtuellen Realität
ohne Notausgang gleicht, nur von innen betrachtet werden kann". In technischen und
audiovisuellen VR-Systemen, haben User die Möglichkeit, in artifizielle Realitäten einzu-
tauchen. In unserem alltäglichen Leben werden wir häufig mit absurden und unverant-
wortlichen menschlichen Manifestationen konfrontiert, die uns bis an die Grenze des
Zweifels bringen. Der Unterschied liegt darin, dass wir dabei keinen Notausgang haben.

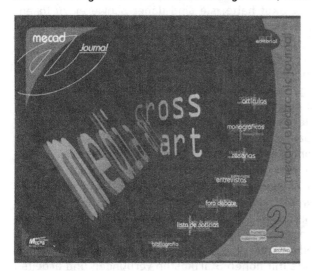

Man kann also nicht an die
Virtualität des Cyberspace denken,
ohne sich Gedanken über unsere
"reale" Wirklichkeit zu machen. Es
ist zudem wichtig, diese beiden
Leben / Erlebnisse auseinander zu
halten, denn eine Verwechslung
kann gleichzeitig die Intensivierung
von Kontrollmöglichkeiten zur
Folge haben.

H+W: Welchen persönlichen
Hintergrund haben Sie?
CG: Ich bin in einer Musikwelt auf-
gewachsen und habe selber Musik
studiert. Ich bin sicher, dass die
Musik mich zur Audiovisualität
gebracht hat, denn auch die audio-

http://www.mecad.org/e-journal/archivo/numero2/reindex.htm

visuelle Welt hat mit Rhythmus, Bewegung, Abstraktion, Farben, Modulationen, Logik,
Vielschichtigkeit, Technik, etc. zu tun. Vom audiovisuellen- zum Medienbereich ist es
dann nur noch ein Schritt, den ich vor ungefähr 14 Jahren gemacht habe. Dann habe ich
Kunstgeschichte studiert, mich auf Medienkunstästhetik spezialisiert und promoviert.

Nat Muller

Der Überbau der Lobbies

W+H: Welche Bedeutung hat die Online-Präsenz von V2_ im Verhältnis zu der vor Ort?
NM: Die Online-Version versorgt mit allen nötigen (oder unnötigen) Hintergrundinformationen zu Organisation, Struktur und Programmen. Gleichzeitig dient sie als Archiv für alle Aktivitäten von V2_ seit 1994. Diese Informationen erhält man über das physische Gebäude nicht unbedingt. Ich bin nicht sicher, ob das etwas daran ändert, wie die Menschen unsere Programme erleben. Vielleicht schon. Ich glaube, um wirklich erfassen zu können, worum es bei V2_ geht, muss man in jedes Stockwerk gehen und die Leute fragen, was sie machen, während die Website sofort einen prägnanten Überblick gibt. Dennoch ist die Website mehr als rein informativ; ich betrachte sie als zusätzliche Dimension der Organisation. Unsere Veranstaltungen gibt es auch als Live-Stream im Netz. Es wirkt manchmal seltsam, wenn bei einer Veranstaltung ein Riesenpublikum online ist und nur 5 Leute, die im Erdgeschoß live dabei sind, oder umgekehrt. Mich persönlich interessiert diese Frage der Rezeption und der demografischen Daten zum Online- bzw. Live-Publikum.

W+H: Wie sieht die derzeitige Lage der Medienkunst in den Niederlanden aus?
NM: Ich möchte diese Frage in mehrere Sub-Antworten unterteilen, mit einer Logik von Diagnose und Wirkung. Ich verwende gerne medizinische Terminologie, weil ich einige der Probleme eher für chronisch als für akut halte; sie sind daher schwerer zu lösen. Folgende Körperschaften warten auf eine Diagnose: Finanzierungsinstitutionen / organisatorische und politische Lobbies / Repräsentation / Kreative. **Erstens** glaube ich, dass wir in den Niederlanden in einer sehr privilegierten und außergewöhnlichen Situation sind. Es gibt viele offizielle Studien und Veröffentlichungen zu Maßnahmen im Bereich Neue Medien und Kultur. Es gibt genügend Förderungsgelder für Organisationen in den Neuen Medien. Auch wenn die meisten nicht spezifisch für Produktionen mit Neuen Medien gedacht sind, kannst du normalerweise in die Kategorien audiovisuelle oder interdisziplinäre Arbeiten hineinrutschen. Das ist der derzeitige Stand der Dinge. Vor kurzem wurde der "Interregeling", ein neuer Fonds, gegründet, der sich spezifisch an Projekte für Neue Medien richtet. Allerdings birgt dies meistens nur für Organisationen oder an Organisationen / Institutionen angeschlossene KünstlerInnen gute Neuigkeiten. Für unabhängige KünstlerInnen gibt es zwar ein kleines Budget im Interregeling, aber die große Menge an Euros geht an Organisationen und Institutionen. Das ist ein großer Mangel am niederländischen Subventionssystem und zeigt, dass sie nicht ganz erkannt haben, worum es bei den Neuen Medien geht. Sie haben nicht verstanden, dass die Produktion eines Neuen Medien-Projekts mit hohen Startkosten verbunden und arbeitsintensiv ist. Sie braucht wegen der Komplexität der Projekte auch Zusammenarbeit, weil HTML, Interaktionsdesign, Engineering, 3D-Design und Robotik nicht eine Person allein machen kann. Das erhöht die Kosten und belastet das Budget. Noch ein Punkt: Wenn man das Schwergewicht auf Organisationen und Institutionen statt KünstlerInnen legt, zwingt man die KünstlerInnen zurück in die Endlosschleife; sie müssen sich wieder dem Gerede der KuratorInnen aussetzen, die Arbeit im Raum einer Organisation zeigen (auch wenn sie

online läuft), Verhandlungen darüber führen, wie die Arbeit auszustellen ist, die Produktionsbedingungen, das ganze Kunstgeschäft. Offenbar sind viele KünstlerInnen damit recht glücklich, anderseits, da wir konkret von Net.Art oder Kollektivprojekten online sprechen – damit sollte dieses geschlossene System doch eigentlich überwunden werden, oder nicht? Wahrscheinlich gilt das für jede Kunstform, aber wenn man bei der Realisierung von Projekten übermäßig von Maßnahmen der Institutionen / Organisationen oder Finanzierung durch Großfirmen abhängig ist, dann stellen sich gewisse wichtige Fragen. **Zweitens** gibt es in den Niederlanden viele Institutionen und Organisationen, Festivals und Veranstaltungsorte, die sich in erster Linie auf Neue Medien konzentrieren oder Neue Medien als wesentlichen Programmbestandteil betrachten. Das ist alles wunderbar, aber es schafft eine stickige, um nicht zu sagen, inzestuöse Atmosphäre. Oft ist es so, dass du draußen bist, wenn du dich nicht auf die Seite der Großen stellst und ihnen die Füße küsst. Der Überbau der Lobbies, wie etwa die Virtual Platform (*www.cust01.energis-idc.net/~virtplat/nl/index.html*) und die ECB (*www.e-c-b.net/*), macht das klar. Natürlich leisten sie als Lobby wichtige Arbeit, aber sie arbeiten für den Selbsterhalt und für ihre Partner. Das ist wahrscheinlich eine gerechtfertigte Sache, aber die Organik der Großen, die die Kleinen auffressen oder sabotieren, das erinnert mich zu sehr an gewisse Wirtschaftssysteme. Ich frage mich nur, ob das das produktivste Modell für den kulturellen Bereich ist. Mitte der neunziger Jahre war die Euphorie groß und viele neue und inspirierende Initiativen entstanden. Aber was passiert, wenn wir uns bei Projekten immer mit denselben Partnern zusammentun, weil sie verlässlich und sicher sind? Der Staub setzt sich in einer Atmosphäre der Bequemlichkeit und manchmal auch der Selbstzufriedenheit. Künstlerische Praxis braucht nicht verlässlich und sicher zu sein! Hier lautet meine Diagnose auf "digitale Erschöpfung". Nicht, dass die Kulturschaffenden im Bereich Neue Medien faul wären! Im Gegenteil! Aber wir könnten uns mit unseren Freunden und in unseren organisatorischen Strukturen zu wohl fühlen und in die Institutionalisierungsfalle gehen, ohne es überhaupt zu merken. Die Folgen für den Körper der Repräsentation sind, dass wir oft denselben Akteuren begegnen, den üblichen Verdächtigen, die die Räume der niederländischen Kultur der Neuen Medien

Nat Muller, erwarb einen BA in Anglistik an der Unversität Tel Aviv (Israel) und einen MA in Kulturwissenschaften und Geschlechtertheorie an der Sussex University (UK). Sie arbeit im Sexualunterricht, als Buchhändlerin und freie Journalistin mit den Schwerpunkten Gender, neue Medien und Kunst. Sie lebt und arbeitet in Rotterdam.

Von Januar 2000 bis August 2002 war sie Projektkoordinatorin von V2_ Organisation, Institute for Unstable Media, in Rotterdam (www.v2.nl) und freie Mitarbeiterin von Axis, Bureau for Gender and the Arts (www.axisvm.nl), für das sie vor kurzem den Sammelband _Ctrl+Shift Art - Ctrl+Shift Gender: Convergences of New Media, Art and Gender_ herausgab.

Derzeit ist sie Forschungsmitarbeiterin des Instituts für Theorie an der Jan van Eyck-Akademie in Maastricht (www.janvaneyck.nl) und Gründungsmitglied der Initiative für Wissenschaft, Technologie und Kultur Stichting FoAM in Amsterdam, einer Schwesterorganisation der Foam VZW in Brüssel.

http://www.f0.am

bewohnen. Mit anderen Worten: dieser Körper trägt zu oft dasselbe Kleidermodell: solide, waschbar, in verschiedenen Farben, manchmal mit einem gewagten neuen Accessoire, aber immer vom selben Designer. Und manchmal fühlst du dich danach, nackt herumzulaufen oder etwas völlig Anderes anzuziehen! Das fehlt mir derzeit, nicht nur in den Niederlanden, sondern allgemein, wenn es um die (Re-)Präsentation der Neuen Medien bei Festivals usw. geht. Ich denke, das kann man nur umgehen, wenn man sich und die eigene Tätigkeit ständig neu denkt. Besorg dir eine neue Garderobe und verfahre nach dem Trial and Error-System. Ich bin überzeugt, dass wir mehr Risiko, mehr Spaß, mehr Lust und mehr Abwechslung in unseren Praktiken brauchen, wenn es darum geht, Kunst mit Neuen Medien zu zeigen.

W+H: Unterscheidest du zwischen Netzkunst und Webkunst?
NM: Ich finde, schon aus technischen Gründen sollte diese Unterscheidung getroffen werden, denn das Internet und das Web sind nicht dieselbe Sache. Wäre Netzkunst der Webkunst gleichwertig, so würden alle Dinge fehlen, die über E-Mail oder BBS laufen, und alles, was vor, nach und neben HTML und http existiert. Ich bin überrascht, dass ihr die mittlerweile zur Marke gewordene "net.art" gar nicht erwähnt. Dieses Baby wurde immer wieder für tot erklärt und wiederbelebt. Schlechtes Karma, kommt mir vor. Mysteriöse Reinkarnationen. Trotzdem bin ich dieser diskursiven Diskussionen schon überdrüssig: ist es jetzt Net Art oder net.art und so weiter, bis die Leute nur noch kleinliche terminologische Fragen wälzen und allgemeine Kommentare abgeben, ohne sich wirklich die Arbeiten anzusehen. Können sie sich kein anderes Hobby suchen? Diese Besessenheit, alles zu etikettieren und zu kategorisieren, ist ohnehin ungesund und unproduktiv. Aber wieder ist das symptomatisch für einen kritischen Diskurs, dem es mehr um Semiotik als Semantik geht. Ich glaube jedenfalls, dass heute die interessantesten und innovativsten Dinge über das Netz, nicht über das Web passieren. Zum Beispiel die Ausstrahlung von Echtzeit-Performances. Es gibt jetzt Software wie Keystroke (*www.keyworx.org*), nato, PD, die es den Menschen ermöglichen, sich zusammen in Echtzeit an Performances über das Netz zu beteiligen, den Ausgang der Performance zu beeinflussen, oder, wie das bei Keystroke der Fall ist, die jeweiligen Daten des Anderen in Echtzeit aus der Ferne zu manipulieren. Mit anderen Worten, das geht weit über eine Website hinaus, die ein künstlerisches Projekt zeigt: diese Praxis nutzt einerseits das Internet aktiv als eine vereinheitlichte Bühne für elektronische Live-Performances, andererseits führt sie die technischen Möglichkeiten des Netzes ins Extreme weiter, indem sie ständig zwischen entfernten Orten und dem Netz als kreativem Raum hin- und herschaltet. Es ist diese Verschiebung, die sich als so interessant erweist, vor allem als Prüfstand für Echtzeitästhetik.

W+H: Was ist die Bedeutung der Webkunst – oder wie auch immer du es nennen willst – innerhalb des Feldes der Medienkunst und überhaupt?
NM: Ich werde hier den Advocatus diaboli spielen und eine Antwort geben, die die Frage wahrscheinlich eher umgeht als beantwortet. Zunächst einmal meine Auffassung von dieser Idee einer "Bedeutung" der Kunst. Ich möchte dazu zwei Anekdoten aus jüngerer Zeit erzählen. Ich erinnere mich, wie ihr und ich in diesem Restaurant in Frankfurt saßen und über die Frustration sprachen, die wir bei unserer Arbeit (im Kunstbetrieb) spürten, wäh-

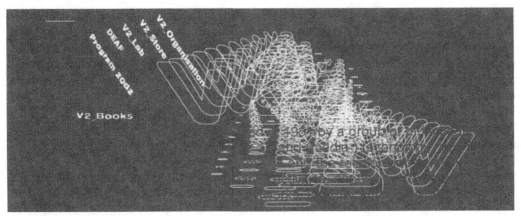

http://www.v2.nl

rend die Welt in Trümmer fällt. Für mich löste das eine wirkliche Krise aus, denn alles Gerede von Kunst schien so trivial nach den Angriffen auf das WTC, den US-Bombardements in Afghanistan und den Israelis und Palästinensern, die im Nahen Osten jeden Funken der Hoffnung erstickten. Für mich war das ein Nachhall dessen, wie entpolitisiert und selbstbezogen die Kunstszene ist / sein könnte und wie sehr sie in einem sicheren Vakuum operierte. Natürlich ist das eine schlimme Verallgemeinerung: es gibt viele KünstlerInnen, deren Praxis politische und soziokulturelle Kritik umfasst. Das "Bedeutende" an der net.art ist, dass wir es hier mit einem Massenkommunikationsmittel zu tun haben (zumindest im wohlhabenden Teil der westlichen Welt), sodass KünstlerInnen ihre Botschaften größeren und verschiedenen Publikumsschichten vermitteln können. In dieser Hinsicht glaube ich – um im medizinischen Diskurs zu bleiben – Kunst kann den Schmerz lindern, verstärken oder identifizieren, aber nicht heilen. Und wahrscheinlich lese ich das auch in der kontroversiellen Auffassung von Stockhausen, dass die Anschläge vom 11. September "das größte Kunstwerk aller Zeiten" waren. Es gibt kein Kunstwerk, das unser Leben jemals so auf den Kopf hätte stellen können. Ein bisschen erinnert mich das an die Schwulen/Lesben-Bewegung der neunziger Jahre: viel Gender Bending, Aufbrechen von geschlechtsspezifischen Codes und "subversive" oder "dissidente" sexuelle Praktiken. Kein Wunder, dass "performativ" das Schlagwort schlechthin war. Wie aber die Sexaktivistin Pat Califia so treffend zu diesen Praktiken sagte: "Wir können uns die Befreiung nicht erficken!" Mit der Kunst ist es so ähnlich, glaube ich. Letztlich, und das bringt mich zur zweiten Anekdote, wiederholte der belgische Künstler Danny Devos in einem Workshop über den "virtuellen Körper", der 2001 in Brüssel stattfand, immer wieder: "Alle Kunst ist nutzlos". Ich würde daher das Wort "bedeutend" im Zusammenhang mit Kunst nie verwenden. Wenn wir aber Netzkunst im Feld der Medienkunst betrachten, so möchte ich es mit dem halten, was Tilman Baumgärtel in der Einleitung seines neuen Buchs "[net.art 2.0]. Neue Materialien zur Netzkunst" schreibt. Auf die eine oder andere Weise wird man das Medium immer dekonstruieren, ob vom ideologischen Standpunkt aus, wenn man an die digitale Kluft, OS / kostenlose Software, die Kommerzialisierung des Netzes oder Schutzrechte denkt, oder aus ganz pragmatischer Sicht, wenn Software und Hardware veralten, man seine Domain nicht registrieren

lassen kann oder nicht genug Serverplatz beim Provider erhält; Fragen im Zusammenhang mit der Erhaltung oder Archivierung einer Arbeit, und ob man das überhaupt soll
etc. Solche Probleme hat man mit Ölfarben nicht; sie haften in jedem Fall an der
Leinwand. Bei Netzkunst hat man so viele Entscheidungen vor der Realisierung der Arbeit
zu treffen, dass man immer irgendwie in Fragen und Konstrukte von größerer Tragweite
gerät. Als Nebenerscheinung kann es schwierig werden, diverse Netzprojekte als Kunst,
Aktivismus, geniale Software, Hybridform oder sonst etwas zu kategorisieren. Das ist kein
Problem, diese verwischten Grenzen sind interessant, aber auch verwirrend. So kommen
dann auch diese hübschen und nutzlosen Neologismen wie künstlerische Software, soziale Software usw. auf. Ich interessiere mich nicht so sehr für die Kategorien als für die
Praktiken. Außerdem sprechen wir ja über ein Kommunikationsmedium, das für diverse
Zwecke eingesetzt wird, und ich mag es sehr, dass Netzkunst diese Qualität des Entwöh-
nens hat – wir werden dem technischen Umfeld, in dem wir leben, entwöhnt. Ich interessiere mich für die Tatsache, dass es immer noch keinen adäquaten Diskurs bzw. entsprechende ästhetische Theorien gibt, die diese kreativen Praktiken ansprechen, und das ist
eine nette Herausforderung. Aber bedeutend ist nichts daran. Viele Kunstorganisationen
und –institutionen sind Techno-Trittbrettfahrer und machen Netzkunstausstellungen –
manche machen ihre Sache gut, andere nicht, aber das ist auch unbedeutend. Ich denke
– abschließend zu eurer Frage – was Praktiken mit ständig in Entwicklung begriffenen
vernetzten Technologien interessant macht (aber nicht bedeutend an sich), ist das
Potenzial der kontinuierlichen Veränderung, das Hinausschieben und Dehnen der Grenzen dessen, was sie sein dürfen und können, und was sie tun können und wie. Sie haben
eine Qualität, die sie stark in einem größeren soziokulturellen / technologischen Rahmen
situiert, und operieren gleichzeitig außerhalb dieses Rahmens. Sie können gewisse
Mythen über die Aura des Kunstwerks und Fragen der Autorschaft unterminieren und sie
gleichzeitig in bestimmten Kontexten dennoch perpetuieren (ihr wisst und ich weiß, dass
es genügend Netzkunst-Divas auf diesem Planeten gibt). All das regt doch zum Denken
an und fasziniert, aber ist es bedeutend? NEIN!

*W+H: Heute macht es auf der Ebene der Produktion kaum mehr einen Unterschied, ob
eine Arbeit als interaktive Installation oder als Web-Projekt oder als CD-ROM präsentiert
wird, aber die Ausstellungssituation wird massiv beeinflusst. Was meinst du dazu?*
NM: Ich bin nicht sicher, ob das für die Produktion zutrifft; ich kann mir vorstellen, dass
die Umwandlung einer CD-ROM oder einer Website in eine interaktive Installation zusätzliche Arbeit erfordert und arbeitsintensiver ist oder der Mitarbeit von mehr Personen
bedarf; je nach Einzelprojekt kann das auch für eine Website oder CR-ROM in jeder anderen Richtung gelten. Jedenfalls braucht man für jeden dieser Datenträger eine bestimmte Form der Verbreitung des Inhalts und man kann, glaube ich, Form und Inhalt nicht so
leicht trennen. Es gibt ästhetische, technische und andere Entscheidungsgründe, weshalb man einen Datenträger für eine bestimmte Arbeit auswählt und nicht den anderen.
Vor kurzem kommentierte jemand zu einer CD-ROM, dass sie nur 10 MB hätte: Das ist so
dumm! Warum stellst du das nicht ins Web? Es gibt also bereits gewisse Erwartungen,
die mit den einzelnen Datenträgern verbunden sind. Die Arbeiten werden in bestimmte
Formate oder Genres eingeteilt und in der Folge auch entsprechend interpretiert. Ich
würden den Gedanken des Formats sogar noch auf andere Faktoren erweitern, wie

Setting, Platzierung innerhalb der Ausstellung, physischer Raum oder online usw. CD-ROMs und Websites sind gute Beispiele: In physischen Räumen wissen KuratorInnen / OrganisatorInnen / AusstellungsgestalterInnen oft nicht, wie sie damit umgehen sollen und zugegebenermaßen ist es sehr schwierig. Die Präsentation von Netzkunst in einem physischen Umfeld wie einer Galerie, einem Museum, bei einem Festival etc. war immer schon ein problematisches Unterfangen. Natürlich ist die Frage, ob das überhaupt statt-finden sollte, legitim; warum sollte jemand Schlange stehen, um einen oft nicht funktio-nierenden Computer anzusehen, der als Ausstellungsstück dasteht, wenn er das Ganze bequem von zu Hause aus machen kann? Oft gilt das nur als Ausflucht für das Publikum, aber das Schwergewicht liegt hier auf der Arbeit. Bei verschiedenen Medienfestivals gab es einen Umschwung, man zeigt CD-ROMS und Web-Projekte nicht mehr als echten Teil der Ausstellung, sondern in einem spielerischeren Zusammenhang, in der Chillout-Lounge, wo man E-Mail abrufen, etwas trinken oder eine CD-ROM bzw. ein Web-Projekt in entspannter Atmosphäre ansehen kann. Das wird dann oft mit einer informellen Vorstellung der KünstlerInnen verbunden. Ich glaube, der Ansatz zu Websites und CD-ROMs ist ähnlich. Man könnte hier kritisch anmerken, dass das eher ein sozialer Raum als ein Raum für Kunst ist; die Ausstellungsbedingungen sind anders und damit ist auch die Rezeption eine andere. Auf ähnliche Weise könnte man Ansammlungen von Computern in unwichtigen oder peripheren Räumen finden: Dachböden, Foyers, Restau-rants oder büroartigen Settings, wo Computer hinzugehören scheinen. Freilich verändert das die Einstellung der BesucherInnen zur Arbeit, weil diese bereits auf gewisse Weise kontextualisiert wurde. Das gilt auch für Installationen.

W+H: Welche Entwicklungen erwartest du in den nächsten Jahren?
NM: Das ist schwer zu sagen. Eigentlich habe ich keine Ahnung. Aber ich glaube, es wird mehr Werkzeuge geben, die mehreren BenutzerInnen das Spielen / die schöpferische Arbeit in einer Echtzeitumgebung ermöglichen und wir werden mehr Software-applikationen haben, die audiovisuelle Bearbeitung in Echtzeit möglich machen; das wird Performances, Installationen und die Arbeitsweise der KünstlerInnen verändern. Viel-leicht wird es mehr Experimente mit verteilten Topologien geben (d.h. Kombinationen von Fern- und Vor-Ort-Performances / Installationen / Arbeiten), wer weiß. Außerdem denke ich, dass wir eine Rückkehr zur Körperlichkeit erleben werden: reaktive Umgebungen, viel Spielerei mit Sensoren und Bewegungsverfolgern.

http://www.f0.am

Klaus Nicolai

Globale Prozesse künstlerischer Verwertung

W+H: Die CYNETart findet vor Ort in Dresden statt und gleichzeitig im Web. Welches Gewicht hat das Web im Rahmen des Festivals?
KN: Ich glaube, dass die CYNETart in den letzten beiden Jahren einen entscheidenden Schub hatte; das ist an den eingereichten Arbeiten zu sehen. Wir hatten 2000 noch 220 Einreichungen und 2001 bereits 420. Das ist fast eine Verdoppelung. Die schnelle Transformation des Unternehmens in Richtung Internationalität ist ganz wesentlich dem Netz und den Möglichkeiten der Verlinkung zuzuschreiben. In den letzten Jahren ist die COMTECart, wie auch die CYNETart u.a. auf sites wie der Ars Electronica präsentiert worden und so ergab sich in Kombination mit weiteren Medien eine Potenzierung, die man mit anderen Mitteln nie erzielen könnte. Das geht nur über das Netz. Es wird also grundsätzlich eine Publizität möglich, die ohne das Netz nicht erreichbar wäre.

W+H: Gibt es unterschiedliche Schwerpunkte in den Jahresprogrammen, die sich auf Grund der eingereichten Arbeiten ergeben?
KN: Ich denke, dass die CYNETart sich hier nicht grundsätzlich von anderen Festivals unterscheidet. Wir operieren im wesentlichen mit dem internationalen Wettbewerb. Insofern ist die site eine Art Pool oder dient der freien Orientierung im weltweiten Kommunikationsprozess rund um die Frage, was ist Kunst unter dem Paradigma des Computers. Dieser Wettbewerb ist sehr wichtig, weil er allen die Chance lässt, sich über die Website anzumelden und teilzunehmen. Dies ist auch eine Möglichkeit, über das unsägliche Kuratorenmodell hinauszukommen. Das macht zwar viel Arbeit, aber unsere Erfahrung ist, dass mindestens 50 Prozent der eingereichten Arbeiten auf einem sehr hohen Level liegen und alle, die durch das Kuratorenprinzip mitgeschleust werden, ohnedies integriert sind. Es gibt aber auch ein Spektrum von Aktivisten, die völlig neu einsteigen, die gesichtet werden und mit denen man kommunizieren kann. Wir haben eine völlig andere Innovationsrate - um diesen nicht unproblematischen Begriff zu gebrauchen - und damit immer Vorteile gegenüber einem kuratierten Kunstbetrieb, der sich über Jahre an bestimmten Ikonen orientiert und darüber hinaus auch das Ziel hat, neue Ikonen zu produzieren. Die Künstlerikone wird mit dem Netz sehr stark in Frage gestellt. Die Galerien haben das noch nicht bemerkt.

W+H: Die CYNETart agiert in den Bereichen Wissenschaft und Kunst. Welche Erfahrungen gibt es?
KN: Der zweite Teil des Titels "Internationales Festival für computergestützte Kunst und interdisziplinäre Medienprojekte" - deutet auf eine Ausweitung, die über den Kunstbegriff hinausgeht. Er bezeichnet Versuche und Annäherungen zwischen Informatik, Kunst, Hirnforschung, Entwicklung und Sensoren. Das ganze Projekt bewegt sich also zwischen Kunst und Technologie-Entwicklung, wobei der künstlerische Aspekt entscheidend ist. So wie es aber schwierig war, mit Kunst und Kommerz zusammen zu arbeiten, ist es nun nicht einfach Kunst und Wissenschaft so in Verbindung zu bringen, dass dabei auch ästhetisch und künstlerisch anspruchsvolle Projekte herauskommen. Wir haben im vorigen

Jahr eine 3D-Darstellung durch den menschlichen Körper vorgestellt. Das war sicher nicht uninteressant, aber von der ästhetischen Präsentation her doch fragwürdig. Es sollte anknüpfen an den klassischen gläsernen Menschen, der um die Jahrhundertwende hier in Dresden erfunden wurde. Das verweist darauf, dass man nicht an historischen Ansatzpunkten mit Neuen Medien linear anknüpfen kann. Ich glaube, dass mit der Anwendung und dem Integrationspotenzial der Computer sich heute viele Dinge völlig anders darstellen als in der Zeit vor dem Computer. Ähnliche Tendenzen gab es auch beim Buchdruck, wo die Form von Literatur oder Text, die Art und Weise, wie Text geschrieben, verbreitet und rezipiert wird, sich doch qualitativ änderte mit der Entstehung der Druckmaschine. Ähnlich ist es auch beim Radio, wo die gespielte Musik oder das gesprochene Wort eine andere Qualität annimmt, wenn sie durch ein anderes Medium hindurch verbreitet oder produziert wird. Damit sind wir beim Internet. Hier verschmilzt a) die Qualität des Computers mit b) der des Netzes - was einen erheblichen Einschnitt bedeutet in die Art und Weise, in der distribuiert, produziert und kommuniziert wird.

W+H: Wieweit sind technische Kriterien hilfreich zur Positionierung einzelner Arbeiten?
KN: Es gibt immer schon ein Plus, wenn jemand mit dreidimensionaler Programmierung ins Internet geht, weil es derzeit neu ist. Das reicht aber für eine künstlerische Bewertung nicht aus. Die Anwendung von neuen technischen Möglichkeiten ist insofern künstlerisch reizvoll, als damit eine modifizierte künstlerische Botschaft übertragen wird. Wenn das nicht der Fall ist, kann es zwar eine interessante experimentelle Form sein, mit Software oder neuen Netzstrukturen umzugehen, aber ob damit auch das Kriterium für Kunst erfüllt ist, bleibt fragwürdig. Die künstlerische Botschaft zielt letztlich immer noch auf existentielle menschliche Fragestellungen, die heutzutage nicht mehr aus globalen und politischen Dingen wegzudenken sind. Das ist das Feld zwischen Intimität und Zivilisation und da wird es sehr schwierig, Kriterien exakt festzumachen. Zumindestens bräuchten wir ein sehr differenziertes System von Kriterien. Ich glaube, entscheidend ist, wie weit man sich selber mit der Welt auseinandersetzt; das ist für mich auch das einzig entscheidende Kriterium für einen Vergleich. Was leisten künstleri-

Dr. Klaus Nicolai, geb. 1954, Studium der Kultur- und Literaturwissenschaft an der Universität Leipzig.

1987-1992: Dozent für Ästhetik und Kunstgeschichte an der Hochschule für Bildende Künste Dresden.

1994-1995: Leiter des Bereichs künstlerische Kommunikation am Bauhaus Dessau.

Seit 1995: Referent für Medienkultur der Landeshauptstadt Dresden
1996-2001: Konzeption und Aufbau des Medienkulturzentrums Pentacon in Dresden.

Seit 1997: Leitung des jährlich stattfindenden Internationalen Festivals für computergestützte Kunst CYNETart in Dresden.

Seit 2001: Aufbau der TransMedia-Akademie - Institut für integrale Wahrnehmungs- und Medienforschung.

www.body-bytes.de

sche Arbeiten zu dieser Problematik? Die Ergebnisse werden immer subjektiv sein. Wir können aber keine vollständig objektiven Kriterien für mediale Arbeiten gerade in diesem Bereich finden. Es gibt eine Tendenz, Medienkünstler in die Nähe des Ingenieurs zu bringen oder des Technologieentwicklers der Zukunft. Peter Weibel formuliert ähnliches und auch Gerfried Stocker identifiziert meines Erachtens sehr stark technische Innovation mit künstlerischer Arbeit. Ich schätze beide sehr, meine aber, dass das riskant ist. Wir können den Begriff des Künstlers nicht aufgeben, auch wenn wir viele Dinge fundamental in Frage stellen. Das betrifft die Autorschaft, den Geniekult oder romantische, emotionale Konzepte, die einfach nicht mehr tragfähig sind. Es betrifft aber auch das hermetisch Abgeschlossene und die Unfähigkeit mit anderen Bereichen in Kommunikation zu treten. Technologie und Wissenschaft sind dabei ebenfalls zu hinterfragen. Dass wir uns also einerseits klar an der Disziplin Kunst orientieren müssen und zugleich aber den überkommenen Kunstbegriff nicht mehr halten können, führt zu einem schwierigen Balanceakt.

W+H: Hat die Kunst noch gesellschaftliche Bedeutung?
KN: Die Kunst hat immer gesamtgesellschaftliche Bedeutung gehabt; und zwar mehr, als sie sich selber manchmal eingesteht. Das fängt bei der Renaissance an. Mit der Entwicklung der Zentralperspektive wurde die gesellschaftliche Wahrnehmung geprägt. Heute stehen wir bei einer globalen Vereinnahmung künstlerischer Ansätze auf der Ebene des Lifestyle, der Werbung, der gesellschaftlichen Architektur; d.h. künstlerische Arbeit wird heute unmittelbar in einen globalen Prozess der Verwertung integriert, aus der ursprünglichen Intention herausgenommen und im Sinne einer Grundlagenforschung auf eine populäre Lifestyle-Ebene übersetzt. Das spricht nun für die Kunst und auch dagegen. Bei der Medienkunst wird offensichtlich, dass Künstler natürlich die Website- wie Imageproduzenten für Firmen sind. Sehr viele Künstler sehen sich gezwungen, in diese Ebene der Produktion einzusteigen, um ihr Leben zu finanzieren. Sie agieren mehr oder weniger zweigleisig, bedienen also den Image- und Werbemarkt und versuchen gleichzeitig und parallel ihre künstlerischen Ausdrucksmöglichkeiten zu entwickeln. Ich halte das für legitim. Ich würde die Dinge also nicht auseinander dividieren, sondern im Gegenteil meinen, Medienkunst stellt eine Klammer her, die sehr viel direkter ist; z.B. zwischen ökonomischer Verwertung und künstlerischem Ausdruck. Das gilt es bewusst zu machen.

W+H: Webkunst bietet heute die Chance zur Konstruktion von Wirklichkeit, bzw. von Welt, da belebbare Umgebungen hergestellt und somit eigenständige Subsysteme geschaffen werden können. Wie siehst du das?
KN: Wir haben 1987 in der DDR über die Entstehung des Internet reflektiert; ob nicht Sozialismus oder Kommunismus insofern eine klassische Illusion darstellen, weil beide Konstrukte sind, die nicht über die Austauschmittel verfügen, die eine Gesellschaft von potentiell gleichen Individuen ermöglicht. Also: Eine Gesellschaft, die nur über ein vertikales, aber kein horizontales Kommunikationssystem verfügt, ist nicht in der Lage, eine emanzipierte Gesellschaft herzustellen; sie führt zwangsläufig zu klassischen Hierarchien und zu Einbrüchen von diktatorischen oder welchen destruktiven Elementen immer. Das Netz ermöglicht im Grunde durch seine Horizontalität globale und gleichberechtigte Kommunikation und damit auch erstmals eine Feinabstimmung von regionalen und globalen, aber auch von individuellen Prozessen. Das Verhältnis von Individuum und

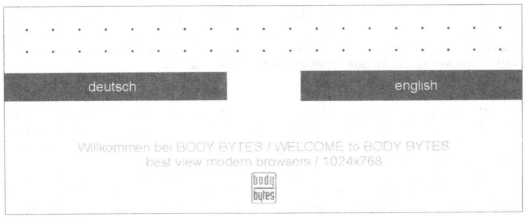

http://www.body-bytes.de

Sozialität, Gesellschaft und Globalität kann durch das Netz völlig neu thematisiert und reguliert werden. Das ist eine andere Dimensionierung, die noch nicht verstanden wird. Das eigentliche Potenzial des Netzes hat sich damit noch nicht entfaltet. Ich sehe es in einer globalen Gesellschaft von Individuen. Subjektivität wird ganz wesentlich für die Konstituierung von Globalität sein. Im Moment ist Subjektivität gefährlich. Wir leben in funktionalisierten und stark strukturierten Gesellschaften, in denen sie eigentlich stört. Ich glaube aber, dass genau dieses Verhältnis zwischen Subjektivität und Globalität und verschiedenen Übersetzungen dazwischen erst entfaltet wird. Wir können genau genommen erst seit dem Netz von so etwas sprechen wie einer menschlichen Gattung, denn davor war die Menschheit immer abstrakt und wurde maximal durch Tourismus oder durch Warenhandel konstituiert; nicht aber qualitativ über Kommunikation. Das halte ich für die eigentliche Revolution des Netzes.

W+H: Kann dann das alte Kunstverständnis in diese neuen Gegebenheiten übertragen werden oder sprichst du von einer völlig neuen Kunst?
KN: Es gibt eine Kontinuität des Künstlerischen von Anfang an; eigentlich seit der Höhlenmalerei. Diese Kontinuität sehe ich im Imaginären, der sinnlichen Vorwegnahme von Ereignissen und Prozessen, die so nicht existieren; es ist auch die Kontinuität im Virtuellen, denn Kunst realisiert sich immer erst im geistigen Raum. Die Materialisierung bzw. Vergegenständlichung ist nur ein Aspekt und solange Sinnlichkeit geistig leer bleibt ist Kunst künstlerisch auch nicht wertvoll. Ein weiteres Kriterium ist die Grenzüberschreitung, d.h. dass Kunst in einer sehr radikalen Form Konventionen und Strukturen befragt und in dem Akt des Schöpfens, Handelns diese Grenzen reflektiert und überschreitet. In diesem Sinn gestaltet sie auf eine sehr sublime Art und Weise Zivilisation, als sie Wahrnehmung und Sprache entwickelt. Das merkt man nicht vorder-, sondern nur sehr tiefgründig. Diese Kriterien sind auch an die Medienkunst anzulegen. Das ist der Kern des Künstlerischen und deswegen auch nicht verwechselbar mit Wissenschaft oder Technik. Wissenschaft überschreitet auch Grenzen, aber in einer ganz anderen Relation und Hinsicht. In der künstlerischen Kultur geht es immer um die Frage nach der Existenz des Menschen als leibhaftiges Wesen und davon hat sich die kausal-lineare Wissenschaft

weitgehend verabschiedet; der Objektivismus in der Wissenschaft schließt genau die Geistigkeit als solche aus, während die "Kunst" als Gegenstück, quasi als Kompensation dazu in eine Art subjektivistisches Koma fällt. An dieser Stelle entsteht etwas Drittes, vielleicht zwischen Kunst, Wissenschaft und leibhaftiger Präsenz.

W+H: Stellst du die Kunst in einen Zusammenhang mit einem Fortschrittsgedanken?
KN: Ich sehe einen Sprung darin, dass die Kunst von der Vergegenständlichung weg kommt, von dem statischen Kunstwerk und auch darin, dass mehr Kommunikationsprozesse stattfinden. Das sieht man an den Netzprojekten - die auch noch temporär angelegt sind. Es geht also nicht darum, Kunst irgendwohin zu hängen oder auszustellen, sondern sie verschwindet wieder. Damit kommen wir dem ursprünglich archaisch-künstlerischen viel näher, wie es z.B. aus dem Ritual lange bekannt ist. Es gibt Rückgriffe auf etwas, das es einmal gegeben hat und es ist wichtig, dass es diese Rückgriffe gibt und wir uns diese Dinge wieder vergegenwärtigen. Möglicherweise kommen wir über die Vernetzungskunst und moderne Physik wie auch moderne Evolutionstheorie wieder zu Fragestellungen und Potenzialen zurück, die wir immer schon virtuell in uns tragen. Da gibt es neue Dimensionen, die sich auftun zwischen transdisziplinärer Forschung und dem, was im künstlerischen Bereich stattfindet. Das sind Fragen, die wir im Umfeld der CYNETart und der Dresdner Trans-Media-Akademie Hellerau e.V. sehr ernst nehmen.

W+H: Welche Bedeutung hat die Webkunst heute innerhalb der Medienkunst?
KN: Ich denke, dass es die entscheidende Produktionsgrundlage ist. Die Art und Weise wie sich im Netz Kontakte bilden, zwischen Künstlern - aber auch zwischen Kooperationspartnern, die mit Künstlern zusammen Projekte entwickeln -, Institute, Programmierer, die künstlerisch interessiert sind, Erfinder, Ingenieure; all das lässt sich über das Netz kommunizieren und verknüpfen. Deshalb stellt das Netz selber ein Paradigma dar, das letztlich ganz grundlegend ist für die Produkte; ob diese nun im Netz erscheinen oder nicht. Das Netz ist für die Konstituierung von Kunst sehr wichtig: a) in ihrem medialen, b) in ihrem kollaborativen, c) in ihrem interdisziplinären Charakter und zum anderen, was die Transparenz angeht, die Einsehbarkeit von außen. Im Gegenteil ist das Kuratorenprinzip weitgehend ein über Gesetze und Wertigkeiten verdecktes System, das letztlich immer über Verstärkermittel Personen in bestimmte Großformate transformiert. Zugleich verzichten wir aber auch nicht auf das Kuratorenprinzip für die CYNETart, da es in Zusammenhang mit dem Netz auch wieder an Bedeutung erhält. Letztlich kommt es doch darauf an, in der Masse der Netzkommunikation wieder die entscheidenden Entwicklungen herauszufiltern. Die CYNETart ist an einem Punkt, wo sie Fokussierungen schaffen will. Es geht um Prozesse, die klassisch avantgardistisch sind, eine gewisse Modellfunktion haben und die es wert sind, dass sie besonders nach außen publiziert werden.

W+H: Wie ist die gegenwärtige Situation mit Medienkunst in Dresden?
KN: Der klassische Kunstbereich der Moderne ignoriert dieses Projekt weitgehend. Es gibt keine einzige Kunstkommission, wo irgend jemand sitzen würde, der etwas von Medienkunst versteht. Das ist aber nicht nur in Dresden so, sondern auch bei großen Stiftungen in Deutschland. Die stürmische Entwicklung, die sich hier offenbart, wird im gesellschaftlichen Bereich und gerade auch im Bereich der klassischen Kunst und den

Kunstinstitutionen also viel zu schwach wahrgenommen. In Dresden hat sich mittlerweile der politische Kontext sehr verbessert. Das Publikumsinteresse ist absolut vorhanden. Wir hatten letztes Jahr im Kunsthaus während des Festivals mehr Besucher, als das Kunsthaus im ganzen Jahr; das obwohl das Kunsthaus durchaus avancierte Ausstellungen zeitgenössischer bildender Kunst zeigt. Medienkunst kann schon deshalb heute nicht mehr als kleine, feine Nische abgetan werden mit dem ständigen Hinweis, es sei doch eigentlich keine Kunst. Das ist so wie das Kino Anfang des Jahrhunderts entwickelt wurde; wir wissen aber heute natürlich, was Kino und Film bedeutet. Hier fällt die bildende Kunst gegenüber der Wirkung dieses Mediums weit ab. Das muss man einfach zur Kenntnis nehmen und man muss die Räume für die klassische bildende Kunst und Skulptur - dafür plädiere ich auch gleichzeitig - exklusiv bewahren; so wie die Klöster, die die alten Schriften bewahrt haben oder Sammlungen aus der Antike. Man darf sich aber nicht mehr einbilden, dass diese Definition von Kunst nun die alles beherrschende ist und den Rest ignorieren. Das halte ich für frevelhaft und es liegt neben der Zeit. Dieses Umdenken ist schwierig - auch hier in Dresden. Die Stadt ist übrigens eine Hochburg der Produktion von Kommunikationstechnologie: infinean technologies AG und AMD haben hier modernste Werke wir haben eine sehr ausgeprägte High-Tech-Forschung an der technischen Universität, der Hochschule für Wirtschaft und Technik und in der Berg-Akademie in Freiberg; wir haben hier also ein technologisches Umfeld und parallel kunstgeschichtlich eine starke Tradition beginnend mit Caspar David Friedrich bis zum Expressionismus der Brücke Künstler. Es sind verschiedene Kontexte, die ein gutes Klima und eine solide Plattform bilden, von der aus man ein solches Projekt umsetzen kann. Leider schlägt sich das im Moment an den Fördersummen noch nicht nieder. Wir haben zwar aufgestockt, aber es ist nicht zu vergleichen mit anderen kulturellen Projekten. Es geht dabei um die Umverteilung der Mittel des Kulturbereiches. Medienkunst gibt hier also auch Anlass, über die Beschaffenheit der künstlerischen und kulturellen Institutionen nachzudenken.

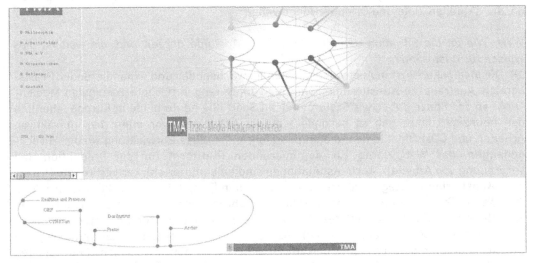

http://www.body-bytes.de/tma/index_ns.htm

Julianne Pierce

Die Erweiterung des Mediums

W+H: Wann hast du begonnen, Web-Arbeiten zu machen, und warum?
JP: Ich persönlich begann um 1994 im Web zu arbeiten, als die stärkere Web-Nutzung einsetzte. Das war vor allem im Rahmen der Künstlergruppe VNS Matrix, der ich angehörte. Wir nutzten das Internet über Chatrooms und MOOs für diverse Online-Performances und fingen dann an, unser Material im Web zu veröffentlichen. Seit August 2000 bin ich Direktorin des ANAT (Australian Network for Art and Technology in Adelaide, Südaustralien). Wir bezeichnen uns als 'virtuelle Organisation'; Internet und Web sind integrierende Bestandteile unserer Methode, unser Publikum und unsere Mitglieder zu erreichen. Wir nutzen das Web, um die Leute über unsere Projekte und Programme zu informieren, und stellen uns für Kunstprojekte und Veröffentlichungen zur Verfügung.

W+H: Das ANAT ist in Europa sehr bekannt. Wie kam es zur Gründung und wie seid ihr bisher mit der Webversion zufrieden?
JP: Das ANAT wurde 1988 von einer Organisation mit der Bezeichnung Experimental Art Foundation in Adelaide gegründet. Es entstand als Pilotprojekt für Forschung in dem neu wachsenden Bereich Kunst und Technologie. Daraus wuchs das Netzwerk und erhielt auch über das Australia Council Anfang der neunziger Jahre staatliche Förderungen. Das ANAT steht als Netzwerk und Vertretung für KünstlerInnen im Feld Kunst, Naturwissenschaften und Technologie in Australien an der Spitze vergleichbarer Organisationen. Wir versorgen unsere Mitglieder und die breitere Öffentlichkeit mit Informationen und Ressourcen und organisieren unsere eigenen Programme für Artists-in-Residence, Meisterklassen, Workshops und Ausstellungen. Am besten findet man ANAT über unsere Website www.anat.org.au. Sie wurde Ende letzten Jahres umgestaltet und spiegelt unsere aktuellen Ziele und Orientierungen wider.

W+H: Wie ist die Situation der Medienkunst in Adelaide derzeit und wie weit ist dies typisch für Australien?
JP: Die Medienkunst ist in Australien ein ständig wachsender und expandierender Praxisbereich. Australische KünstlerInnen waren 25 Jahre lang in der internationalen Medienkunst an der Spitze dabei, wie Stelarc und Jill Scott (die heute beide in Europa leben). In den neunziger Jahre gab es besonders starke Aktivitäten, vor allem bei interaktiven Arbeiten und CD-ROMs. In den letzten paar Jahren ist diese Entwicklung wieder zurückgegangen, das Web wurde zur dominierenden Plattform für die Produktion und Verbreitung von Arbeiten. Auch Installationen sind eine immer stärker verbreitete Praxis, viele KünstlerInnen integrieren verschiedene Medien (Ton, Video, Interaktivität, Grafik) in ihre Werke. Das ist, glaube ich, darauf zurückzuführen, dass es mehr Möglichkeiten gibt, im Galeriekontext auszustellen. Mehrere kommerzielle Galerien und öffentliche Museen sind ganz begierig darauf, Medienkunst zu zeigen, und das bedeutet, dass die KünstlerInnen ihr praktisches Repertoire erweitern und den physischen Raum als Teil ihres Arbeitsprozesses integrieren können.

W+H: Worin liegt die große Herausforderung an der Arbeit mit dem Web?

JP: Die größte Herausforderung ist es, sicherzustellen, dass die Informationen aktuell sind. Wir haben beim ANAT Glück, denn wir haben einen eigenen Webmaster und Techniker, der viel Zeit mit der Site verbringt und sicherstellt, dass sie funktioniert. Die Navigation ist eine weitere Herausforderung – wie können die Informationen so präsentiert werden, dass sie leicht zugänglich und handhabbar sind. Es war uns wichtig, die Website nicht mit Daten zu überlasten und alles so knapp wie möglich zu gestalten. Eine weitere Herausforderung für ein "virtuelles Büro" ist es, zu wissen, wer das Publikum ist und über Web und Internet Beziehungen zu Menschen aufzubauen. Da wir viel online arbeiten, ist es wichtig, sicherzustellen, dass unsere Präsenz im Web und im Internet aufgenommen wird und ein effektives Kommunikationsmittel ist.

Julianne Pierce

Künstlerin, Kuratorin und Medienproduzentin. Sie ist derzeit Geschäftsführerin des ANAT (Australian Network for Art and Technology).

Das ANAT steht als Netzwerk und Vertretung für KünstlerInnen im Feld Kunst/Naturwissenschaften/Technologie in Australien an der Spitze vergleichbarer Organisationen. Es hat seinen Sitz in Adelaide, Südaustralien, und organisiert Programme für Artists-in-Residence, Meisterklassen, Workshops und Veranstaltungen in Australien und Übersee.

www.anat.org.au

W+H: Welche Bedeutung hat die Webkunst im Bereich der Medienkunst?

JP: Webkunst hat sich zu einem eigenständigen Medium der Kunst entwickelt. Für mich ist Webkunst oder Netzkunst eine Form der Kunst, die sich direkt mit dem Medium auseinandersetzt, entweder auf der Programmierebene oder auf der Ebene des Browsers oder der Schnittstelle. Erfolgreiche Webkunst benutzt und erweitert das Medium und treibt die Grenzen dessen, was das Web kann, voran. KünstlerInnen wie jodi (*www.jodi.org*) oder Melinda Rackham (*www.subtle.net*) entwickeln das Web an seinen Grenzen weiter und legen seine Ungeschliffenheit und Komplexität offen.

W+H: Glaubst du, dass die Kunst im Allgemeinen noch Bedeutung hat?

JP: Das ist eine wirklich schwierige Frage – redet ihr von der Webkunst oder der zeitgenössischen Kunst insgesamt? Für mich geht es in der Kunst in vielerlei Hinsicht nicht so sehr um Bedeutung, sondern um das Anzapfen von Mode, Design, Medien oder Werbung und darum, aus den Botschaften und der Bildsprache der Pop- und Massenkultur, Kunst zu schaffen. Ich verlasse mich nicht auf die Kunst, wenn es um Sinn- oder Bedeutungsstiftung geht, sie ist für mich eher ein Impuls, eine Reflexion aktueller Gedanken und Trends, nicht tieferer philosophischer und metaphysischer Einsichten. Ich habe aber auch das Gefühl, dass viele KünstlerInnen im Bereich Kunst und Medienkunst auf ganz interessante Weise arbeiten, kulturelle und soziale Probleme ansprechen und untersuchen. Eine Gruppe wie das Critical Art Ensemble beschäftigt sich etwa sehr mit der Debatte um die Biotechnologie, was sich auch in ihren aktuellen Arbeiten niederschlägt. Ein Medium wie das Web ist auch sehr wichtig für die indigenen KünstlerInnen. Die Aborigines in

Australien arbeiten in zunehmendem Maß in der Medienkunst und über das Web, um ihre Geschichten zu erzählen; damit erreichen sie ein größeres Publikum – eine wichtige Entwicklung für den Bereich Kunst und Technologie in Australien.

W+H: Was steht aktuell im Zentrum deiner Arbeit?
JP: Ich interessiere mich besonders für die Stadt, Corporate Culture und Identity, und für die Verkleidungen und psychologischen Tarnungen, die als Teil des städtischen Lebens angenommen und erdacht werden. Als ich VNS Matrix angehörte, beschäftigte ich mich viel mit der Beziehung zwischen Frauen und Technologie und daraus entstanden die ersten Keimzellen des 'Cyberfeminismus'. In meinen aktuellen Arbeiten setze ich mich immer noch mit Frauen und Technologie auseinander, aber eher in einem breiteren Umfeld wie Corporate Culture, Medien und Macht. Als Executive Director des ANAT engagiere ich mich dafür, interessante Entwicklungsmöglichkeiten für australische KünstlerInnen zu finden. Es gibt sie in Australien und in Übersee, und das ANAT tut viel, um derartige Informationen für Mitglieder und die Öffentlichkeit zu sammeln. Beim ANAT beschäftigen wir uns aber auch mit dem kritischem Diskurs um die Neuen Medien und entwickeln Möglichkeiten zur Publikation und zur Bildung von Foren, über die neue Entwicklungen und Ideen diskutiert werden können.

W+H: Unterscheidest du zwischen Netzkunst und Webkunst, und wenn ja, warum?
JP: Netzkunst und Webkunst unterscheiden sich stark, sie sind in mancher Hinsicht sogar ziemlich verschiedene Medien. Allgemein gesagt setzen sich KünstlerInnen in der Netzkunst mit dem Netz als Kommunikationsmittel auseinander und jemand wie die australische Schriftstellerin mez verwendet das Netz als Vehikel zur Schaffung und Verbreitung ihrer Arbeiten. Besonders SchriftstellerInnen untersuchen die Sprache des Netzes und wie durch die Verbreitung über ein Netzwerk Schriften entstehen und sich entwickeln können. Eine Ausstellung wie 'net condition' am ZKM im Jahr 1999 war ein Versuch, einen Überblick über die verschiedenen Arten von Netz- und Web-basierten Arbeiten zu schaffen. Die Ausstellung hob die vielen verschiedenen Möglichkeiten hervor, die KünstlerInnen bei der Verwendung der Medien nutzen, von der Entwicklung und Manipulation von Programmiersprachen bis zur Entstehung von Schnittstellen und verschiedenen Interaktionsebenen. Es gibt natürlich viele Kreuzungspunkte zwischen Netzkunst und Webkunst, KünstlerInnen wie gashgirl (AUS) und Rachel Baker (GB) arbeiten im Crossover-Bereich und gehen sehr spielerisch und forschungsfreudig mit Netzwerken und Kommunikationstechnologie um.

W+H: Welche Kriterien wendest du in deinem Entscheidungsfindungsprozess an? Wie weit sind technische Kriterien hilfreich bei der Positionierung einzelner Arbeiten und was sind die inhaltlichen Kriterien?
JP: Beim ANAT unterstützen wir KünstlerInnen auf verschiedene Weise, indem wir Informationen liefern, Artist-in-Residence- oder Forschungsprogramme entwickeln, Ausstellungen in Zusammenarbeit mit anderen Organisationen veranstalten oder direkte finanzielle Unterstützung bieten, wie etwa durch den Fonds für Konferenzen und Workshops, wo KünstlerInnen rasch Reisezuschüsse und Konferenzgebühren erhalten können. Eines der Kriterien, die unserem Entscheidungsfindungsprozess zu Grunde liegt, ist vor allem

bei Finanzierungen die Mitgliedschaft des/der KünstlerIn beim ANAT. Manche unserer Programme sind speziell für Mitglieder und es bringt Vorteile, eines zu sein. Für andere, wie die Artist-in-Residence-Programme, ist die Mitgliedschaft nicht Voraussetzung, daher hängen die Kriterien von der Praxis des/der KünstlerIn und ihren Forschungs- und Entwicklungsprozessen ab. Viele unserer Programme werden beworben und wir veranstalten dafür Ausschreibungen. Die Kriterien variieren je nach Projekt, manche richten sich an den Nachwuchs, andere an erfahrene und etablierte KünstlerInnen. Die technischen Kriterien sind im Allgemeinen nicht so wichtig, wir betrachten die Ideen und Konzepte ebenso wie die Technologien und Prozesse. Das ANAT unterstützt eine breite Palette von Arbeiten von Web- und Netzkunst bis zu KünstlerInnen, die mit naturwissenschaftlichem Hintergrund arbeiten, oder in anderen Bereichen. Letztlich geht es bei der Entscheidung um das, was die KünstlerInnen denken und wie ihre Arbeiten zur Entwicklung der Praxis in der Verbindung von Kunst und Technologie beitragen.

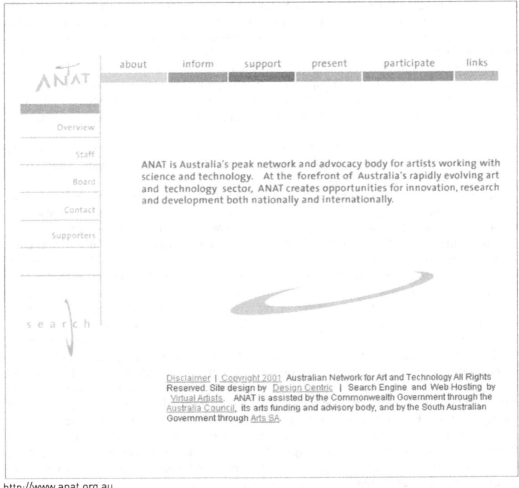

http://www.anat.org.au

W+H: Heute macht es auf der Ebene der Produktion kaum mehr einen Unterschied, ob eine Arbeit als interaktive Installation oder als Web-Projekt oder als CD-ROM präsentiert wird, aber die Ausstellungssituation wird massiv beeinflusst. Was sagst du dazu?
JP: Ich glaube, es gibt zwischen den Produktionsebenen bei interaktiven und Web-basierten Arbeiten wesentliche Unterschiede. Zunächst sind die Programmiersprachen ganz anders. Wer mit einem interaktiven Medium arbeitet, wird ein Autorenprogramm wie Director verwenden, im Web braucht man andere Programmiersprachen. Das Ausgabeende hat einen Einfluss darauf, wie eine Arbeit produziert und ausgestellt wird. Viele digitale Arbeiten werden letzten Endes auf einem Terminal oder Bildschirm gezeigt, sodass der Eindruck entstehen kann, dass die Produktionsmethoden dieselben sind. Es gibt aber substanzielle Unterschiede, vor allem im Einsatz von Ton und Videobildern im interaktiven Medium (wie etwas CD-ROM) und im Internet. Bei der Ausstellung solcher Arbeiten stellen sich dann gewichtige Fragen, weil die Zeit ein kritischer Faktor ist; es gibt Erwartungen an das Publikum, das sich eine Zeitlang mit den Arbeiten beschäftigen muss. Der Computerterminal ist manchmal keine zufriedenstellende Lösung und viele KünstlerInnen entwickeln komplexe Umfelder für ihre Arbeiten, indem sie sie in eine größere Installation einbetten, projizieren oder Kiosks und andere Umgebungen für die Terminals entwickeln. In vielerlei Hinsicht arbeiten Galerien und Museen mit den KünstlerInnen zusammen, um die beste Möglichkeit zur Ausstellung zu entwickeln, und für das Publikum die bestmögliche Erfahrung der Arbeit zu bieten. Eine weitere wichtige Frage dreht sich um das Sammeln und Archivieren von Arbeiten mit Neuen Medien - die Verantwortung des Museums, der Galerie oder des einzelnen Sammlers in diesem Prozess.

W+H: Webkunst bietet heute die Chance zur Konstruktion von "Wirklichkeit", bzw. von "Welt", da belebbare Umgebungen hergestellt und somit eigenständige Subsysteme geschaffen werden können. Würdest du dem zustimmen?
JP: Ich würde nicht sagen, dass Webkunst die Konstruktion von Wirklichkeit bietet, aber das Web hat ein Potenzial für die Entwicklung von Online-Umgebungen und "Welten". Eines der frühen Beispiele war die "Habitat"-Website, eines der ersten virtuellen Environments für mehrere Benutzer, das Avatare von Menschen aus der "wirklichen Welt" bevölkerten. In einem Essay aus dem Jahr 1990 mit dem Titel "The Lessons of Lucasfilm's Habitat" kommentierten Chip Morningstar und F. Randall Farmer: "Die wesentliche Lehre, die wir aus unseren Erfahrungen mit Habitat ziehen, ist, dass Cyberspace eher durch die Interaktionen zwischen den darin befindlichen Akteuren als durch die Technologie definiert ist, mit der er implementiert wird. Wir empfinden die derzeitigen Entwicklungen komplizierter Schnittstellentechnologie – Datenhandschuhe, HMD, spezielle Wiedergabemaschinen usw. – als etwas sehr Aufregendes und Vielversprechendes, aber die fast mystische Euphorie, die all diese Hardware derzeit umgibt, ist unserer Meinung nach übertrieben und fehl am Platz." Während das Web das Potenzial hat, Communities und bis zu einem gewissen Grad "Wirklichkeiten" zu schaffen, ist es immer noch ein Kommunikationsmittel. Wie Morningstar und Farmer schreiben, diente die Online-Welt, die durch "Habitat" entstand, zur Entwicklung und Vertiefung von Beziehungen, die es bereits offline gab. Das Web und das Internet sind ein Ort für Experimente und die Erforschung von Beziehungen und dessen, was in einem raschen Veränderungen unterworfenen globalen Kontext "real" ist.

W+H: Siehst du Multimedia-Formate wie Flash oder Shockwave als Herausforderung und würdest du damit geschaffene Arbeiten als Kunst anerkennen?
JP: Für mich sind Flash und Shockwave in erster Linie Webdesign-Tools, wie man sie im Laden kauft. Ich weiß, dass viele Designer sie wirklich interessant einsetzen, aber für mich sind das Applikationen, die mit der Verwendung fertiger Softwareprodukte zu tun haben und nicht so sehr mit einem Umbruch des Programmierens im Web. Flash habe ich meistens auf kommerziellen Sites gesehen und ich entdecke nicht viele Anzeichen für ein gesteigertes Interesse der KünstlerInnen an Flash oder Shockwave. Ich denke aber in diesem Zusammenhang auch, dass Medien wie das Web den Begriff des Künstlers, der Künstlerin neu definieren. Es gibt keine fixe Definition mehr – DesignerInnen, MusikerInnen, ProgrammiererInnen können als solche gelten, und aus dieser Ecke kommen viele Spitzenleistungen der zeitgenössischen Kunst.

W+H: Es gibt immer mehr Hybridformen aus Magazinen, Kunstsammlungen, Ausstellungsräumen einerseits und Mischformen bei Berufsbildern andererseits. KünstlerInnen organisieren Ausstellungen, TheoretikerInnen arbeiten in der Kunst, KuratorInnen verfassen theoretische Werke usw. Was hältst du davon?
JP: Ich sehe das als großartige und gesunde Sache für die Kunstszene. Spezialisierung ist nach wie vor wichtig und notwendig, aber ich glaube, es gibt jetzt mehr Platz für das Umsteigen und Tauschen von Positionen zwischen den verschiedenen Bereichen im Kunstbetrieb. Gleichzeitig betreiben viele KünstlerInnen ihre eigenen Räume, weil es immer schwieriger wird, in einem Museum oder einer Galerie auszustellen. Daran ist aber nichts Falsches, solche Kunsträume von KünstlerInnen sind meist sehr dynamisch und reagieren rasch auf tatsächliche Bedürfnisse und auf Neues. Einige der interessantesten Magazine und Publikationen der letzten Jahre stammen von KünstlerInnen. Das wurde dadurch möglich, dass es einfacher ist, zu publizieren und Zugang zu Medien zu erhalten. Damit haben KünstlerInnen und Medienmacher mehr Kontrolle über Produktion und Verbreitung.

W+H: Wie weit sind Institutionen in der Lage, auf zeitgenössische Experimente zu reagieren, und wenn sie das sind, wie weit können sie diese unterstützen?
JP: Es ist sehr wichtig, dass Institutionen und Organisationen auf das reagieren können, was im Praxisfeld passiert. Für größere Institutionen ist es vielleicht schwieriger, große Galerien und Institutionen haben oft schon auf Jahre Programmvorgaben. Kleine Organisationen wie das ANAT können schnell auf aktuelle Gegebenheiten und Initiativen reagieren. So haben wir vor kurzem eine Trickster Masterclass in Video Jamming organisiert und nur sechs Monate dafür gebraucht. Video Jamming wird in Australien immer beliebter - dabei werden Ton, Bilder und Software kombiniert - und das ANAT wollte einen Raum schaffen, in dem sich PraktikerInnen treffen und mit dieser Form experimentieren können. Wir luden VJ Iko aus Portugal ein, den Kurs zu halten, und das führte zur Entwicklung eines neuen Softwareprogramms namens 'Trickster' und laufender Zusammenarbeit zwischen Iko und australischen VJs. Organisationen, die KünstlerInnen vertreten, müssen mit diesen gut kommunizieren können; sie müssen ihnen zuhören, herausfinden, was sie tun und wie man ihnen helfen kann.

Gerfried Stocker

Cultural Impact

W+H: Die Ars Electronica hat vermutlich die längste Tradition in der Thematisierung des Netzes in der Kunst. Wie bewährt sich jetzt die Kombination von online und offline Festival und welches Gewicht hat das Web dabei?
GS: Wenn die Auseinandersetzung vom Internet abgekoppelt wird und wiederum frühere Formen elektronischer Netzwerke á la Fax, SlowScan-TV usw. berücksichtigt wird, dann geht es bis zum Anfang der 80er-Jahre zurück. Die Herausforderung, sich zwischen Online- und Offline-Festival zu bewegen, begann bereits damals mit dieser sehr schwierigen Frage, dass die Dinge, die im Netz passieren, eigentlich nur für jene Leute, die ans Netz angeschlossen sind, wirklich zugänglich sind. Für einen Besucher, der durch eine Festival- oder Ausstellungssituation geht, ist es nahezu unmöglich, einen Zugang zu finden. Nun ist ein Festival von seinem Format her massiv darauf ausgerichtet, dass an einem physischen Ort für ein real anwesendes Publikum Austausch passiert. Das Netz kann in diesem Zusammenhang immer nur ein weiterer Gast des Festivals sein; so wie Kunstprojekte, Vortragende, etc. auch als solche betrachtet werden. Das Netz ist damit ein Kanal, um eine weitere Schnittstelle zu schaffen, die darüber hinaus aber das Festival selbst auch ist. Die andere sehr radikale, aber durchaus reizvolle Variante, das Festival selbst zum Netzwerk werden zu lassen, und letztlich alles ins Netz zu transformieren, wurde bislang noch nie gemacht und dies im Grunde vermutlich aus sehr einfachen, pragmatischen Gründen, denn wer würde das finanzieren? Keine Trägerschaft, die bereit ist, das Geld für ein großes Festival aufzuwenden, kann und will darauf verzichten, dass es auch eine lokale Identität gibt.

W+H: Was wäre dann die große Herausforderung im Veranstaltungsbereich für Webkunst?
GS: Netzkunst ist das, was wirklich ausschließlich im Netz stattfindet. Wenn man in diesen Bereich geht, stellt sich die Frage, was ist die Kunst, die hinter dem Screen anfängt? Damit habe ich kaum eine Möglichkeit, sie auszustellen, ich kann nur darauf verweisen: Screens ausdrucken und an die Wand hängen oder einen Schritt weiter gehen - was viele Festivals machen; auch wir – und eine Situation herstellen, die davon ausgeht, dass zwar die Kunst nicht wirklich präsentiert werden kann, aber zumindestens die Künstlerinnen und Künstler; also die handelnden Personen. Es werden workshop- oder loungeähnliche Situationen hergestellt. Darüber kann wiederum Aufmerksamkeit erreicht werden. Im Moment ist die Suche nach Projekten, die trotzdem an den Schnittstellen arbeiten, aktuell. Dabei geht es um Projekte im öffentlichen Raum. Beide Wege sind durch den Versuch gekennzeichnet, die Besucher einzubinden.

W+H: Es macht für die Produktion selbst kaum noch Unterschiede, ob für das Web oder für Installationen vor Ort produziert wird. Wie geht ihr damit um?
GS: Da würde ich zunächst Einspruch erheben, denn das gilt nur für jenen Teil interaktiver Arbeiten, die screenorientiert sind. Alles, was mit dem Netz, dem Web gemacht wird, ist primär screen-, aber auch soundorientiert. Damit bin ich - was die operativen Interfaces anlangt - auf eine ganz bestimmte Form reduziert; den Screen, die Maus, die

222

Tastatur und die Situation mit einem Interface und einer Person, dem Einzeluser. Mengenmäßig ist dieser Bereich der prominenteste und am stärksten bearbeitete. Hier macht es tatsächlich keinen Unterschied. Wir merken in den letzten Jahren verstärkt - z.B. bei der Ausstellung "Print on Screen", die wir mit Projekten gemacht haben, die sich um einen Loop zwischen User und Content bemühen und das Interface weniger im Gerät sehen, als in eben diesem Kommunikationsprozess, den sie damit etablieren -, dass wir derartige Projekte problemlos offline und damit in einer Ausstellungssituation wie andere Arbeiten auch präsentieren können. Man nimmt bestimmte Teile heraus, installiert sie und schafft damit eine andere Form der Erlebnissequenz. Das gilt aber nur für diese Form von Arbeiten. Es gibt sehr viele Netzkunstprojekte, die sind offline nicht zu zeigen und auch nicht in einer singulären Situation. Sie funktionieren z.B. nur, wenn man täglich einmal oder einmal die Woche hineingeht und langfristige Prozesse mitverfolgt. Das ist in einer Ausstellungssituation nicht machbar, denn auch wenn es Wiederholungsbesucher gibt, so gibt es kaum regelmäßige Besucher. Dann gibt es die wieder anderen Projekte, die sich von ihrer Interface-Form mit der körperlichen Person des Users auseinandersetzen. Hier stellt sich die Frage, wie begegne ich körperlich, taktil, haptisch dem Inhalt; diese sind von der Produktionsseite auch wieder ganz anders.

Gerfried Stocker ist seit 1995 Geschäftsführer des AEC - Ars Electronica Center - und künstlerischer Leiter des Ars Electronica Festivals.

Er ist Medienkünstler und Musiker, Absolvent des Instituts für Nachrichtentechnik und Elektronik in Graz. Seit 1990 als freier Künstler tätig. 1991 Gründer von x-space, einer Gruppe zur Realisierung interdisziplinärer Projekte. In diesem Rahmen entstanden zahlreiche Installationen und Performance-Projekte unter Verwendung von interaktiven Technologien, Robotertechnik und Telekommunikation. Er konzipierte zahlreiche Radio- und Netzwerk-Projekte und organisierte das weltweite Radio- und Netzwerk-Projekt Horizontal Radio.

www.aec.at

W+H: Nach welchen Kriterien triffst du deine Auswahl und wie findet dein Entscheidungsprozess statt?
GS: Wir versuchen in der Tradition der Ars Electronica als Festival für Kunst, Technologie und Gesellschaft jene Strömungen auszumachen, zu diskutieren und zu präsentieren, die kulturelles und gesellschaftliches Prägungspotenzial haben - Cultural Impact; die Einfluss nehmen, Veränderungen thematisieren und uns diese auch reflektierend zu Bewusstsein bringen. Die Unterschiede sind dann nur in der Gewichtung: Im Festival geht es um Mut zum Irrtum; im Museum um die Kommunikationsfähigkeit der Projekte, im Future Lab um wieder anderes. Wenn man sieht, wen wir in diesen Jahren im Museum präsentiert haben, so geht es aber immer um das Netz als sozialen Raum und nicht nur als künstlerisches Werkzeug.

W+H: Unterscheidest du die Begriffe Netzkunst und Webkunst?
GS: So wie man Netz und Web unterscheidet. Web ist ein Strukturmodell, ein Interface für die Organisation von Information und Kommunikation in einem Netz. Netzkunst geht, was

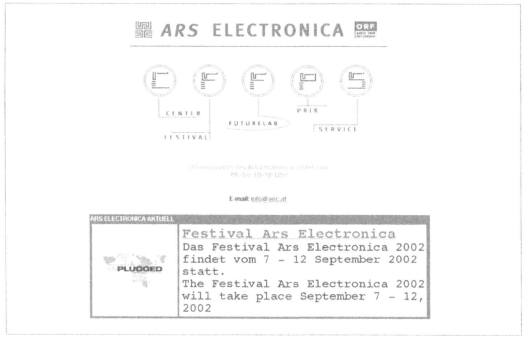

http://www.aec.at

die Strukturen anlangt, viel weiter und ist demnach auch unabhängiger von technischen Standards. Das eine ist also eine Übereinkunft, sich innerhalb bestimmter Grenzen zu bewegen und Netz wäre alles, was im Bereich der Kommunikationsnetzwerke an sich stattfindet: disloziierte Geschehen, (A)Synchronizität, Verteilung usw. Demnach gilt für die Webkunst eine Übereinkunft auf bestimmte Präsentations- und Kommunikationsstandards oder -formen. Man bemüht eine bestimmte definierte, auch zu erwartende Struktur. So wie wenn man ins Kino geht - egal, ob man dort Spielberg oder einen alten surrealistischen Film ansieht. Ich weiss, was kommt, weil ich mit einem Medium beschäftigt bin, das eine eigenständige Sprache entwickelt hat. Das gleiche wäre mit dem Web. Ich habe eine Übereinkunft über Formen des Ausdrucks und damit über Formen der Rezeption; d.h. ich bewege mich auf einer gemeinsamen Ebene zwischen Produzenten und Konsumenten.

W+H: Webkunst bietet heute die Chance zur Konstruktion von "Wirklichkeit" und Welt, da belebbare Environments hergestellt und eigenständige Subsysteme geschaffen werden können. Würdest du dich dem anschließen?
GS: Im Augenblick genügt der verbreitete technische Standard diesen Anforderungen nicht und in der Erlebnissituation des Users erfüllt sich ein derartig großes Versprechen demnach ebenfalls noch nicht. Im Modellfall und von einem inhärenten Potenzial gilt dies aber auf jeden Fall.

W+H: Inwieweit sind technische Kriterien hilfreich zur Positionierung einzelner Arbeiten?

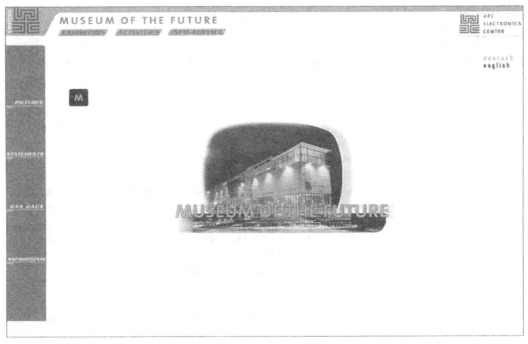

http://www.aec.at/center2

GS: Da muss ich ausholen zur Frage, was ist eigentlich Medienkunst? Ich glaube, hier ist mittlerweilen davon auszugehen, dass Medienkunst bei weitem mehr ist als der künstlerische Umgang mit den technologischen Realitäten unserer Zeit, unserer Kultur. Technologie heißt nun aber nicht Technik, wenn die Begriffe auch gern kombiniert werden. In Wirklichkeit müsste man das viel stärker ausdifferenzieren und Technologie als jene systemischen, strukturellen Fragestellungen behandeln, wie sie in früheren Kunstformen immer in Verbindung mit dem Material gedacht wurde. Von dem her ist es für viele Projekte in diesem Bereich wichtig, dass eine technologische Auseinandersetzung mit einer ebenso zuverlässigen und professionellen Form betrieben wird, wie es auch von der künstlerischen Arbeit erwartet wird. Damit reicht es nicht aus, ein sehr guter Technologe, und auch nicht, ein sehr guter Künstler zu sein. Das trifft aber wieder nur für einen bestimmten, meiner Meinung nach aber sehr wichtigen Bereich der Medienkunst zu. Es geht um die Analogie der Bearbeitung des Materials und das Wissen rund um das Material. Medienkunst gilt als eine Form, die es auch ermöglicht, diese Strukturen und Systeme zu erkennen, zu verändern, mitzugestalten, weiterzuentwickeln. Das ist ein sehr interessanter Aspekt. Dafür sind technologische Kriterien sehr wichtig. Rein technische Kriterien im Sinne von welche Geräte wurden eingesetzt, stellen einen möglichen Zugang dar, eine Fülle von Arbeiten zu katalogisieren. Jedes Gerät, das ich verwende, ebenso wie jede Technik, determiniert den künstlerischen Umgang in gewisser Weise. Mir ist dieser Zugang noch lieber als die Medientheorien, die versuchen, den Codex der traditionellen Kunst unbedingt auch auf die Medienkunst zu übertragen, um sie endlich einzuordnen.

W+H: Welche inhaltlichen Kriterien lassen sich ableiten?
GS: Das kommt auf den individuellen Blickwinkel an; auf bestimmte Präferenzen für einen bestimmten Kunstbegriff. Wenn ich Kunst als Intervention in unserem sozialen Zusammenhang sehe, brauche ich ganz andere Kriterien, als wenn ich von der Entwicklung ästhetischer Fragestellungen ausgehe. Um welche Formen der Gestaltung dieser Medien geht es? Für mich war in meiner bisherigen Arbeit wichtig, beide Ansätze zu verfolgen. Der Schwerpunkt, wenn man unsere Programme kennt, ist klar: er geht eher dahin, Kunst auch in ihrer sozialen Funktion zu verstehen. Daran ist ein bestimmtes Interesse an sehr verpönten Kriterien wie z.B. Innovation gegeben. Die Ars Electronica hat nicht den Auftrag, die Meisterwerke der Medienkunst festzulegen. Im Augenblick geht es darum, neue Projekte zu forcieren und Künstler dazu anzustacheln, noch einen Schritt weiterzugehen. Es reicht, wenn in 50 Jahren sich Leute das riesige Ars Electronica Archiv ansehen und feststellen, da war ein Meilenstein und da und da auch; und: schade, dass es damals nicht gesammelt wurde. Da kommt aber wieder dazu, dass das Sammeln an sich sehr problematisch ist, denn übrig bleiben letztlich die Projekte, die konservier- und ausstellbar sind. Damit wird zu guter Letzt eben jenes Kriterium für die Auswahl entscheidend, das eigentlich niemand haben will: nämlich das technische.

W+H: Welche Bedeutung würdest du der Netz- und Webkunst zuschreiben?
GS: Sie sind absolut maßgeblich und die spannendste Entwicklungslinie der Kunst. Sie bearbeiten diese ganzen neuen Ausdrucksformen, und wenn man sich ansieht, welche Dimension dieser Bereich schon hat und zunehmend bekommt, so ist es derzeit der wichtigste überhaupt.

W+H: Welche Erfahrungen gibt es in der Zusammenführung von Kunst und Wissenschaft?
GS: Wir haben sehr gute Erfahrungen und es ist uns durch die langjährige Praxis und durch Einrichtungen wie das Future Lab gelungen, wirklich zu Resultaten zu kommen, die diese ganzen Ideen und Theorien einer Synergie auch mit sehr erfolgreichen Projekten belegen können. Das wichtige ist, es darf nicht anlassbezogen sein und es muss über die wechselseitige Dienstleistung hinausgehen.

W+H: Und welche Erfahrungen gibt es in der Zusammenführung von Kunst und Wirtschaft?
GS: Eine Zusammenführung kann, glaube ich, gar nicht stattfinden. Es gibt bestimmte Bereiche der Wirtschaft, wo künstlerische Fähigkeiten sehr gefragt sind. Das ist die Werbewirtschaft, weil es um Kommunikation, Medienwirtschaft und um die Gestaltung von Oberflächen geht. Nicht zuletzt deshalb arbeiten sehr viele Künstler für das Fernsehen, ohne dass man das so weiß. Das Phänomen ist aber bekannt. Es ist eher eine Schattenwirtschaft der Kunst und auch keine Zusammenführung. Das andere ist die Frage des Sponsorings und der Unterstützung, wo wir auch daran denken müssen, dass es diese alte Form des Mäzenatentums einfach nicht gibt. In dem Ausmaß, in dem unsere Wirtschaft und auch unsere politische öffentliche Kultur immer effizienzorientierter wird, immer mehr nach dieser Privatisierung und den Regeln der Marktwirtschaft schreit, umso mehr wird auch diese Zusammenarbeit von Kunst und Wirtschaft zunehmend eine Art Dienstleistungsaustausch; der kann gut funktionieren, wenn beide Partner wissen, was sie voneinander wollen. Ich kenne viele Künstlerinnen und Künstler, die mit

Finanzierung durch die Wirtschaft arbeiten, ohne ihre künstlerischen Positionen zu kompromittieren. Nichtsdestotrotz bleibt ein wesentlicher Bereich der Kunst, der im Experiment angesiedelt ist, wenn es zu sehr von den wirtschaftlichen, privaten Mitteln abhängt, in der Kunst auf der Strecke. Das ist klar und ich glaube, die Kooperation von Kunst und Wirtschaft auf dieser Sponsoring-Ebene kann auch nur dort funktionieren, wo es einen Rückhalt von der öffentlichen Hand gibt.

W+H: Wie ist die gegenwärtige Situation mit Medienkunst in Linz und inwieweit ist das typisch für Österreich?
GS: Die Linzer Situation ist allein durch die Ars Electronica exorbitant; und zwar nicht nur durch das, was wir in die Stadt bringen, sondern auch durch das, was wir in dieser Stadt ermöglichen. Wir können hier Hunderttausende von Euros Künstlerinnen und Künstlern über das Future Lab, über Auftragsarbeiten und Präsentationen zur Verfügung stellen. Von daher ist das Volumen überproportional, gemessen an der Größe der Stadt. Auf der anderen Seite hat auch Linz sich damit auseinanderzusetzen, dass Medienkunst nicht mehr nur der experimentelle Nischenbereich ist, den die Ars Electronica traditionell abdeckt und der sie auch groß gemacht hat.

W+H: Welche Entwicklungen zeichnen sich ab?
GS: Es sind zwei Entwicklungen absehbar, die in absolut entgegengesetzte Richtungen gehen: Das eine ist das Phänomen, dass die künstlerische Arbeit mit Medien zu einem dominierenden Phänomen in der Kunst werden wird. Die Selbstverständlichkeit, mit der geschätzt mittlerweile rund 30 Prozent des Kunstgeschehens in den zeitgenössischen Ausstellungen bereits Medienkunst sind, macht dies deutlich. Das andere ist die Entwicklung hin zu völliger Spezialisierung; d.h. es geht nicht mehr nur darum, Medien einzubeziehen, sondern daraus künstlerisch neue Formen zu entwickeln und dabei absolute Virtuosität hervorzubringen. Die zunehmende Steigerung des Niveaus lässt sich mit Sicherheit an den Einreichungen zum Prix ablesen. Da wird auch der Einfluss der Medienhochschulen immer stärker spürbar, wie es sie in Japan, aber auch in Deutschland gibt. Es wird ein explosionsartiges Anwachsen von Arbeiten geben, die wir bislang noch als Einzelfälle und Prototypen sehen.

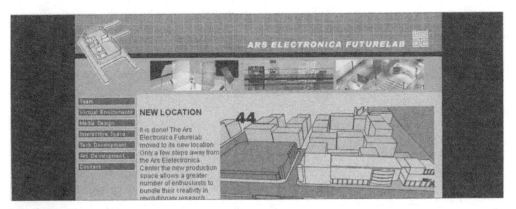

http://futurelab.aec.at

Das Schlusswort geben wir an den geschätzen

Mr. Charlie Chaplin

"Was nun das viel strapazierte metaphysische Wort 'Wahrheit' angeht, so gibt es sehr viele Formen der Wahrheit, und eine Wahrheit ist so gut wie die andere. Schließlich liegt in jeder Wahrheit auch der Keim zur Unwahrheit."

Manfred Faßler o. Univ.Prof. Dr.habil, Dipl.soz.
ist seit Sept. 2000 ordentlicher Professor an der Johann Wolfgang Goethe – Universität Frankfurt / Main, Institut für Kulturanthropologie und Europäische Ethnologie und lehrt Medienevolution / Medienanthropologie / Medienkulturen. 1995 hatte ihn die Hochschule / Universität für angewandte Kunst Wien als Vorstand der Lehrkanzel für Kommunikationstheorie berufen. Zwischen 1998-2000 Vorstand des Institutes für Experimentelles Gestalten und Raumkunst an der Universität für angewandte Kunst Wien. 2000 - 2002 Gastprofessur an der UaK Wien. Seit vielen Jahren forschend und lehrend tätig im Bereich Kognitionsforschung, Künstliche Intelligenz, Interaktionstheorien, visuelle Mediengestaltung, Text-Bild-Beziehungen, hat M. Faßler ein theoretisches, entwerfend-experimentelles und reiches inhaltliches Feld zwischen Technik, Medien, Kunst, Wissensgesellschaft und Zukunft des Individuellen beschrieben.

Dr. **Ursula Hentschläger** ist Autorin und veröffentlicht seit 1993 Beiträge zur Medienforschung und Romane. Mit dem Buch "Der Künstler als Kommunikator" präsentierte sie bereits im Jahr 1993 eine Sammlung von Online-Interviews. Seitdem untersucht sie die technischen, strukturellen und künstlerischen Möglichkeiten des World Wide Web. Sie lebt und arbeitet in Wien und im Internet. Mag. **Zelko Wiener** ist Künstler und arbeitet seit zwanzig Jahren im Bereich Neuer Medien. 1986 zeigte er eine Online-Animation auf der Biennale in Venedig und 1989 eine Ausstellung mit dem Titel "Digitale Photographie". Im Zentrum seines Schaffens steht die individuelle Suche nach Orientierung inmitten elektronischer, mediatisierter Environments. Er lehrt und forscht an der Universität für angewandte Kunst in Wien in den Bereichen Internet und digitale Bildwelten. Die gemeinsamen medialen Interessen führten sie zur Gründung von **www.zeitgenossen.com**. Das Projekt ist seit 1999 im Web aktiv und bekam mittlerweile vier Preise. Es wurde von Österreich bis Brasilien auf zahlreichen internationalen Festivals gezeigt und besteht aus den zwei unabhängigen Teilen "Binary Art Site" und "Outer Space IP". In "Webdramaturgie. Das audio-visuelle Gesamtereignis" fassten sie ihr Wissen im Bereich World Wide Web zusammen (Markt+Technik: München 2002, www.webdramaturgie.de).

Wir danken Elisabeth Frank-Großebner für ihre großartigen Übersetzungen aller englischen Interviews. Unser Dank gilt auch **Karina Tollara** für ihre portugiesisch-deutsch-Simultanübersetzung während des Interviews mit Ricardo Barreto und Paula Perissinotto in Brasilien.

Mag. **Elisabeth Frank-Großebner**
Freiberufliche Konferenzdolmetscherin, Sprachtrainerin, Übersetzerin mit Schwerpunkt Recht und zeitgenössische Kunst in Wien. Abschluß der Übersetzer- und Dolmetscherausbildung (Englisch, Ungarisch) an der Universität Wien als Akademisch geprüfte Übersetzerin (1981) und Mag. phil. / Dolmetsch (1982); www.a-z-sprachendienst.co.at

In Kooperation mit der:

*dı:*ˈʌngewʌndtə

Universität für angewandte Kunst Wien
University of Applied Arts Vienna

SpringerKunst

Medien Kunst Aktion / Media Art Action

Die 60er und 70er in Deutschland / The '60s and '70s in Germany

Goethe-Institut München, ZKM | Zentrum für Kunst und Medientechnologie Karlsruhe (Hrsg.)

Konzipiert v. Rudolf Frieling u. Dieter Daniels.
1997. 251 Seiten. 30 Abb. Mit CD-ROM.
Format: 17,2 x 24,3 cm
Text: deutsch/englisch
Gebunden EUR 54,–, sFr 86,50
ISBN 3-211-82996-2

„... eine lebendige, vielseitige Darstellung einer wichtigen Periode in der deutschen Kunstgeschichte, die jedem, der eine Einführung in dieses komplexe Thema sucht, nur zu empfehlen ist. ..."

Medienwissenschaft

„... eine äußerst spannende Dokumentation über die Anfänge der Medienkunst in Deutschland ... Besonders hervorzuheben ist an dieser Stelle die dem Buch beigelegte CD-ROM, auf der ein umfangreiches Archiv mit über 330 Einzelwerken präsentiert wird..."

medien praktisch

Medien Kunst Interaktion / Media Art Interaction

Die 80er und 90er Jahre in Deutschland / The 1980s and 1990s in Germany

Rudolf Frieling und Dieter Daniels für das Goethe-Institut/München und das Zentrum für Kunst und Medientechnologie/Karlsruhe (Hrsg.)

2000. 293 Seiten. Zahlr. Abb. Mit CD-ROM.
Format: 17,2 x 24,3 cm
Text: deutsch/englisch
Gebunden EUR 54,–, sFr 86,50
ISBN 3-211-83422-2

„... Die vorliegende Publikation ist nicht nur ein exzellent gemachtes historisches Nachschlagewerk zum weiten Feld der Medienkunst, sondern auch ein lesenswerter Beitrag zur neueren (internationalen) Kulturgeschichte ..."

Neue Zeit

Set-Preis: Gebunden EUR 78,–, sFr 121,–
(gilt bei Abnahme der beiden Bände "Medien Kunst Aktion / Media Art Action" und "Medien Kunst Interaktion / Media Art Interaction")
Set-ISBN 3-211-83438-9

Springer Wien New York

A-1201 Wien, Sachsenplatz 4–6, P.O. Box 89, Fax +43.1.330 24 26, e-mail: books@springer.at, Internet: www.springer.at
D-69126 Heidelberg, Haberstraße 7, Fax +49.6221.345-229, e-mail: orders@springer.de
USA, Secaucus, NJ 07096-2485, P.O. Box 2485, Fax +1.201.348-4505, e-mail: orders@springer-ny.com
Eastern Book Service, Japan, Tokyo 113, 3–13, Hongo 3-chome, Bunkyo-ku, Fax +81.3.38 18 08 64, e-mail: orders@svt-ebs.co.jp

SpringerKunst

Manfred Faßler

Cyber-Moderne

Medienevolution, globale Netzwerke
und die Künste der Kommunikation

1999. X, 264 Seiten.
Broschiert EUR 38,–, sFr 61,–
ISBN 3-211-83074-X
Ästhetik und Naturwissenschaften: Medienkultur

Seit den späten 40er Jahren hat die zivile Nutzung der Militär-
technologie „Computer" zu einem gesamtgesellschaftlichen „cybernetic turn" geführt. Die Integration von Telefonie, virtuellen
Realitäten, elektronischer Fernanwesenheit und tradierten Medien
hat neue Bedingungen für soziale Systeme, so auch für die Kunst
bewirkt. Das Buch zeigt den dichten Zusammenhang von Theoriegeschichte und medientechnologischer Evolution sowie die engen
Verbindungen zu künstlerischen Entwicklungen, wie interaktive
Medienkunst, elektronisch-synthetische Werke und offene Kunstwerke. An zahlreichen Beispielen wird dargelegt, dass die kybernetische Wende eine Neufassung der Begriffe „Form" und „Prozess"
ebenso erfordert, wie die Beschreibung einer neuen Wissenschaft
vom Entwerfen.

„... Dieses Buch ist ein Feuerwerk; es explodiert mit Ideen und
Vorstellungen, mit einer Fülle von neuartigen Beobachtungen ..."

Internationales Archiv für Sozialgeschichte der deutschen Literatur

Springer Wien New York

A-1201 Wien, Sachsenplatz 4–6, P.O. Box 89, Fax +43.1.330 24 26, e-mail: books@springer.at, Internet: www.springer.at
D-69126 Heidelberg, Haberstraße 7, Fax +49.6221.345-229, e-mail: orders@springer.de
USA, Secaucus, NJ 07096-2485, P.O. Box 2485, Fax +1.201.348-4505, e-mail: orders@springer-ny.com
Eastern Book Service, Japan, Tokyo 113, 3–13, Hongo 3-chome, Bunkyo-ku, Fax +81.3.38 18 08 64, e-mail: orders@svt-ebs.co.jp

SpringerKommunikationswissenschaft

Jo Vulner

Info-Wahn

Eine Abrechnung mit dem Multimedienjahrzehnt

2000. X, 410 Seiten.
Format: 16,5 x 24,2 cm
Broschiert EUR 38,–, sFr 61,–
(Unverbindliche Preisempfehlung)
ISBN 3-211-83433-8
Ästhetik und Naturwissenschaften:
Bildende Wissenschaften – Zivilisierung der Kulturen

Kein Buch für Apokalyptiker. Und keines für Info-Euphoriker. Beide Lager sind gleichermaßen betriebsblind und vom Info-Wahn infiziert, meint Jo Vulner. Der Autor, als Medienberater ein Mann vom Fach, nimmt sich die Tricks und Täuschungen, die Illusionen und die Rhetorik des Info-Business vor. Seine Analyse lässt keinen ungeschoren: Moralisten, Journalisten und Theorienproduzenten des Wissenschaftsbetriebes bekommen, mal essayistisch-ironisch, mal subtil-analytisch, ihr Fett ab.
Ein Buch, das auf den unabhängigen Leser setzt, der sich einen eigenen Weg durchs Info-Labyrinth bahnen will.

„... eine Gesellschaft, die so luxuriös strukturiert ist, dass Sinnfragen genau wie Modefragen zu Marketingproblemen aufgestiegen sind, wird Theorieproduktion über Gesellschaft genauso behandeln wie jedes andere Produkt- oder Service-Angebot."

Jo Vulner

SpringerWienNewYork

A-1201 Wien, Sachsenplatz 4–6, P.O. Box 89, Fax +43.1.330 24 26, e-mail: books@springer.at, Internet: www.springer.at
D-69126 Heidelberg, Haberstraße 7, Fax +49.6221.345-229, e-mail: orders@springer.de
USA, Secaucus, NJ 07096-2485, P.O. Box 2485, Fax +1.201.348-4505, e-mail: orders@springer-ny.com
Eastern Book Service, Japan, Tokyo 113, 3-13, Hongo 3-chome, Bunkyo-ku, Fax +81.3.38 18 08 64, e-mail: orders@svt-ebs.co.jp

SpringerKunst

Marie-Luise Angerer,
Kathrin Peters, Zoë Sofoulis (Hrsg.)

Future Bodies

Zur Visualisierung von Körpern in Science und Fiction

2002. 327 Seiten. Zahlreiche Abbildungen.
Format: 16,5 x 24,2 cm
Broschiert EUR 38,–, sFr 61,–
ISBN 3-211-83778-7
Ästhetik und Naturwissenschaften: Medienkultur

Viel ist die Rede von zukünftigen Körpern, austauschbaren Geschlechtern und posthumanen Subjekten. Doch ein Blick in die Computer- und Medienwelten beruhigt: Supermänner wie Terminator und großbusige Lara Crofts sind die Stars.

Was also soll das Neue sein? Ist es möglicherweise etwas, das sich hinter den bekannten, vertrauten Bildern verbirgt? Und vorbereitet wird durch Veränderungen, wie sie in Gen- und Computerlabors derzeit stattfinden?

Wie werden also neue Körper in Science und Fiction vorgestellt – Körper, die wir noch nicht sind, aber immer schon gewesen sein werden?

SpringerWienNewYork

A-1201 Wien, Sachsenplatz 4–6, P.O. Box 89, Fax +43.1.330 24 26, e-mail: books@springer.at, Internet: www.springer.at
D-69126 Heidelberg, Haberstraße 7, Fax +49.6221.345-229, e-mail: orders@springer.de
USA, Secaucus, NJ 07096-2485, P.O. Box 2485, Fax +1.201.348-4505, e-mail: orders@springer-ny.com
Eastern Book Service, Japan, Tokyo 113, 3–13, Hongo 3-chome, Bunkyo-ku, Fax +81.3.38 18 08 64, e-mail: orders@svt-ebs.co.jp

Springer-Verlag
und Umwelt

ALS INTERNATIONALER WISSENSCHAFTLICHER VERLAG
sind wir uns unserer besonderen Verpflichtung der
Umwelt gegenüber bewußt und beziehen umwelt-
orientierte Grundsätze in Unternehmensentschei-
dungen mit ein.

VON UNSEREN GESCHÄFTSPARTNERN (DRUCKEREIEN,
Papierfabriken, Verpackungsherstellern usw.) verlangen wir, daß sie sowohl beim Herstellungsprozeß
selbst als auch beim Einsatz der zur Verwendung
kommenden Materialien ökologische Gesichtspunk-
te berücksichtigen.

DAS FÜR DIESES BUCH VERWENDETE PAPIER IST AUS
chlorfrei hergestelltem Zellstoff gefertigt und im
pH-Wert neutral.